我国经济建设和国防建设融合发展政策法规体系甄别与分类研究

WOGUO JINGJI JIANSHE HE GUOFANG JIANSHE RONGHE FAZHAN ZHENGCE FAGUI TIXI ZHENBIE YU FENLEI YANJIU

中国船舶第七一四研究所 

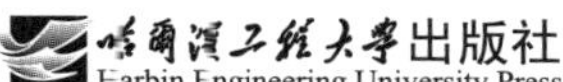

内容简介

本书针对我国经济建设和国防建设融合发展政策制度文件散落在军地各个部门的现状，聚焦促进武器装备科研生产领域的相关政策法规，全面梳理并开展政策甄别与分类研究，从国家层面的法律体系和部门层面的规章及规范性文件两个维度分类研究并汇编相关的政策法规，其中部门层面的规章及规范性文件主要包括综合性、武器装备科研生产许可管理、成果与知识产权管理、基础科研和技术基础管理、军工能力建设、固定资产投资、军民资源共享及军队物资采购共八个方面，并对重点内容进行了汇编。

本书可供从事与国防科技有关工作的人员，以及一切关心国防事业的人员阅读。

图书在版编目(CIP)数据

我国经济建设和国防建设融合发展政策法规体系甄别与分类研究／中国船舶第七一四研究所编著. —哈尔滨：哈尔滨工程大学出版社，2020.4

(国家战略：经济建设和国防建设融合发展理论与实践丛书)

ISBN 978-7-5661-2509-5

Ⅰ.①我… Ⅱ.①中… Ⅲ.①军民关系-法规体系-研究-中国 Ⅳ.①D922.124

中国版本图书馆CIP数据核字(2019)第271552号

选题策划 张 玲
责任编辑 马佳佳 宗盼盼
封面设计 李海波

出　　版 哈尔滨工程大学出版社
社　　址 哈尔滨市南岗区南通大街145号
邮政编码 150001
发行电话 0451-82519328
传　　真 0451-82519699
经　　销 新华书店
印　　刷 哈尔滨市石桥印务有限公司
开　　本 787 mm×1 092 mm 1/16
印　　张 21.5
字　　数 425千字
版　　次 2020年4月第1版
印　　次 2020年4月第1次印刷
定　　价 138.00元
http://www.hrbeupress.com
E-mail:heupress@hrbeu.edu.cn

编 委 会

总 序

当今世界，随着新一轮科技革命、产业革命的兴起和世界新军事革命的加速发展，社会经济形态、技术形态和战争形态深刻演变，推动经济建设和国防建设融合发展已经成为时代潮流，成为各国综合国力竞争和军事竞争的一种新趋势。随着我国经济建设和国防建设融合发展实践的不断深入，其理论研究也在不断深化，如何借鉴国外经验教训，破除阻碍经济建设和国防建设融合发展的坚冰、壁垒、藩篱，是亟待解决的现实问题：一是资源配置不合理，如军工企业融资渠道单一，军工企业专业人才队伍不稳定。二是军民双方内在机制不协调，如技术标准不统一，保密解密机制不协调，利益分配不协调，文化不协调。三是运行机制滞后，虽然我国关于经济建设和国防建设融合发展的相关政策制度文件总量庞大，但相关政策并未形成较为清晰的逻辑体系，经济建设和国防建设融合发展的实施缺少宏观统筹规划；相关政策缺少实践检验与经验总结，部分文件因为缺乏实际操作细则而作用甚微。究其深层次原因，既有思想观念保守固化的问题，也有法律制度供给不足的因素，还有体制机制的羁绊。

《国家战略：经济建设和国防建设融合发展理论与实践丛书》正是基于上述经济建设和国防建设融合发展中存在的问题及原因所策划的。本丛书包括《国外国防科研生产能力发展与监管研究》《国外涉军资产管理模式研究》《国外军民两用计划实施方式研究》《我国经济建设和国防建设融合发展现状与国际经验启示》《我国经济建设和国防建设融合发展政策法规体系甄别与分类研究》《我国经济建设和国防建设融合发展政策法规体系国际比较与建设路径》6 个分册。本丛书一方面通过梳理典型国家在国防科研生产能力建设、涉军资产管理、军民两用计划及项目管理经验等经济建设和国防建设融合发展领域的做法、政策制度体系和成效等，归纳可供参考借鉴的做法，弥补国内在相关领域的研究空白；另一方面，聚焦促进武器装备科研生产领域，甄别和挖掘国外国防科技工业、武器装备采购等方面的政策法规体系，梳理了我国经济建设和国防建设融合发展组织管理、工作运行、政策制度“三大体系”发展现状及存在的问题和障碍，对比国外成功经验做法，提出推进我国经济建设和国防建设深度融合发展的具体措施和政策

建议，对加强应用基础研究、推进我国经济建设和国防建设融合发展创新体系建设具有重要意义。

本丛书力求使社会大众、企事业单位、政府和军队相关部门准确把握经济建设和国防建设融合发展的内涵与外延，系统了解国内外经济建设和国防建设融合发展主要涉及领域的现状、问题、经验、教训，进而启发引导社会各类主体从认识角度统一思想，从实践角度落实经济建设和国防建设融合发展战略，因此具有较大的社会效益。

第一，本丛书的出版为实现国防和军队现代化提供了丰厚的资源，为可持续发展奠定了良好的基础，促进了我国经济建设和国防建设良性互动，更好地推进了我国国家战略的实施；填补了经济建设和国防建设融合发展领域在国内政策制度建设方面研究的多项空白，有助于我国国防和军队现代化建设以及对相关人才的培养；同时本丛书结合具体经典案例总结其经验教训，针对我国经济建设和国防建设融合发展管理实践、政策体系现状，提出相关措施建议，为我国经济建设和国防建设融合发展管理实践工作提供决策支撑。

第二，本丛书通过跟踪研究世界上具有代表性的几个国家经济建设和国防建设融合发展的实施背景、认识、主张、思路、重点领域与特点，为我国经济建设和国防建设融合发展相关领域的广大科研工作者提供了第一手的研究素材。此外，本丛书重点分析了美国、英国、法国、德国、俄罗斯、日本等国在军工开放、资源共享、军民科技成果转化、军工带动国民经济发展、改善军工投入和能力管理等经济建设和国防建设融合发展重点领域的典型做法、管理措施和实施效果，以此提出了推进我国经济建设和国防建设融合发展管理实践的政策措施建议，为实现我国武器装备研制水平和国民经济发展水平的同步提高提供了一定的参考和借鉴。

第三，本丛书介绍的我国经济建设和国防建设融合发展的阶段、历程及政策制度建设，为各地方的经济建设和国防建设融合发展提供了参考和借鉴，使各地方的经济建设和国防建设融合发展更具有针对性及方向性，进而为推动经济建设和国防建设融合健康发展，增强国家的战略威慑力，实现强军梦、中国梦提供强有力的支撑。

由于我们理论水平有限，在选题与具体研究内容上难免存在不足之处，欢迎广大同人及读者批评指正。

中国船舶第七一四研究所

2019 年 10 月

目　录

导论 研究背景、范围界定及我国经济建设和国防建设融合发展体制机制变迁历史和现状

一、研究背景

推动经济建设和国防建设融合发展，要努力形成统一领导、军地协调、顺畅高效的组织管理体系，国家主导、需求牵引、市场运作相统一的工作运行体系，系统完备、衔接配套、有效激励的政策制度体系。其中，政策制度体系，关键在于构建完善的制度和法律法规体系。近年来，为打破军民二元分类结构，厘清经济建设和国防建设融合发展的范围，理顺军地各部门职责权利关系，中国共产党中央委员会（党中央）、全国人民代表大会（全国人大）及常务委员会（常委会）、国务院及其各部委、中央军事委员会（中央军委）及原四总部机关，以及地方各级党委、人大及政府部门有关经济建设和国防建设融合发展的政策密集出台，内容涉及武器装备科研生产、军队社会化保障、人才培养、国防动员等多个领域，形式包括法律法规、规章、指导性文件以及一系列规范性政策文件。经济建设和国防建设融合发展的政策环境得以不断改善，具有中国特色的经济建设和国防建设融合发展政策制度初具规模，逐渐搭建起政策制度体系，为推动各领域经济建设和国防建设融合深度发展提供了良好的政策制度保障。

然而，目前的政策制度体系依然存在不适应国防和军队现代化建设、不符合军地资源统筹要求、不利于军地资源共享、不利于公平竞争、不利于发挥市场资源配置的决定性作用等现象。同时，政策体系间存在不衔接、不配套、建设滞后、操作性不强等问题。由于经济建设和国防建设融合发展涉及领域众多，军地相关部门根据职责分别制定相应的政策文件，各自出台的政策文件散落在军地双方、各个系统、诸多领域、众多部门，未能纳入统一的框架。为此，本书通过全面梳理经济建设和国防建设融合发展相关的政策法规，开展政策法规体系甄别与分类研究，汇编形成经济建设和国防建设融合发展的法律政策工具书。

二、范 围 界 定

（一）基本概念

本书中所指“法律”，是指依据《中华人民共和国宪法》（简称宪法）为依据制定的，经全国人民代表大会或全国人民代表大会常务委员会审议通过，并由主席令签署正式颁布的①。

本书中所指“政策法规”是一个统称的概念，包含国务院、中央军委颁布的行政法规，以及其下属各部门制定的规章、规章细则及政策规范性文件等，也包含地方省市出台的地方性法规（人大）和地方性规章（政府）②。

如没有特别指明，本书中所指“法规”包含“法律”和“政策法规”。

（二）研究领域

经济建设和国防建设融合发展政策法律体系涉及范围广，主要包括基础设施建设、国防科技工业、武器装备采购、人才培养、后勤保障、国防动员六大领域，以及海洋、太空、网络空间、生物、新能源、人工智能等军民共用性强的领域。据不完全统计，相关的政策法规超过700份。基于此，本书中所涉及的法律和政策法规以促进武器装备科研生产为核心，主要甄别和挖掘国防科技工业、武器装备采购方面的政策法规体系，并进行分别研究。主题相近的文件，以最后出台的为准。本书所涉及的法律和政策法规均是公开颁布的。

（三）涉及的机关单位

全国人民代表大会常务委员会（全国人大常委会），国务院、中央军委及下属各部门等机关部门以及地方人大和政府机关。

（四）研究层级

本书中法律和政策法规层级包括国家层面、国务院及其部委和军队层面以及地方层面三个层次。

国家层面，由全国人大及全国人大常委会作为国家最高权力机关，进行国家

① 根据《中华人民共和国立法法》。

② 根据《中华人民共和国立法法》和《中华人民共和国行政许可法》。

经济建设和国防建设融合发展相关法律的立法工作。国务院及其部委和军队层面，由国务院制定行政法规，中央军委联合制定军事法规，或国务院中央军委联合制定法规，或由国务院相关部委和军队总部机关联合制定相关的经济建设和国防建设融合发展规章，两个部门以上提请国务院可制定行政法规。地方层面，由省、自治区、直辖市，自治区人民政府所在地市，国务院批准较大的市、经济特区，根据经济建设和国防建设融合发展的需要制定地方性法规（人大）和地方性规章（政府）。各层级法律遵从上位法大于下位法，后法大于前法，从高至低的顺序为宪法、基本法律、行政法规、规章、政策和规范性文件等。

经济建设和国防建设融合发展政策法规体系建设层次关系如图 1－1 所示。

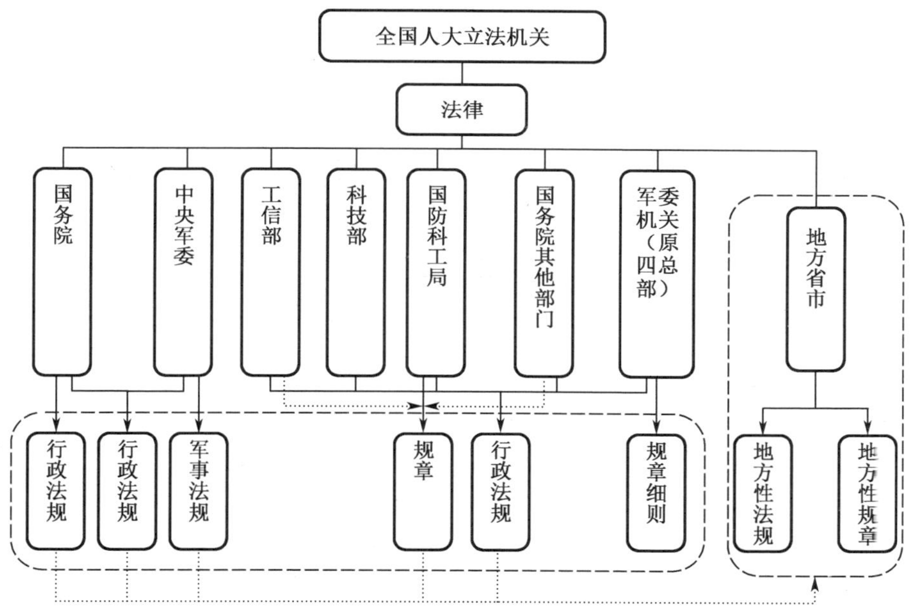

图 1－1　经济建设和国防建设融合发展政策法规体系建设层次关系

（五）时间跨度

本书主要针对 2000 年以前的法律文件及 2000 年以后的法律和政策法规文件。

三、我国经济建设和国防建设融合发展体制机制变迁历史和现状

中华人民共和国成立以来，国防科技工业一直是我国经济建设和国防建设融合发展的重中之重，经济建设和国防建设融合发展体制机制调整也主要围绕着这个领域的管理体制。总体来看，国防科技工业经历了几起几落的历史，国防军工也因此红火或者低落，甚至出现衰败，造成这种现象的根本原因在于当时背景下，军工企业不可能实现军民一体化发展。军品科研生产用户单一，武器装备订货的起伏波动必然引起军工企业景气状态波动。

（一）我国体制机制变迁历史

我国国防科技工业体制机制变迁在某种程度上决定了经济建设和国防建设融合发展的范围和程度。概括而言，先后经历了四个时期的重要变革。

1. 计划经济时期的管理体制（1949—1978 年）

我国的国防科技工业体系是在一穷二白、工业基础极其薄弱的情况下，由中共中央领导，举全国之力创建起来的。先后成立了重工业部、第一至第八机械工业部，主管航空、电子、兵器、船舶、导弹、核工业。在此基础上，还成立了由国务院、中央军委双重领导，列入军队序列的国防部国防科学技术委员会（国防科委）和中央军委国防科学技术装备委员会（军委科装委），国务院国防工业办公室（国防工办）负责统筹国防科研和生产管理。1962 年，中共中央成立十五人专门委员会（中央专委），周恩来任主任，对核武器和导弹、航天等尖端科技工业实施统一领导。

2. 调整转型时期的管理体制（1979—1997 年）

十一届三中全会决定，把党和国家的工作重点转移到经济建设上来。中央要求国防科技工业要实行“军民结合、平战结合、军品优先、以民养军”的方针。1982 年，以改革为契机，全国人民代表大会常务委员会决定，第二至第五及第七机部分别更名为核、航空、电子、兵器、航天工业部；撤销第六机械工业部，成立中国船舶工业总公司；国防科委、国防工办和军委科装委合并，组成国防科学技术工业委员会（国防科工委），属于国务院序列，又隶属于中央军委建制，受国务院、中央军委双重领导，统管国防科技工业。1986 年，调整了国防科技工业管理体制，国防科工委不再管理军工行业，军工电子由电子工业部归口管理，船舶总公司以及核工业部、航空工业部、航天工业部、兵器工业部直属国务院管理。此后，

兵器、航空、航天、核工业逐步改组为部级工业总公司，由国务院直接领导，行使行业行政管理职能，同时，作为经济实体，面向国内外市场。1993 年，除军工电子外，各军工总公司重新由国防科工委管理。通过这段时期的改革，推动国防科技工业面向国民经济主战场，开始融入市场。

3. 深化改革时期的管理体制（1998—2007 年）

1998 年 3 月，按照中国共产党第十五次全国代表大会（党的十五大）“建立和完善与社会主义市场经济体制相适应的国防工业运行机制”的战略部署，第九届全国人民代表大会第一次会议通过了《国务院机构改革方案》，将原国防科工委管理国防工业的职能、国家计委国防司的职能，以及各军工总公司承担的政府职能统一起来，组建新的国防科工委，成为国务院部门之一。1998 年 4 月，在原国防科工委、总参谋部装备部与总后勤部军械部的基础上，组建隶属于中央军委领导的总装备部。新组建的国防科工委和总装备部是组织生产和装备订货的关系。1999 年 7 月，核、航天、航空、船舶、兵器五大军工总公司改组为 10 个军工集团公司；2001 年 11 月，由信息产业部所属军工电子研究所组建成立中国电子科技集团公司。这段时期的改革，初步实现了军政分开、政企分开、供需分开，实现了国务院对国防科技工业的集中统一管理。

4. 实行大部制以来的管理体制（2008 年至今）

中国共产党第十七次全国代表大会（党的十七大）报告明确提出“调整改革国防科技工业体制和武器装备采购体制”。2008 年 3 月 15 日，第十一届全国人民代表大会第一次会议通过了《国务院机构改革方案》，撤销国防科工委，组建工业和信息化部及其管理的国家国防科技工业局（国防科工局）。国防科工局承担组织协调武器装备科研生产的重大事项、保障军工核心能力建设，以及原信息产业部军工电子管理等职责。工业和信息化部承担国务院、中央军委专门委员会办公室的工作，履行推进军民结合、寓军于民的职责。这次改革，首次从体制上，把国防科技工业纳入国家大工业体系统一管理，增强了国家工业和科技基础对国防工业的支撑作用，为经济建设和国防建设深度融合发展奠定了基础。

（二）法律依据

目前，国防科技工业管理体制机制设计总体上有充足的法律依据。宪法规定，国务院领导和管理国防建设事业。《中华人民共和国国防法》规定，国务院领导和管理国防建设事业，行使编制国防建设发展规划和计划，制定国防建设方面的方针、政策和行政法规，领导和管理国防科研生产，管理国防经费和国防资产等职权。中央军事委员会领导全国武装力量，行使领导和管理中国人民解放军的建设，制定规划、计划/并组织实施；根据宪法和法律制定军事法规、发布决定

和命令；批准武装力量的武器装备体制和武器装备发展规划、计划，协同国务院领导和管理国防科研生产；会同国务院管理国防经费和国防资产等职权。《中华人民共和国国防动员法》规定，军品科研、生产和维修保障能力储备的种类、布局和规模，由国务院有关主管部门会同军队有关部门提出方案，报国务院、中央军事委员会批准后组织实施；国务院有关主管部门应当对重大的跨地区跨行业的转产、扩大生产军品任务的实施进行协调，并予以支持。

从这些法律规定可以清楚地看出，有关军队建设和军事需求形成相关的事宜，应由军队负责；有关武器装备科研、生产、能力布局等相关事宜应由政府负责。在管理体制上，分别对应于现行的总装备部和国防科工局，分别隶属于军队序列和国务院序列。

（三）现行体制情况

现行管理体制形成于20世纪80年代初期，先后经历1982年、1986年、1993年、1998年和2008年五次大的调整改革。这些改革，适应了不同时期国家对国防科技工业发展的要求，提升了国防科技工业自身的实力。

2008年3月15日，第十一届全国人民代表大会第一次会议通过了《国务院机构改革方案》，按照国务院批复的工业和信息化部"定职能、定机构、定编制"的规定，原国防科学技术工业委员会组织协调武器装备科研生产的重大事项、保障军工核心能力建设等职责，以及原信息产业部军工电子管理职责划给国防科工局。工业和信息化部承担国务院中央军委专门委员会（"中央专委"）的具体工作，委托国防工业局承办有关事项。国防工业局对国防工业实施管理职能，其管理对象也将从主要面向国防工业，转变为面向全社会承担武器装备科研生产任务的所有企事业单位。

目前，在国家层面上，国务院、中央专委作为国防科技工业和军民结合工作的最高决策机构，承担对国防科技工业的发展方向、军品结构能力调整、武器装备研制重大项目和军民结合等重大问题进行决策，并统筹安排，组织各地区、各部门实施的职责。办公室设在工业和信息化部，具体工作由工业和信息化部、国防科工局、总装备部承担。工业和信息化部负责整个工业（包括民用飞机、民用船舶、民爆器材等）、通信业的行业管理，负责推进军民结合、寓军于民武器装备科研生产体系建设。国防科工局负责协调武器装备科研生产重大事项和保障军工核心能力建设。总装备部作为全军武器装备建设的领导机关，负责武器装备建设的发展战略、方向重点、体系系列、规划计划、政策法规，并负责组织贯彻落实；组织全军武器装备科研发展，归口管理军事订货等工作。此外，国家发展和改革委员会（国家发展改革委）、国务院国有资产监督管理委员会（国资委）、财

政部、税务总局、能源局等部门也不同程度地参与国防科技工业的管理，直接或间接影响国防科技工业的经济建设和国防建设融合发展。

国家部委层面，2008 年 3 月，新组建的工业和信息化部下设军民结合推进司，是目前国家层面唯一主抓经济建设和国防建设融合发展工作的领导机构，主要负责武器装备科研生产军民一体化等相关工作。2010 年军民结合推进司牵头成立了由 23 个国务院有关部委和军队相关部门组成的协调机制，并对“十二五”期间武器装备科研生产体系建设涉及的 5 个方面、45 项重点建设任务进行了明确分工，由相关的部委根据任务分工，分别组织领导协调和督促落实。

地方政府层面，目前全国已经有许多省市分别组建了多种形式的领导机构，有的是由省委省政府领导主管，有的是由市委市政府领导主抓，有的是设立了办公室，有的是设立了协调机构，有政府自己组织的，也有军地双方共同参与的。北京、贵州、陕西、四川、湖南、江西、湖北、重庆等省市都成立了相应机构。

（四）现行体制机制简要评价

我国国防科技工业管理体制，自中华人民共和国成立以来就是国防科技工业建设的重要内容，国家一直通过体制改革来牵引国防科技工业本体发展。其历次变革调整，都遵循了上层建筑与经济基础、生产关系与生产力之间的科学发展规律，逐步由国务院、中央军委双重领导向国务院集中统一管理转变。今天国防科技工业建设取得的成就，与我们过去不断进行的体制调整有着密切关系。2008 年，我国首次从体制上，把国防科技工业纳入国家工业体系统一管理，利用国家工业支撑国防科技工业建设的体系格局基本形成，促进了国防科技工业与国家工业基础的融合。

国防科技和武器装备领域是经济建设和国防建设融合发展的重点。但 2008 年的调整改革并不彻底，弊端突出表现在以下几个方面：一是军地之间统筹协调不足，一些军地资源本来是可以共享的，就是统筹不到一起，重复建设严重。二是多头分散管理，部门之间缺乏有效统筹，决策头绪多，干预渠道多，政策取向不同，缺少统一目标、方针、政策。三是国防科技和武器装备建设核心主管部门职能弱化，难以全面负责，难以实施全行业规划、建设、协调、监督。这一体制上的问题，造成了军民资源统筹规划和利用不足，无强有力的主管部门对推动军工行业相对封闭、自成体系的格局彻底变革负根本性责任；本来应该进一步融合的国防科技工业和国家工业，仍然是两套体系，相互支撑不足。四是地方政策法规层级较低，带有很强的片面性和区域性，经济发展诉求明显，影响有限，经济建设和国防建设融合发展主要以争取军工集团投资为主，尚未真正深入到经济建设和国防建设融合发展的核心。

同时，在现有体制下，甚至造成本来不应以逐利为目的的军工集团代管下的基础性国防科研院所，以经济价值作为考核依据，被迫走上企业化发展道路，致使关乎国家安全的战略性、基础性、前瞻性研究相对弱化，技术储备消耗殆尽，发展后劲严重不足。长期来看，国防工业在这种管理体制下运行，不仅影响战略性高精尖武器的建设发展，以及武器装备自主创新能力的提高，也无法发挥其对国家工业发展的牵引带动作用，更影响国防工业的自主可控。

在这种大背景下，我国国防工业要想实现大的进步，必须要推动管理体制深化改革。要彻底转变思路，紧紧抓住国防工业的特殊属性和建设规律，坚持统一管理，代替分散管理，以管理权集中的方式强力破除现有体系发展的弊病。国防建设与其投入巨资购买大量的国外武器装备，不如积极进行管理调整，注重国防工业自主创新能力建设，培育和打造一批国防军工科研核心团队，强化自主设计、开发，增强国防工业的自主可控能力。

第一篇 国家层面的法律及规范性文件

第一章　我国经济建设和国防建设融合发展方面的相关法律

代表性基本法律文件汇总表(不含地方)见表1-1。

表1-1　代表性基本法律文件汇总表(不含地方)

类型	综合性法律及政策制度和法律法规文件名称	颁布机关	颁布时间/年
基本法律	中华人民共和国促进科技成果转化法	全国人大	1996
	中华人民共和国国防法		1997
	中华人民共和国行政许可法		2003
	中华人民共和国国防动员法		2010
	中华人民共和国保守国家秘密法		2010

中华人民共和国国防法

(1997年3月14日以中华人民共和国主席令第84号文发布)

第一章　总则

第一条　为了建设和巩固国防,保障社会主义现代化建设的顺利进行,根据宪法,制定本法。

第二条　国家为防备和抵抗侵略,制止武装颠覆,保卫国家的主权统一、领土完整和安全所进行的军事活动,以及与军事有关的政治、经济、外交、科技、教

育等方面的活动，适用本法。

第三条 国防是国家生存与发展的安全保障。

国家加强武装力量建设和边防、海防、空防建设，发展国防科研生产，普及全民国防教育，完善动员体制，实现国防现代化。

第四条 国家独立自主、自力更生地建设和巩固国防，实行积极防御战略，坚持全民自卫原则。

国家在集中力量进行经济建设的同时，加强国防建设，促进国防建设与经济建设协调发展。

第五条 国家对国防活动实行统一的领导。

第六条 保卫祖国、抵抗侵略是中华人民共和国每一个公民的神圣职责。

中华人民共和国公民应当依法履行国防义务。

第七条 国家和社会尊重、优待军人，保护军人的合法权益，开展各种形式的拥军优属活动。

中国人民解放军和中国人民武装警察部队开展拥政爱民活动，加强军政、军民团结。

第八条 中华人民共和国在对外军事关系中，维护世界和平，反对侵略扩张行为。

第九条 国家和社会对在国防活动中作出贡献的组织和个人，采取各种形式给予表彰和奖励。

违反本法和有关法律，拒绝履行国防义务或者危害国防利益的，依法追究法律责任。

第二章 国家机构的国防职权

第十条 全国人民代表大会依照宪法规定，决定战争和和平的问题，并行使宪法规定的国防方面的其他职权。

全国人民代表大会常务委员会依照宪法规定，决定战争状态的宣布，决定全国总动员或者局部动员，并行使宪法规定的国防方面的其他职权。

第十一条 中华人民共和国主席根据全国人民代表大会的决定和全国人民代表大会常务委员会的决定，宣布战争状态，发布动员令，并行使宪法规定的国防方面的其他职权。

第十二条 国务院领导和管理国防建设事业，行使下列职权：

（一）编制国防建设发展规划和计划；

（二）制定国防建设方面的方针、政策和行政法规；

（三）领导和管理国防科研生产；

（四）管理国防经费和国防资产；

（五）领导和管理国民经济动员工作和人民武装动员、人民防空、国防交通等方面的有关工作；

（六）领导和管理拥军优属工作和退出现役的军人的安置工作；

（七）领导国防教育工作；

（八）与中央军事委员会共同领导中国人民武装警察部队、民兵的建设和征兵、预备役工作以及边防、海防、空防的管理工作；

（九）法律规定的与国防建设事业有关的其他职权。

第十三条　中央军事委员会领导全国武装力量，行使下列职权：

（一）统一指挥全国武装力量；

（二）决定军事战略和武装力量的作战方针；

（三）领导和管理中国人民解放军的建设，制定规划、计划并组织实施；

（四）向全国人民代表大会或者全国人民代表大会常务委员会提出议案；

（五）根据宪法和法律，制定军事法规，发布决定和命令；

（六）决定中国人民解放军的体制和编制，规定总部以及军区、军兵种和其他军区级单位的任务和职责；

（七）依照法律、军事法规的规定，任免、培训、考核和奖惩武装力量成员；

（八）批准武装力量的武器装备体制和武器装备发展规划、计划，协同国务院领导和管理国防科研生产；

（九）会同国务院管理国防经费和国防资产；

（十）法律规定的其他职权。

第十四条　国务院和中央军事委员会可以根据情况召开协调会议，解决国防事务的有关问题。会议议定的事项，由国务院和中央军事委员会在各自的职权范围内组织实施。

第十五条　地方各级人民代表大会和县级以上地方各级人民代表大会常务委员会在本行政区域内，保证有关国防事务的法律、法规的遵守和执行。

地方各级人民政府依照法律规定的权限，管理本行政区域内的征兵、民兵、预备役、国防教育、国民经济动员、人民防空、国防交通、国防设施保护、退出现役的军人的安置和拥军优属等工作。

第十六条　地方各级人民政府和驻地军事机关根据需要召开军地联席会议，协调解决本行政区域内有关国防事务的问题。

军地联席会议由地方人民政府的负责人和驻地军事机关的负责人共同召集。军地联席会议的参加人员由会议召集人确定。

军地联席会议议定的事项，由地方人民政府和驻地军事机关依照各自的权

限办理，重大事项应当分别向上级报告。

第三章 武装力量

第十七条 中华人民共和国的武装力量属于人民。它的任务是巩固国防，抵抗侵略，保卫祖国，保卫人民的和平劳动，参加国家建设事业，全心全意为人民服务。

第十八条 中华人民共和国的武装力量必须遵守宪法和法律，坚持依法治军。

第十九条 中华人民共和国的武装力量受中国共产党领导。武装力量中的中国共产党组织依照中国共产党章程进行活动。

第二十条 国家加强武装力量的革命化、现代化、正规化建设，增强国防力量。

第二十一条 中华人民共和国的武装力量应当适应现代战争的要求，加强军事训练，开展政治工作，提高保障水平，全面提高战斗力。

第二十二条 中华人民共和国的武装力量，由中国人民解放军现役部队和预备役部队、中国人民武装警察部队、民兵组成。

中国人民解放军现役部队是国家的常备军，主要担负防卫作战任务，必要时可以依照法律规定协助维护社会秩序；预备役部队平时按照规定进行训练，必要时可以依照法律规定协助维护社会秩序，战时根据国家发布的动员令转为现役部队。

中国人民武装警察部队在国务院、中央军事委员会的领导指挥下，担负国家赋予的安全保卫任务，维护社会秩序。

民兵在军事机关的指挥下，担负战备勤务、防卫作战任务，协助维护社会秩序。

第二十三条 中华人民共和国武装力量的规模应当与保卫国家安全和利益的需要相适应。

第二十四条 中华人民共和国的兵役分为现役和预备役。现役军人和预备役人员的服役制度由法律规定。

国家依照法律规定对现役军人和预备役人员实行衔级制度。

第二十五条 国家禁止任何组织或者个人非法建立武装组织，禁止非法武装活动，禁止冒充现役军人或者武装力量组织。

第四章 边防、海防和空防

第二十六条 中华人民共和国的领陆、内水、领海、领空神圣不可侵犯。国

家加强边防、海防和空防建设，采取有效的防卫和管理措施，保卫领陆、内水、领海、领空的安全，维护国家海洋权益。

第二十七条　中央军事委员会统一领导边防、海防和空防的防卫工作。

地方各级人民政府、国务院有关部门和有关军事机关，按照国家规定的职权范围，分工负责边防、海防和空防的管理和防卫工作，共同维护国家的安全和利益。

第二十八条　国家根据边防、海防和空防的需要，建设作战、指挥、通信、防护、交通、保障等国防设施。各级人民政府和军事机关应当依照法律、法规的规定，保障国防设施的建设，保护国防设施的安全。

第五章　国防科研生产和军事订货

第二十九条　国家建立和完善国防科技工业体系，发展国防科研生产，为武装力量提供性能先进、质量可靠、配套完善、便于操作和维修的武器装备以及其他适用的军用物资，满足国防需要。

第三十条　国防科技工业实行军民结合、平战结合、军品优先、以民养军的方针。

国家统筹规划国防科技工业建设，保持规模适度、专业配套、布局合理的国防科研生产能力。

第三十一条　国家促进国防科学技术进步，加强高新技术研究，发挥高新技术在武器装备发展中的先导作用，增加技术储备，研制新型武器装备。

第三十二条　国家对国防科研生产实行统一领导和计划调控。

国家为承担国防科研生产任务的企业事业单位提供必要的保障条件和优惠政策。地方各级人民政府应当对承担国防科研生产任务的企业事业单位给予协助和支持。

承担国防科研生产任务的企业事业单位必须完成国防科研生产任务，保证武器装备的质量。

第三十三条　国家采取必要措施，培养和造就国防科学技术人才，创造有利的环境和条件，充分发挥他们的作用。

国防科学技术工作者应当受到全社会的尊重。国家逐步提高国防科学技术工作者的待遇，保护其合法权益。

第三十四条　国家根据国防建设的需要和社会主义市场经济的要求，实行国家军事订货制度，保障武器装备和其他军用物资的采购供应。

第六章　国防经费和国防资产

第三十五条　国家保障国防事业的必要经费。国防经费的增长应当与国防需求和国民经济发展水平相适应。

第三十六条　国家对国防经费实行财政拨款制度。

第三十七条　国家为武装力量建设、国防科研生产和其他国防建设直接投入的资金、划拨使用的土地等资源,以及由此形成的用于国防目的的武器装备和设备设施、物资器材、技术成果等属于国防资产。

国防资产归国家所有。

第三十八条　国家根据国防建设和经济建设的需要,确定国防资产的规模、结构和布局,调整和处分国防资产。

国防资产的管理机构和占有、使用单位,应当依法管理国防资产,充分发挥国防资产的效能。

第三十九条　国家保护国防资产不受侵害,保障国防资产的安全、完整和有效。

禁止任何组织或者个人破坏、损害和侵占国防资产。未经国务院、中央军事委员会或者国务院、中央军事委员会授权的机构批准,国防资产的占有、使用单位不得改变国防资产用于国防的目的。国防资产经批准不再用于国防目的的,依照有关法律、法规的规定管理。

第七章　国防教育

第四十条　国家通过开展国防教育,使公民增强国防观念、掌握国防知识、发扬爱国主义精神,自觉履行国防义务。

普及和加强国防教育是全社会的共同责任。

第四十一条　国防教育贯彻全民参与、长期坚持、讲求实效的方针,实行经常教育与集中教育相结合、普及教育与重点教育相结合、理论教育与行为教育相结合的原则。

第四十二条　国务院、中央军事委员会和省、自治区、直辖市人民政府以及有关军事机关,应当采取措施,加强国防教育工作。

一切国家机关和武装力量、各政党和各社会团体、各企业事业单位都应当组织本地区、本部门、本单位开展国防教育。

学校的国防教育是全民国防教育的基础。各级各类学校应当设置适当的国防教育课程,或者在有关课程中增加国防教育的内容。军事机关应当协助学校开展国防教育。

教育、文化、新闻、出版、广播、电影、电视等部门和单位应当密切配合，采取多种形式开展国防教育。

第四十三条　各级人民政府应当将国防教育纳入国民经济和社会发展计划，保障国防教育所需的经费。

第八章　国防动员和战争状态

第四十四条　中华人民共和国的主权、统一、领土完整和安全遭受威胁时，国家依照宪法和法律规定，进行全国总动员或者局部动员。

第四十五条　国家在和平时期进行动员准备，将人民武装动员、国民经济动员、人民防空、国防交通等方面的动员准备纳入国家总体发展规划和计划，完善动员体制，增强动员潜力，提高动员能力。

第四十六条　国家建立战略物资储备制度。战略物资储备应当规模适度、储存安全、调用方便、定期更换，保障战时的需要。

第四十七条　国务院和中央军事委员会共同领导动员准备和动员实施工作。

一切国家机关和武装力量、各政党和各社会团体、各企业事业单位和公民，在和平时期必须依照法律规定完成动员准备工作；在国家发布动员令后，必须完成规定的动员任务。

第四十八条　国家根据动员需要，可以依法征用组织和个人的设备设施、交通工具和其他物资。

县级以上人民政府对被征用者因征用所造成的直接经济损失，按照国家有关规定给予适当补偿。

第四十九条　国家依照宪法规定宣布战争状态，采取各种措施集中人力、物力和财力，领导全体公民保卫祖国，抵抗侵略。

第九章　公民、组织的国防义务和权利

第五十条　依照法律服兵役和参加民兵组织是中华人民共和国公民的光荣义务。

各级兵役机关和基层人民武装机构应当依法办理兵役工作，按照国务院和中央军事委员会的命令完成征兵任务，保证兵员质量。其他有关国家机关、社会团体和企业事业单位应当依法完成民兵和预备役工作，协助兵役机关完成征兵任务。

第五十一条　企业事业单位应当按照国家的要求承担国防科研生产任务，接受国家军事订货，提供符合质量标准的武器装备或者军用物资。

企业事业单位应当按照国家规定，在交通建设中贯彻国防要求。车站、港

口、机场、道路等交通设施的管理单位应当为现役军人和军用车辆、船舶的通行提供优先服务，按照规定给予优待。

第五十二条 公民应当接受国防教育。

公民和组织应当保护国防设施，不得破坏、危害国防设施。

公民和组织应当遵守保密规定，不得泄露国防方面的国家秘密，不得非法持有国防方面的秘密文件、资料和其他秘密物品。

第五十三条 公民和组织应当支持国防建设，为武装力量的军事训练、战备勤务、防卫作战等活动提供便利条件或者其他协助。

第五十四条 公民和组织有对国防建设提出建议的权利，有对危害国防的行为进行制止或者检举的权利。

第五十五条 公民和组织因国防建设和军事活动在经济上受到直接损失的，可以依照国家有关规定取得补偿。

第十章 军人的义务和权益

第五十六条 现役军人必须忠于祖国，履行职责，英勇战斗，不怕牺牲，捍卫祖国的安全、荣誉和利益。

第五十七条 现役军人必须模范地遵守宪法和法律，遵守军事法规，执行命令，严守纪律。

第五十八条 现役军人应当发扬人民军队的优良传统，热爱人民，保护人民，积极参加社会主义物质文明、精神文明建设，完成抢险救灾等任务。

第五十九条 军人应当受到全社会的尊重。

国家采取有效措施保护现役军人的荣誉、人格尊严，对现役军人的婚姻实行特别保护。

现役军人依法履行职责的行为受法律保护。

第六十条 国家和社会优待现役军人。

国家保障现役军人享有与其履行职责相适应的生活福利待遇，对在条件艰苦的边防、海防等地区或者岗位工作的现役军人在生活福利等方面给予优待。

国家实行军人保险制度。

第六十一条 国家妥善安置退出现役的军人，为转业军人提供必要的职业培训，保障离休退休军人的生活福利待遇。

县级以上人民政府负责安置转业军人，根据其在军队的职务等级、贡献和专长安排工作。

接收转业军人的单位应当按照国家有关规定，在生活福利待遇、教育、住房等方面给予优待。

第六十二条　国家和社会抚恤优待残疾军人，对残疾军人的生活和医疗依法给予特别保障。

因战、因公致残或者致病的残疾军人退出现役后，县级以上人民政府应当及时接收安置，并保障其生活不低于当地的平均生活水平。

第六十三条　国家和社会优待现役军人家属，抚恤优待烈士家属和因公牺牲、病故军人的家属，在就业、住房、义务教育等方面给予照顾。

第六十四条　民兵、预备役人员和其他人员依法参加军事训练，担负战备勤务、防卫作战任务时，应当履行自己的职责和义务；国家和社会保障其享有相应的待遇，按照有关规定对其实行抚恤优待。

第十一章　对外军事关系

第六十五条　中华人民共和国坚持互相尊重主权和领土完整、互不侵犯、互不干涉内政、平等互利、和平共处五项原则，独立自主地处理对外军事关系，开展军事交流与合作。

第六十六条　中华人民共和国支持国际社会采取的有利于维护世界和地区和平、安全、稳定的与军事有关的活动，支持国际社会为公正合理地解决国际争端、军备控制和裁军所做的努力。

第六十七条　中华人民共和国在对外军事关系中遵守同外国缔结或者加入、接受的有关条约和协定。

第十二章　附则

第六十八条　本法关于军人的规定，适用于中国人民武装警察部队。

第六十九条　中华人民共和国特别行政区的防务，由特别行政区基本法和有关法律规定。

第七十条　本法自公布之日起施行。

中华人民共和国国防动员法

（2010年2月26日第十一届全国人民代表大会常务委员会第十三次会议通过）

第一章　总则

第一条　为了加强国防建设，完善国防动员制度，保障国防动员工作的顺利

进行,维护国家的主权、统一、领土完整和安全,根据宪法,制定本法。

第二条 国防动员的准备、实施以及相关活动,适用本法。

第三条 国家加强国防动员建设,建立健全与国防安全需要相适应、与经济社会发展相协调、与突发事件应急机制相衔接的国防动员体系,增强国防动员能力。

第四条 国防动员坚持平战结合、军民结合、寓军于民的方针,遵循统一领导、全民参与、长期准备、重点建设、统筹兼顾、有序高效的原则。

第五条 公民和组织在和平时期应当依法完成国防动员准备工作;国家决定实施国防动员后,应当完成规定的国防动员任务。

第六条 国家保障国防动员所需经费。国防动员经费按照事权划分的原则,分别列入中央和地方财政预算。

第七条 国家对在国防动员工作中作出突出贡献的公民和组织,给予表彰和奖励。

第二章 组织领导机构及其职权

第八条 国家的主权、统一、领土完整和安全遭受威胁时,全国人民代表大会常务委员会依照宪法和有关法律的规定,决定全国总动员或者局部动员。国家主席根据全国人民代表大会常务委员会的决定,发布动员令。

第九条 国务院、中央军事委员会共同领导全国的国防动员工作,制定国防动员工作的方针、政策和法规,向全国人民代表大会常务委员会提出实施全国总动员或者局部动员的议案,根据全国人民代表大会常务委员会的决定和国家主席发布的动员令,组织国防动员的实施。

国家的主权、统一、领土完整和安全遭受直接威胁必须立即采取应对措施时,国务院、中央军事委员会可以根据应急处置的需要,采取本法规定的必要的国防动员措施,同时向全国人民代表大会常务委员会报告。

第十条 地方人民政府应当贯彻和执行国防动员工作的方针、政策和法律、法规;国家决定实施国防动员后,应当根据上级下达的国防动员任务,组织本行政区域国防动员的实施。

县级以上地方人民政府依照法律规定的权限管理本行政区域的国防动员工作。

第十一条 县级以上人民政府有关部门和军队有关部门在各自的职责范围内,负责有关的国防动员工作。

第十二条 国家国防动员委员会在国务院、中央军事委员会的领导下负责组织、指导、协调全国的国防动员工作;按照规定的权限和程序议定的事项,由国

务院和中央军事委员会的有关部门按照各自职责分工组织实施。军区国防动员委员会、县级以上地方各级国防动员委员会负责组织、指导、协调本区域的国防动员工作。

第十三条 国防动员委员会的办事机构承担本级国防动员委员会的日常工作,依法履行有关的国防动员职责。

第十四条 国家的主权、统一、领土完整和安全遭受的威胁消除后,应当按照决定实施国防动员的权限和程序解除国防动员的实施措施。

第三章 国防动员计划、实施预案与潜力统计调查

第十五条 国家实行国防动员计划、国防动员实施预案和国防动员潜力统计调查制度。

第十六条 国防动员计划和国防动员实施预案,根据国防动员的方针和原则、国防动员潜力状况和军事需求编制。军事需求由军队有关部门按照规定的权限和程序提出。

国防动员实施预案与突发事件应急处置预案应当在指挥、力量使用、信息和保障等方面相互衔接。

第十七条 各级国防动员计划和国防动员实施预案的编制和审批,按照国家有关规定执行。

第十八条 县级以上人民政府应当将国防动员的相关内容纳入国民经济和社会发展计划。军队有关部门应当将国防动员实施预案纳入战备计划。

县级以上人民政府及其有关部门和军队有关部门应当按照职责落实国防动员计划和国防动员实施预案。

第十九条 县级以上人民政府统计机构和有关部门应当根据国防动员的需要,准确及时地向本级国防动员委员会的办事机构提供有关统计资料。提供的统计资料不能满足需要时,国防动员委员会办事机构可以依据《中华人民共和国统计法》和国家有关规定组织开展国防动员潜力专项统计调查。

第二十条 国家建立国防动员计划和国防动员实施预案执行情况的评估检查制度。

第四章 与国防密切相关的建设项目和重要产品

第二十一条 根据国防动员的需要,与国防密切相关的建设项目和重要产品应当贯彻国防要求,具备国防功能。

第二十二条 与国防密切相关的建设项目和重要产品目录,由国务院经济发展综合管理部门会同国务院其他有关部门以及军队有关部门拟定,报国务院、

中央军事委员会批准。

列入目录的建设项目和重要产品，其军事需求由军队有关部门提出；建设项目审批、核准和重要产品设计定型时，县级以上人民政府有关主管部门应当按照规定征求军队有关部门的意见。

第二十三条 列入目录的建设项目和重要产品，应当依照有关法律、行政法规和贯彻国防要求的技术规范和标准进行设计、生产、施工、监理和验收，保证建设项目和重要产品的质量。

第二十四条 企业事业单位投资或者参与投资列入目录的建设项目建设或者重要产品研究、开发、制造的，依照有关法律、行政法规和国家有关规定，享受补贴或者其他政策优惠。

第二十五条 县级以上人民政府应当对列入目录的建设项目和重要产品贯彻国防要求工作给予指导和政策扶持，有关部门应当按照职责做好有关的管理工作。

第五章 预备役人员的储备与征召

第二十六条 国家实行预备役人员储备制度。

国家根据国防动员的需要，按照规模适度、结构科学、布局合理的原则，储备所需的预备役人员。

国务院、中央军事委员会根据国防动员的需要，决定预备役人员储备的规模、种类和方式。

第二十七条 预备役人员按照专业对口、便于动员的原则，采取预编到现役部队、编入预备役部队、编入民兵组织或者其他形式进行储备。

国家根据国防动员的需要，建立预备役专业技术兵员储备区。

国家为预备役人员训练、储备提供条件和保障。预备役人员应当依法参加训练。

第二十八条 县级以上地方人民政府兵役机关负责组织实施本行政区域预备役人员的储备工作。县级以上地方人民政府有关部门、预备役人员所在乡（镇）人民政府、街道办事处或者企业事业单位，应当协助兵役机关做好预备役人员储备的有关工作。

第二十九条 预编到现役部队和编入预备役部队的预备役人员、预定征召的其他预备役人员，离开预备役登记地一个月以上的，应当向其预备役登记的兵役机关报告。

第三十条 国家决定实施国防动员后，县级人民政府兵役机关应当根据上级的命令，迅速向被征召的预备役人员下达征召通知。

接到征召通知的预备役人员应当按照通知要求，到指定地点报到。

第三十一条　被征召的预备役人员所在单位应当协助兵役机关做好预备役人员的征召工作。

从事交通运输的单位和个人，应当优先运送被征召的预备役人员。

第三十二条　国家决定实施国防动员后，预定征召的预备役人员，未经其预备役登记地的县级人民政府兵役机关批准，不得离开预备役登记地；已经离开预备役登记地的，接到兵役机关通知后，应当立即返回或者到指定地点报到。

第六章　战略物资储备与调用

第三十三条　国家实行适应国防动员需要的战略物资储备和调用制度。

战略物资储备由国务院有关主管部门组织实施。

第三十四条　承担战略物资储备任务的单位，应当按照国家有关规定和标准对储备物资进行保管和维护，定期调整更换，保证储备物资的使用效能和安全。

国家按照有关规定对承担战略物资储备任务的单位给予补贴。

第三十五条　战略物资按照国家有关规定调用。国家决定实施国防动员后，战略物资的调用由国务院和中央军事委员会批准。

第三十六条　国防动员所需的其他物资的储备和调用，依照有关法律、行政法规的规定执行。

第七章　军品科研、生产与维修保障

三十七条　国家建立军品科研、生产和维修保障动员体系，根据战时军队订货和装备保障的需要，储备军品科研、生产和维修保障能力。

本法所称军品，是指用于军事目的的装备、物资以及专用生产设备、器材等。

第三十八条　军品科研、生产和维修保障能力储备的种类、布局和规模，由国务院有关主管部门会同军队有关部门提出方案，报国务院、中央军事委员会批准后组织实施。

第三十九条　承担转产、扩大生产军品和维修保障任务的单位，应当根据所担负的国防动员任务，储备所需的设备、材料、配套产品、技术，建立所需的专业技术队伍，制定和完善预案与措施。

第四十条　各级人民政府应当支持和帮助承担转产、扩大生产军品任务的单位开发和应用先进的军民两用技术，推广军民通用的技术标准，提高转产、扩大生产军品的综合保障能力。

国务院有关主管部门应当对重大的跨地区、跨行业的转产、扩大生产军品任务的实施进行协调,并给予支持。

第四十一条 国家决定实施国防动员后,承担转产、扩大生产军品任务的单位,应当按照国家军事订货合同和转产、扩大生产的要求,组织军品科研、生产,保证军品质量,按时交付订货,协助军队完成维修保障任务。为转产、扩大生产军品提供能源、材料、设备和配套产品的单位,应当优先满足转产、扩大生产军品的需要。

国家对因承担转产、扩大生产军品任务造成直接经济损失的单位给予补偿。

第八章 战争灾害的预防与救助

第四十二条 国家实行战争灾害的预防与救助制度,保护人民生命和财产安全,保障国防动员潜力和持续动员能力。

第四十三条 国家建立军事、经济、社会目标和首脑机关分级防护制度。分级防护标准由国务院、中央军事委员会规定。

军事、经济、社会目标和首脑机关的防护工作,由县级以上人民政府会同有关军事机关共同组织实施。

第四十四条 承担军事、经济、社会目标和首脑机关防护任务的单位,应当制定防护计划和抢险抢修预案,组织防护演练,落实防护措施,提高综合防护效能。

第四十五条 国家建立平战结合的医疗卫生救护体系。国家决定实施国防动员后,动员医疗卫生人员、调用药品器材和设备设施,保障战时医疗救护和卫生防疫。

第四十六条 国家决定实施国防动员后,人员、物资的疏散和隐蔽,在本行政区域进行的,由本级人民政府决定并组织实施;跨行政区域进行的,由相关行政区域共同的上一级人民政府决定并组织实施。

承担人员、物资疏散和隐蔽任务的单位,应当按照有关人民政府的决定,在规定时间内完成疏散和隐蔽任务。

第四十七条 战争灾害发生时,当地人民政府应当迅速启动应急救助机制,组织力量抢救伤员、安置灾民、保护财产,尽快消除战争灾害后果,恢复正常生产生活秩序。

遭受战争灾害的人员和组织应当及时采取自救、互救措施,减少战争灾害造成的损失。

第九章 国防勤务

第四十八条 国家决定实施国防动员后,县级以上人民政府根据国防动员

实施的需要，可以动员符合本法规定条件的公民和组织担负国防勤务。

本法所称国防勤务，是指支援保障军队作战、承担预防与救助战争灾害以及协助维护社会秩序的任务。

第四十九条　十八周岁至六十周岁的男性公民和十八周岁至五十五周岁的女性公民，应当担负国防勤务；但有下列情形之一的，免予担负国防勤务：

（一）在托儿所、幼儿园和孤儿院、养老院、残疾人康复机构、救助站等社会福利机构从事管理和服务工作的公民；

（二）从事义务教育阶段学校教学、管理和服务工作的公民；

（三）怀孕和在哺乳期内的女性公民；

（四）患病无法担负国防勤务的公民；

（五）丧失劳动能力的公民；

（六）在联合国等政府间国际组织任职的公民；

（七）其他经县级以上人民政府决定免予担负国防勤务的公民。

有特殊专长的专业技术人员担负特定的国防勤务，不受前款规定的年龄限制。

第五十条　被确定担负国防勤务的人员，应当服从指挥、履行职责、遵守纪律、保守秘密。担负国防勤务的人员所在单位应当给予支持和协助。

第五十一条　交通运输、邮政、电信、医药卫生、食品和粮食供应、工程建筑、能源化工、大型水利设施、民用核设施、新闻媒体、国防科研生产和市政设施保障等单位，应当依法担负国防勤务。

前款规定的单位平时应当按照专业对口、人员精干、应急有效的原则组建专业保障队伍，组织训练、演练，提高完成国防勤务的能力。

第五十二条　公民和组织担负国防勤务，由县级以上人民政府负责组织。

担负预防与救助战争灾害、协助维护社会秩序勤务的公民和专业保障队伍，由当地人民政府指挥，并提供勤务和生活保障；跨行政区域执行勤务的，由相关行政区域的县级以上地方人民政府组织落实相关保障。

担负支援保障军队作战勤务的公民和专业保障队伍，由军事机关指挥，伴随部队行动的由所在部队提供勤务和生活保障；其他的由当地人民政府提供勤务和生活保障。

第五十三条　担负国防勤务的人员在执行勤务期间，继续享有原工作单位的工资、津贴和其他福利待遇；没有工作单位的，由当地县级人民政府参照民兵执行战备勤务的补贴标准给予补贴；因执行国防勤务伤亡的，由当地县级人民政府依照《军人抚恤优待条例》等有关规定给予抚恤优待。

第十章　民用资源征用与补偿

第五十四条　国家决定实施国防动员后，储备物资无法及时满足动员需要的，县级以上人民政府可以依法对民用资源进行征用。

本法所称民用资源，是指组织和个人所有或者使用的用于社会生产、服务和生活的设施、设备、场所和其他物资。

第五十五条　任何组织和个人都有接受依法征用民用资源的义务。

需要使用民用资源的中国人民解放军现役部队和预备役部队、中国人民武装警察部队、民兵组织，应当提出征用需求，由县级以上地方人民政府统一组织征用。县级以上地方人民政府应当对被征用的民用资源予以登记，向被征用人出具凭证。

第五十六条　下列民用资源免予征用：

（一）个人和家庭生活必需的物品和居住场所；

（二）托儿所、幼儿园和孤儿院、养老院、残疾人康复机构、救助站等社会福利机构保障儿童、老人、残疾人和救助对象生活必需的物品和居住场所；

（三）法律、行政法规规定免予征用的其他民用资源。

第五十七条　被征用的民用资源根据军事要求需要进行改造的，由县级以上地方人民政府会同有关军事机关组织实施。

承担改造任务的单位应当按照使用单位提出的军事要求和改造方案进行改造，并保证按期交付使用。改造所需经费由国家负担。

第五十八条　被征用的民用资源使用完毕，县级以上地方人民政府应当及时组织返还；经过改造的，应当恢复原使用功能后返还；不能修复或者灭失的，以及因征用造成直接经济损失的，按照国家有关规定给予补偿。

第五十九条　中国人民解放军现役部队和预备役部队、中国人民武装警察部队、民兵组织进行军事演习、训练，需要征用民用资源或者采取临时性管制措施的，按照国务院、中央军事委员会的有关规定执行。

第十一章　宣传教育

第六十条　各级人民政府应当组织开展国防动员的宣传教育，增强公民的国防观念和依法履行国防义务的意识。有关军事机关应当协助做好国防动员的宣传教育工作。

第六十一条　国家机关、社会团体、企业事业单位和基层群众性自治组织，应当组织所属人员学习和掌握必要的国防知识与技能。

第六十二条　各级人民政府应当运用各种宣传媒体和宣传手段，对公民进

行爱国主义、革命英雄主义宣传教育，激发公民的爱国热情，鼓励公民踊跃参战支前，采取多种形式开展拥军优属和慰问活动，按照国家有关规定做好抚恤优待工作。

新闻出版、广播影视和网络传媒等单位，应当按照国防动员的要求做好宣传教育和相关工作。

第十二章　特别措施

第六十三条　国家决定实施国防动员后，根据需要，可以依法在实施国防动员的区域采取下列特别措施：

（一）对金融、交通运输、邮政、电信、新闻出版、广播影视、信息网络、能源水源供应、医药卫生、食品和粮食供应、商业贸易等行业实行管制；

（二）对人员活动的区域、时间、方式以及物资、运载工具进出的区域进行必要的限制；

（三）在国家机关、社会团体和企业事业单位实行特殊工作制度；

（四）为武装力量优先提供各种交通保障；

（五）需要采取的其他特别措施。

第六十四条　在全国或者部分省、自治区、直辖市实行特别措施，由国务院、中央军事委员会决定并组织实施；在省、自治区、直辖市范围内的部分地区实行特别措施，由国务院、中央军事委员会决定，由特别措施实施区域所在省、自治区、直辖市人民政府和同级军事机关组织实施。

第六十五条　组织实施特别措施的机关应当在规定的权限、区域和时限内实施特别措施。特别措施实施区域内的公民和组织，应当服从组织实施特别措施的机关的管理。

第六十六条　采取特别措施不再必要时，应当及时终止。

第六十七条　因国家发布动员令，诉讼、行政复议、仲裁活动不能正常进行的，适用有关时效中止和程序中止的规定，但法律另有规定的除外。

第十三章　法律责任

第六十八条　公民有下列行为之一的，由县级人民政府责令限期改正；逾期不改的，强制其履行义务：

（一）预编到现役部队和编入预备役部队的预备役人员、预定征召的其他预备役人员离开预备役登记地一个月以上未向预备役登记的兵役机关报告的；

（二）国家决定实施国防动员后，预定征召的预备役人员未经预备役登记的兵役机关批准离开预备役登记地，或者未按照兵役机关要求及时返回，或者未到

指定地点报到的；

（三）拒绝、逃避征召或者拒绝、逃避担负国防勤务的；

（四）拒绝、拖延民用资源征用或者阻碍对被征用的民用资源进行改造的；

（五）干扰、破坏国防动员工作秩序或者阻碍从事国防动员工作的人员依法履行职责的。

第六十九条 企业事业单位有下列行为之一的，由有关人民政府责令限期改正；逾期不改的，强制其履行义务，并可以处以罚款：

（一）在承建的贯彻国防要求的建设项目中未按照国防要求和技术规范、标准进行设计或者施工、生产的；

（二）因管理不善导致战略储备物资丢失、损坏或者不服从战略物资调用的；

（三）未按照转产、扩大生产军品和维修保障任务的要求进行军品科研、生产和维修保障能力储备，或者未按照规定组建专业技术队伍的；

（四）拒绝、拖延执行专业保障任务的；

（五）拒绝或者故意延误军事订货的；

（六）拒绝、拖延民用资源征用或者阻碍对被征用的民用资源进行改造的；

（七）阻挠公民履行征召、担负国防勤务义务的。

第七十条 有下列行为之一的，对直接负责的主管人员和其他直接责任人员，依法给予处分：

（一）拒不执行上级下达的国防动员命令的；

（二）滥用职权或者玩忽职守，给国防动员工作造成严重损失的；

（三）对征用的民用资源，拒不登记、出具凭证，或者违反规定使用造成严重损坏，以及不按照规定予以返还或者补偿的；

（四）泄露国防动员秘密的；

（五）贪污、挪用国防动员经费、物资的；

（六）滥用职权，侵犯和损害公民或者组织合法权益的。

第七十一条 违反本法规定，构成违反治安管理行为的，依法给予治安管理处罚；构成犯罪的，依法追究刑事责任。

第十四章 附则

第七十二条 本法自 2010 年 7 月 1 日起施行。

中华人民共和国行政许可法

（2003 年 8 月 27 日第十届全国人民代表大会常务委员会第四次会议通过，以中华人民共和国主席令第七号文发布）

第一章　总则

第一条　为了规范行政许可的设定和实施，保护公民、法人和其他组织的合法权益，维护公共利益和社会秩序，保障和监督行政机关有效实施行政管理，根据宪法，制定本法。

第二条　本法所称行政许可，是指行政机关根据公民、法人或者其他组织的申请，经依法审查，准予其从事特定活动的行为。

第三条　行政许可的设定和实施，适用本法。

有关行政机关对其他机关或者对其直接管理的事业单位的人事、财务、外事等事项的审批，不适用本法。

第四条　设定和实施行政许可，应当依照法定的权限、范围、条件和程序。

第五条　设定和实施行政许可，应当遵循公开、公平、公正的原则。

有关行政许可的规定应当公布；未经公布的，不得作为实施行政许可的依据。行政许可的实施和结果，除涉及国家秘密、商业秘密或者个人隐私的外，应当公开。未经申请人同意，行政机关及其人员、参与专家评审等的人员不得披露申请人提交的商业秘密、未披露信息或者保密商务信息，法律另有规定或者涉及国家安全、重大社会公共利益的除外；行政机关依法公开申请人前述信息的，允许申请人在合理期限内提出异议。

符合法定条件、标准的，申请人有依法取得行政许可的平等权利，行政机关不得歧视任何人。

第六条　实施行政许可，应当遵循便民的原则，提高办事效率，提供优质服务。

第七条　公民、法人或者其他组织对行政机关实施行政许可，享有陈述权、申辩权；有权依法申请行政复议或者提起行政诉讼；其合法权益因行政机关违法实施行政许可受到损害的，有权依法要求赔偿。

第八条　公民、法人或者其他组织依法取得的行政许可受法律保护，行政机关不得擅自改变已经生效的行政许可。

行政许可所依据的法律、法规、规章修改或者废止，或者准予行政许可所依

据的客观情况发生重大变化的，为了公共利益的需要，行政机关可以依法变更或者撤回已经生效的行政许可。由此给公民、法人或者其他组织造成财产损失的，行政机关应当依法给予补偿。

第九条 依法取得的行政许可，除法律、法规规定依照法定条件和程序可以转让的外，不得转让。

第十条 县级以上人民政府应当建立健全对行政机关实施行政许可的监督制度，加强对行政机关实施行政许可的监督检查。

行政机关应当对公民、法人或者其他组织从事行政许可事项的活动实施有效监督。

第二章 行政许可的设定

第十一条 设定行政许可，应当遵循经济和社会发展规律，有利于发挥公民、法人或者其他组织的积极性、主动性，维护公共利益和社会秩序，促进经济、社会和生态环境协调发展。

第十二条 下列事项可以设定行政许可：

（一）直接涉及国家安全、公共安全、经济宏观调控、生态环境保护以及直接关系人身健康、生命财产安全等特定活动，需要按照法定条件予以批准的事项；

（二）有限自然资源开发利用、公共资源配置以及直接关系公共利益的特定行业的市场准入等，需要赋予特定权利的事项；

（三）提供公众服务并且直接关系公共利益的职业、行业，需要确定具备特殊信誉、特殊条件或者特殊技能等资格、资质的事项；

（四）直接关系公共安全、人身健康、生命财产安全的重要设备、设施、产品、物品，需要按照技术标准、技术规范，通过检验、检测、检疫等方式进行审定的事项；

（五）企业或者其他组织的设立等，需要确定主体资格的事项；

（六）法律、行政法规规定可以设定行政许可的其他事项。

第十三条 本法第十二条所列事项，通过下列方式能够予以规范的，可以不设行政许可：

（一）公民、法人或者其他组织能够自主决定的；

（二）市场竞争机制能够有效调节的；

（三）行业组织或者中介机构能够自律管理的；

（四）行政机关采用事后监督等其他行政管理方式能够解决的。

第十四条 本法第十二条所列事项，法律可以设定行政许可。尚未制定法律的，行政法规可以设定行政许可。

必要时，国务院可以采用发布决定的方式设定行政许可。实施后，除临时性行政许可事项外，国务院应当及时提请全国人民代表大会及其常务委员会制定法律，或者自行制定行政法规。

第十五条　本法第十二条所列事项，尚未制定法律、行政法规的，地方性法规可以设定行政许可；尚未制定法律、行政法规和地方性法规的，因行政管理的需要，确需立即实施行政许可的，省、自治区、直辖市人民政府规章可以设定临时性的行政许可。临时性的行政许可实施满一年需要继续实施的，应当提请本级人民代表大会及其常务委员会制定地方性法规。

地方性法规和省、自治区、直辖市人民政府规章，不得设定应当由国家统一确定的公民、法人或者其他组织的资格、资质的行政许可；不得设定企业或者其他组织的设立登记及其前置性行政许可。其设定的行政许可，不得限制其他地区的个人或者企业到本地区从事生产经营和提供服务，不得限制其他地区的商品进入本地区市场。

第十六条　行政法规可以在法律设定的行政许可事项范围内，对实施该行政许可作出具体规定。

地方性法规可以在法律、行政法规设定的行政许可事项范围内，对实施该行政许可作出具体规定。

规章可以在上位法设定的行政许可事项范围内，对实施该行政许可作出具体规定。

法规、规章对实施上位法设定的行政许可作出的具体规定，不得增设行政许可；对行政许可条件作出的具体规定，不得增设违反上位法的其他条件。

第十七条　除本法第十四条、第十五条规定的外，其他规范性文件一律不得设定行政许可。

第十八条　设定行政许可，应当规定行政许可的实施机关、条件、程序、期限。

第十九条　起草法律草案、法规草案和省、自治区、直辖市人民政府规章草案，拟设定行政许可的，起草单位应当采取听证会、论证会等形式听取意见，并向制定机关说明设定该行政许可的必要性、对经济和社会可能产生的影响以及听取和采纳意见的情况。

第二十条　行政许可的设定机关应当定期对其设定的行政许可进行评价；对已设定的行政许可，认为通过本法第十三条所列方式能够解决的，应当对设定该行政许可的规定及时予以修改或者废止。

行政许可的实施机关可以对已设定的行政许可的实施情况及存在的必要性适时进行评价，并将意见报告该行政许可的设定机关。

公民、法人或者其他组织可以向行政许可的设定机关和实施机关就行政许可的设定和实施提出意见和建议。

第二十一条 省、自治区、直辖市人民政府对行政法规设定的有关经济事务的行政许可,根据本行政区域经济和社会发展情况,认为通过本法第十三条所列方式能够解决的,报国务院批准后,可以在本行政区域内停止实施该行政许可。

第三章 行政许可的实施机关

第二十二条 行政许可由具有行政许可权的行政机关在其法定职权范围内实施。

第二十三条 法律、法规授权的具有管理公共事务职能的组织,在法定授权范围内,以自己的名义实施行政许可。被授权的组织适用本法有关行政机关的规定。

第二十四条 行政机关在其法定职权范围内,依照法律、法规、规章的规定,可以委托其他行政机关实施行政许可。委托机关应当将受委托行政机关和受委托实施行政许可的内容予以公告。

委托行政机关对受委托行政机关实施行政许可的行为应当负责监督,并对该行为的后果承担法律责任。

受委托行政机关在委托范围内,以委托行政机关名义实施行政许可;不得再委托其他组织或者个人实施行政许可。

第二十五条 经国务院批准,省、自治区、直辖市人民政府根据精简、统一、效能的原则,可以决定一个行政机关行使有关行政机关的行政许可权。

第二十六条 行政许可需要行政机关内设的多个机构办理的,该行政机关应当确定一个机构统一受理行政许可申请,统一送达行政许可决定。

行政许可依法由地方人民政府两个以上部门分别实施的,本级人民政府可以确定一个部门受理行政许可申请并转告有关部门分别提出意见后统一办理,或者组织有关部门联合办理、集中办理。

第二十七条 行政机关实施行政许可,不得向申请人提出购买指定商品、接受有偿服务等不正当要求。

行政机关工作人员办理行政许可,不得索取或者收受申请人的财物,不得谋取其他利益。

第二十八条 对直接关系公共安全、人身健康、生命财产安全的设备、设施、产品、物品的检验、检测、检疫,除法律、行政法规规定由行政机关实施的外,应当逐步由符合法定条件的专业技术组织实施。专业技术组织及其有关人员对所实施的检验、检测、检疫结论承担法律责任。

第四章　行政许可的实施程序

第一节　申请与受理

第二十九条　公民、法人或者其他组织从事特定活动，依法需要取得行政许可的，应当向行政机关提出申请。申请书需要采用格式文本的，行政机关应当向申请人提供行政许可申请书格式文本。申请书格式文本中不得包含与申请行政许可事项没有直接关系的内容。

申请人可以委托代理人提出行政许可申请。但是，依法应当由申请人到行政机关办公场所提出行政许可申请的除外。

行政许可申请可以通过信函、电报、电传、传真、电子数据交换和电子邮件等方式提出。

第三十条　行政机关应当将法律、法规、规章规定的有关行政许可的事项、依据、条件、数量、程序、期限以及需要提交的全部材料的目录和申请书示范文本等在办公场所公示。

申请人要求行政机关对公示内容予以说明、解释的，行政机关应当说明、解释，提供准确、可靠的信息。

第三十一条　申请人申请行政许可，应当如实向行政机关提交有关材料和反映真实情况，并对其申请材料实质内容的真实性负责。行政机关不得要求申请人提交与其申请的行政许可事项无关的技术资料和其他材料。

行政机关及其工作人员不得以转让技术作为取得行政许可的条件；不得在实施行政许可的过程中，直接或者间接地要求转让技术。

第三十二条　行政机关对申请人提出的行政许可申请，应当根据下列情况分别作出处理：

（一）申请事项依法不需要取得行政许可的，应当即时告知申请人不受理；

（二）申请事项依法不属于本行政机关职权范围的，应当即时作出不予受理的决定，并告知申请人向有关行政机关申请；

（三）申请材料存在可以当场更正的错误的，应当允许申请人当场更正；

（四）申请材料不齐全或者不符合法定形式的，应当当场或者在五日内一次告知申请人需要补正的全部内容，逾期不告知的，自收到申请材料之日起即为受理；

（五）申请事项属于本行政机关职权范围，申请材料齐全、符合法定形式，或者申请人按照本行政机关的要求提交全部补正申请材料的，应当受理行政许可申请。

行政机关受理或者不予受理行政许可申请,应当出具加盖本行政机关专用印章和注明日期的书面凭证。

第三十三条 行政机关应当建立和完善有关制度,推行电子政务,在行政机关的网站上公布行政许可事项,方便申请人采取数据电文等方式提出行政许可申请;应当与其他行政机关共享有关行政许可信息,提高办事效率。

第二节 审查与决定

第三十四条 行政机关应当对申请人提交的申请材料进行审查。

申请人提交的申请材料齐全、符合法定形式,行政机关能够当场作出决定的,应当当场作出书面的行政许可决定。

根据法定条件和程序,需要对申请材料的实质内容进行核实的,行政机关应当指派两名以上工作人员进行核查。

第三十五条 依法应当先经下级行政机关审查后报上级行政机关决定的行政许可,下级行政机关应当在法定期限内将初步审查意见和全部申请材料直接报送上级行政机关。上级行政机关不得要求申请人重复提供申请材料。

第三十六条 行政机关对行政许可申请进行审查时,发现行政许可事项直接关系他人重大利益的,应当告知该利害关系人。申请人、利害关系人有权进行陈述和申辩。行政机关应当听取申请人、利害关系人的意见。

第三十七条 行政机关对行政许可申请进行审查后,除当场作出行政许可决定的外,应当在法定期限内按照规定程序作出行政许可决定。

第三十八条 申请人的申请符合法定条件、标准的,行政机关应当依法作出准予行政许可的书面决定。

行政机关依法作出不予行政许可的书面决定的,应当说明理由,并告知申请人享有依法申请行政复议或者提起行政诉讼的权利。

第三十九条 行政机关作出准予行政许可的决定,需要颁发行政许可证件的,应当向申请人颁发加盖本行政机关印章的下列行政许可证件:

(一)许可证、执照或者其他许可证书;

(二)资格证、资质证或者其他合格证书;

(三)行政机关的批准文件或者证明文件;

(四)法律、法规规定的其他行政许可证件。

行政机关实施检验、检测、检疫的,可以在检验、检测、检疫合格的设备、设施、产品、物品上加贴标签或者加盖检验、检测、检疫印章。

第四十条 行政机关作出的准予行政许可决定,应当予以公开,公众有权查阅。

第四十一条　法律、行政法规设定的行政许可，其适用范围没有地域限制的，申请人取得的行政许可在全国范围内有效。

第三节　期限

第四十二条　除可以当场作出行政许可决定的外，行政机关应当自受理行政许可申请之日起二十日内作出行政许可决定。二十日内不能作出决定的，经本行政机关负责人批准，可以延长十日，并应当将延长期限的理由告知申请人。但是，法律、法规另有规定的，依照其规定。

依照本法第二十六条的规定，行政许可采取统一办理或者联合办理、集中办理的，办理的时间不得超过四十五日；四十五日内不能办结的，经本级人民政府负责人批准，可以延长十五日，并应当将延长期限的理由告知申请人。

第四十三条　依法应当先经下级行政机关审查后报上级行政机关决定的行政许可，下级行政机关应当自其受理行政许可申请之日起二十日内审查完毕。但是，法律、法规另有规定的，依照其规定。

第四十四条　行政机关作出准予行政许可的决定，应当自作出决定之日起十日内向申请人颁发、送达行政许可证件，或者加贴标签、加盖检验、检测、检疫印章。

第四十五条　行政机关作出行政许可决定，依法需要听证、招标、拍卖、检验、检测、检疫、鉴定和专家评审的，所需时间不计算在本节规定的期限内。行政机关应当将所需时间书面告知申请人。

第四节　听证

第四十六条　法律、法规、规章规定实施行政许可应当听证的事项，或者行政机关认为需要听证的其他涉及公共利益的重大行政许可事项，行政机关应当向社会公告，并举行听证。

第四十七条　行政许可直接涉及申请人与他人之间重大利益关系的，行政机关在作出行政许可决定前，应当告知申请人、利害关系人享有要求听证的权利；申请人、利害关系人在被告知听证权利之日起五日内提出听证申请的，行政机关应当在二十日内组织听证。

申请人、利害关系人不承担行政机关组织听证的费用。

第四十八条　听证按照下列程序进行：

（一）行政机关应当于举行听证的七日前将举行听证的时间、地点通知申请人、利害关系人，必要时予以公告；

（二）听证应当公开举行；

（三）行政机关应当指定审查该行政许可申请的工作人员以外的人员为听证主持人，申请人、利害关系人认为主持人与该行政许可事项有直接利害关系的，有权申请回避；

（四）举行听证时，审查该行政许可申请的工作人员应当提供审查意见的证据、理由，申请人、利害关系人可以提出证据，并进行申辩和质证；

（五）听证应当制作笔录，听证笔录应当交听证参加人确认无误后签字或者盖章。

行政机关应当根据听证笔录，作出行政许可决定。

第五节　变更与延续

第四十九条　被许可人要求变更行政许可事项的，应当向作出行政许可决定的行政机关提出申请；符合法定条件、标准的，行政机关应当依法办理变更手续。

第五十条　被许可人需要延续依法取得的行政许可的有效期的，应当在该行政许可有效期届满三十日前向作出行政许可决定的行政机关提出申请。但是，法律、法规、规章另有规定的，依照其规定。

行政机关应当根据被许可人的申请，在该行政许可有效期届满前作出是否准予延续的决定；逾期未作决定的，视为准予延续。

第六节　特别规定

第五十一条　实施行政许可的程序，本节有规定的，适用本节规定；本节没有规定的，适用本章其他有关规定。

第五十二条　国务院实施行政许可的程序，适用有关法律、行政法规的规定。

第五十三条　实施本法第十二条第二项所列事项的行政许可的，行政机关应当通过招标、拍卖等公平竞争的方式作出决定。但是，法律、行政法规另有规定的，依照其规定。

行政机关通过招标、拍卖等方式作出行政许可决定的具体程序，依照有关法律、行政法规的规定。

行政机关按照招标、拍卖程序确定中标人、买受人后，应当作出准予行政许可的决定，并依法向中标人、买受人颁发行政许可证件。

行政机关违反本条规定，不采用招标、拍卖方式，或者违反招标、拍卖程序，损害申请人合法权益的，申请人可以依法申请行政复议或者提起行政诉讼。

第五十四条　实施本法第十二条第三项所列事项的行政许可，赋予公民特

定资格，依法应当举行国家考试的，行政机关根据考试成绩和其他法定条件作出行政许可决定；赋予法人或者其他组织特定的资格、资质的，行政机关根据申请人的专业人员构成、技术条件、经营业绩和管理水平等的考核结果作出行政许可决定。但是，法律、行政法规另有规定的，依照其规定。

公民特定资格的考试依法由行政机关或者行业组织实施，公开举行。行政机关或者行业组织应当事先公布资格考试的报名条件、报考办法、考试科目以及考试大纲。但是，不得组织强制性的资格考试的考前培训，不得指定教材或者其他助考材料。

第五十五条　实施本法第十二条第四项所列事项的行政许可的，应当按照技术标准、技术规范依法进行检验、检测、检疫，行政机关根据检验、检测、检疫的结果作出行政许可决定。

行政机关实施检验、检测、检疫，应当自受理申请之日起五日内指派两名以上工作人员按照技术标准、技术规范进行检验、检测、检疫。不需要对检验、检测、检疫结果作进一步技术分析即可认定设备、设施、产品、物品是否符合技术标准、技术规范的，行政机关应当当场作出行政许可决定。

行政机关根据检验、检测、检疫结果，作出不予行政许可决定的，应当书面说明不予行政许可所依据的技术标准、技术规范。

第五十六条　实施本法第十二条第五项所列事项的行政许可，申请人提交的申请材料齐全、符合法定形式的，行政机关应当当场予以登记。需要对申请材料的实质内容进行核实的，行政机关依照本法第三十四条第三款的规定办理。

第五十七条　有数量限制的行政许可，两个或者两个以上申请人的申请均符合法定条件、标准的，行政机关应当根据受理行政许可申请的先后顺序作出准予行政许可的决定。但是，法律、行政法规另有规定的，依照其规定。

第五章　行政许可的费用

第五十八条　行政机关实施行政许可和对行政许可事项进行监督检查，不得收取任何费用。但是，法律、行政法规另有规定的，依照其规定。

行政机关提供行政许可申请书格式文本，不得收费。

行政机关实施行政许可所需经费应当列入本行政机关的预算，由本级财政予以保障，按照批准的预算予以核拨。

第五十九条　行政机关实施行政许可，依照法律、行政法规收取费用的，应当按照公布的法定项目和标准收费；所收取的费用必须全部上缴国库，任何机关或者个人不得以任何形式截留、挪用、私分或者变相私分。财政部门不得以任何形式向行政机关返还或者变相返还实施行政许可所收取的费用。

第六章　监督检查

第六十条　上级行政机关应当加强对下级行政机关实施行政许可的监督检查,及时纠正行政许可实施中的违法行为。

第六十一条　行政机关应当建立健全监督制度,通过核查反映被许可人从事行政许可事项活动情况的有关材料,履行监督责任。

行政机关依法对被许可人从事行政许可事项的活动进行监督检查时,应当将监督检查的情况和处理结果予以记录,由监督检查人员签字后归档。公众有权查阅行政机关监督检查记录。

行政机关应当创造条件,实现与被许可人、其他有关行政机关的计算机档案系统互联,核查被许可人从事行政许可事项活动情况。

第六十二条　行政机关可以对被许可人生产经营的产品依法进行抽样检查、检验、检测,对其生产经营场所依法进行实地检查。检查时,行政机关可以依法查阅或者要求被许可人报送有关材料;被许可人应当如实提供有关情况和材料。

行政机关根据法律、行政法规的规定,对直接关系公共安全、人身健康、生命财产安全的重要设备、设施进行定期检验。对检验合格的,行政机关应当发给相应的证明文件。

第六十三条　行政机关实施监督检查,不得妨碍被许可人正常的生产经营活动,不得索取或者收受被许可人的财物,不得谋取其他利益。

第六十四条　被许可人在作出行政许可决定的行政机关管辖区域外违法从事行政许可事项活动的,违法行为发生地的行政机关应当依法将被许可人的违法事实、处理结果抄告作出行政许可决定的行政机关。

第六十五条　个人和组织发现违法从事行政许可事项的活动,有权向行政机关举报,行政机关应当及时核实、处理。

第六十六条　被许可人未依法履行开发利用自然资源义务或者未依法履行利用公共资源义务的,行政机关应当责令限期改正;被许可人在规定期限内不改正的,行政机关应当依照有关法律、行政法规的规定予以处理。

第六十七条　取得直接关系公共利益的特定行业的市场准入行政许可的被许可人,应当按照国家规定的服务标准、资费标准和行政机关依法规定的条件,向用户提供安全、方便、稳定和价格合理的服务,并履行普遍服务的义务;未经作出行政许可决定的行政机关批准,不得擅自停业、歇业。

被许可人不履行前款规定的义务的,行政机关应当责令限期改正,或者依法采取有效措施督促其履行义务。

第六十八条　对直接关系公共安全、人身健康、生命财产安全的重要设备、设施，行政机关应当督促设计、建造、安装和使用单位建立相应的自检制度。

行政机关在监督检查时，发现直接关系公共安全、人身健康、生命财产安全的重要设备、设施存在安全隐患的，应当责令停止建造、安装和使用，并责令设计、建造、安装和使用单位立即改正。

第六十九条　有下列情形之一的，作出行政许可决定的行政机关或者其上级行政机关，根据利害关系人的请求或者依据职权，可以撤销行政许可：

（一）行政机关工作人员滥用职权、玩忽职守作出准予行政许可决定的；

（二）超越法定职权作出准予行政许可决定的；

（三）违反法定程序作出准予行政许可决定的；

（四）对不具备申请资格或者不符合法定条件的申请人准予行政许可的；

（五）依法可以撤销行政许可的其他情形。

被许可人以欺骗、贿赂等不正当手段取得行政许可的，应当予以撤销。

依照前两款的规定撤销行政许可，可能对公共利益造成重大损害的，不予撤销。

依照本条第一款的规定撤销行政许可，被许可人的合法权益受到损害的，行政机关应当依法给予赔偿。依照本条第二款的规定撤销行政许可的，被许可人基于行政许可取得的利益不受保护。

第七十条　有下列情形之一的，行政机关应当依法办理有关行政许可的注销手续：

（一）行政许可有效期届满未延续的；

（二）赋予公民特定资格的行政许可，该公民死亡或者丧失行为能力的；

（三）法人或者其他组织依法终止的；

（四）行政许可依法被撤销、撤回，或者行政许可证件依法被吊销的；

（五）因不可抗力导致行政许可事项无法实施的；

（六）法律、法规规定的应当注销行政许可的其他情形。

第七章　法 律 责 任

第七十一条　违反本法第十七条规定设定的行政许可，有关机关应当责令设定该行政许可的机关改正，或者依法予以撤销。

第七十二条　行政机关及其工作人员违反本法的规定，有下列情形之一的，由其上级行政机关或者监察机关责令改正；情节严重的，对直接负责的主管人员和其他直接责任人员依法给予行政处分：

（一）对符合法定条件的行政许可申请不予受理的；

（二）不在办公场所公示依法应当公示的材料的；

（三）在受理、审查、决定行政许可过程中，未向申请人、利害关系人履行法定告知义务的；

（四）申请人提交的申请材料不齐全、不符合法定形式，不一次告知申请人必须补正的全部内容的；

（五）违法披露申请人提交的商业秘密、未披露信息或者保密商务信息的；

（六）以转让技术作为取得行政许可的条件，或者在实施行政许可的过程中直接或者间接地要求转让技术的；

（七）未依法说明不受理行政许可申请或者不予行政许可的理由的；

（八）依法应当举行听证而不举行听证的。

第七十三条 行政机关工作人员办理行政许可、实施监督检查，索取或者收受他人财物或者谋取其他利益，构成犯罪的，依法追究刑事责任；尚不构成犯罪的，依法给予行政处分。

第七十四条 行政机关实施行政许可，有下列情形之一的，由其上级行政机关或者监察机关责令改正，对直接负责的主管人员和其他直接责任人员依法给予行政处分；构成犯罪的，依法追究刑事责任：

（一）对不符合法定条件的申请人准予行政许可或者超越法定职权作出准予行政许可决定的；

（二）对符合法定条件的申请人不予行政许可或者不在法定期限内作出准予行政许可决定的；

（三）依法应当根据招标、拍卖结果或者考试成绩择优作出准予行政许可决定，未经招标、拍卖或者考试，或者不根据招标、拍卖结果或者考试成绩择优作出准予行政许可决定的。

第七十五条 行政机关实施行政许可，擅自收费或者不按照法定项目和标准收费的，由其上级行政机关或者监察机关责令退还非法收取的费用；对直接负责的主管人员和其他直接责任人员依法给予行政处分。

截留、挪用、私分或者变相私分实施行政许可依法收取的费用的，予以追缴；对直接负责的主管人员和其他直接责任人员依法给予行政处分；构成犯罪的，依法追究刑事责任。

第七十六条 行政机关违法实施行政许可，给当事人的合法权益造成损害的，应当依照国家赔偿法的规定给予赔偿。

第七十七条 行政机关不依法履行监督职责或者监督不力，造成严重后果的，由其上级行政机关或者监察机关责令改正，对直接负责的主管人员和其他直接责任人员依法给予行政处分；构成犯罪的，依法追究刑事责任。

第七十八条　行政许可申请人隐瞒有关情况或者提供虚假材料申请行政许可的，行政机关不予受理或者不予行政许可，并给予警告；行政许可申请属于直接关系公共安全、人身健康、生命财产安全事项的，申请人在一年内不得再次申请该行政许可。

第七十九条　被许可人以欺骗、贿赂等不正当手段取得行政许可的，行政机关应当依法给予行政处罚；取得的行政许可属于直接关系公共安全、人身健康、生命财产安全事项的，申请人在三年内不得再次申请该行政许可；构成犯罪的，依法追究刑事责任。

第八十条　被许可人有下列行为之一的，行政机关应当依法给予行政处罚；构成犯罪的，依法追究刑事责任：

（一）涂改、倒卖、出租、出借行政许可证件，或者以其他形式非法转让行政许可的；

（二）超越行政许可范围进行活动的；

（三）向负责监督检查的行政机关隐瞒有关情况、提供虚假材料或者拒绝提供反映其活动情况的真实材料的；

（四）法律、法规、规章规定的其他违法行为。

第八十一条　公民、法人或者其他组织未经行政许可，擅自从事依法应当取得行政许可的活动的，行政机关应当依法采取措施予以制止，并依法给予行政处罚；构成犯罪的，依法追究刑事责任。

第八章　附则

第八十二条　本法规定的行政机关实施行政许可的期限以工作日计算，不含法定节假日。

第八十三条　本法自2004年7月1日起施行。

本法施行前有关行政许可的规定，制定机关应当依照本法规定予以清理；不符合本法规定的，自本法施行之日起停止执行。

中华人民共和国保守国家秘密法

（1988年9月5日第七届全国人民代表大会常务委员会第三次会议通过，以中华人民共和国主席令第二十八号文发布，2010年4月29日第十一届全国人民代表大会常务委员会第十四次会议修订）

第一章　总则

第一条　为了保守国家秘密，维护国家安全和利益，保障改革开放和社会主义建设事业的顺利进行，制定本法。

第二条　国家秘密是关系国家安全和利益，依照法定程序确定，在一定时间内只限一定范围的人员知悉的事项。

第三条　国家秘密受法律保护。

一切国家机关、武装力量、政党、社会团体、企业事业单位和公民都有保守国家秘密的义务。

任何危害国家秘密安全的行为，都必须受到法律追究。

第四条　保守国家秘密的工作（以下简称保密工作），实行积极防范、突出重点、依法管理的方针，既确保国家秘密安全，又便利信息资源合理利用。

法律、行政法规规定公开的事项，应当依法公开。

第五条　国家保密行政管理部门主管全国的保密工作。县级以上地方各级保密行政管理部门主管本行政区域的保密工作。

第六条　国家机关和涉及国家秘密的单位（以下简称机关、单位）管理本机关和本单位的保密工作。

中央国家机关在其职权范围内，管理或者指导本系统的保密工作。

第七条　机关、单位应当实行保密工作责任制，健全保密管理制度，完善保密防护措施，开展保密宣传教育，加强保密检查。

第八条　国家对在保守、保护国家秘密以及改进保密技术、措施等方面成绩显著的单位或者个人给予奖励。

第二章　国家秘密的范围和密级

第九条　下列涉及国家安全和利益的事项，泄露后可能损害国家在政治、经济、国防、外交等领域的安全和利益的，应当确定为国家秘密：

（一）国家事务重大决策中的秘密事项；

（二）国防建设和武装力量活动中的秘密事项；

（三）外交和外事活动中的秘密事项以及对外承担保密义务的秘密事项；

（四）国民经济和社会发展中的秘密事项；

（五）科学技术中的秘密事项；

（六）维护国家安全活动和追查刑事犯罪中的秘密事项；

（七）经国家保密行政管理部门确定的其他秘密事项。

政党的秘密事项中符合前款规定的，属于国家秘密。

第十条　国家秘密的密级分为绝密、机密、秘密三级。

绝密级国家秘密是最重要的国家秘密，泄露会使国家安全和利益遭受特别严重的损害；机密级国家秘密是重要的国家秘密，泄露会使国家安全和利益遭受严重的损害；秘密级国家秘密是一般的国家秘密，泄露会使国家安全和利益遭受损害。

第十一条　国家秘密及其密级的具体范围，由国家保密行政管理部门分别会同外交、公安、国家安全和其他中央有关机关规定。

军事方面的国家秘密及其密级的具体范围，由中央军事委员会规定。

国家秘密及其密级的具体范围的规定，应当在有关范围内公布，并根据情况变化及时调整。

第十二条　机关、单位负责人及其指定的人员为定密责任人，负责本机关、本单位的国家秘密确定、变更和解除工作。

机关、单位确定、变更和解除本机关、本单位的国家秘密，应当由承办人提出具体意见，经定密责任人审核批准。

第十三条　确定国家秘密的密级，应当遵守定密权限。

中央国家机关、省级机关及其授权的机关、单位可以确定绝密级、机密级和秘密级国家秘密；设区的市、自治州一级的机关及其授权的机关、单位可以确定机密级和秘密级国家秘密。具体的定密权限、授权范围由国家保密行政管理部门规定。

机关、单位执行上级确定的国家秘密事项，需要定密的，根据所执行的国家秘密事项的密级确定。下级机关、单位认为本机关、本单位产生的有关定密事项属于上级机关、单位的定密权限，应当先行采取保密措施，并立即报请上级机关、单位确定；没有上级机关、单位的，应当立即提请有相应定密权限的业务主管部门或者保密行政管理部门确定。

公安、国家安全机关在其工作范围内按照规定的权限确定国家秘密的密级。

第十四条　机关、单位对所产生的国家秘密事项，应当按照国家秘密及其密级的具体范围的规定确定密级，同时确定保密期限和知悉范围。

第十五条 国家秘密的保密期限,应当根据事项的性质和特点,按照维护国家安全和利益的需要,限定在必要的期限内;不能确定期限的,应当确定解密的条件。

国家秘密的保密期限,除另有规定外,绝密级不超过三十年,机密级不超过二十年,秘密级不超过十年。

机关、单位应当根据工作需要,确定具体的保密期限、解密时间或者解密条件。

机关、单位对在决定和处理有关事项工作过程中确定需要保密的事项,根据工作需要决定公开的,正式公布时即视为解密。

第十六条 国家秘密的知悉范围,应当根据工作需要限定在最小范围。

国家秘密的知悉范围能够限定到具体人员的,限定到具体人员;不能限定到具体人员的,限定到机关、单位,由机关、单位限定到具体人员。

国家秘密的知悉范围以外的人员,因工作需要知悉国家秘密的,应当经过机关、单位负责人批准。

第十七条 机关、单位对承载国家秘密的纸介质、光介质、电磁介质等载体(以下简称国家秘密载体)以及属于国家秘密的设备、产品,应当做出国家秘密标志。

不属于国家秘密的,不应当做出国家秘密标志。

第十八条 国家秘密的密级、保密期限和知悉范围,应当根据情况变化及时变更。国家秘密的密级、保密期限和知悉范围的变更,由原定密机关、单位决定,也可以由其上级机关决定。

国家秘密的密级、保密期限和知悉范围变更的,应当及时书面通知知悉范围内的机关、单位或者人员。

第十九条 国家秘密的保密期限已满的,自行解密。

机关、单位应当定期审核所确定的国家秘密。对在保密期限内因保密事项范围调整不再作为国家秘密事项,或者公开后不会损害国家安全和利益,不需要继续保密的,应当及时解密;对需要延长保密期限的,应当在原保密期限届满前重新确定保密期限。提前解密或者延长保密期限的,由原定密机关、单位决定,也可以由其上级机关决定。

第二十条 机关、单位对是否属于国家秘密或者属于何种密级不明确或者有争议的,由国家保密行政管理部门或者省、自治区、直辖市保密行政管理部门确定。

第三章　保密制度

第二十一条　国家秘密载体的制作、收发、传递、使用、复制、保存、维修和销毁，应当符合国家保密规定。

绝密级国家秘密载体应当在符合国家保密标准的设施、设备中保存，并指定专人管理；未经原定密机关、单位或者其上级机关批准，不得复制和摘抄；收发、传递和外出携带，应当指定人员负责，并采取必要的安全措施。

第二十二条　属于国家秘密的设备、产品的研制、生产、运输、使用、保存、维修和销毁，应当符合国家保密规定。

第二十三条　存储、处理国家秘密的计算机信息系统（以下简称涉密信息系统）按照涉密程度实行分级保护。

涉密信息系统应当按照国家保密标准配备保密设施、设备。保密设施、设备应当与涉密信息系统同步规划，同步建设，同步运行。

涉密信息系统应当按照规定，经检查合格后，方可投入使用。

第二十四条　机关、单位应当加强对涉密信息系统的管理，任何组织和个人不得有下列行为：

（一）将涉密计算机、涉密存储设备接入互联网及其他公共信息网络；

（二）在未采取防护措施的情况下，在涉密信息系统与互联网及其他公共信息网络之间进行信息交换；

（三）使用非涉密计算机、非涉密存储设备存储、处理国家秘密信息；

（四）擅自卸载、修改涉密信息系统的安全技术程序、管理程序；

（五）将未经安全技术处理的退出使用的涉密计算机、涉密存储设备赠送、出售、丢弃或者改作其他用途。

第二十五条　机关、单位应当加强对国家秘密载体的管理，任何组织和个人不得有下列行为：

（一）非法获取、持有国家秘密载体；

（二）买卖、转送或者私自销毁国家秘密载体；

（三）通过普通邮政、快递等无保密措施的渠道传递国家秘密载体；

（四）邮寄、托运国家秘密载体出境；

（五）未经有关主管部门批准，携带、传递国家秘密载体出境。

第二十六条　禁止非法复制、记录、存储国家秘密。

禁止在互联网及其他公共信息网络或者未采取保密措施的有线和无线通信中传递国家秘密。

禁止在私人交往和通信中涉及国家秘密。

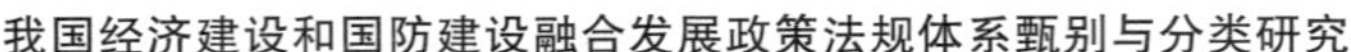

第二十七条 报刊、图书、音像制品、电子出版物的编辑、出版、印制、发行，广播节目、电视节目、电影的制作和播放，互联网、移动通信网等公共信息网络及其他传媒的信息编辑、发布，应当遵守有关保密规定。

第二十八条 互联网及其他公共信息网络运营商、服务商应当配合公安机关、国家安全机关、检察机关对泄密案件进行调查；发现利用互联网及其他公共信息网络发布的信息涉及泄露国家秘密的，应当立即停止传输，保存有关记录，向公安机关、国家安全机关或者保密行政管理部门报告；应当根据公安机关、国家安全机关或者保密行政管理部门的要求，删除涉及泄露国家秘密的信息。

第二十九条 机关、单位公开发布信息以及对涉及国家秘密的工程、货物、服务进行采购时，应当遵守保密规定。

第三十条 机关、单位对外交往与合作中需要提供国家秘密事项，或者任用、聘用的境外人员因工作需要知悉国家秘密的，应当报国务院有关主管部门或者省、自治区、直辖市人民政府有关主管部门批准，并与对方签订保密协议。

第三十一条 举办会议或者其他活动涉及国家秘密的，主办单位应当采取保密措施，并对参加人员进行保密教育，提出具体保密要求。

第三十二条 机关、单位应当将涉及绝密级或者较多机密级、秘密级国家秘密的机构确定为保密要害部门，将集中制作、存放、保管国家秘密载体的专门场所确定为保密要害部位，按照国家保密规定和标准配备、使用必要的技术防护设施、设备。

第三十三条 军事禁区和属于国家秘密不对外开放的其他场所、部位，应当采取保密措施，未经有关部门批准，不得擅自决定对外开放或者扩大开放范围。

第三十四条 从事国家秘密载体制作、复制、维修、销毁，涉密信息系统集成，或者武器装备科研生产等涉及国家秘密业务的企业事业单位，应当经过保密审查，具体办法由国务院规定。

机关、单位委托企业事业单位从事前款规定的业务，应当与其签订保密协议，提出保密要求，采取保密措施。

第三十五条 在涉密岗位工作的人员（以下简称涉密人员），按照涉密程度分为核心涉密人员、重要涉密人员和一般涉密人员，实行分类管理。

任用、聘用涉密人员应当按照有关规定进行审查。

涉密人员应当具有良好的政治素质和品行，具有胜任涉密岗位所要求的工作能力。

涉密人员的合法权益受法律保护。

第三十六条 涉密人员上岗应当经过保密教育培训，掌握保密知识技能，签订保密承诺书，严格遵守保密规章制度，不得以任何方式泄露国家秘密。

第三十七条　涉密人员出境应当经有关部门批准，有关机关认为涉密人员出境将对国家安全造成危害或者对国家利益造成重大损失的，不得批准出境。

第三十八条　涉密人员离岗离职实行脱密期管理。涉密人员在脱密期内，应当按照规定履行保密义务，不得违反规定就业，不得以任何方式泄露国家秘密。

第三十九条　机关、单位应当建立健全涉密人员管理制度，明确涉密人员的权利、岗位责任和要求，对涉密人员履行职责情况开展经常性的监督检查。

第四十条　国家工作人员或者其他公民发现国家秘密已经泄露或者可能泄露时，应当立即采取补救措施并及时报告有关机关、单位。机关、单位接到报告后，应当立即作出处理，并及时向保密行政管理部门报告。

第四章　监督管理

第四十一条　国家保密行政管理部门依照法律、行政法规的规定，制定保密规章和国家保密标准。

第四十二条　保密行政管理部门依法组织开展保密宣传教育、保密检查、保密技术防护和泄密案件查处工作，对机关、单位的保密工作进行指导和监督。

第四十三条　保密行政管理部门发现国家秘密确定、变更或者解除不当的，应当及时通知有关机关、单位予以纠正。

第四十四条　保密行政管理部门对机关、单位遵守保密制度的情况进行检查，有关机关、单位应当配合。保密行政管理部门发现机关、单位存在泄密隐患的，应当要求其采取措施，限期整改；对存在泄密隐患的设施、设备、场所，应当责令停止使用；对严重违反保密规定的涉密人员，应当建议有关机关、单位给予处分并调离涉密岗位；发现涉嫌泄露国家秘密的，应当督促、指导有关机关、单位进行调查处理。涉嫌犯罪的，移送司法机关处理。

第四十五条　保密行政管理部门对保密检查中发现的非法获取、持有的国家秘密载体，应当予以收缴。

第四十六条　办理涉嫌泄露国家秘密案件的机关，需要对有关事项是否属于国家秘密以及属于何种密级进行鉴定的，由国家保密行政管理部门或者省、自治区、直辖市保密行政管理部门鉴定。

第四十七条　机关、单位对违反保密规定的人员不依法给予处分的，保密行政管理部门应当建议纠正，对拒不纠正的，提请其上一级机关或者监察机关对该机关、单位负有责任的领导人员和直接责任人员依法予以处理。

第五章　法律责任

第四十八条　违反本法规定，有下列行为之一的，依法给予处分；构成犯罪的，依法追究刑事责任：

（一）非法获取、持有国家秘密载体的；

（二）买卖、转送或者私自销毁国家秘密载体的；

（三）通过普通邮政、快递等无保密措施的渠道传递国家秘密载体的；

（四）邮寄、托运国家秘密载体出境，或者未经有关主管部门批准，携带、传递国家秘密载体出境的；

（五）非法复制、记录、存储国家秘密的；

（六）在私人交往和通信中涉及国家秘密的；

（七）在互联网及其他公共信息网络或者未采取保密措施的有线和无线通信中传递国家秘密的；

（八）将涉密计算机、涉密存储设备接入互联网及其他公共信息网络的；

（九）在未采取防护措施的情况下，在涉密信息系统与互联网及其他公共信息网络之间进行信息交换的；

（十）使用非涉密计算机、非涉密存储设备存储、处理国家秘密信息的；

（十一）擅自卸载、修改涉密信息系统的安全技术程序、管理程序的；

（十二）将未经安全技术处理的退出使用的涉密计算机、涉密存储设备赠送、出售、丢弃或者改作其他用途的。

有前款行为尚不构成犯罪，且不适用处分的人员，由保密行政管理部门督促其所在机关、单位予以处理。

第四十九条　机关、单位违反本法规定，发生重大泄密案件的，由有关机关、单位依法对直接负责的主管人员和其他直接责任人员给予处分；不适用处分的人员，由保密行政管理部门督促其主管部门予以处理。

机关、单位违反本法规定，对应当定密的事项不定密，或者对不应当定密的事项定密，造成严重后果的，由有关机关、单位依法对直接负责的主管人员和其他直接责任人员给予处分。

第五十条　互联网及其他公共信息网络运营商、服务商违反本法第二十八条规定的，由公安机关或者国家安全机关、信息产业主管部门按照各自职责分工依法予以处罚。

第五十一条　保密行政管理部门的工作人员在履行保密管理职责中滥用职权、玩忽职守、徇私舞弊的，依法给予处分；构成犯罪的，依法追究刑事责任。

第六章 附则

第五十二条 中央军事委员会根据本法制定中国人民解放军保密条例。

第五十三条 本法自2010年10月1日起施行。

中华人民共和国促进科技成果转化法

（1996年5月15日第八届全国人民代表大会常务委员会第十九次会议通过，以中华人民共和国主席令第六十八号文发布，2015年8月29日第十二届全国人民代表大会常务委员会第十六次会议修正）

第一章 总则

第一条 为了促进科技成果转化为现实生产力，规范科技成果转化活动，加速科学技术进步，推动经济建设和社会发展，制定本法。

第二条 本法所称科技成果，是指通过科学研究与技术开发所产生的具有实用价值的成果。职务科技成果，是指执行研究开发机构、高等院校和企业等单位的工作任务，或者主要是利用上述单位的物质技术条件所完成的科技成果。

本法所称科技成果转化，是指为提高生产力水平而对科技成果所进行的后续试验、开发、应用、推广直至形成新技术、新工艺、新材料、新产品，发展新产业等活动。

第三条 科技成果转化活动应当有利于加快实施创新驱动发展战略，促进科技与经济的结合，有利于提高经济效益、社会效益和保护环境、合理利用资源，有利于促进经济建设、社会发展和维护国家安全。

科技成果转化活动应当尊重市场规律，发挥企业的主体作用，遵循自愿、互利、公平、诚实信用的原则，依照法律法规规定和合同约定，享有权益，承担风险。科技成果转化活动中的知识产权受法律保护。

科技成果转化活动应当遵守法律法规，维护国家利益，不得损害社会公共利益和他人合法权益。

第四条 国家对科技成果转化合理安排财政资金投入，引导社会资金投入，推动科技成果转化资金投入的多元化。

第五条 国务院和地方各级人民政府应当加强科技、财政、投资、税收、人才、产业、金融、政府采购、军民融合等政策协同，为科技成果转化创造良好环境。

地方各级人民政府根据本法规定的原则,结合本地实际,可以采取更加有利于促进科技成果转化的措施。

第六条 国家鼓励科技成果首先在中国境内实施。中国单位或者个人向境外的组织、个人转让或者许可其实施科技成果的,应当遵守相关法律、行政法规以及国家有关规定。

第七条 国家为了国家安全、国家利益和重大社会公共利益的需要,可以依法组织实施或者许可他人实施相关科技成果。

第八条 国务院科学技术行政部门、经济综合管理部门和其他有关行政部门依照国务院规定的职责,管理、指导和协调科技成果转化工作。

地方各级人民政府负责管理、指导和协调本行政区域内的科技成果转化工作。

第二章 组织实施

第九条 国务院和地方各级人民政府应当将科技成果的转化纳入国民经济和社会发展计划,并组织协调实施有关科技成果的转化。

第十条 利用财政资金设立应用类科技项目和其他相关科技项目,有关行政部门、管理机构应当改进和完善科研组织管理方式,在制定相关科技规划、计划和编制项目指南时应当听取相关行业、企业的意见;在组织实施应用类科技项目时,应当明确项目承担者的科技成果转化义务,加强知识产权管理,并将科技成果转化和知识产权创造、运用作为立项和验收的重要内容和依据。

第十一条 国家建立、完善科技报告制度和科技成果信息系统,向社会公布科技项目实施情况以及科技成果和相关知识产权信息,提供科技成果信息查询、筛选等公益服务。公布有关信息不得泄露国家秘密和商业秘密。对不予公布的信息,有关部门应当及时告知相关科技项目承担者。

利用财政资金设立的科技项目的承担者应当按照规定及时提交相关科技报告,并将科技成果和相关知识产权信息汇交到科技成果信息系统。

国家鼓励利用非财政资金设立的科技项目的承担者提交相关科技报告,将科技成果和相关知识产权信息汇交到科技成果信息系统,县级以上人民政府负责相关工作的部门应当为其提供方便。

第十二条 对下列科技成果转化项目,国家通过政府采购、研究开发资助、发布产业技术指导目录、示范推广等方式予以支持:

(一)能够显著提高产业技术水平、经济效益或者能够形成促进社会经济健康发展的新产业的;

(二)能够显著提高国家安全能力和公共安全水平的;

（三）能够合理开发和利用资源、节约能源、降低消耗以及防治环境污染、保护生态、提高应对气候变化和防灾减灾能力的；

（四）能够改善民生和提高公共健康水平的；

（五）能够促进现代农业或者农村经济发展的；

（六）能够加快民族地区、边远地区、贫困地区社会经济发展的。

第十三条　国家通过制定政策措施，提倡和鼓励采用先进技术、工艺和装备，不断改进、限制使用或者淘汰落后技术、工艺和装备。

第十四条　国家加强标准制定工作，对新技术、新工艺、新材料、新产品依法及时制定国家标准、行业标准，积极参与国际标准的制定，推动先进适用技术推广和应用。

国家建立有效的军民科技成果相互转化体系，完善国防科技协同创新体制机制。军品科研生产应当依法优先采用先进适用的民用标准，推动军用、民用技术相互转移、转化。

第十五条　各级人民政府组织实施的重点科技成果转化项目，可以由有关部门组织采用公开招标的方式实施转化。有关部门应当对中标单位提供招标时确定的资助或者其他条件。

第十六条　科技成果持有者可以采用下列方式进行科技成果转化：

（一）自行投资实施转化；

（二）向他人转让该科技成果；

（三）许可他人使用该科技成果；

（四）以该科技成果作为合作条件，与他人共同实施转化；

（五）以该科技成果作价投资，折算股份或者出资比例；

（六）其他协商确定的方式。

第十七条　国家鼓励研究开发机构、高等院校采取转让、许可或者作价投资等方式，向企业或者其他组织转移科技成果。

国家设立的研究开发机构、高等院校应当加强对科技成果转化的管理、组织和协调，促进科技成果转化队伍建设，优化科技成果转化流程，通过本单位负责技术转移工作的机构或者委托独立的科技成果转化服务机构开展技术转移。

第十八条　国家设立的研究开发机构、高等院校对其持有的科技成果，可以自主决定转让、许可或者作价投资，但应当通过协议定价、在技术交易市场挂牌交易、拍卖等方式确定价格。通过协议定价的，应当在本单位公示科技成果名称和拟交易价格。

第十九条　国家设立的研究开发机构、高等院校所取得的职务科技成果，完成人和参加人在不变更职务科技成果权属的前提下，可以根据与本单位的协议

进行该项科技成果的转化，并享有协议规定的权益。该单位对上述科技成果转化活动应当予以支持。

科技成果完成人或者课题负责人，不得阻碍职务科技成果的转化，不得将职务科技成果及其技术资料和数据占为己有，侵犯单位的合法权益。

第二十条 研究开发机构、高等院校的主管部门以及财政、科学技术等相关行政部门应当建立有利于促进科技成果转化的绩效考核评价体系，将科技成果转化情况作为对相关单位及人员评价、科研资金支持的重要内容和依据之一，并对科技成果转化绩效突出的相关单位及人员加大科研资金支持。

国家设立的研究开发机构、高等院校应当建立符合科技成果转化工作特点的职称评定、岗位管理和考核评价制度，完善收入分配激励约束机制。

第二十一条 国家设立的研究开发机构、高等院校应当向其主管部门提交科技成果转化情况年度报告，说明本单位依法取得的科技成果数量、实施转化情况以及相关收入分配情况，该主管部门应当按照规定将科技成果转化情况年度报告报送财政、科学技术等相关行政部门。

第二十二条 企业为采用新技术、新工艺、新材料和生产新产品，可以自行发布信息或者委托科技中介服务机构征集其所需的科技成果，或者征寻科技成果转化的合作者。

县级以上地方各级人民政府科学技术行政部门和其他有关部门应当根据职责分工，为企业获取所需的科技成果提供帮助和支持。

第二十三条 企业依法有权独立或者与境内外企业、事业单位和其他合作者联合实施科技成果转化。

企业可以通过公平竞争，独立或者与其他单位联合承担政府组织实施的科技研究开发和科技成果转化项目。

第二十四条 对利用财政资金设立的具有市场应用前景、产业目标明确的科技项目，政府有关部门、管理机构应当发挥企业在研究开发方向选择、项目实施和成果应用中的主导作用，鼓励企业、研究开发机构、高等院校及其他组织共同实施。

第二十五条 国家鼓励研究开发机构、高等院校与企业相结合，联合实施科技成果转化。

研究开发机构、高等院校可以参与政府有关部门或者企业实施科技成果转化的招标投标活动。

第二十六条 国家鼓励企业与研究开发机构、高等院校及其他组织采取联合建立研究开发平台、技术转移机构或者技术创新联盟等产学研合作方式，共同开展研究开发、成果应用与推广、标准研究与制定等活动。

合作各方应当签订协议,依法约定合作的组织形式、任务分工、资金投入、知识产权归属、权益分配、风险分担和违约责任等事项。

第二十七条 国家鼓励研究开发机构、高等院校与企业及其他组织开展科技人员交流,根据专业特点、行业领域技术发展需要,聘请企业及其他组织的科技人员兼职从事教学和科研工作,支持本单位的科技人员到企业及其他组织从事科技成果转化活动。

第二十八条 国家支持企业与研究开发机构、高等院校、职业院校及培训机构联合建立学生实习实践培训基地和研究生科研实践工作机构,共同培养专业技术人才和高技能人才。

第二十九条 国家鼓励农业科研机构、农业试验示范单位独立或者与其他单位合作实施农业科技成果转化。

第三十条 国家培育和发展技术市场,鼓励创办科技中介服务机构,为技术交易提供交易场所、信息平台以及信息检索、加工与分析、评估、经纪等服务。

科技中介服务机构提供服务,应当遵循公正、客观的原则,不得提供虚假的信息和证明,对其在服务过程中知悉的国家秘密和当事人的商业秘密负有保密义务。

第三十一条 国家支持根据产业和区域发展需要建设公共研究开发平台,为科技成果转化提供技术集成、共性技术研究开发、中间试验和工业性试验、科技成果系统化和工程化开发、技术推广与示范等服务。

第三十二条 国家支持科技企业孵化器、大学科技园等科技企业孵化机构发展,为初创期科技型中小企业提供孵化场地、创业辅导、研究开发与管理咨询等服务。

第三章 保障措施

第三十三条 科技成果转化财政经费,主要用于科技成果转化的引导资金、贷款贴息、补助资金和风险投资以及其他促进科技成果转化的资金用途。

第三十四条 国家依照有关税收法律、行政法规规定对科技成果转化活动实行税收优惠。

第三十五条 国家鼓励银行业金融机构在组织形式、管理机制、金融产品和服务等方面进行创新,鼓励开展知识产权质押贷款、股权质押贷款等贷款业务,为科技成果转化提供金融支持。

国家鼓励政策性金融机构采取措施,加大对科技成果转化的金融支持。

第三十六条 国家鼓励保险机构开发符合科技成果转化特点的保险品种,为科技成果转化提供保险服务。

第三十七条 国家完善多层次资本市场,支持企业通过股权交易、依法发行股票和债券等直接融资方式为科技成果转化项目进行融资。

第三十八条 国家鼓励创业投资机构投资科技成果转化项目。

国家设立的创业投资引导基金,应当引导和支持创业投资机构投资初创期科技型中小企业。

第三十九条 国家鼓励设立科技成果转化基金或者风险基金,其资金来源由国家、地方、企业、事业单位以及其他组织或者个人提供,用于支持高投入、高风险、高产出的科技成果的转化,加速重大科技成果的产业化。

科技成果转化基金和风险基金的设立及其资金使用,依照国家有关规定执行。

第四章 技术权益

第四十条 科技成果完成单位与其他单位合作进行科技成果转化的,应当依法由合同约定该科技成果有关权益的归属。合同未作约定的,按照下列原则办理:

(一)在合作转化中无新的发明创造的,该科技成果的权益,归该科技成果完成单位;

(二)在合作转化中产生新的发明创造的,该新发明创造的权益归合作各方共有;

(三)对合作转化中产生的科技成果,各方都有实施该项科技成果的权利,转让该科技成果应经合作各方同意。

第四十一条 科技成果完成单位与其他单位合作进行科技成果转化的,合作各方应当就保守技术秘密达成协议;当事人不得违反协议或者违反权利人有关保守技术秘密的要求,披露、允许他人使用该技术。

第四十二条 企业、事业单位应当建立健全技术秘密保护制度,保护本单位的技术秘密。职工应当遵守本单位的技术秘密保护制度。

企业、事业单位可以与参加科技成果转化的有关人员签订在职期间或者离职、离休、退休后一定期限内保守本单位技术秘密的协议;有关人员不得违反协议约定,泄露本单位的技术秘密和从事与原单位相同的科技成果转化活动。

职工不得将职务科技成果擅自转让或者变相转让。

第四十三条 国家设立的研究开发机构、高等院校转化科技成果所获得的收入全部留归本单位,在对完成、转化职务科技成果做出重要贡献的人员给予奖励和报酬后,主要用于科学技术研究开发与成果转化等相关工作。

第四十四条 职务科技成果转化后,由科技成果完成单位对完成、转化该项

科技成果做出重要贡献的人员给予奖励和报酬。

科技成果完成单位可以规定或者与科技人员约定奖励和报酬的方式、数额和时限。单位制定相关规定，应当充分听取本单位科技人员的意见，并在本单位公开相关规定。

第四十五条　科技成果完成单位未规定、也未与科技人员约定奖励和报酬的方式和数额的，按照下列标准对完成、转化职务科技成果做出重要贡献的人员给予奖励和报酬：

（一）将该项职务科技成果转让、许可给他人实施的，从该项科技成果转让净收入或者许可净收入中提取不低于百分之五十的比例；

（二）利用该项职务科技成果作价投资的，从该项科技成果形成的股份或者出资比例中提取不低于百分之五十的比例；

（三）将该项职务科技成果自行实施或者与他人合作实施的，应当在实施转化成功投产后连续三至五年，每年从实施该项科技成果的营业利润中提取不低于百分之五的比例。

国家设立的研究开发机构、高等院校规定或者与科技人员约定奖励和报酬的方式和数额应当符合前款第一项至第三项规定的标准。

国有企业、事业单位依照本法规定对完成、转化职务科技成果做出重要贡献的人员给予奖励和报酬的支出计入当年本单位工资总额，但不受当年本单位工资总额限制、不纳入本单位工资总额基数。

第五章　法律责任

第四十六条　利用财政资金设立的科技项目的承担者未依照本法规定提交科技报告、汇交科技成果和相关知识产权信息的，由组织实施项目的政府有关部门、管理机构责令改正；情节严重的，予以通报批评，禁止其在一定期限内承担利用财政资金设立的科技项目。

国家设立的研究开发机构、高等院校未依照本法规定提交科技成果转化情况年度报告的，由其主管部门责令改正；情节严重的，予以通报批评。

第四十七条　违反本法规定，在科技成果转化活动中弄虚作假，采取欺骗手段，骗取奖励和荣誉称号、诈骗钱财、非法牟利的，由政府有关部门依照管理职责责令改正，取消该奖励和荣誉称号，没收违法所得，并处以罚款。给他人造成经济损失的，依法承担民事赔偿责任。构成犯罪的，依法追究刑事责任。

第四十八条　科技服务机构及其从业人员违反本法规定，故意提供虚假的信息、实验结果或者评估意见等欺骗当事人，或者与当事人一方串通欺骗另一方当事人的，由政府有关部门依照管理职责责令改正，没收违法所得，并处以罚款；

情节严重的，由工商行政管理部门依法吊销营业执照。给他人造成经济损失的，依法承担民事赔偿责任；构成犯罪的，依法追究刑事责任。

科技中介服务机构及其从业人员违反本法规定泄露国家秘密或者当事人的商业秘密的，依照有关法律、行政法规的规定承担相应的法律责任。

第四十九条 科学技术行政部门和其他有关部门及其工作人员在科技成果转化中滥用职权、玩忽职守、徇私舞弊的，由任免机关或者监察机关对直接负责的主管人员和其他直接责任人员依法给予处分；构成犯罪的，依法追究刑事责任。

第五十条 违反本法规定，以唆使窃取、利诱胁迫等手段侵占他人的科技成果，侵犯他人合法权益的，依法承担民事赔偿责任，可以处以罚款；构成犯罪的，依法追究刑事责任。

第五十一条 违反本法规定，职工未经单位允许，泄露本单位的技术秘密，或者擅自转让、变相转让职务科技成果的，参加科技成果转化的有关人员违反与本单位的协议，在离职、离休、退休后约定的期限内从事与原单位相同的科技成果转化活动，给本单位造成经济损失的，依法承担民事赔偿责任；构成犯罪的，依法追究刑事责任。

第六章　附则

第五十二条 本法自 1996 年 10 月 1 日起施行。

第二章　我国经济建设和国防建设融合发展方面的规范性文件

代表性法规文件汇总表(不含地方)见表2－1。

表2－1　代表性法规文件汇总表(不含地方)

<table>
<tr><th>类型</th><th>综合性法律及政策制度和法律法规文件名称</th><th>颁布机关</th><th>颁布时间/年</th></tr>
<tr><td rowspan="11">中央政策制度和法律法规</td><td>国防计量监督管理条例</td><td>国务院
中央军委</td><td>1990</td></tr>
<tr><td>国防专利条例</td><td rowspan="2">国务院
中央军委</td><td>2004</td></tr>
<tr><td>国务院关于鼓励支持和引导个体私营等非公有制经济发展的若干意见(老“非公”36条)</td><td>2005</td></tr>
<tr><td>国务院关于加快振兴装备制造业的若干意见</td><td>国务院</td><td>2005</td></tr>
<tr><td>武器装备科研生产许可管理条例</td><td>国务院
中央军委</td><td rowspan="2">2008</td></tr>
<tr><td>国家知识产权战略纲要</td><td>国务院</td></tr>
<tr><td>武器装备质量管理条例</td><td rowspan="2">国务院
中央军委</td><td rowspan="2">2010</td></tr>
<tr><td>国务院 中央军委关于建立和完善军民结合 寓军于民武器装备科研生产体系的若干意见</td></tr>
<tr><td>国务院关于鼓励和引导民间投资健康发展的若干意见(新“非公”36条)</td><td>国务院</td><td>2010</td></tr>
<tr><td>军工关键设备设施管理条例</td><td>国务院
中央军委</td><td>2011</td></tr>
<tr><td>国务院关于印发国家重大科技基础设施建设中长期规划(2012—2030年)的通知</td><td>国务院</td><td>2013</td></tr>
</table>

国防专利条例

（中华人民共和国国务院、中华人民共和国
中央军事委员会令第418号）

第一章　总则

第一条　为了保护有关国防的发明专利权，确保国家秘密，便利发明创造的推广应用，促进国防科学技术的发展，适应国防现代化建设的需要，根据《中华人民共和国专利法》，制定本条例。

第二条　国防专利是指涉及国防利益以及对国防建设具有潜在作用需要保密的发明专利。

第三条　国家国防专利机构（以下简称国防专利机构）负责受理和审查国防专利申请。经国防专利机构审查认为符合本条例规定的，由国务院专利行政部门授予国防专利权。

国务院国防科学技术工业主管部门和中国人民解放军总装备部（以下简称总装备部）分别负责地方系统和军队系统的国防专利管理工作。

第四条　涉及国防利益或者对国防建设具有潜在作用被确定为绝密级国家秘密的发明不得申请国防专利。

国防专利申请以及国防专利的保密工作，在解密前依照《中华人民共和国保守国家秘密法》和国家有关规定进行管理。

第五条　国防专利权的保护期限为20年，自申请日起计算。

第六条　国防专利在保护期内，因情况变化需要变更密级、解密或者国防专利权终止后需要延长保密期限的，国防专利机构可以作出变更密级、解密或者延长保密期限的决定；但是对在申请国防专利前已被确定为国家秘密的，应当征得原确定密级和保密期限的机关、单位或者其上级机关的同意。

被授予国防专利权的单位或者个人（以下统称国防专利权人）可以向国防专利机构提出变更密级、解密或者延长保密期限的书面申请；属于国有企业事业单位或者军队单位的，应当附送原确定密级和保密期限的机关、单位或者其上级机关的意见。

国防专利机构应当将变更密级、解密或者延长保密期限的决定，在该机构出版的《国防专利内部通报》上刊登，并通知国防专利权人，同时将解密的国防专利报送国务院专利行政部门转为普通专利。国务院专利行政部门应当及时将解密

的国防专利向社会公告。

第七条　国防专利申请权和国防专利权经批准可以向国内的中国单位和个人转让。

转让国防专利申请权或者国防专利权，应当确保国家秘密不被泄露，保证国防和军队建设不受影响，并向国防专利机构提出书面申请，由国防专利机构进行初步审查后依照本条例第三条第二款规定的职责分工，及时报送国务院国防科学技术工业主管部门、总装备部审批。

国务院国防科学技术工业主管部门、总装备部应当自国防专利机构受理申请之日起30日内作出批准或者不批准的决定；作出不批准决定的，应当书面通知申请人并说明理由。

经批准转让国防专利申请权或者国防专利权的，当事人应当订立书面合同，并向国防专利机构登记，由国防专利机构在《国防专利内部通报》上刊登。国防专利申请权或者国防专利权的转让自登记之日起生效。

第八条　禁止向国外的单位和个人以及在国内的外国人和外国机构转让国防专利申请权和国防专利权。

第九条　需要委托专利代理机构申请国防专利和办理其他国防专利事务的，应当委托国防专利机构指定的专利代理机构办理。专利代理机构及其工作人员对在办理国防专利申请和其他国防专利事务过程中知悉的国家秘密，负有保密义务。

第二章　国防专利的申请、审查和授权

第十条　申请国防专利的，应当向国防专利机构提交请求书、说明书及其摘要和权利要求书等文件。

国防专利申请人应当按照国防专利机构规定的要求和统一格式撰写申请文件，并亲自送交或者经过机要通信以及其他保密方式传交国防专利机构，不得按普通函件邮寄。

国防专利机构收到国防专利申请文件之日为申请日；申请文件通过机要通信邮寄的，以寄出的邮戳日为申请日。

第十一条　国防专利机构定期派人到国务院专利行政部门查看普通专利申请，发现其中有涉及国防利益或者对国防建设具有潜在作用需要保密的，经国务院专利行政部门同意后转为国防专利申请，并通知申请人。

普通专利申请转为国防专利申请后，国防专利机构依照本条例的有关规定对该国防专利申请进行审查。

第十二条　授予国防专利权的发明，应当具备新颖性、创造性和实用性。

新颖性，是指在申请日之前没有同样的发明在国外出版物上公开发表过、在国内出版物上发表过、在国内使用过或者以其他方式为公众所知，也没有同样的发明由他人提出过申请并在申请日以后获得国防专利权。

创造性，是指同申请日之前已有的技术相比，该发明有突出的实质性特点和显著的进步。

实用性，是指该发明能够制造或者使用，并且能够产生积极效果。

第十三条 申请国防专利的发明在申请日之前6个月内，有下列情形之一的，不丧失新颖性：

（一）在国务院有关主管部门、中国人民解放军有关主管部门举办的内部展览会上首次展出的；

（二）在国务院有关主管部门、中国人民解放军有关主管部门召开的内部学术会议或者技术会议上首次发表的；

（三）他人未经国防专利申请人同意而泄露其内容的。

有前款所列情形的，国防专利申请人应当在申请时声明，并自申请日起2个月内提供有关证明文件。

第十四条 国防专利机构对国防专利申请进行审查后，认为不符合本条例规定的，应当通知国防专利申请人在指定的期限内陈述意见或者对其国防专利申请进行修改、补正；无正当理由逾期不答复的，该国防专利申请即被视为撤回。

国防专利申请人在自申请日起6个月内或者在对第一次审查意见通知书进行答复时，可以对其国防专利申请主动提出修改。

申请人对其国防专利申请文件进行修改不得超出原说明书和权利要求书记载的范围。

第十五条 国防专利申请人陈述意见或者对国防专利申请进行修改、补正后，国防专利机构认为仍然不符合本条例规定的，应当予以驳回。

第十六条 国防专利机构设立国防专利复审委员会，负责国防专利的复审和无效宣告工作。

国防专利复审委员会由技术专家和法律专家组成，其主任委员由国防专利机构负责人兼任。

第十七条 国防专利申请人对国防专利机构驳回申请的决定不服的，可以自收到通知之日起3个月内，向国防专利复审委员会请求复审。国防专利复审委员会复审并作出决定后，通知国防专利申请人。

第十八条 国防专利申请经审查认为没有驳回理由或者驳回后经过复审认为不应当驳回的，由国务院专利行政部门作出授予国防专利权的决定，并委托国防专利机构颁发国防专利证书，同时在国务院专利行政部门出版的专利公报上

公告该国防专利的申请日、授权日和专利号。国防专利机构应当将该国防专利的有关事项予以登记,并在《国防专利内部通报》上刊登。

第十九条　任何单位或者个人认为国防专利权的授予不符合本条例规定的,可以向国防专利复审委员会提出宣告该国防专利权无效的请求。

第二十条　国防专利复审委员会对宣告国防专利权无效的请求进行审查并作出决定后,通知请求人和国防专利权人。宣告国防专利权无效的决定,国防专利机构应当予以登记并在《国防专利内部通报》上刊登,国务院专利行政部门应当在专利公报上公布。

第三章　国防专利的实施

第二十一条　国防专利机构应当自授予国防专利权之日起 3 个月内,将该国防专利有关文件副本送交国务院有关主管部门或者中国人民解放军有关主管部门。收到文件副本的部门,应当在 4 个月内就该国防专利的实施提出书面意见,并通知国防专利机构。

第二十二条　国务院有关主管部门、中国人民解放军有关主管部门,可以允许其指定的单位实施本系统或者本部门内的国防专利;需要指定实施本系统或者本部门以外的国防专利的,应当向国防专利机构提出书面申请,由国防专利机构依照本条例第三条第二款规定的职责分工报国务院国防科学技术工业主管部门、总装备部批准后实施。

国防专利机构对国防专利的指定实施予以登记,并在《国防专利内部通报》上刊登。

第二十三条　实施他人国防专利的单位应当与国防专利权人订立书面实施合同,依照本条例第二十五条的规定向国防专利权人支付费用,并报国防专利机构备案。

实施单位不得允许合同规定以外的单位实施该国防专利。

第二十四条　国防专利权人许可国外的单位或者个人实施其国防专利的,应当确保国家秘密不被泄露,保证国防和军队建设不受影响,并向国防专利机构提出书面申请,由国防专利机构进行初步审查后依照本条例第三条第二款规定的职责分工,及时报送国务院国防科学技术工业主管部门、总装备部审批。

国务院国防科学技术工业主管部门、总装备部应当自国防专利机构受理申请之日起 30 日内作出批准或者不批准的决定;作出不批准决定的,应当书面通知申请人并说明理由。

第二十五条　实施他人国防专利的,应当向国防专利权人支付国防专利使用费。

实施使用国家直接投入的国防科研经费或者其他国防经费进行科研活动所产生的国防专利，符合产生该国防专利的经费使用目的的，可以只支付必要的国防专利实施费；但是，科研合同另有约定或者科研任务书另有规定的除外。

前款所称国防专利实施费，是指国防专利实施中发生的为提供技术资料、培训人员以及进一步开发技术等所需的费用。

第二十六条 国防专利指定实施的实施费或者使用费的数额，由国防专利权人与实施单位协商确定；不能达成协议的，由国防专利机构裁决。

第二十七条 国家对国防专利权人给予补偿。国防专利机构在颁发国防专利证书后，向国防专利权人支付国防专利补偿费，具体数额由国防专利机构确定。属于职务发明的，国防专利权人应当将不少于50%的补偿费发给发明人。

第四章 国防专利的管理和保护

第二十八条 国防专利机构出版的《国防专利内部通报》属于国家秘密文件，其知悉范围由国防专利机构确定。

《国防专利内部通报》刊登下列内容：

（一）国防专利申请中记载的著录事项；

（二）国防专利的权利要求书；

（三）发明说明书的摘要；

（四）国防专利权的授予；

（五）国防专利权的终止；

（六）国防专利权的无效宣告；

（七）国防专利申请权、国防专利权的转移；

（八）国防专利的指定实施；

（九）国防专利实施许可合同的备案；

（十）国防专利的变更密级、解密；

（十一）国防专利保密期限的延长；

（十二）国防专利权人的姓名或者名称、地址的变更；

（十三）其他有关事项。

第二十九条 国防专利权被授予后，有下列情形之一的，经国防专利机构同意，可以查阅国防专利说明书：

（一）提出宣告国防专利权无效请求的；

（二）需要实施国防专利的；

（三）发生国防专利纠纷的；

（四）因国防科研需要的。

查阅者对其在查阅过程中知悉的国家秘密负有保密义务。

第三十条　国务院有关主管部门、中国人民解放军有关主管部门和各省、自治区、直辖市的国防科学技术工业管理部门应当指定一个机构管理国防专利工作，并通知国防专利机构。该管理国防专利工作的机构在业务上受国防专利机构指导。

承担国防科研、生产任务以及参与军事订货的军队单位、国务院履行出资人职责的企业和国务院直属事业单位，应当指定相应的机构管理本单位的国防专利工作。

第三十一条　国防专利机构应当事人请求，可以对下列国防专利纠纷进行调解：

（一）国防专利申请权和国防专利权归属纠纷；

（二）国防专利发明人资格纠纷；

（三）职务发明的发明人的奖励和报酬纠纷；

（四）国防专利使用费和实施费纠纷。

第三十二条　除《中华人民共和国专利法》和本条例另有规定的以外，未经国防专利权人许可实施其国防专利，即侵犯其国防专利权，引起纠纷的，由当事人协商解决；不愿协商或者协商不成的，国防专利权人或者利害关系人可以向人民法院起诉，也可以请求国防专利机构处理。

第三十三条　违反本条例规定，泄露国家秘密的，依照《中华人民共和国保守国家秘密法》和国家有关规定处理。

第五章　附则

第三十四条　向国防专利机构申请国防专利和办理其他手续，应当按照规定缴纳费用。

第三十五条　《中华人民共和国专利法》和《中华人民共和国专利法实施细则》的有关规定适用于国防专利，但本条例有专门规定的依照本条例的规定执行。

第三十六条　本条例自 2004 年 11 月 1 日起施行。1990 年 7 月 30 日国务院、中央军事委员会批准的《国防专利条例》同时废止。

武器装备科研生产许可管理条例

（中华人民共和国国务院、中华人民共和国
中央军事委员会令第 521 号）

第一章　总则

第一条　为了维护武器装备科研生产秩序，加强武器装备科研生产安全保密管理，保证武器装备质量合格稳定，满足国防建设的需要，制定本条例。

第二条　国家对列入武器装备科研生产许可目录（以下简称许可目录）的武器装备科研生产活动实行许可管理。但是，专门的武器装备科学研究活动除外。

许可目录由国务院国防科技工业主管部门会同中国人民解放军总装备部（以下简称总装备部）和军工电子行业主管部门共同制定，并适时调整。许可目录的制定和调整，应当征求国务院有关部门和军队有关部门的意见。

武器装备科研生产许可，应当在许可目录所确定的范围内实行分类管理。

第三条　未取得武器装备科研生产许可，不得从事许可目录所列的武器装备科研生产活动。但是，经国务院、中央军事委员会批准的除外。

第四条　武器装备科研生产许可管理，应当遵循统筹兼顾、合理布局、鼓励竞争、安全保密的原则。

第五条　国务院国防科技工业主管部门，依照本条例规定对全国的武器装备科研生产许可实施监督管理。

总装备部协同国务院国防科技工业主管部门对全国的武器装备科研生产许可实施监督管理。

省、自治区、直辖市人民政府负责国防科技工业管理的部门，依照本条例规定对本行政区域的武器装备科研生产许可实施监督管理。

第六条　取得武器装备科研生产许可的单位，应当在许可范围内从事武器装备科研生产活动，按照国家要求或者合同约定提供合格的科研成果和武器装备。

第二章　许可程序

第七条　申请武器装备科研生产许可的单位，应当符合下列条件：

（一）具有法人资格；

（二）有与申请从事的武器装备科研生产活动相适应的专业技术人员；

（三）有与申请从事的武器装备科研生产活动相适应的科研生产条件和检验检测、试验手段；

（四）有与申请从事的武器装备科研生产活动相适应的技术和工艺；

（五）经评定合格的质量管理体系；

（六）与申请从事的武器装备科研生产活动相适应的安全生产条件；

（七）有与申请从事的武器装备科研生产活动相适应的保密资格。

第八条　申请武器装备科研生产许可的单位，应当向所在地的省、自治区、直辖市人民政府负责国防科技工业管理的部门提出申请。

许可目录规定应当向国务院国防科技工业主管部门申请武器装备科研生产许可的，应当直接向国务院国防科技工业主管部门提出申请，并将申请材料同时报送总装备部。

第九条　国务院国防科技工业主管部门和省、自治区、直辖市人民政府负责国防科技工业管理的部门收到申请后，应当依照《中华人民共和国行政许可法》规定的程序办理。

第十条　省、自治区、直辖市人民政府负责国防科技工业管理的部门组织对申请单位进行审查，应当征求中国人民解放军派驻的军事代表机构（以下简称军事代表机构）的意见，并自受理申请之日起30日内完成审查，将审查意见和全部申请材料报送国务院国防科技工业主管部门，同时报送总装备部。

第十一条　国务院国防科技工业主管部门受理申请后，应当进行审查，并自受理申请之日起60日内或者自收到省、自治区、直辖市人民政府负责国防科技工业管理的部门报送的审查意见和全部申请材料之日起30日内，做出决定。做出准予许可决定的，应当自做出决定之日起10日内向提出申请的单位颁发武器装备科研生产许可证；做出不准予许可决定的，应当书面通知提出申请的单位，并说明理由。

国务院国防科技工业主管部门在做出决定前，应当书面征求总装备部的意见，总装备部应当在10日内回复意见。

第十二条　国务院国防科技工业主管部门根据国家武器装备科研生产能力布局的要求，按照武器装备科研生产的实际需要，经征求总装备部意见，可以对有特殊要求的武器装备科研生产许可做出数量限制。

第十三条　武器装备科研生产许可证应当载明单位名称、法定代表人、许可专业或者产品名称、证书编号、发证日期、有效期等相关内容。

武器装备科研生产许可证格式由国务院国防科技工业主管部门规定。

第十四条　取得武器装备科研生产许可的单位应当妥善保管武器装备科研生产许可证，严格保密管理，不得泄露武器装备科研生产许可证载明的相关

内容。

第十五条 取得武器装备科研生产许可的单位应当在武器装备科研生产合同、产品出厂证书上标注武器装备科研生产许可证编号。

第十六条 任何单位和个人不得伪造、变造武器装备科研生产许可证。取得武器装备科研生产许可的单位不得出租、出借或者以其他方式转让武器装备科研生产许可证。

第十七条 国务院国防科技工业主管部门和省、自治区、直辖市人民政府负责国防科技工业管理的部门,应当将办理武器装备科研生产许可的有关材料及时归档,并妥善保存,严格保密。

第十八条 取得武器装备科研生产许可并承担武器装备科研生产任务的单位,应当接受军事代表机构的监督。

第三章 保密管理

第十九条 取得武器装备科研生产许可的单位应当遵守国家保密法律、法规和有关规定,建立健全保密管理制度,按照积极防范、突出重点、严格标准、明确责任的原则,对落实保密管理制度的情况进行定期或者不定期的检查,及时研究解决保密工作中的问题。

第二十条 取得武器装备科研生产许可的单位应当建立保密管理领导责任制,其主要负责人应当加强对本单位保密工作的组织领导,切实履行保密职责和义务。

第二十一条 取得武器装备科研生产许可的单位应当设立保密工作机构,配备保密管理人员。

保密管理人员应当熟悉国家保密法律、法规和有关规定,具备保密管理工作能力,掌握保密技术基础知识,并经过必要的培训、考核。

第二十二条 取得武器装备科研生产许可的单位应当与承担武器装备科研生产任务的涉及国家秘密人员签订岗位保密责任书,明确岗位保密责任,并对其进行经常性的保密教育培训。

涉及国家秘密人员应当熟悉国家保密法律、法规和有关规定,严格按照岗位保密责任书的要求,履行保密义务。

第二十三条 取得武器装备科研生产许可的单位应当依照国家保密法律、法规和有关规定,制作、收发、传递、使用、复制、保存和销毁国家秘密载体,严格控制接触国家秘密载体的人员范围。

第二十四条 取得武器装备科研生产许可的单位应当采取措施,在涉及国家秘密的要害部门、部位设置安全可靠的保密防护设施。

第二十五条 取得武器装备科研生产许可的单位应当依照国家保密法律、法规和有关规定对涉及国家秘密的计算机和信息系统采取安全保密防护措施，不得使用无安全保密保障的设备处理、传输、存储国家秘密信息。

第二十六条 取得武器装备科研生产许可的单位举办涉及国家秘密的重大会议或者活动，应当制订专项保密工作方案，并确定专人负责保密工作。涉及国家秘密的会议必须在有安全保密保障措施的场所进行，并严格控制与会人员的范围。

第二十七条 取得武器装备科研生产许可的单位在对外交流、合作和谈判等活动中，应当保守国家秘密，对外提供有关文件资料和实物样品，必须按照规定的程序事先经过批准。

第二十八条 取得武器装备科研生产许可的单位应当依照国家保密法律、法规和有关规定建立保密档案制度，对涉及国家秘密人员的管理、泄密事件查处等情况进行记录，及时归档，并对涉及国家秘密的档案实施有效管理。

第四章 法律责任

第二十九条 未依照本条例规定申请取得武器装备科研生产许可，擅自从事许可目录范围内武器装备科研生产活动的，责令停止违法行为，没收违法生产的产品，并处违法生产产品货值金额 1 倍以上 3 倍以下罚款；有违法所得的，没收违法所得。

第三十条 取得武器装备科研生产许可的单位，出租、出借或者以其他方式转让武器装备科研生产许可证的，处 10 万元罚款；情节严重的，吊销武器装备科研生产许可证。违法接受并使用他人提供的武器装备科研生产许可证的，责令停止武器装备生产活动，没收违法生产的产品，并处违法生产产品货值金额 1 倍以上 3 倍以下罚款；有违法所得的，没收违法所得。

第三十一条 伪造、变造武器装备科研生产许可证的，责令停止违法行为，处 10 万元罚款；有违法所得的，没收违法所得。

第三十二条 以欺骗、贿赂等不正当手段取得武器装备科研生产许可的，处 5 万元以上 20 万元以下罚款，并依照《中华人民共和国行政许可法》的有关规定处理。

第三十三条 国务院国防科技工业主管部门和省、自治区、直辖市人民政府负责国防科技工业管理的部门及其工作人员违反本条例规定，有下列情形之一的，由同级监察机关责令改正；情节严重的，对直接负责的主管人员和其他直接责任人员依法给予处分：

（一）对符合本条例规定条件的申请不予受理的；

（二）未依法说明不准予许可的理由的。

第三十四条 国务院国防科技工业主管部门和省、自治区、直辖市人民政府负责国防科技工业管理的部门有下列情形之一的，由同级监察机关责令改正，对直接负责的主管人员和其他直接责任人员依法给予处分：

（一）对不符合本条例规定条件的申请人准予许可或者超越法定职权做出准予许可决定的；

（二）对符合本条例规定条件的申请人不准予许可或者不在法定期限内做出准予许可决定的；

（三）发现未依照本条例规定申请取得武器装备科研生产许可而擅自从事列入许可目录的武器装备科研生产活动，不及时依法查处的。

第三十五条 取得武器装备科研生产许可的单位违反本条例第十九条、第二十条、第二十一条、第二十二条、第二十八条规定的，责令限期改正；逾期未改正的，处 5 万元以上 20 万元以下罚款，对直接负责的主管人员和其他直接责任人员依法给予处分。

第三十六条 取得武器装备科研生产许可的单位违反本条例第二十三条、第二十四条、第二十五条、第二十六条、第二十七条规定的，责令改正，处 5 万元以上 20 万元以下罚款，对直接负责的主管人员和其他直接责任人员依法给予处分；情节严重的，责令停业整顿直至吊销武器装备科研生产许可证。

第三十七条 取得武器装备科研生产许可的单位违反本条例规定，被吊销武器装备科研生产许可证的，在 3 年内不得再次申请武器装备科研生产许可。

第三十八条 本条例规定的行政处罚，由国务院国防科技工业主管部门实施。

第三十九条 违反本条例规定，构成犯罪的，依法追究刑事责任。

第五章 附则

第四十条 依照本条例规定实施武器装备科研生产许可，不得收取任何费用。

第四十一条 本条例施行前已经从事武器装备科研生产活动的单位应当自本条例施行之日起，在国务院国防科技工业主管部门规定的期限内，依照本条例规定申请取得武器装备科研生产许可。

第四十二条 军工电子行业科研生产许可管理，由其主管部门参照本条例规定执行。

第四十三条 本条例自 2008 年 4 月 1 日起施行。

武器装备质量管理条例

（中华人民共和国国务院、中华人民共和国中央军事委员会令第582号）

第一章　总则

第一条　为了加强对武器装备质量的监督管理，提高武器装备质量水平，根据《中华人民共和国国防法》和《中华人民共和国产品质量法》，制定本条例。

第二条　本条例所称武器装备，是指实施和保障军事行动的武器、武器系统和军事技术器材。

武器装备以及用于武器装备的计算机软件、专用元器件、配套产品、原材料的质量管理，适用本条例。

第三条　武器装备质量管理的基本任务是依照有关法律、法规，对武器装备质量特性的形成、保持和恢复等过程实施控制和监督，保证武器装备性能满足规定或者预期要求。

第四条　武器装备论证、研制、生产、试验和维修单位应当建立健全质量管理体系，对其承担的武器装备论证、研制、生产、试验和维修任务实行有效的质量管理，确保武器装备质量符合要求。

第五条　武器装备论证、研制、生产、试验和维修应当执行军用标准以及其他满足武器装备质量要求的国家标准、行业标准和企业标准；鼓励采用适用的国际标准和国外先进标准。

武器装备研制、生产、试验和维修单位应当依照计量法律、法规和其他有关规定，实施计量保障和监督，确保武器装备和检测设备的量值准确和计量单位统一。

第六条　武器装备论证、研制、生产、试验和维修单位应当建立武器装备质量信息系统和信息交流制度，及时记录、收集、分析、上报、反馈、交流武器装备的质量信息，实现质量信息资源共享，并确保质量信息安全，做好保密工作。

第七条　国务院国防科技工业主管部门、国务院有关部门和中国人民解放军总装备部（以下简称总装备部），在各自的职责范围内负责武器装备质量的监督管理工作。

第八条　国家鼓励采用先进的科学技术和管理方法提高武器装备质量，并对保证和提高武器装备质量作出突出贡献的单位和个人，给予表彰和奖励。

第二章　论证质量管理

第九条　武器装备论证质量管理的任务是保证论证科学、合理、可行，论证结果满足作战任务需求。

军队有关装备部门组织武器装备的论证，并对武器装备论证质量负责。

第十条　武器装备论证单位应当制定并执行论证工作程序和规范，实施论证过程的质量管理。

第十一条　武器装备论证单位应当根据论证任务需求，统筹考虑武器装备性能(含功能特性、可靠性、维修性、保障性、测试性和安全性等，下同)、研制进度和费用，提出相互协调的武器装备性能的定性定量要求、质量保证要求和保障要求。

第十二条　武器装备论证单位应当征求作战、训练、运输等部门和武器装备研制、生产、试验、使用、维修等单位的意见，确认各种需求和约束条件，并在论证结果中落实。

第十三条　武器装备论证单位应当对论证结果进行风险分析，提出降低或者控制风险的措施。武器装备研制总体方案应当优先选用成熟技术，对采用的新技术和关键技术，应当经过试验或者验证。

第十四条　武器装备论证单位应当拟制多种备选的武器装备研制总体方案，并提出优选方案。

第十五条　军队有关装备部门应当按照规定的程序，组织作战、训练、运输等部门和武器装备研制、生产、试验、使用、维修等单位对武器装备论证结果进行评审。

第三章　研制、生产与试验质量管理

第十六条　武器装备研制、生产与试验质量管理的任务是保证武器装备质量符合研制总要求和合同要求。

武器装备研制、生产单位对其研制、生产的武器装备质量负责；武器装备试验单位对其承担的武器装备试验结论的正确性和准确性负责。

中央管理的企业对所属单位承担的武器装备研制、生产质量实施监督管理。

第十七条　订立武器装备研制、生产合同应当明确规定武器装备的性能指标、质量保证要求、依据的标准、验收准则和方法以及合同双方的质量责任。

第十八条　武器装备研制、生产涉及若干单位的，其质量保证工作由任务总体单位或者总承包单位负责组织。

第十九条　武器装备研制、生产单位应当根据合同要求和研制、生产程序制

定武器装备研制、生产项目质量计划，并将其纳入研制、生产和条件保障计划。

第二十条　武器装备研制、生产单位应当运用可靠性、维修性、保障性、测试性和安全性等工程技术方法，优化武器装备的设计方案和保障方案。

第二十一条　武器装备研制单位应当在满足武器装备研制总要求和合同要求的前提下，优先采用成熟技术和通用化、系列化、组合化的产品。

武器装备研制单位对设计方案采用的新技术、新材料、新工艺应当进行充分的论证、试验和鉴定，并按照规定履行审批手续。

第二十二条　武器装备研制单位应当对计算机软件开发实施工程化管理，对影响武器装备性能和安全的计算机软件进行独立的测试和评价。

第二十三条　武器装备研制、生产单位应当对武器装备的研制、生产过程严格实施技术状态管理。更改技术状态应当按照规定履行审批手续；对可能影响武器装备性能和合同要求的技术状态的更改，应当充分论证和验证，并经原审批部门批准。

第二十四条　武器装备研制、生产单位应当严格执行设计评审、工艺评审和产品质量评审制度。对技术复杂、质量要求高的产品，应当进行可靠性、维修性、保障性、测试性和安全性以及计算机软件、元器件、原材料等专题评审。

第二十五条　军队有关装备部门应当按照武器装备研制程序，组织转阶段审查，确认达到规定的质量要求后，方可批准转入下一研制阶段。

第二十六条　武器装备研制、生产单位应当实行图样和技术资料的校对、审核、批准的审签制度，工艺和质量会签制度以及标准化审查制度。

第二十七条　武器装备研制、生产单位应当对产品的关键件或者关键特性、重要件或者重要特性、关键工序、特种工艺编制质量控制文件，并对关键件、重要件进行首件鉴定。

第二十八条　武器装备研制、生产和试验单位应当建立故障的报告、分析和纠正措施系统。对武器装备研制、生产和试验过程中出现的故障，应当及时采取纠正和预防措施。

第二十九条　武器装备研制单位组织实施研制试验，应当编制试验大纲或者试验方案，明确试验质量保证要求，对试验过程进行质量控制。

第三十条　承担武器装备定型试验的单位应当根据武器装备定型有关规定，拟制试验大纲，明确试验项目质量要求以及保障条件，对试验过程进行质量控制，保证试验数据真实、准确和试验结论完整、正确。

试验单位所用的试验装备及其配套的检测设备应当符合使用要求，并依法定期进行检定、校准，保持完好的技术状态；对一次性使用的试验装备，应当进行试验前的检定、校准。

第三十一条 提交武器装备设计定型审查的图样、技术资料应当正确、完整,试验报告的数据应当全面、准确,结论明确。

第三十二条 提交武器装备生产定型审查的图样、技术资料应当符合规定要求;试验报告和部队试用报告的数据应当全面、准确,结论明确。

第三十三条 武器装备研制、生产单位应当对其外购、外协产品的质量负责,对采购过程实施严格控制,对供应单位的质量保证能力进行评定和跟踪,并编制合格供应单位名录。未经检验合格的外购、外协产品,不得投入使用。

第三十四条 武器装备的生产应当符合下列要求:

(一)工艺文件和质量控制文件经审查批准;

(二)制造、测量、试验设备和工艺装置依法经检定或者测试合格;

(三)元器件、原材料、外协件、成品件经检验合格;

(四)工作环境符合规定要求;

(五)操作人员经培训并考核合格;

(六)法律、法规规定的其他要求。

第三十五条 武器装备研制、生产单位应当建立产品批次管理制度和产品标识制度,严格实行工艺流程控制,保证产品质量原始记录的真实和完整。

第三十六条 武器装备研制、生产单位应当按照标准和程序要求进行进货检验、工序检验和最终产品检验;对首件产品应当进行规定的检验;对实行军检的项目,应当按照规定提交军队派驻的军事代表(以下简称军事代表)检验。

第三十七条 武器装备研制、生产单位应当建立不合格产品处置制度。

第三十八条 武器装备研制、生产单位应当运用统计技术,分析工序能力,改进过程质量控制,保证产品质量的一致性和稳定性。

第三十九条 武器装备研制、生产单位交付的武器装备及其配套的设备、备件和技术资料应当经检验合格;交付的技术资料应当满足使用单位对武器装备的使用和维修要求。新型武器装备交付前,武器装备研制、生产单位还应当完成对使用和维修单位的技术培训。

军事代表应当按照合同和验收技术要求对交付的武器装备及其配套的设备、备件和技术资料进行检验、验收,并监督新型武器装备使用和维修技术培训的实施。

第四十条 武器装备研制、生产单位对暂停生产的武器装备图样和技术资料应当按照规定归档并妥善保管,不得擅自销毁。

第四章 维修质量管理

第四十一条 武器装备维修质量管理的任务是保持和恢复武器装备性能。

武器装备维修单位对武器装备维修质量负责。

第四十二条　武器装备维修单位应当落实质量责任制，严格执行各项规章制度，如实记录武器装备维修质量状态，及时报告发现的质量问题。

第四十三条　军队有关装备部门应当定期组织武器装备质量评估，将武器装备质量问题及时反馈武器装备研制、生产、维修单位，并督促其采取纠正措施。

第四十四条　武器装备研制、生产和维修单位发现武器装备存在质量缺陷的，应当及时、主动通报军队有关装备部门及有关单位，采取纠正措施，解决武器装备质量问题，防止类似质量缺陷重复发生。

第四十五条　武器装备研制、生产和维修单位应当建立健全售（修）后服务保障机制，依据合同组织武器装备售（修）后技术服务，及时解决武器装备交付后出现的质量问题，协助武器装备使用单位培训技术骨干，并对武器装备的退役和报废工作提供技术支持。部队执行作战和重大任务时，武器装备研制、生产和维修单位应当依照法律、法规的要求组织伴随保障和应急维修保障，协助部队保持、恢复武器装备的质量水平。

第五章　质量监督

第四十六条　国务院国防科技工业主管部门和总装备部联合组织对承担武器装备研制、生产、维修任务单位的质量管理体系实施认证，对用于武器装备的通用零（部）件、重要元器件和原材料实施认证。

国务院国防科技工业主管部门和总装备部在各自的职责范围内，组织对武器装备测试和校准试验室实施认可，对质量专业人员实施资格管理。

未通过质量管理体系认证的单位，不得承担武器装备研制、生产、维修任务。

第四十七条　军工产品定型工作机构应当按照国务院、中央军事委员会的有关规定，全面考核新型武器装备质量，确认其达到武器装备研制总要求和规定标准的质量要求。

第四十八条　军事代表依照国务院、中央军事委员会的有关规定和武器装备合同要求，对武器装备研制、生产、维修的质量和质量管理工作实施监督。

第四十九条　国务院国防科技工业主管部门、总装备部会同国务院有关部门查处武器装备研制、生产、维修过程中制造、销售和使用假冒伪劣产品的违法行为。省级人民政府及其有关部门应当积极配合查处工作。

第五十条　武器装备研制、生产、试验、使用和维修过程中发生质量事故时，有关单位应当及时向上级主管部门报告，不得隐瞒不报、谎报或者延误报告。负责武器装备质量监督管理的部门对重大质量事故应当及时调查处理。

第五十一条　任何单位和个人对违反本条例的行为，有权向负责武器装备

质量监督管理的部门以及其他有关部门举报。

第六章　法律责任

第五十二条　违反本条例规定，在武器装备论证工作中弄虚作假，或者违反武器装备论证工作程序，造成严重后果的，对直接负责的主管人员和其他直接责任人员，依照有关规定给予处分；构成犯罪的，依法追究刑事责任。

第五十三条　违反本条例规定，有下列情形之一的，由国务院国防科技工业主管部门、国务院有关部门依照有关法律、法规的规定处罚；属于军队的武器装备研制、生产、试验和维修单位，由军队有关部门按照有关规定处理：

（一）因管理不善、工作失职，导致发生武器装备重大质量事故的；

（二）对武器装备重大质量事故隐瞒不报、谎报或者延误报告，造成严重后果的；

（三）在武器装备试验中出具虚假试验数据，造成严重后果的；

（四）将不合格的武器装备交付部队使用的。

前款规定的违法行为情节严重的，由国务院国防科技工业主管部门和军队有关部门依法取消其武器装备研制、生产、试验和维修的资格；造成损失的，依法承担赔偿责任；构成犯罪的，依法追究刑事责任。

第五十四条　违反本条例规定，泄露武器装备质量信息秘密的，由国务院国防科技工业主管部门、国务院有关部门依照《中华人民共和国保守国家秘密法》等有关法律、法规的规定处罚；属于军队的武器装备研制、生产、试验和维修单位，由军队有关部门按照有关规定处理；构成犯罪的，依法追究刑事责任。

第五十五条　违反本条例规定，阻碍、干扰武器装备质量监督管理工作，情节严重的，由国务院国防科技工业主管部门、国务院有关部门依照有关法律、法规的规定处罚；属于军队的武器装备研制、生产、试验和维修单位，由军队有关部门按照有关规定处理；构成犯罪的，依法追究刑事责任。

第五十六条　违反本条例规定，为武器装备研制、生产、试验和维修单位提供元器件、原材料以及其他产品，以次充好、以假充真的，由国务院国防科技工业主管部门、国务院有关部门依照《中华人民共和国产品质量法》等有关法律、法规的规定处罚；造成损失的，依法承担赔偿责任；构成犯罪的，依法追究刑事责任。

第五十七条　武器装备质量检验机构、认证机构与武器装备研制、生产单位恶意串通，弄虚作假，或者伪造检验、认证结果，出具虚假证明的，取消其检验、认证资格，并由国务院国防科技工业主管部门、国务院有关部门依照《中华人民共和国认证认可条例》的有关规定处罚；属于军队的武器装备质量检验机构、认证机构，由军队有关部门按照有关规定处理；构成犯罪的，依法追究刑事责任。

第五十八条　武器装备质量监督管理人员玩忽职守、滥用职权、徇私舞弊的，由所在单位或者上级主管部门依法给予处分；构成犯罪的，依法追究刑事责任。

第七章　附则

第五十九条　武器装备预先研究、专项工程的质量管理工作，参照本条例执行。

第六十条　中国人民武装警察部队和民兵的武器装备质量管理工作，参照本条例执行。

第六十一条　本条例自2010年11月1日起施行。1987年5月25日国务院、中央军事委员会批准，1987年6月5日国防科工委发布的《军工产品质量管理条例》同时废止。

国防计量监督管理条例

（中华人民共和国国务院、中华人民共和国中央军事委员会令第54号）

第一章　总则

第一条　为了加强国防计量工作的监督管理，保证军工产品（含航天产品，下同）的量值准确一致，根据《中华人民共和国计量法》第三十三条的规定，制定本条例。

第二条　中国人民解放军和国防科技工业系统的军工产品研制、试验、生产、使用部门和单位（以下简称军工产品研制、试验、生产、使用部门和单位）必须执行本条例。

第三条　国防计量是指军工产品研制、试验、生产、使用全过程中的计量工作。

国防计量工作是国家计量工作的组成部分，在业务上接受国务院计量行政部门的指导。

第四条　国防计量实行国家法定计量单位。对军工产品特殊需要保留的非法定计量单位，由主管部门提出，经国防科学技术工业委员会（以下简称国防科工委）批准，报国务院计量行政部门备案。

第二章　计量机构

第五条　国防科工委计量管理机构，对中国人民解放军和国防科技工业系统国防计量工作实施统一监督管理，其职责是：

一、贯彻执行国家计量法律、法规，制定国防计量工作方针、政策及规章制度；

二、编制与组织实施国防计量规划、计划；

三、负责国防计量考核认可工作，组织建立、调整国防计量管理与量值传递系统；

四、组织与检查国防计量工作；

五、组织研讨国内外国防计量新技术发展动态。

第六条　军工产品研制、试验、生产、使用部门计量管理机构，对本部门（行业）的国防计量工作实施监督管理，其职责是：

（一）贯彻执行国家计量法律、法规和国防计量工作方针、政策及规章制度，制定本部门（行业）计量工作规章制度；

（二）编制与组织实施本部门（行业）国防计量规划、计划；

（三）根据国防科工委计量管理机构授权，负责本部门（行业）国防计量考核认可工作；

（四）监督检查本部门（行业）的国防计量工作；

（五）承办国防科工委计量管理机构交办的其他计量工作。

第七条　省、自治区、直辖市主管军工任务的部门的计量管理机构，对本地区的国防计量工作实施监督管理，其职责是：

（一）贯彻执行国家计量法律、法规和国防计量工作方针、政策及规章制度；

（二）根据国防科工委计量管理机构授权，负责本地区国防计量考核认可工作；

（三）监督检查和协调本地区的国防计量工作；

（四）承办国防科工委计量管理机构交办的其他计量工作。

第八条　国防计量技术机构分为三级：

（一）经国防科工委批准设置的国防计量测试研究中心、计量一级站为一级，负责建立国防特殊需要的最高计量标准器具，负责国防计量量值传递和技术业务工作；

（二）经国防科工委批准设置的国防计量区域计量站、专业计量站和军工产品研制、试验、生产、使用部门批准设置的计量站为二级，接受一级计量技术机构的业务指导，负责建立本地区、本部门的最高计量标准器具，负责本地区、本部门

国防计量量值传递和技术业务工作；

（三）经国防科工委计量管理机构考核认可的军工产品研制、试验、生产、使用单位计量技术机构为三级，接受一、二级计量技术机构的业务指导，负责建立本单位最高计量标准器具，负责本单位计量技术业务工作。

第九条　中国人民解放军和国防科技工业系统所属的国防计量技术机构，执行本系统内的强制检定和其他检定测试任务。

军工产品研制、试验、生产、使用部门和单位生产民品的，其各项最高计量标准器具和列入国家强制检定目录的工作计量器具，根据有利生产、方便管理的原则，可由国防计量技术机构执行强制检定，也可按经济合理，就地就近的原则送当地人民政府计量行政部门执行强制检定。

国防计量技术机构承担本系统以外的强制检定和其他检定测试任务，由国防科工委和国务院计量行政部门统筹规划，根据实际需要，按规定分级授权，并接受同级政府计量行政部门的监督。

第三章　计量标准

第十条　一级国防计量技术机构的各项最高计量标准器具，由国务院计量行政部门组织考核合格后使用。

一级国防计量技术机构的最高计量标准器具，接受国家计量基准器具的量值传递。

第十一条　二级国防计量技术机构的各项最高计量标准器具，由国防科工委计量管理机构组织考核合格后使用，并向国务院计量行政部门备案。

第十二条　三级国防计量技术机构的各项最高计量标准器具，由省、自治区、直辖市主管军工任务的部门的计量管理机构组织考核合格后使用，并向所在省、自治区、直辖市计量行政部门备案。

第四章　计量检定

第十三条　军工产品研制、试验、生产、使用部门和单位的计量标准器具以及用于军工产品质量管理、性能评定、定型鉴定和保证武器使用安全的工作计量器具，必须按规定实行计量检定，检定不合格的，不得使用。

第十四条　国防计量技术机构的计量检定人员，必须经国防科工委计量管理机构或其指定的计量管理机构按技术干部和国家关于计量检定人员的要求组织考核合格。

第十五条　计量检定必须按照国家计量检定系统表和计量检定规程进行。国家未制定计量检定规程的，由国防科工委制定国防计量检定规程，并向国务院

计量行政部门备案。

第五章 计量保证与监督

第十六条 军工产品研制、试验、生产、使用部门和单位的计量技术机构的计量标准器具、计量检定人员、环境条件和规章制度，经国防科工委计量管理机构或其指定的机构组织国防计量考核认可并发给证书后，方可承担军工产品研制、试验、生产、使用任务。

第十七条 军工产品研制阶段的计量保证与监督：

（一）大型型号总体应由一名副总设计师兼任型号总计量师；

（二）型号计量师根据型号总体或分系统的技术指标，对型号研制单位计量技术机构提出计量测试的技术指标要求；

（三）型号计量师应提出型号总体或分系统研制过程中需要研制的计量标准器具和专用测试设备的预研课题，并组织落实承担单位及有关条件；

（四）型号研制单位的计量技术机构，根据型号计量师的计量测试技术指标提出可行性论证方案，并组织实施；

（五）军工产品设计定型，应当对定型委员会批准的专用测试设备和计量技术文件（包括计量检定规程）进行验收。

第十八条 军工产品试验阶段的计量保证与监督：

（一）在军工产品试验阶段中，型号计量师应提出型号总体和分系统对计量工作的要求，由相应的国防计量管理机构和技术机构组织实施。

军工产品的计量工作应列入型号的试验大纲或试验计划；

（二）计量器具和专用测试设备进入试验基地（靶场），必须进行计量复查。

第十九条 军工产品生产阶段的计量保证与监督：

（一）生产单位必须按照产品的技术标准、工艺规范的要求，配备相应的计量器具的检测手段；

（二）生产单位计量机构配备的和向使用单位验收代表提供的计量器具和检测手段，生产和使用单位应对其计量性能进行验收。

第二十条 军工产品使用阶段的计量保证与监督：

（一）军工产品研制单位应当向使用单位提出需要配备的计量测试手段和相应的计量技术文件。使用单位在接收军工产品时，必须对配套的专用测试设备及技术文件进行验收。

（二）超过存储期需要延寿或进行技术改进的大型武器系统，必须有计量人员参与技术性能计量保证方案的论证工作。

第二十一条 军工产品的设计定型和生产定型，凡涉及产品技术指标量值

的准确度，必须经国防计量技术机构签署意见后，方为有效。

第二十二条　军工产品的质量评定、成果鉴定，必须经相应的国防计量技术机构进行计量审查，在确认测量方法正确、数据准确可靠并签署意见后，其结论方为有效。

用于军工产品质量评定、成果鉴定的计量器具，必须经国防计量技术机构或其认可的其他计量技术机构检定合格，并在检定证书注明的有效期内使用。

第二十三条　引进军事技术和进口武器装备以及重大仪器设备，应同时引进必要的计量测试手段和技术资料。

第六章　附则

第二十四条　军工产品因计量器具准确度引起的纠纷，由国防计量管理机构组织仲裁检定，并负责处理。

第二十五条　违反本条例的，由国防计量管理机构依照《中华人民共和国计量法》的有关规定进行处理；构成犯罪的，由司法机关依法追究刑事责任。

第二十六条　国防科工委可以根据本条例制定具体实施办法。

第二十七条　本条例由国防科工委负责解释。

第二十八条　本条例自发布之日起施行。1984 年 9 月 10 日国务院、中央军委发布的《国防计量工作管理条例》即行废止。

军工关键设备设施管理条例

（中华人民共和国国务院、中华人民共和国中央军事委员会令第 598 号）

第一条　为了保持和提高国防科研生产能力，加强军工关键设备设施的管理，保障军工关键设备设施的安全、完整和有效使用，制定本条例。

第二条　本条例所称军工关键设备设施，是指直接用于武器装备科研生产的重要的实验设施、工艺设备、试验及测试设备等专用的军工设备设施。

军工关键设备设施的目录，由国务院国防科技工业主管部门会同军队武器装备主管部门、国务院国有资产监督管理机构和国务院有关部门制定。

第三条　国家对军工关键设备设施实行登记管理，对使用国家财政资金购建的用于武器装备总体、关键分系统、核心配套产品科研生产的军工关键设备设施的处置实行审批管理。

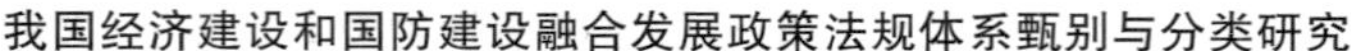

第四条 国务院国防科技工业主管部门会同国务院有关部门依照本条例规定,对全国军工关键设备设施进行管理。

省、自治区、直辖市人民政府负责国防科技工业管理的部门会同同级有关部门依照本条例规定,对有关军工关键设备设施进行管理。

第五条 军工关键设备设施管理,应当遵循严格责任、分工负责、方便有效的原则。

第六条 占有、使用军工关键设备设施的企业、事业单位(以下简称企业、事业单位)及其工作人员,负责军工关键设备设施管理的部门、单位及其工作人员,对知悉的国家秘密和商业秘密负有保密义务。

第七条 中央管理的企业负责办理所属单位军工关键设备设施的登记。国务院教育主管部门负责办理所属高等学校军工关键设备设施的登记。中国科学院负责办理所属科研机构军工关键设备设施的登记。

省、自治区、直辖市人民政府负责国防科技工业管理的部门负责办理本行政区域内前款规定以外的企业、事业单位军工关键设备设施的登记。

第八条 企业、事业单位应当自军工关键设备设施投入使用之日起30日内向负责登记的部门、单位提交载明下列内容的文件材料,办理登记手续:

(一)企业、事业单位的名称、住所等基本情况;

(二)军工关键设备设施的名称、产地、价值、性能、状态、资金来源、权属等基本情况。

企业、事业单位应当对其提交的文件材料的真实性负责。

第九条 负责登记的部门、单位应当自收到提交的文件材料之日起30日内办结登记,并对军工关键设备设施赋予专用代码。

第十条 军工关键设备设施登记的具体内容和专用代码,由国务院国防科技工业主管部门统一规定和分配。

第十一条 企业、事业单位占有、使用的军工关键设备设施损毁、报废、灭失或者权属发生变更的,应当自上述事实发生之日起30日内向负责登记的部门、单位报告。负责登记的部门、单位应当及时变更登记信息。

第十二条 负责登记的部门、单位应当按照国务院国防科技工业主管部门的规定将登记信息报送国务院国防科技工业主管部门。

国务院国防科技工业主管部门和负责登记的部门、单位可以根据需要,对登记信息进行核查。

第十三条 企业、事业单位应当建立健全军工关键设备设施使用管理制度,保证军工关键设备设施的安全、完整和有效使用,并对其占有、使用的军工关键设备设施的名称、规格、性能、状态、数量、权属等基本情况作完整记录。

第十四条　企业、事业单位应当按照国务院国防科技工业主管部门的规定，在需要特殊管控的军工关键设施外围划定安全控制范围，并在其外沿设置安全警戒标志。

第十五条　企业、事业单位改变其占有、使用的军工关键设备设施的用途的，应当向负责登记的部门、单位提交有关文件材料，办理补充登记。负责登记的部门、单位应当按照国务院国防科技工业主管部门的规定向国务院国防科技工业主管部门报送补充登记信息。

企业、事业单位改变使用国家财政资金购建的军工关键设备设施的用途，影响武器装备科研生产任务完成的，国务院国防科技工业主管部门应当及时予以纠正。

第十六条　企业、事业单位拟通过转让、租赁等方式处置使用国家财政资金购建的用于武器装备总体、关键分系统、核心配套产品科研生产的军工关键设备设施，应当经国务院国防科技工业主管部门批准。申请批准应当提交载明下列内容的文件材料：

（一）军工关键设备设施的名称、数量、价值、性能、使用等情况；

（二）不影响承担武器装备科研生产任务的情况说明；

（三）处置的原因及方式；

（四）受让人或者承租人的基本情况。

第十七条　国务院国防科技工业主管部门应当自收到处置申请之日起30日内，作出批准或者不予批准的决定。作出批准决定的，国务院国防科技工业主管部门应当向申请人颁发批准文件；作出不予批准决定的，国务院国防科技工业主管部门应当书面通知申请人，并说明理由。

国务院国防科技工业主管部门作出批准或者不予批准的决定，应当征求军队武器装备主管部门、国务院国有资产监督管理机构和国务院有关部门的意见。涉及国防科研生产能力、结构和布局调整的，应当按照国家有关规定会同军队武器装备主管部门、国务院国有资产监督管理机构和国务院有关部门，作出批准或者不予批准的决定。

企业、事业单位取得批准文件后，应当依照本条例第十一条的规定及时向负责登记的部门、单位报告。

第十八条　国有资产监督管理机构等有关部门依照法定职责和程序决定企业、事业单位合并、分立、改制、解散、申请破产等重大事项，涉及使用国家财政资金购建的用于武器装备总体、关键分系统、核心配套产品科研生产的军工关键设备设施权属变更的，应当征求国防科技工业主管部门的意见。

第十九条　企业、事业单位未依照本条例规定办理军工关键设备设施登记，

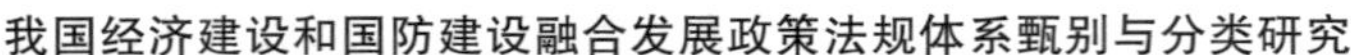

或者其占有、使用的军工关键设备设施损毁、报废、灭失或者权属发生变更未及时向负责登记的部门、单位报告的,责令限期改正;逾期未改正的,处以 1 万元以上 2 万元以下罚款。

第二十条 企业、事业单位提交虚假文件材料办理登记的,责令改正,处以 1 万元以上 2 万元以下罚款。

第二十一条 企业、事业单位违反本条例规定,未经批准处置使用国家财政资金购建的用于武器装备总体、关键分系统、核心配套产品科研生产的军工关键设备设施的,责令限期改正,处以 50 万元以上 100 万元以下罚款,对直接负责的主管人员和其他直接责任人员处以 5 000 元以上 2 万元以下罚款;有违法所得的,没收违法所得。

第二十二条 企业、事业单位以欺骗、贿赂等不正当手段取得有关军工关键设备设施处置的批准文件的,处以 5 万元以上 20 万元以下罚款;对违法取得的批准文件依法予以撤销。

第二十三条 本条例规定的行政处罚,由国务院国防科技工业主管部门决定。但是,对本条例第七条第二款规定的企业、事业单位有本条例第十九条规定的违法行为的行政处罚,由省、自治区、直辖市人民政府负责国防科技工业管理的部门决定。

第二十四条 负责军工关键设备设施登记管理、处置审批管理的部门、单位的工作人员滥用职权、玩忽职守、徇私舞弊的,依法给予处分;构成犯罪的,依法追究刑事责任。

第二十五条 本条例自 2011 年 10 月 1 日起施行。

国务院 中央军委关于建立和完善军民结合寓军于民武器装备科研生产体系的若干意见

(国发〔2010〕37 号)

各省、自治区、直辖市人民政府,国务院各部委、各直属机构,各军区、各军兵种、各总部、军事科学院、国防大学、国防科学技术大学,武警部队,各省军区:

建立和完善军民结合、寓军于民的武器装备科研生产体系,是国防现代化建设的必然选择,是中国特色军民融合式发展的重要组成部分,是走新型工业化道路的战略性任务。改革开放以来,我国武器装备科研生产领域的军民结合取得了显著进展,军工行业完成了由比较单一的军品结构向军民品复合结构的战略

性转变，军民结合产业快速发展，民用工业参与武器装备科研生产建设的范围不断扩大，军民结合、寓军于民的发展格局基本形成。但还存在军工相对封闭、军民结合产业支撑不足、资源共享程度不高、机制运行不畅、政策法规不健全等问题，不适应新时期武器装备发展和社会主义市场经济要求。

为贯彻落实党的十七大提出的建立和完善军民结合、寓军于民武器装备科研生产体系的战略部署，推进军民融合式发展，现提出以下意见：

一、明确基本要求，确立发展目标

（一）基本要求。适应武器装备发展和社会主义市场经济规律，深入贯彻落实科学发展观，着眼提高武器装备现代化水平，着力精干军工主体、扩大协作配套范围，着力完善以自主创新为主导的国防科技创新体系，着力建立科学合理的产业组织结构，着力培育符合现代企业制度和现代科研院所制度要求的市场主体，着力健全有机协调、运转高效的管理机制，推动武器装备科研生产体系的不断完善。

（二）发展目标。建立起分工协作、有机衔接、运转高效的军民结合部际协调机制，用三至五年的时间，基本实现国防科技与民用科技、国防科技工业与民用工业的互通、互动、互补；基本实现从事武器装备科研生产的各类企事业单位在财政投入、税收政策、市场准入、军工固定资产投资方面的公平化，军品市场退出制度健全完善，军民资源开放共享；培育合格的市场竞争主体，军工企业股份制改造基本完成，军工科研院所改革取得积极进展；装备竞争性采购、集中采购、一体化采购工作稳步推进；军民结合产业快速发展，武器装备发展的产业基础明显增强。

二、推动军工开放，引导社会资源进入武器装备科研生产领域

（三）着力健全开放式发展的武器装备科研生产格局。根据武器装备发展战略和规划，立足国家工业基础，坚持军品优先，精干军工主体、扩大协作配套范围，通过动态调整优化，加强科研生产条件建设，提升武器装备科研生产核心能力。引导社会资源进入军品能力建设领域，进一步放开一般能力，使其寓于民用工业中发展，形成面向全国、分类管理、有序竞争的开放式能力发展格局。

（四）改进军品市场准入和退出制度。修订武器装备科研生产许可目录，并面向全社会公开发布，为各类企事业单位参与武器装备科研生产创造条件。建立健全武器装备科研生产退出制度，解决企事业单位退出武器装备科研生产体系时的安全保密、能力保持、任务接转等问题。加强武器装备科研生产许可制度、武器装备承制单位资格审查管理制度和武器装备科研生产单位保密资格审

查认证制度的协调衔接。

（五）完善有利于公平竞争的政策。按照《国务院关于深化国防科技工业投资体制改革若干意见的批复》（国函〔2007〕9 号）和军队装备采购制度改革的要求，加快出台国防科技工业投资体制改革的配套措施和办法。改革现行军品税收政策，按照公平、高效的原则，对从事武器装备科研生产的各类企事业单位执行统一的税收政策。进一步完善政府投资管理，对承担同类武器装备科研生产任务的企事业单位实行同等投资政策。

三、加快军转民步伐，增强武器装备发展的产业基础

（六）大力发展军民结合产业和军工优势产业。结合武器装备发展和军品能力建设，加快推进民用核能、民用航天、民用飞机、民用船舶、电子信息和民爆器材等军民结合型产业发展，壮大武器装备发展的产业基础；依据国家产业政策和国民经济发展的急需，发挥军工技术优势，通过成果交易和面向社会发布军工技术转民用项目指南等形式，引导与军工技术同源或工艺相近的节能环保、新材料、新能源、电子信息、装备制造、安防产品等新兴产业发展，推动民用工业结构调整和产业升级。

（七）促进军民结合产业与国家相关产业基地融合发展。充分调动各部门、各地方的积极性，在军工和民用科研生产资源相对集中的地区，鼓励军民结合项目进入国家相关产业基地集聚发展，并按国家相关政策给予优先安排和支持。做好军工与国家有关部门及地方发展规划衔接和政策接轨，重大军民结合建设项目要纳入地方工业发展布局，促进军工经济与地方经济融合发展。

（八）加强国际合作与交流。充分发挥现有合作渠道和平台作用，推进对外经济技术合作与交流。充分利用国际与国内两个市场、两种资源，遵守国家最终用户管理规定，努力促使西方发达国家放宽对华高技术出口限制。注重引进消化吸收国外先进技术和管理经验，支持利用军工成熟技术开发国内外市场适销的产品。鼓励军工与民用企事业单位联合开拓国际市场，增强产业竞争力。

四、推进军民互动共享，提高资源利用效率

（九）加速军工和民用技术相互转化。改进国防知识产权管理，推动军工技术成果向民用转化。建立和完善国防科研成果和技术解密制度，为军工技术转民用创造有利条件。对于可以直接用于武器装备科研生产的电子信息等民用高新技术及产品，建立动态推荐目录，支持二次开发，为武器装备发展服务。立足国防与民用产业发展的双重需要，研究制定军民两用技术发展规划，加速推进军民两用技术相互转化。

（十）促进科研条件和频谱资源的军民共享。进一步推动军工与民用科研机构的开放共享与双向服务。依据科技创新的需要，建立高等学校、民用科研机构与国防科研机构的协作机制，组织重大科研项目的联合攻关，加强重要技术储备，实现科技资源的共享。推动现有军民大型科研设施的相互开放，新建项目兼顾军民两用，加强统筹规划，面向全国合理布局和建设。统筹军民需求，进一步提高无线电频谱资源使用的科学性和有效性。

（十一）推动国防科技工业与民用工业基础融合发展。促进军民通用设计、制造等先进工业技术的合作开发与成果共享；加强国防和民用基础技术、产品的统筹和一体化发展。立足民用工业基础，结合国家科技重大专项及重大装备研制项目的实施，促进重要机电产品、材料、器件、高端测试仪器、关键加工制造设备、科研生产软件等制约武器装备发展和军工能力建设瓶颈问题的解决。

（十二）积极采用先进适用的民用标准。充分利用民用科技工业成果，推广先进的生产组织方式和生产技术，积极采用先进民用标准，提高武器装备生产标准化和专业化协作水平。制定军用标准化管理条例，深入研究军用与民用标准之间的关系，加强军民共用标准的制定与修订工作。

（十三）加大人才培养和吸引力度。以武器装备和国防科技工业发展需要为导向，拓展人才培养渠道，完善人才成长和使用机制，保持并不断壮大武器装备科研生产人才队伍。推进产学研结合，加强型号总指挥、总设计师及其后备人才队伍建设，加强国防科技高层次人才管理，实施国防科技创新团队计划。制定管理办法，鼓励和吸引高技术人才进入国防科技工业领域。

五、深化体制机制改革，增强军工发展动力和活力

（十四）深化军工企业改革。按照既有利于公平竞争，又有利于保持和增强军工核心能力的原则，加快军工企业改革。除关系国家战略安全的少数企业外，要以调整和优化产权结构为重点，通过资产重组、上市、相互参股、兼并收购等多种途径推进股份制改造，依法妥善安置职工。鼓励符合条件的社会资本参与军工企业股份制改造。按照现代企业制度的要求，完善公司法人治理结构。

（十五）积极稳妥推进军工科研院所改革。按照有利于提升自主创新能力、增强公益服务职能、保障军品任务完成的原则，稳步推进军工科研院所改革，加强改革配套政策的衔接与分类指导。对于应用型科研院所，积极推进企业化转制，建立现代企业制度，或转为大企业的研发中心；对于面向国防科技工业全行业服务的公益性、基础性科研院所，建立现代科研院所制度，创新管理模式，加强公益服务；对于少数关系国家战略安全的科研院所，重在创新机制，积极探索有效的管理方式。按照国家创新体系建设的总体部署和要求，积极推进军民结合、

寓军于民的国防科技创新体系建设。

六、加强引导与协调，营造有利的宏观环境

（十六）加强宏观协调和指导。依托国务院中央军委专门委员会办公室，建立国务院有关部门和军队有关部门参加的部际协调机制。加强国防科技与民用科技、国防科技工业与民用工业在发展规划、计划、重大项目和政策及军工集团公司重组等方面的统筹协调。制定军民结合发展规划，做好与其他行业规划的衔接。

（十七）加强财政金融引导。发挥政府资金对建立和完善军民结合、寓军于民武器装备科研生产体系的引导和推动作用，引入社会资金，形成多元化投资格局。中央和地方财政要积极支持军民两用技术开发和军民结合服务平台建设，加大对技术开发和改造的支持力度，推动军民结合产业化发展。加快推进金融产品和服务方式创新，积极拓宽融资渠道，为军民结合产业发展提供金融支持。探索建立国防科技工业、军民结合产业投资基金，推动社会资本参与武器装备科研生产和建设。

（十八）强化信息共享服务。在符合国家安全保密规定的前提下，拓宽信息发布渠道。分类、分级发布武器装备发展需求和任务信息，为民用企事业单位参与武器装备科研生产及时提供信息服务。建立政府公共信息服务平台，为政府、军队、军工及民用企事业单位的信息交流合作提供支撑。

（十九）加强能力评估和监管。制定军工设备设施监督管理条例，确保军工设备设施安全、完整、有效地用于武器装备科研生产。建立与武器装备发展相适应的能力评估制度，完善军民结合运行评价体系，为制定宏观政策提供依据。完善从事国家秘密业务的武器装备科研生产单位保密审查制度，加强保密管理，确保国家秘密安全。

国务院及军队有关部门要按照本意见的要求，根据职责分工，抓紧制定具体办法和措施，密切协同，搞好统筹衔接，切实加以贯彻落实。地方各级人民政府、军队各级装备管理部门要积极配合，落实配套措施，确保军民结合、寓军于民武器装备科研生产体系建设的顺利推进。

国务院关于鼓励支持和引导个体私营等非公有制经济发展的若干意见

（国发〔2005〕3号）

（老“非公”36条）

各省、自治区、直辖市人民政府，国务院各部委、各直属机构：

公有制为主体、多种所有制经济共同发展是我国社会主义初级阶段的基本经济制度。毫不动摇地巩固和发展公有制经济，毫不动摇地鼓励、支持和引导非公有制经济发展，使两者在社会主义现代化进程中相互促进，共同发展，是必须长期坚持的基本方针，是完善社会主义市场经济体制、建设中国特色社会主义的必然要求。改革开放以来，我国个体、私营等非公有制经济不断发展壮大，已经成为社会主义市场经济的重要组成部分和促进社会生产力发展的重要力量。积极发展个体、私营等非公有制经济，有利于繁荣城乡经济、增加财政收入，有利于扩大社会就业、改善人民生活，有利于优化经济结构、促进经济发展，对全面建设小康社会和加快社会主义现代化进程具有重大的战略意义。

鼓励、支持和引导非公有制经济发展，要以邓小平理论和“三个代表”重要思想为指导，全面落实科学发展观，认真贯彻中央确定的方针政策，进一步解放思想，深化改革，消除影响非公有制经济发展的体制性障碍，确立平等的市场主体地位，实现公平竞争；进一步完善国家法律法规和政策，依法保护非公有制企业和职工的合法权益；进一步加强和改进政府监督管理和服务，为非公有制经济发展创造良好环境；进一步引导非公有制企业依法经营、诚实守信、健全管理，不断提高自身素质，促进非公有制经济持续健康发展。为此，现提出以下意见：

一、放宽非公有制经济市场准入

（一）贯彻平等准入、公平待遇原则。允许非公有资本进入法律法规未禁入的行业和领域。允许外资进入的行业和领域，也允许国内非公有资本进入，并放宽股权比例限制等方面的条件。在投资核准、融资服务、财税政策、土地使用、对外贸易和经济技术合作等方面，对非公有制企业与其他所有制企业一视同仁，实行同等待遇。对需要审批、核准和备案的事项，政府部门必须公开相应的制度、条件和程序。国家有关部门与地方人民政府要尽快完成清理和修订限制非公有制经济市场准入的法规、规章和政策性规定工作。外商投资企业依照有关法律法规的规定执行。

（二）允许非公有资本进入垄断行业和领域。加快垄断行业改革，在电力、电信、铁路、民航、石油等行业和领域，进一步引入市场竞争机制。对其中的自然垄断业务，积极推进投资主体多元化，非公有资本可以参股等方式进入；对其他业务，非公有资本可以独资、合资、合作、项目融资等方式进入。在国家统一规划的前提下，除国家法律法规等另有规定的外，允许具备资质的非公有制企业依法平等取得矿产资源的探矿权、采矿权，鼓励非公有资本进行商业性矿产资源的勘查开发。

（三）允许非公有资本进入公用事业和基础设施领域。加快完善政府特许经营制度，规范招投标行为，支持非公有资本积极参与城镇供水、供气、供热、公共交通、污水垃圾处理等市政公用事业和基础设施的投资、建设与运营。在规范转让行为的前提下，具备条件的公用事业和基础设施项目，可向非公有制企业转让产权或经营权。鼓励非公有制企业参与市政公用企业、事业单位的产权制度和经营方式改革。

（四）允许非公有资本进入社会事业领域。支持、引导和规范非公有资本投资教育、科研、卫生、文化、体育等社会事业的非营利性和营利性领域。在放开市场准入的同时，加强政府和社会监管，维护公众利益。支持非公有制经济参与公有制社会事业单位的改组改制。通过税收等相关政策，鼓励非公有制经济捐资捐赠社会事业。

（五）允许非公有资本进入金融服务业。在加强立法、规范准入、严格监管、有效防范金融风险的前提下，允许非公有资本进入区域性股份制银行和合作性金融机构。符合条件的非公有制企业可以发起设立金融中介服务机构。允许符合条件的非公有制企业参与银行、证券、保险等金融机构的改组改制。

（六）允许非公有资本进入国防科技工业建设领域。坚持军民结合、寓军于民的方针，发挥市场机制的作用，允许非公有制企业按有关规定参与军工科研生产任务的竞争以及军工企业的改组改制。鼓励非公有制企业参与军民两用高技术开发及其产业化。

（七）鼓励非公有制经济参与国有经济结构调整和国有企业重组。大力发展国有资本、集体资本和非公有资本等参股的混合所有制经济。鼓励非公有制企业通过并购和控股、参股等多种形式，参与国有企业和集体企业的改组改制改造。非公有制企业并购国有企业，参与其分离办社会职能和辅业改制，在资产处置、债务处理、职工安置和社会保障等方面，参照执行国有企业改革的相应政策。鼓励非公有制企业并购集体企业，有关部门要抓紧研究制定相应政策。

（八）鼓励、支持非公有制经济参与西部大开发、东北地区等老工业基地振兴和中部地区崛起。西部地区、东北地区等老工业基地和中部地区要采取切实有

效的政策措施，大力发展非公有制经济，积极吸引非公有制企业投资建设和参与国有企业重组。东部沿海地区也要继续鼓励、支持非公有制经济发展壮大。

二、加大对非公有制经济的财税金融支持

（九）加大财税支持力度。逐步扩大国家有关促进中小企业发展专项资金规模，省级人民政府及有条件的市、县应在本级财政预算中设立相应的专项资金。加快设立国家中小企业发展基金。研究完善有关税收扶持政策。

（十）加大信贷支持力度。有效发挥贷款利率浮动政策的作用，引导和鼓励各金融机构从非公有制经济特点出发，开展金融产品创新，完善金融服务，切实发挥银行内设中小企业信贷部门的作用，改进信贷考核和奖惩管理方式，提高对非公有制企业的贷款比重。城市商业银行和城市信用社要积极吸引非公有资本入股；农村信用社要积极吸引农民、个体工商户和中小企业入股，增强资本实力。政策性银行要研究改进服务方式，扩大为非公有制企业服务的范围，提供有效的金融产品和服务。鼓励政策性银行依托地方商业银行等中小金融机构和担保机构，开展以非公有制中小企业为主要服务对象的转贷款、担保贷款等业务。

（十一）拓宽直接融资渠道。非公有制企业在资本市场发行上市与国有企业一视同仁。在加快完善中小企业板块和推进制度创新的基础上，分步推进创业板市场，健全证券公司代办股份转让系统的功能，为非公有制企业利用资本市场创造条件。鼓励符合条件的非公有制企业到境外上市。规范和发展产权交易市场，推动各类资本的流动和重组。鼓励非公有制经济以股权融资、项目融资等方式筹集资金。建立健全创业投资机制，支持中小投资公司的发展。允许符合条件的非公有制企业依照国家有关规定发行企业债券。

（十二）鼓励金融服务创新。改进对非公有制企业的资信评估制度，对符合条件的企业发放信用贷款。对符合有关规定的企业，经批准可开展工业产权和非专利技术等无形资产的质押贷款试点。鼓励金融机构开办融资租赁、公司理财和账户托管等业务。改进保险机构服务方式和手段，开展面向非公有制企业的产品和服务创新。支持非公有制企业依照有关规定吸引国际金融组织投资。

（十三）建立健全信用担保体系。支持非公有制经济设立商业性或互助性信用担保机构。鼓励有条件的地区建立中小企业信用担保基金和区域性信用再担保机构。建立和完善信用担保的行业准入、风险控制和补偿机制，加强对信用担保机构的监管。建立健全担保业自律性组织。

三、完善对非公有制经济的社会服务

（十四）大力发展社会中介服务。各级政府要加大对中介服务机构的支持力

度,坚持社会化、专业化、市场化原则,不断完善社会服务体系。支持发展创业辅导、筹资融资、市场开拓、技术支持、认证认可、信息服务、管理咨询、人才培训等各类社会中介服务机构。按照市场化原则,规范和发展各类行业协会、商会等自律性组织。整顿中介服务市场秩序,规范中介服务行为,为非公有制经济营造良好的服务环境。

(十五)积极开展创业服务。进一步落实国家就业和再就业政策,加大对自主创业的政策扶持,鼓励下岗失业人员、退役士兵、大学毕业生和归国留学生等各类人员创办小企业,开发新岗位,以创业促就业。各级政府要支持建立创业服务机构,鼓励为初创小企业提供各类创业服务和政策支持。对初创小企业,可按照行业特点降低公司注册资本限额,允许注册资金分期到位,减免登记注册费用。

(十六)支持开展企业经营者和员工培训。根据非公有制经济的不同需求,开展多种形式的培训。整合社会资源,创新培训方式,形成政府引导、社会支持和企业自主相结合的培训机制。依托大专院校、各类培训机构和企业,重点开展法律法规、产业政策、经营管理、职业技能和技术应用等方面的培训,各级政府应给予适当补贴和资助。企业应定期对职工进行专业技能培训和安全知识培训。

(十七)加强科技创新服务。要加大对非公有制企业科技创新活动的支持,加快建立适合非公有制中小企业特点的信息和共性技术服务平台,推进非公有制企业的信息化建设。大力培育技术市场,促进科技成果转化和技术转让。科技中介服务机构要积极为非公有制企业提供科技咨询、技术推广等专业化服务。引导和支持科研院所、高等院校与非公有制企业开展多种形式的产学研联合。鼓励国有科研机构向非公有制企业开放试验室,充分利用现有科技资源。支持非公有资本创办科技型中小企业和科研开发机构。鼓励有专长的离退休人员为非公有制企业提供技术服务。切实保护单位和个人知识产权。

(十八)支持企业开拓国内外市场。改进政府采购办法,在政府采购中非公有制企业与其他企业享受同等待遇。推动信息网络建设,积极为非公有制企业提供国内外市场信息。鼓励和支持非公有制企业扩大出口和“走出去”,到境外投资兴业,在对外投资、进出口信贷、出口信用保险等方面与其他企业享受同等待遇。鼓励非公有制企业在境外申报知识产权。发挥行业协会、商会等中介组织作用,利用好国家中小企业国际市场开拓资金,支持非公有制企业开拓国际市场。

(十九)推进企业信用制度建设。加快建立适合非公有制中小企业特点的信用征集体系、评级发布制度以及失信惩戒机制,推进建立企业信用档案试点工作,建立和完善非公有制企业信用档案数据库。对资信等级较高的企业,有关登

记审核机构应简化年检、备案等手续。要强化企业信用意识，健全企业信用制度，建立企业信用自律机制。

四、维护非公有制企业和职工的合法权益

（二十）完善私有财产保护制度。要严格执行保护合法私有财产的法律法规和行政规章，任何单位和个人不得侵犯非公有制企业的合法财产，不得非法改变非公有制企业财产的权属关系。按照宪法修正案规定，加快清理、修订和完善与保护合法私有财产有关的法律法规和行政规章。

（二十一）维护企业合法权益。非公有制企业依法进行的生产经营活动，任何单位和个人不得干预。依法保护企业主的名誉、人身和财产等各项合法权益。非公有制企业合法权益受到侵害时提出的行政复议等，政府部门必须及时受理，公平对待，限时答复。

（二十二）保障职工合法权益。非公有制企业要尊重和维护职工的各项合法权益，要依照《中华人民共和国劳动法》等法律法规，在平等协商的基础上与职工签订规范的劳动合同，并健全集体合同制度，保证双方权利与义务对等；必须依法按时足额支付职工工资，工资标准不得低于或变相低于当地政府规定的最低工资标准，逐步建立职工工资正常增长机制；必须尊重和保障职工依照国家规定享有的休息休假权利，不得强制或变相强制职工超时工作，加班或延长工时必须依法支付加班工资或给予补休；必须加强劳动保护和职业病防治，按照《中华人民共和国安全生产法》等法律法规要求，切实做好安全生产与作业场所职业危害防治工作，改善劳动条件，加强劳动保护。要保障女职工合法权益和特殊利益，禁止使用童工。

（二十三）推进社会保障制度建设。非公有制企业及其职工要按照国家有关规定，参加养老、失业、医疗、工伤、生育等社会保险，缴纳社会保险费。按照国家规定建立住房公积金制度。有关部门要根据非公有制企业量大面广、用工灵活、员工流动性大等特点，积极探索建立健全职工社会保障制度。

（二十四）建立健全企业工会组织。非公有制企业要保障职工依法参加和组建工会的权利。企业工会组织实行民主管理，依法代表和维护职工合法权益。企业必须为工会正常开展工作创造必要条件，依法拨付工会经费，不得干预工会事务。

五、引导非公有制企业提高自身素质

（二十五）贯彻执行国家法律法规和政策规定。非公有制企业要贯彻执行国家法律法规，依法经营，照章纳税。服从国家的宏观调控，严格执行有关技术法

规，自觉遵守环境保护和安全生产等有关规定，主动调整和优化产业、产品结构，加快技术进步，提高产品质量，降低资源消耗，减少环境污染。国家支持非公有制经济投资高新技术产业、现代服务业和现代农业，鼓励发展就业容量大的加工贸易、社区服务、农产品加工等劳动密集型产业。

（二十六）规范企业经营管理行为。非公有制企业从事生产经营活动，必须依法获得安全生产、环保、卫生、质量、土地使用、资源开采等方面的相应资格和许可。企业要强化生产、营销、质量等管理，完善各项规章制度。建立安全、环保、卫生、劳动保护等责任制度，并保证必要的投入。建立健全会计核算制度，如实编制财务报表。企业必须依法报送统计信息。加快研究改进和完善个体工商户、小企业的会计、税收、统计等管理制度。

（二十七）完善企业组织制度。企业要按照法律法规的规定，建立规范的个人独资企业、合伙企业和公司制企业。公司制企业要按照《中华人民共和国公司法》要求，完善法人治理结构。探索建立有利于个体工商户、小企业发展的组织制度。

（二十八）提高企业经营管理者素质。非公有制企业出资人和经营管理人员要自觉学习国家法律法规和方针政策，学习现代科学技术和经营管理知识，增强法制观念、诚信意识和社会公德，努力提高自身素质。引导非公有制企业积极开展扶贫开发、社会救济和"光彩事业"等社会公益性活动，增强社会责任感。各级政府要重视非公有制经济的人才队伍建设，在人事管理、教育培训、职称评定和政府奖励等方面，与公有制企业实行同等政策。建立职业经理人测评与推荐制度，加快企业经营管理人才职业化、市场化进程。

（二十九）鼓励有条件的企业做强做大。国家支持有条件的非公有制企业通过兼并、收购、联合等方式，进一步壮大实力，发展成为主业突出、市场竞争力强的大公司大集团，有条件的可向跨国公司发展。鼓励非公有制企业实施品牌发展战略，争创名牌产品。支持发展非公有制高新技术企业，鼓励其加大科技创新和新产品开发力度，努力提高自主创新能力，形成自主知识产权。国家关于企业技术改造、科技进步、对外贸易以及其他方面的扶持政策，对非公有制企业同样适用。

（三十）推进专业化协作和产业集群发展。引导和支持企业从事专业化生产和特色经营，向"专、精、特、新"方向发展。鼓励中小企业与大企业开展多种形式的经济技术合作，建立稳定的供应、生产、销售、技术开发等协作关系。通过提高专业化协作水平，培育骨干企业和知名品牌，发展专业化市场，创新市场组织形式，推进公共资源共享，促进以中小企业集聚为特征的产业集群健康发展。

六、改进政府对非公有制企业的监管

（三十一）改进监管方式。各级人民政府要根据非公有制企业生产经营特点，完善相关制度，依法履行监督和管理职能。各有关监管部门要改进监管办法，公开监管制度，规范监管行为，提高监管水平。加强监管队伍建设，提高监管人员素质。及时向社会公布有关监管信息，发挥社会监督作用。

（三十二）加强劳动监察和劳动关系协调。各级劳动保障等部门要高度重视非公有制企业劳动关系问题，加强对非公有制企业执行劳动合同、工资报酬、劳动保护和社会保险等法规、政策的监督检查。建立和完善非公有制企业劳动关系协调机制，健全劳动争议处理制度，及时化解劳动争议，促进劳动关系和谐，维护社会稳定。

（三十三）规范国家行政机关和事业单位收费行为。进一步清理现有行政机关和事业单位收费，除国家法律法规和国务院财政、价格主管部门规定的收费项目外，任何部门和单位无权向非公有制企业强制收取任何费用，无权以任何理由强行要求企业提供各种赞助费或接受有偿服务。要严格执行收费公示制度和收支两条线的管理规定，企业有权拒绝和举报无证收费和不合法收费行为。各级人民政府要加强对各类收费的监督检查，严肃查处乱收费、乱罚款及各种摊派行为。

七、加强对发展非公有制经济的指导和政策协调

（三十四）加强对非公有制经济发展的指导。各级人民政府要根据非公有制经济发展的需要，强化服务意识，改进服务方式，创新服务手段。要将非公有制经济发展纳入国民经济和社会发展规划，加强对非公有制经济发展动态的监测和分析，及时向社会公布有关产业政策、发展规划、投资重点和市场需求等方面的信息。建立促进非公有制经济发展的工作协调机制和部门联席会议制度，加强部门之间配合，形成促进非公有制经济健康发展的合力。要充分发挥各级工商联在政府管理非公有制企业方面的助手作用。统计部门要改进和完善现行统计制度，及时准确反映非公有制经济发展状况。

（三十五）营造良好的舆论氛围。大力宣传党和国家鼓励、支持和引导非公有制经济发展的方针政策与法律法规，宣传非公有制经济在社会主义现代化建设中的重要地位和作用，宣传和表彰非公有制经济中涌现出的先进典型，形成有利于非公有制经济发展的良好社会舆论环境。

（三十六）认真做好贯彻落实工作。各地区、各部门要加强调查研究，抓紧制订和完善促进非公有制经济发展的具体措施及配套办法，认真解决非公有制经

济发展中遇到的新问题，确保党和国家的方针政策落到实处，促进非公有制经济健康发展。

国务院关于鼓励和引导民间投资健康发展的若干意见

（国发〔2010〕13 号）

（新“非公”36 条）

各省、自治区、直辖市人民政府，国务院各部委、各直属机构：

改革开放以来，我国民间投资不断发展壮大，已经成为促进经济发展、调整产业结构、繁荣城乡市场、扩大社会就业的重要力量。在毫不动摇地巩固和发展公有制经济的同时，毫不动摇地鼓励、支持和引导非公有制经济发展，进一步鼓励和引导民间投资，有利于坚持和完善我国社会主义初级阶段基本经济制度，以现代产权制度为基础发展混合所有制经济，推动各种所有制经济平等竞争、共同发展；有利于完善社会主义市场经济体制，充分发挥市场配置资源的基础性作用，建立公平竞争的市场环境；有利于激发经济增长的内生动力，稳固可持续发展的基础，促进经济长期平稳较快发展；有利于扩大社会就业，增加居民收入，拉动国内消费，促进社会和谐稳定。为此，提出以下意见：

一、进一步拓宽民间投资的领域和范围

（一）深入贯彻落实《国务院关于鼓励支持和引导个体私营等非公有制经济发展的若干意见》（国发〔2005〕3 号）等一系列政策措施，鼓励和引导民间资本进入法律法规未明确禁止准入的行业和领域。规范设置投资准入门槛，创造公平竞争、平等准入的市场环境。市场准入标准和优惠扶持政策要公开透明，对各类投资主体同等对待，不得单对民间资本设置附加条件。

（二）明确界定政府投资范围。政府投资主要用于关系国家安全、市场不能有效配置资源的经济和社会领域。对于可以实行市场化运作的基础设施、市政工程和其他公共服务领域，应鼓励和支持民间资本进入。

（三）进一步调整国有经济布局和结构。国有资本要把投资重点放在不断加强和巩固关系国民经济命脉的重要行业和关键领域，在一般竞争性领域，要为民间资本营造更广阔的市场空间。

（四）积极推进医疗、教育等社会事业领域改革。将民办社会事业作为社会公共事业发展的重要补充，统筹规划，合理布局，加快培育形成政府投入为主、民

间投资为辅的公共服务体系。

二、鼓励和引导民间资本进入基础产业和基础设施领域

（五）鼓励民间资本参与交通运输建设。鼓励民间资本以独资、控股、参股等方式投资建设公路、水运、港口码头、民用机场、通用航空设施等项目。抓紧研究制定铁路体制改革方案，引入市场竞争，推进投资主体多元化，鼓励民间资本参与铁路干线、铁路支线、铁路轮渡以及站场设施的建设，允许民间资本参股建设煤运通道、客运专线、城际轨道交通等项目。探索建立铁路产业投资基金，积极支持铁路企业加快股改上市，拓宽民间资本进入铁路建设领域的渠道和途径。

（六）鼓励民间资本参与水利工程建设。建立收费补偿机制，实行政府补贴，通过业主招标、承包租赁等方式，吸引民间资本投资建设农田水利、跨流域调水、水资源综合利用、水土保持等水利项目。

（七）鼓励民间资本参与电力建设。鼓励民间资本参与风能、太阳能、地热能、生物质能等新能源产业建设。支持民间资本以独资、控股或参股形式参与水电站、火电站建设，参股建设核电站。进一步放开电力市场，积极推进电价改革，加快推行竞价上网，推行项目业主招标，完善电力监管制度，为民营发电企业平等参与竞争创造良好环境。

（八）鼓励民间资本参与石油天然气建设。支持民间资本进入油气勘探开发领域，与国有石油企业合作开展油气勘探开发。支持民间资本参股建设原油、天然气、成品油的储运和管道输送设施及网络。

（九）鼓励民间资本参与电信建设。鼓励民间资本以参股方式进入基础电信运营市场。支持民间资本开展增值电信业务。加强对电信领域垄断和不正当竞争行为的监管，促进公平竞争，推动资源共享。

（十）鼓励民间资本参与土地整治和矿产资源勘探开发。积极引导民间资本通过招标投标形式参与土地整理、复垦等工程建设，鼓励和引导民间资本投资矿山地质环境恢复治理，坚持矿业权市场全面向民间资本开放。

三、鼓励和引导民间资本进入市政公用事业和政策性住房建设领域

（十一）鼓励民间资本参与市政公用事业建设。支持民间资本进入城市供水、供气、供热、污水和垃圾处理、公共交通、城市园林绿化等领域。鼓励民间资本积极参与市政公用企事业单位的改组改制，具备条件的市政公用事业项目可以采取市场化的经营方式，向民间资本转让产权或经营权。

（十二）进一步深化市政公用事业体制改革。积极引入市场竞争机制，大力推行市政公用事业的投资主体、运营主体招标制度，建立健全市政公用事业特许

经营制度。改进和完善政府采购制度,建立规范的政府监管和财政补贴机制,加快推进市政公用产品价格和收费制度改革,为鼓励和引导民间资本进入市政公用事业领域创造良好的制度环境。

(十三)鼓励民间资本参与政策性住房建设。支持和引导民间资本投资建设经济适用住房、公共租赁住房等政策性住房,参与棚户区改造,享受相应的政策性住房建设政策。

四、鼓励和引导民间资本进入社会事业领域

(十四)鼓励民间资本参与发展医疗事业。支持民间资本兴办各类医院、社区卫生服务机构、疗养院、门诊部、诊所、卫生所(室)等医疗机构,参与公立医院转制改组。支持民营医疗机构承担公共卫生服务、基本医疗服务和医疗保险定点服务。切实落实非营利性医疗机构的税收政策。鼓励医疗人才资源向民营医疗机构合理流动,确保民营医疗机构在人才引进、职称评定、科研课题等方面与公立医院享受平等待遇。从医疗质量、医疗行为、收费标准等方面对各类医疗机构加强监管,促进民营医疗机构健康发展。

(十五)鼓励民间资本参与发展教育和社会培训事业。支持民间资本兴办高等学校、中小学校、幼儿园、职业教育等各类教育和社会培训机构。修改完善《中华人民共和国民办教育促进法实施条例》,落实对民办学校的人才鼓励政策和公共财政资助政策,加快制定和完善促进民办教育发展的金融、产权和社保等政策,研究建立民办学校的退出机制。

(十六)鼓励民间资本参与发展社会福利事业。通过用地保障、信贷支持和政府采购等多种形式,鼓励民间资本投资建设专业化的服务设施,兴办养(托)老服务和残疾人康复、托养服务等各类社会福利机构。

(十七)鼓励民间资本参与发展文化、旅游和体育产业。鼓励民间资本从事广告、印刷、演艺、娱乐、文化创意、文化会展、影视制作、网络文化、动漫游戏、出版物发行、文化产品数字制作与相关服务等活动,建设博物馆、图书馆、文化馆、电影院等文化设施。鼓励民间资本合理开发旅游资源,建设旅游设施,从事各种旅游休闲活动。鼓励民间资本投资生产体育用品,建设各类体育场馆及健身设施,从事体育健身、竞赛表演等活动。

五、鼓励和引导民间资本进入金融服务领域

(十八)允许民间资本兴办金融机构。在加强有效监管、促进规范经营、防范金融风险的前提下,放宽对金融机构的股比限制。支持民间资本以入股方式参与商业银行的增资扩股,参与农村信用社、城市信用社的改制工作。鼓励民间资

本发起或参与设立村镇银行、贷款公司、农村资金互助社等金融机构，放宽村镇银行或社区银行中法人银行最低出资比例的限制。落实中小企业贷款税前全额拨备损失准备金政策，简化中小金融机构呆账核销审核程序。适当放宽小额贷款公司单一投资者持股比例限制，对小额贷款公司的涉农业务实行与村镇银行同等的财政补贴政策。支持民间资本发起设立信用担保公司，完善信用担保公司的风险补偿机制和风险分担机制。鼓励民间资本发起设立金融中介服务机构，参与证券、保险等金融机构的改组改制。

六、鼓励和引导民间资本进入商贸流通领域

（十九）鼓励民间资本进入商品批发零售、现代物流领域。支持民营批发、零售企业发展，鼓励民间资本投资连锁经营、电子商务等新型流通业态。引导民间资本投资第三方物流服务领域，为民营物流企业承接传统制造业、商贸业的物流业务外包创造条件，支持中小型民营商贸流通企业协作发展共同配送。加快物流业管理体制改革，鼓励物流基础设施的资源整合和充分利用，促进物流企业网络化经营，搭建便捷高效的融资平台，创造公平、规范的市场竞争环境，推进物流服务的社会化和资源利用的市场化。

七、鼓励和引导民间资本进入国防科技工业领域

（二十）鼓励民间资本进入国防科技工业投资建设领域。引导和支持民营企业有序参与军工企业的改组改制，鼓励民营企业参与军民两用高技术开发和产业化，允许民营企业按有关规定参与承担军工生产和科研任务。

八、鼓励和引导民间资本重组联合和参与国有企业改革

（二十一）引导和鼓励民营企业利用产权市场组合民间资本，促进产权合理流动，开展跨地区、跨行业兼并重组。鼓励和支持民间资本在国内合理流动，实现产业有序梯度转移，参与西部大开发、东北地区等老工业基地振兴、中部地区崛起以及新农村建设和扶贫开发。支持有条件的民营企业通过联合重组等方式做大做强，发展成为特色突出、市场竞争力强的集团化公司。

（二十二）鼓励和引导民营企业通过参股、控股、资产收购等多种形式，参与国有企业的改制重组。合理降低国有控股企业中的国有资本比例。民营企业在参与国有企业改制重组过程中，要认真执行国家有关资产处置、债务处理和社会保障等方面的政策要求，依法妥善安置职工，保证企业职工的正当权益。

九、推动民营企业加强自主创新和转型升级

(二十三)贯彻落实鼓励企业增加研发投入的税收优惠政策,鼓励民营企业增加研发投入,提高自主创新能力,掌握拥有自主知识产权的核心技术。帮助民营企业建立工程技术研究中心、技术开发中心,增加技术储备,搞好技术人才培训。支持民营企业参与国家重大科技计划项目和技术攻关,不断提高企业技术水平和研发能力。

(二十四)加快实施促进科技成果转化的鼓励政策,积极发展技术市场,完善科技成果登记制度,方便民营企业转让和购买先进技术。加快分析测试、检验检测、创业孵化、科技评估、科技咨询等科技服务机构的建设和机制创新,为民营企业的自主创新提供服务平台。积极推动信息服务外包、知识产权、技术转移和成果转化等高技术服务领域的市场竞争,支持民营企业开展技术服务活动。

(二十五)鼓励民营企业加大新产品开发力度,实现产品更新换代。开发新产品发生的研究开发费用可按规定享受加计扣除优惠政策。鼓励民营企业实施品牌发展战略,争创名牌产品,提高产品质量和服务水平。通过加速固定资产折旧等方式鼓励民营企业进行技术改造,淘汰落后产能,加快技术升级。

(二十六)鼓励和引导民营企业发展战略性新兴产业。广泛应用信息技术等高新技术改造提升传统产业,大力发展循环经济、绿色经济,投资建设节能减排、节水降耗、生物医药、信息网络、新能源、新材料、环境保护、资源综合利用等具有发展潜力的新兴产业。

十、鼓励和引导民营企业积极参与国际竞争

(二十七)鼓励民营企业“走出去”,积极参与国际竞争。支持民营企业在研发、生产、营销等方面开展国际化经营,开发战略资源,建立国际销售网络。支持民营企业利用自有品牌、自主知识产权和自主营销,开拓国际市场,加快培育跨国企业和国际知名品牌。支持民营企业之间、民营企业与国有企业之间组成联合体,发挥各自优势,共同开展多种形式的境外投资。

(二十八)完善境外投资促进和保障体系。与有关国家建立鼓励和促进民间资本国际流动的政策磋商机制,开展多种形式的对话交流,发展长期稳定、互惠互利的合作关系。通过签订双边民间投资合作协定、利用多边协定体系等,为民营企业“走出去”争取有利的投资、贸易环境和更多优惠政策。健全和完善境外投资鼓励政策,在资金支持、金融保险、外汇管理、质检通关等方面,民营企业与其他企业享受同等待遇。

十一、为民间投资创造良好环境

（二十九）清理和修改不利于民间投资发展的法规政策规定，切实保护民间投资的合法权益，培育和维护平等竞争的投资环境。在制订涉及民间投资的法律、法规和政策时，要听取有关商会和民营企业的意见和建议，充分反映民营企业的合理要求。

（三十）各级人民政府有关部门安排的政府性资金，包括财政预算内投资、专项建设资金、创业投资引导资金，以及国际金融组织贷款和外国政府贷款等，要明确规则、统一标准，对包括民间投资在内的各类投资主体同等对待。支持民营企业的产品和服务进入政府采购目录。

（三十一）各类金融机构要在防范风险的基础上，创新和灵活运用多种金融工具，加大对民间投资的融资支持，加强对民间投资的金融服务。各级人民政府及有关监管部门要不断完善民间投资的融资担保制度，健全创业投资机制，发展股权投资基金，继续支持民营企业通过股票、债券市场进行融资。

（三十二）全面清理整合涉及民间投资管理的行政审批事项，简化环节、缩短时限，进一步推动管理内容、标准和程序的公开化、规范化，提高行政服务效率。进一步清理和规范涉企收费，切实减轻民营企业负担。

十二、加强对民间投资的服务、指导和规范管理

（三十三）统计部门要加强对民间投资的统计工作，准确反映民间投资的进展和分布情况。投资主管部门、行业管理部门及行业协会要切实做好民间投资的监测和分析工作，及时把握民间投资动态，合理引导民间投资。要加强投资信息平台建设，及时向社会公开发布国家产业政策、发展建设规划、市场准入标准、国内外行业动态等信息，引导民间投资者正确判断形势，减少盲目投资。

（三十四）建立健全民间投资服务体系。充分发挥商会、行业协会等自律性组织的作用，积极培育和发展为民间投资提供法律、政策、咨询、财务、金融、技术、管理和市场信息等服务的中介组织。

（三十五）在放宽市场准入的同时，切实加强监管。各级人民政府有关部门要依照有关法律法规要求，切实督促民间投资主体履行投资建设手续，严格遵守国家产业政策和环保、用地、节能以及质量、安全等规定。要建立完善企业信用体系，指导民营企业建立规范的产权、财务、用工等制度，依法经营。民间投资主体要不断提高自身素质和能力，树立诚信意识和责任意识，积极创造条件满足市场准入要求，并主动承担相应的社会责任。

（三十六）营造有利于民间投资健康发展的良好舆论氛围。大力宣传党中

央、国务院关于鼓励、支持和引导非公有制经济发展的方针、政策和措施。客观、公正宣传报道民间投资在促进经济发展、调整产业结构、繁荣城乡市场和扩大社会就业等方面的积极作用。积极宣传依法经营、诚实守信、认真履行社会责任、积极参与社会公益事业的民营企业家的先进事迹。

各地区、各部门要把鼓励和引导民间投资健康发展工作摆在更加重要的位置,进一步解放思想,转变观念,深化改革,创新求实,根据本意见要求,抓紧研究制定具体实施办法,尽快将有关政策措施落到实处,努力营造有利于民间投资健康发展的政策环境和舆论氛围,切实促进民间投资持续健康发展,促进投资合理增长、结构优化、效益提高和经济社会又好又快发展。

国家知识产权战略纲要

(国发〔2008〕18号)

为提升我国知识产权创造、运用、保护和管理能力,建设创新型国家,实现全面建设小康社会目标,制定本纲要。

一、序言

(1)改革开放以来,我国经济社会持续快速发展,科学技术和文化创作取得长足进步,创新能力不断提升,知识在经济社会发展中的作用越来越突出。我国正站在新的历史起点上,大力开发和利用知识资源,对于转变经济发展方式,缓解资源环境约束,提升国家核心竞争力,满足人民群众日益增长的物质文化生活需要,具有重大战略意义。

(2)知识产权制度是开发和利用知识资源的基本制度。知识产权制度通过合理确定人们对于知识及其他信息的权利,调整人们在创造、运用知识和信息过程中产生的利益关系,激励创新,推动经济发展和社会进步。当今世界,随着知识经济和经济全球化深入发展,知识产权日益成为国家发展的战略性资源和国际竞争力的核心要素,成为建设创新型国家的重要支撑和掌握发展主动权的关键。国际社会更加重视知识产权,更加重视鼓励创新。发达国家以创新为主要动力推动经济发展,充分利用知识产权制度维护其竞争优势;发展中国家积极采取适应国情的知识产权政策措施,促进自身发展。

(3)经过多年发展,我国知识产权法律法规体系逐步健全,执法水平不断提高;知识产权拥有量快速增长,效益日益显现;市场主体运用知识产权能力逐步

提高；知识产权领域的国际交往日益增多，国际影响力逐渐增强。知识产权制度的建立和实施，规范了市场秩序，激励了发明创造和文化创作，促进了对外开放和知识资源的引进，对经济社会发展发挥了重要作用。但是，从总体上看，我国知识产权制度仍不完善，自主知识产权水平和拥有量尚不能满足经济社会发展需要，社会公众知识产权意识仍较薄弱，市场主体运用知识产权能力不强，侵犯知识产权现象还比较突出，知识产权滥用行为时有发生，知识产权服务支撑体系和人才队伍建设滞后，知识产权制度对经济社会发展的促进作用尚未得到充分发挥。

(4)实施国家知识产权战略，大力提升知识产权创造、运用、保护和管理能力，有利于增强我国自主创新能力，建设创新型国家；有利于完善社会主义市场经济体制，规范市场秩序和建立诚信社会；有利于增强我国企业市场竞争力和提高国家核心竞争力；有利于扩大对外开放，实现互利共赢。必须把知识产权战略作为国家重要战略，切实加强知识产权工作。

二、指导思想和战略目标

(一)指导思想

(5)实施国家知识产权战略，要坚持以邓小平理论和“三个代表”重要思想为指导，深入贯彻落实科学发展观，按照激励创造、有效运用、依法保护、科学管理的方针，着力完善知识产权制度，积极营造良好的知识产权法治环境、市场环境、文化环境，大幅度提升我国知识产权创造、运用、保护和管理能力，为建设创新型国家和全面建设小康社会提供强有力支撑。

(二)战略目标

(6)到 2020 年，把我国建设成为知识产权创造、运用、保护和管理水平较高的国家。知识产权法治环境进一步完善，市场主体创造、运用、保护和管理知识产权的能力显著增强，知识产权意识深入人心，自主知识产权的水平和拥有量能够有效支撑创新型国家建设，知识产权制度对经济发展、文化繁荣和社会建设的促进作用充分显现。

(7)近五年的目标是：

自主知识产权水平大幅度提高，拥有量进一步增加。本国申请人发明专利年度授权量进入世界前列，对外专利申请大幅度增加。培育一批国际知名品牌。核心版权产业产值占国内生产总值的比重明显提高。拥有一批优良植物新品种和高水平集成电路布图设计。商业秘密、地理标志、遗传资源、传统知识和民间文艺等得到有效保护与合理利用。

运用知识产权的效果明显增强，知识产权密集型商品比重显著提高。企业

知识产权管理制度进一步健全，对知识产权领域的投入大幅度增加，运用知识产权参与市场竞争的能力明显提升。形成一批拥有知名品牌和核心知识产权，熟练运用知识产权制度的优势企业。

知识产权保护状况明显改善。盗版、假冒等侵权行为显著减少，维权成本明显下降，滥用知识产权现象得到有效遏制。

全社会特别是市场主体的知识产权意识普遍提高，知识产权文化氛围初步形成。

三、战略重点

（一）完善知识产权制度

（8）进一步完善知识产权法律法规。及时修订专利法、商标法、著作权法等知识产权专门法律及有关法规。适时做好遗传资源、传统知识、民间文艺和地理标志等方面的立法工作。加强知识产权立法的衔接配套，增强法律法规可操作性。完善反不正当竞争、对外贸易、科技、国防等方面法律法规中有关知识产权的规定。

（9）健全知识产权执法和管理体制。加强司法保护体系和行政执法体系建设，发挥司法保护知识产权的主导作用，提高执法效率和水平，强化公共服务。深化知识产权行政管理体制改革，形成权责一致、分工合理、决策科学、执行顺畅、监督有力的知识产权行政管理体制。

（10）强化知识产权在经济、文化和社会政策中的导向作用。加强产业政策、区域政策、科技政策、贸易政策与知识产权政策的衔接。制定适合相关产业发展的知识产权政策，促进产业结构的调整与优化；针对不同地区发展特点，完善知识产权扶持政策，培育地区特色经济，促进区域经济协调发展；建立重大科技项目的知识产权工作机制，以知识产权的获取和保护为重点开展全程跟踪服务；健全与对外贸易有关的知识产权政策，建立和完善对外贸易领域知识产权管理体制、预警应急机制、海外维权机制和争端解决机制。加强文化、教育、科研、卫生等政策与知识产权政策的协调衔接，保障公众在文化、教育、科研、卫生等活动中依法合理使用创新成果和信息的权利，促进创新成果合理分享；保障国家应对公共危机的能力。

（二）促进知识产权创造和运用

（11）运用财政、金融、投资、政府采购政策和产业、能源、环境保护政策，引导和支持市场主体创造和运用知识产权。强化科技创新活动中的知识产权政策导向作用，坚持技术创新以能够合法产业化为基本前提，以获得知识产权为追求目标，以形成技术标准为努力方向。完善国家资助开发的科研成果权利归属和利

益分享机制。将知识产权指标纳入科技计划实施评价体系和国有企业绩效考核体系。逐步提高知识产权密集型商品出口比例,促进贸易增长方式的根本转变和贸易结构的优化升级。

(12)推动企业成为知识产权创造和运用的主体。促进自主创新成果的知识产权化、商品化、产业化,引导企业采取知识产权转让、许可、质押等方式实现知识产权的市场价值。充分发挥高等学校、科研院所在知识产权创造中的重要作用。选择若干重点技术领域,形成一批核心自主知识产权和技术标准。鼓励群众性发明创造和文化创新。促进优秀文化产品的创作。

(三)加强知识产权保护

(13)修订惩处侵犯知识产权行为的法律法规,加大司法惩处力度。提高权利人自我维权的意识和能力。降低维权成本,提高侵权代价,有效遏制侵权行为。

(四)防止知识产权滥用。

(14)制定相关法律法规,合理界定知识产权的界限,防止知识产权滥用,维护公平竞争的市场秩序和公众合法权益。

(五)培育知识产权文化。

(15)加强知识产权宣传,提高全社会知识产权意识。广泛开展知识产权普及型教育。在精神文明创建活动和国家普法教育中增加有关知识产权的内容。在全社会弘扬以创新为荣、剽窃为耻,以诚实守信为荣、假冒欺骗为耻的道德观念,形成尊重知识、崇尚创新、诚信守法的知识产权文化。

四、专项任务

(一)专利

(16)以国家战略需求为导向,在生物和医药、信息、新材料、先进制造、先进能源、海洋、资源环境、现代农业、现代交通、航空航天等技术领域超前部署,掌握一批核心技术的专利,支撑我国高技术产业与新兴产业发展。

(17)制定和完善与标准有关的政策,规范将专利纳入标准的行为。支持企业、行业组织积极参与国际标准的制定。

(18)完善职务发明制度,建立既有利于激发职务发明人创新积极性,又有利于促进专利技术实施的利益分配机制。

(19)按照授予专利权的条件,完善专利审查程序,提高审查质量。防止非正常专利申请。

(20)正确处理专利保护和公共利益的关系。在依法保护专利权的同时,完善强制许可制度,发挥例外制度作用,研究制定合理的相关政策,保证在发生公

共危机时，公众能够及时、充分获得必需的产品和服务。

（二）商标

（21）切实保护商标权人和消费者的合法权益。加强执法能力建设，严厉打击假冒等侵权行为，维护公平竞争的市场秩序。

（22）支持企业实施商标战略，在经济活动中使用自主商标。引导企业丰富商标内涵，增加商标附加值，提高商标知名度，形成驰名商标。鼓励企业进行国际商标注册，维护商标权益，参与国际竞争。

（23）充分发挥商标在农业产业化中的作用。积极推动市场主体注册和使用商标，促进农产品质量提高，保证食品安全，提高农产品附加值，增强市场竞争力。

（24）加强商标管理。提高商标审查效率，缩短审查周期，保证审查质量。尊重市场规律，切实解决驰名商标、著名商标、知名商品、名牌产品、优秀品牌的认定等问题。

（三）版权

（25）扶持新闻出版、广播影视、文学艺术、文化娱乐、广告设计、工艺美术、计算机软件、信息网络等版权相关产业发展，支持具有鲜明民族特色、时代特点作品的创作，扶持难以参与市场竞争的优秀文化作品的创作。

（26）完善制度，促进版权市场化。进一步完善版权质押、作品登记和转让合同备案等制度，拓展版权利用方式，降低版权交易成本和风险。充分发挥版权集体管理组织、行业协会、代理机构等中介组织在版权市场化中的作用。

（27）依法处置盗版行为，加大盗版行为处罚力度。重点打击大规模制售、传播盗版产品的行为，遏制盗版现象。

（28）有效应对互联网等新技术发展对版权保护的挑战。妥善处理保护版权与保障信息传播的关系，既要依法保护版权，又要促进信息传播。

（四）商业秘密

（29）引导市场主体依法建立商业秘密管理制度。依法打击窃取他人商业秘密的行为。妥善处理保护商业秘密与自由择业、涉密者竞业限制与人才合理流动的关系，维护职工合法权益。

（五）植物新品种

（30）建立激励机制，扶持新品种培育，推动育种创新成果转化为植物新品种权。支持形成一批拥有植物新品种权的种苗单位。建立健全植物新品种保护的技术支撑体系，加快制订植物新品种测试指南，提高审查测试水平。

（31）合理调节资源提供者、育种者、生产者和经营者之间的利益关系，注重对农民合法权益的保护。提高种苗单位及农民的植物新品种权保护意识，使品

种权人、品种生产经销单位和使用新品种的农民共同受益。

（六）特定领域知识产权

（32）完善地理标志保护制度。建立健全地理标志的技术标准体系、质量保证体系与检测体系。普查地理标志资源，扶持地理标志产品，促进具有地方特色的自然、人文资源优势转化为现实生产力。

（33）完善遗传资源保护、开发和利用制度，防止遗传资源流失和无序利用。协调遗传资源保护、开发和利用的利益关系，构建合理的遗传资源获取与利益分享机制。保障遗传资源提供者知情同意权。

（34）建立健全传统知识保护制度。扶持传统知识的整理和传承，促进传统知识发展。完善传统医药知识产权管理、保护和利用协调机制，加强对传统工艺的保护、开发和利用。

（35）加强民间文艺保护，促进民间文艺发展。深入发掘民间文艺作品，建立民间文艺保存人与后续创作人之间合理分享利益的机制，维护相关个人、群体的合法权益。

（36）加强集成电路布图设计专有权的有效利用，促进集成电路产业发展。

（七）国防知识产权

（37）建立国防知识产权的统一协调管理机制，着力解决权利归属与利益分配、有偿使用、激励机制以及紧急状态下技术有效实施等重大问题。

（38）加强国防知识产权管理。将知识产权管理纳入国防科研、生产、经营及装备采购、保障和项目管理各环节，增强对重大国防知识产权的掌控能力。发布关键技术指南，在武器装备关键技术和军民结合高新技术领域形成一批自主知识产权。建立国防知识产权安全预警机制，对军事技术合作和军品贸易中的国防知识产权进行特别审查。

（39）促进国防知识产权有效运用。完善国防知识产权保密解密制度，在确保国家安全和国防利益基础上，促进国防知识产权向民用领域转移。鼓励民用领域知识产权在国防领域运用。

五、战略措施

（一）提升知识产权创造能力

（40）建立以企业为主体、市场为导向、产学研相结合的自主知识产权创造体系。引导企业在研究开发立项及开展经营活动前进行知识产权信息检索。支持企业通过原始创新、集成创新和引进消化吸收再创新，形成自主知识产权，提高把创新成果转变为知识产权的能力。支持企业等市场主体在境外取得知识产权。引导企业改进竞争模式，加强技术创新，提高产品质量和服务质量。支持企

业打造知名品牌。

（二）鼓励知识产权转化运用

（41）引导支持创新要素向企业集聚，促进高等学校、科研院所的创新成果向企业转移，推动企业知识产权的应用和产业化，缩短产业化周期。深入开展各类知识产权试点、示范工作，全面提升知识产权运用能力和应对知识产权竞争的能力。

（42）鼓励和支持市场主体健全技术资料与商业秘密管理制度，建立知识产权价值评估、统计和财务核算制度，制订知识产权信息检索和重大事项预警等制度，完善对外合作知识产权管理制度。

（43）鼓励市场主体依法应对涉及知识产权的侵权行为和法律诉讼，提高应对知识产权纠纷的能力。

（三）加快知识产权法制建设

（44）建立适应知识产权特点的立法机制，提高立法质量，加快立法进程。加强知识产权立法前瞻性研究，做好立法后评估工作。增强立法透明度，拓宽企业、行业协会和社会公众参与立法的渠道。加强知识产权法律修改和立法解释，及时有效回应知识产权新问题。研究制定知识产权基础性法律的必要性和可行性。

（四）提高知识产权执法水平

（45）完善知识产权审判体制，优化审判资源配置，简化救济程序。研究设置统一受理知识产权民事、行政和刑事案件的专门知识产权法庭。研究适当集中专利等技术性较强案件的审理管辖权问题，探索建立知识产权上诉法院。进一步健全知识产权审判机构，充实知识产权司法队伍，提高审判和执行能力。

（46）加强知识产权司法解释工作。针对知识产权案件专业性强等特点，建立和完善司法鉴定、专家证人、技术调查等诉讼制度，完善知识产权诉前临时措施制度。改革专利和商标确权、授权程序，研究专利无效审理和商标评审机构向准司法机构转变的问题。

（47）提高知识产权执法队伍素质，合理配置执法资源，提高执法效率。针对反复侵权、群体性侵权以及大规模假冒、盗版等行为，有计划、有重点地开展知识产权保护专项行动。加大行政执法机关向刑事司法机关移送知识产权刑事案件和刑事司法机关受理知识产权刑事案件的力度。

（48）加大海关执法力度，加强知识产权边境保护，维护良好的进出口秩序，提高我国出口商品的声誉。充分利用海关执法国际合作机制，打击跨境知识产权违法犯罪行为，发挥海关在国际知识产权保护事务中的影响力。

（五）加强知识产权行政管理

（49）制定并实施地区和行业知识产权战略。建立健全重大经济活动知识产权审议制度。扶持符合经济社会发展需要的自主知识产权创造与产业化项目。

（50）充实知识产权管理队伍，加强业务培训，提高人员素质。根据经济社会发展需要，县级以上人民政府可设立相应的知识产权管理机构。

（51）完善知识产权审查及登记制度，加强能力建设，优化程序，提高效率，降低行政成本，提高知识产权公共服务水平。

（52）构建国家基础知识产权信息公共服务平台。建设高质量的专利、商标、版权、集成电路布图设计、植物新品种、地理标志等知识产权基础信息库，加快开发适合我国检索方式与习惯的通用检索系统。健全植物新品种保护测试机构和保藏机构。建立国防知识产权信息平台。指导和鼓励各地区、各有关行业建设符合自身需要的知识产权信息库。促进知识产权系统集成、资源整合和信息共享。

（53）建立知识产权预警应急机制。发布重点领域的知识产权发展态势报告，对可能发生的涉及面广、影响大的知识产权纠纷、争端和突发事件，制订预案，妥善应对，控制和减轻损害。

（六）发展知识产权中介服务

（54）完善知识产权中介服务管理，加强行业自律，建立诚信信息管理、信用评价和失信惩戒等诚信管理制度。规范知识产权评估工作，提高评估公信度。

（55）建立知识产权中介服务执业培训制度，加强中介服务职业培训，规范执业资质管理。明确知识产权代理人等中介服务人员执业范围，研究建立相关律师代理制度。完善国防知识产权中介服务体系。大力提升中介组织涉外知识产权申请和纠纷处置服务能力及国际知识产权事务参与能力。

（56）充分发挥行业协会的作用，支持行业协会开展知识产权工作，促进知识产权信息交流，组织共同维权。加强政府对行业协会知识产权工作的监督指导。

（57）充分发挥技术市场的作用，构建信息充分、交易活跃、秩序良好的知识产权交易体系。简化交易程序，降低交易成本，提供优质服务。

（58）培育和发展市场化知识产权信息服务，满足不同层次知识产权信息需求。鼓励社会资金投资知识产权信息化建设，鼓励企业参与增值性知识产权信息开发利用。

（七）加强知识产权人才队伍建设。

（59）建立部门协调机制，统筹规划知识产权人才队伍建设。加快建设国家和省级知识产权人才库和专业人才信息网络平台。

（60）建设若干国家知识产权人才培养基地。加快建设高水平的知识产权师

资队伍。设立知识产权二级学科，支持有条件的高等学校设立知识产权硕士、博士学位授予点。大规模培养各级各类知识产权专业人才，重点培养企业急需的知识产权管理和中介服务人才。

(61)制定培训规划，广泛开展对党政领导干部、公务员、企事业单位管理人员、专业技术人员、文学艺术创作人员、教师等的知识产权培训。

(62)完善吸引、使用和管理知识产权专业人才相关制度，优化人才结构，促进人才合理流动。结合公务员法的实施，完善知识产权管理部门公务员管理制度。按照国家职称制度改革总体要求，建立和完善知识产权人才的专业技术评价体系。

(八)推进知识产权文化建设

(63)建立政府主导、新闻媒体支撑、社会公众广泛参与的知识产权宣传工作体系。完善协调机制，制定相关政策和工作计划，推动知识产权的宣传普及和知识产权文化建设。

(64)在高等学校开设知识产权相关课程，将知识产权教育纳入高校学生素质教育体系。制定并实施全国中小学知识产权普及教育计划，将知识产权内容纳入中小学教育课程体系。

(九)扩大知识产权对外交流合作

(65)加强知识产权领域的对外交流合作。建立和完善知识产权对外信息沟通交流机制。加强国际和区域知识产权信息资源及基础设施建设与利用的交流合作。

鼓励开展知识产权人才培养的对外合作。引导公派留学生、鼓励自费留学生选修知识产权专业。支持引进或聘用海外知识产权高层次人才。积极参与国际知识产权秩序的构建，有效参与国际组织有关议程。

国务院关于印发国家重大科技基础设施建设中长期规划(2012—2030年)的通知

(国发〔2013〕8号)

重大科技基础设施是为探索未知世界、发现自然规律、实现技术变革提供极限研究手段的大型复杂科学研究系统，是突破科学前沿、解决经济社会发展和国家安全重大科技问题的物质技术基础。当前，我国正处于建设创新型国家的关键时期，按照全国科技创新大会部署和深化科技体制改革要求，前瞻谋划和系统

部署重大科技基础设施建设，进一步提高发展水平，对于增强我国原始创新能力、实现重点领域跨越、保障科技长远发展、实现从科技大国迈向科技强国的目标具有重要意义。为贯彻《国家中长期科学和技术发展规划纲要（2006—2020年）》和《中华人民共和国国民经济和社会发展第十二个五年规划纲要》，明确未来20年我国重大科技基础设施发展方向和“十二五”时期建设重点，制定本规划。

一、规划基础和背景

新中国成立特别是改革开放以来，国家不断加大投入，我国重大科技基础设施规模持续增长，覆盖领域不断拓展，技术水平明显提升，综合效益日益显现。“十一五”时期，启动建设重大科技基础设施12项，验收设施10项，目前在建和运行设施总量达到32项。设施的建设和运行为科学前沿探索和国家重大科技任务开展提供了重要支撑，推动我国粒子物理、核物理、生命科学等领域部分前沿方向的科研水平进入国际先进行列。依托设施解决了一批关乎国计民生和国家安全的重大科技问题，在载人航天、资源勘探、防灾减灾和生物多样性保护等方面发挥着不可替代的作用。设施建设带动了大型超导、精密制造和测控、超高真空等一批高新技术发展，促进了相关产业技术水平提高；凝聚和培养了一批国内外顶尖科学家和研究团队，以及高水平工程技术和管理人才。此外，设施还在深化科技国际合作交流、提升全民科学素质、增强民族自信心等方面发挥了独特作用。在快速发展的同时，我国重大科技基础设施也存在一些问题：总体规模偏小、数量偏少，学科布局系统性、前瞻性不够，技术水平有待进一步提升，开放共享和高效利用水平仍需提高，管理体制机制亟待健全，工程技术和管理队伍建设需要加强等。

当今世界，科技发展正孕育着一系列革命性突破，发达国家和新兴工业化国家纷纷加大重大科技基础设施建设投入，扩大建设规模和覆盖领域，抢占未来科技发展制高点，我国重大科技基础设施建设面临机遇和挑战并存的新形势。

（一）科学前沿的革命性突破越来越依赖于重大科技基础设施的支撑能力。现代科学研究在微观、宏观、复杂性等方面不断深入，学科分化与交叉融合加快，科学研究目标日益综合。科学领域越来越多的研究活动需要大型研究设施的支撑，要求不断提高科技基础设施的单体规模和技术性能，强化相互协作，形成大型综合性设施群。进一步加强我国重大科技基础设施建设，有利于在新一轮科技革命中抢占先机、有所作为。

（二）技术创新和产业发展越来越需要重大科技基础设施提供强大动力。当前，科学研究与技术研发相互依托、协同突破的趋势日益明显，技术创新和产业

振兴的步伐不断加快。重大科技基础设施的建设和运行，越来越注重科学探索和技术变革的融合，可以衍生大量新技术、新工艺和新装备，加快高新技术的孕育、转化和应用。我国在若干重要领域超前部署一批重大科技基础设施，有利于更好地促进产业技术进步、破解经济社会发展中的瓶颈性科学难题，对加快培育战略性新兴产业、实现经济发展方式转变、支撑经济社会发展具有重要意义。

（三）国际科技竞争合作越来越需要重大科技基础设施的牵引和依托。近年来，在事关国家核心利益的科技领域，主要国家在重大基础设施建设方面的竞争日趋激烈。同时，随着气候变化、生态保护、人口健康等全球性问题不断增多，在事关人类共同利益和长远发展的科技领域，由于建造设施资金投入、技术难度等超出单个国家的能力，联合共建与合作研究越来越成为发展重大科技基础设施的重要方式。加快提升我国重大科技基础设施的水平，适时在重要优势领域发起合作建设计划，有利于在国际科技竞争合作中赢得主动，不断提高我国科技国际影响力。

党的十八大明确提出实施创新驱动发展战略，强调科技创新是提高社会生产力和综合国力的战略支撑，必须摆在国家发展全局的核心位置。这对国家重大科技基础设施建设和运行赋予了新的使命和责任。面对新形势新任务，我国必须加快重大科技基础设施建设，进一步突出设施建设在我国总体发展战略中的基础性、前瞻性和战略性作用，加强与相关规划、计划的衔接，强化支撑服务功能；优化设施布局，提升技术水平，加强人才培养，形成较为完善的重大科技基础设施体系，促进自主创新能力提升，有力支撑创新型国家建设。

二、指导思想、建设原则和建设目标

（一）指导思想

以邓小平理论、“三个代表”重要思想、科学发展观为指导，落实全国科技创新大会部署和深化科技体制改革、加快国家创新体系建设的要求，以提升原始创新能力和支撑重大科技突破为目标，以健全协同创新和开放共享机制为保障，布局新建与整合提升相结合、自主发展与国际合作相结合、设施建设与人才培养相结合，加大投入力度，加快建设完善重大科技基础设施体系，全面提升设施建设水平和运行效率，为我国科技长远发展和创新型国家建设提供有力支撑。

（二）建设原则

一是着眼长远、服务大局。突出重大科技基础设施建设的战略性，既要瞄准探索未知世界和发现自然规律的科技发展前沿方向，又要结合国情，聚焦影响未来经济社会发展和国家安全的重大科技难题，衔接好科技重大专项等相关规划和计划，强化设施建设对国家重大战略的支撑作用。

二是科学谋划、系统布局。把握科学技术发展的总体趋势，有机衔接现有科技资源，统筹考虑学科领域布局，加强国际合作，全面系统谋划重大科技基础设施建设与发展，形成“探索一批、预研一批、建设一批、运行一批”的发展格局。

三是重点突破、实现跨越。分清轻重缓急，优先选择具有相对优势、科技发展急需或科技突破先兆已经显现的科学前沿和学科交叉领域，选准主攻方向，集中优势资源，加快重大科技基础设施建设，实现重点领域跨越发展。

四是创新机制、持续发展。将重大科技基础设施建设作为深化科技体制改革的重要抓手，针对重大科技基础设施的基础性、公益性特征，建立完善高效的投入机制、开放共享的运行机制、产学研用协同创新机制、科学协调的管理制度，提高设施建设和运行的科技效益，形成持续健康发展的良好局面。

（三）建设目标

到2030年，基本建成布局完整、技术先进、运行高效、支撑有力的重大科技基础设施体系。传统大科学领域设施得到完善和提升，新兴领域设施建设布局较为完整，能够全面支撑前沿科技领域开展原创性研究；设施技术水平持续提高，一大批设施的技术指标居国际领先地位；设施共建、共管、共享的体制机制更加完善，运行和使用效率整体进入世界前列；设施科技效益和经济社会效益显著，取得一批有世界影响力的科研成果，催生一批具有变革性、能带动产业升级的高新技术；基本形成若干布局合理的世界级重大科技基础设施集群，设施整体国际影响力和地位显著提高。

“十二五”期末要实现以下目标：重大科技基础设施总体技术水平基本进入国际先进行列，物质科学、核聚变、天文等领域的部分设施达到国际领先水平。支撑科技发展的能力明显增强，凝聚一批世界优秀科研人才，部分前沿方向能开展国际顶尖水平的研究工作，事关经济社会发展的重大科技领域初步具备取得实质性突破的能力。投入运行和在建的重大科技基础设施总量接近50个，薄弱领域设施建设明显加强，优势方向进一步巩固和发展，初步建成若干在国际上有一定影响的重大科技基础设施集群，重大科技基础设施体系初具轮廓。以开放共享为核心的运行机制基本建立，符合设施自身特点与发展规律的管理制度初步形成，设施运行和使用效率整体达到国际先进水平。

三、总体部署

未来20年，瞄准科技前沿研究和国家重大战略需求，根据重大科技基础设施发展的国际趋势和国内基础，以能源、生命、地球系统与环境、材料、粒子物理和核物理、空间和天文、工程技术等7个科学领域为重点，从预研、新建、推进和提升四个层面逐步完善重大科技基础设施体系。在可能发生革命性突破的方

向，前瞻开展一批发展前景较好的探索预研工作，夯实设施建设的技术基础；在2016—2030年期间适时启动建设一批科研意义重大、条件基本成熟的设施，强化未来科技持续发展的能力；在我国具有一定基础和优势的领域，在“十二五”期间建设一批科研急需、条件成熟的设施，强化科技持续发展的支撑能力；对已经启动但尚未完成建设任务的在建设施，加大工程管理和技术攻关力度，力争早日建成投入使用；对已经投入运行但仍有较大发展潜力的设施，进一步完善提升技术指标和综合性能，最大程度发挥其科学效益。

（一）能源科学领域

以解决人类社会可持续利用能源的科学问题为目标，面向我国中长期核能源开发与安全运行、化石能源高效洁净利用与转化、可再生能源规模化利用等方向，以核能和高效化石能源研究设施建设为重点，注重新能源、新材料、网络技术相结合，逐步完善相关领域重大科技基础设施布局，为能源科学的新突破和节能减排技术变革提供支撑。

核能源方面。完善提升全超导托卡马克核聚变实验装置的性能，积极参与国际热核聚变实验堆计划，保持我国在磁约束核聚变研究领域的先进地位；建设长寿命高放核废料嬗变安全处置实验装置，攻克核裂变能安全洁净发展的技术瓶颈；适时启动高效安全聚变堆研究设施建设，加快聚变能走向实际应用进程。

化石能源方面。建设高效低碳燃气轮机试验装置，支撑相关领域重大基础理论研究，解决煤炭清洁利用和高效转换关键科技问题；探索预研二氧化碳捕获、利用和封存研究设施建设，为应对全球气候变化提供技术支撑。

可再生能源方面。针对风能、太阳能、生物质能、地热能、海洋能等能量密度低、随机波动等问题，探索预研能量捕获、储能、转换、并网研究设施建设，促进可再生能源规模化高效利用。

（二）生命科学领域

以探索生命奥秘和解决人类健康、农业可持续发展的重大科技问题为目标，面向综合解析复杂生命系统运动规律、生物学和医学基础研究向临床应用转化、种质资源保护开发与现代化育种等方向，重点建设以大型装置为核心、多种仪器设备集成的综合研究设施，完善规模数据资源为主的公益性服务设施，支撑生命科学向复杂宏观和微观两极发展并实现有机统一，突破生命健康、普惠医疗和生物育种中的重大科技瓶颈。

现代医学方面。建设转化医学研究设施，从分子、细胞、组织、个体等方面系统认识人类疾病发生、发展与转归的规律，促进生物医学基础研究成果快速转化为临床诊疗技术。

农业科学方面。建成国家农业生物安全科学中心，支撑农业危险性外来入

侵生物、农业毁灭性高致害变异性生物和农业转基因生物安全的创新性理论、方法与防控新技术研究；建设模式动物研究设施，支撑表型及基因型关系、遗传信息高通量获取与工程转化、细胞和动物模型开发与应用等研究；适时启动农作物种质表型和基因、动物疫病、农业微生物研究设施建设，支撑我国农业生物技术和产业的持续发展及生物多样性保护。

生命科学前沿方面。建成蛋白质科学研究设施，支撑高通量、高精度、规模化的蛋白质制取与纯化、结构分析、功能研究；探索预研系统生物学研究设施及合成生物学研究设施建设，满足从复杂系统角度认识生物体的结构、行为和控制机理的需要，综合解析生物系统运动规律，破解改造和设计生命的科学问题。

生命科学研究基础支撑方面。适时启动大型成像和精密高效分析研究设施建设，满足生物学实时、原位研究和多维检测、分析、合成技术开发的需求；探索预研生物信息中心建设，为生命科学研究提供科学数据、种质资源、实验样本和材料等基础支撑。

（三）地球系统与环境科学领域

以实现人类与自然和谐发展为目标，面向地球结构演化与变化过程、地壳物质组成和精细结构、地球系统各圈层间复杂作用及其耦合过程、太阳及其活动控制下各圈层的响应与耦合、人类活动影响环境的过程和机理等方向，重点建设海底观测、数值模拟和基准研究设施，逐步形成观测、探测和模拟相互补充的地球系统与环境科学研究体系。

现场探测与观测方面。建成海洋科学综合考察船，满足综合海洋环境观测、探测以及保真取样和现场分析需求；建成航空遥感系统，提高我国遥感信息技术与装备研发实验能力，为自然灾害和突发事件提供快速、实时、精确的遥感数据；建设海底科学观测网，为国家海洋安全、资源与能源开发、环境监测和灾害预警预报等研究提供支撑；适时启动地球系统科学航天航空遥感等技术监测、深海探测与调查、固体地球深部探测与动态监测、陆海地球环境观测等研究设施建设，实现多时空尺度全面长期连续监测与数据积累，逐步形成对地球系统的立体、动态监测分析能力。

基准系统建设方面。建设精密重力测量研究设施，获取高分辨率、高精度地球质量变化基础数据，支撑固体地球演化、海洋与气候变化动力学、水资源分布和地质灾害规律等研究，满足国家安全、资源勘探和防灾减灾的战略需求。适时启动包括地基基准、环境基准、深空基准等方面的基准系统建设。

数值和实验模拟方面。建设地球系统数值模拟装置，支撑气候变化、地球系统及各层圈过程模拟研究，认识地球环境过程基本规律，提高预测环境变化和重大灾害的能力。适时启动环境污染机理与变化研究模拟实验装置建设，支撑空

气污染、流域水污染预测模型开发和气候变化模式研究，提高空气质量、流域水污染等预报预警能力。

（四）材料科学领域

适应材料科学研究从经验摸索阶段到人工设计调控阶段转变的趋势，面向量子物质演生现象、纳米尺度量子结构、极端条件下材料物性与物质演变、重要工程材料服役性能等方向，以材料表征与调控、工程材料实验等为研究重点，布局和完善相关领域重大科技基础设施，推动材料科学技术向功能化、复合化、智能化、微型化及与环境相协调方向发展。

材料表征与调控方面。完善提升已有同步辐射光源，建成软X射线自由电子激光试验装置，建设高能同步辐射光源验证装置；探索预研硬X射线自由电子激光装置建设，适时启动高性能低能量同步辐射光源建设，满足以纳米空间分辨率、皮秒至飞秒时间分辨率、极高能量动量分辨率对材料多层次结构分析研究的需求，逐步形成布局合理的国家光源体系。建成散裂中子源和强磁场实验装置，建设极低温、超快、超高压极端条件研究设施，形成与大型同步辐射光源结合的格局，满足研究和发现新物态、新现象、新规律和创造新材料的需求。

工程材料实验方面。建成重大工程材料服役安全研究评价设施，支撑不同尺度及跨尺度的结构性能研究；探索预研超快光谱界面反应检测装置、极端和工业特殊服役环境模拟装置建设，支撑材料服役行为和规律研究；结合高能同步辐射光源，适时启动综合工程环境在线装置建设，支撑真实环境下工程材料实时、原位研究。

（五）粒子物理和核物理科学领域

以揭示物质最小单元及其相互作用规律为目标，面向超越标准模型新粒子和新物理探索、暗物质和暗能量探测、中低能核物理与核天体物理研究等方向，建设相关大型研究设施，提高微观世界探索能力和自然界基本规律认知水平。

粒子物理方面。建设高能宇宙线研究设施，探索高能空间粒子起源和相关新物理前沿；适时启动用于中微子和其他高能粒子物理研究的非加速器实验设施建设，探索预研新型加速器实验设施建设。

核物理方面。建设高性能重离子束研究装置，使我国核物理基础研究在原子核层次上的整体水平进入国际先进行列；探索预研强流放射性束实验设施建设。

（六）空间和天文科学领域

以揭示宇宙奥秘和解释物质运动规律为目标，面向宇宙天体起源及演化、太阳活动及对地球的影响、空间环境与物质作用等方向，按宇宙、星系、太阳系等不同空间尺度布局设施建设，提升我国天文观测研究能力、空间天气和灾害应对能

力以及空间科学实验基础能力。

宇宙和天体物理方面。建成大口径射电望远镜，为宇宙大尺度结构及物理规律研究提供支撑；建设中国南极天文台，支撑暗物质、暗能量、宇宙起源、天体起源等前沿研究；探索预研先进多波段天文观测设施建设，逐步形成比较完善的天文观测及数据应用系统。

太阳及日地空间观测方面。建成空间环境地基监测网，揭示近地空间环境的时间和空间变化规律，并逐步形成覆盖更多重要区域的空间环境监测、预警能力；适时启动大型太阳观测研究设施建设，支撑太阳、行星际、磁层、电离层和中高层大气变化过程和规律研究，深化太阳变化及其对地球和人类影响的认识。

空间环境物质研究方面。建设空间环境与物质作用模拟装置，支撑近地空间环境与材料、元器件、结构、系统及生物体作用规律研究；探索预研空间微重力科学实验设施、南极气球站和引力波研究设施的建设，揭示空间微重力环境物质运动规律，提升我国深空探测、空间基础物理、空间利用等方面的研究能力。

（七）工程技术科学领域

瞄准未来信息技术发展的基础和前沿、岩土地质体的动力特性及地质灾害过程等工程技术中的重大科技问题，以产生变革性技术为主要目标，以信息技术、岩土工程和空气动力学为研究重点，探索和逐步推进相关设施建设，为保障国家重点任务的实施、引领未来产业发展提供基础支撑。

信息技术方面。建设未来网络研究设施，解决未来网络和信息系统发展的科学技术问题，为未来网络技术发展提供试验验证支撑；适时启动新一代授时系统建设，支撑超精密时间频率技术开发，逐步形成高精度卫星授时系统和高精度地基授时系统共同发展的格局。

岩土工程方面。适时启动超重力模拟研究设施建设，揭示复杂岩土地质体的动力特性；探索预研大型地震模拟研究设施建设，开展地震动输入和工程地震灾害模拟研究；探索预研深部岩土工程研究设施建设，揭示深部岩体的力学特征。

空气动力学方面。建成多功能结冰风洞，支撑不同冰型和冰积累过程对飞行器空气动力特性的影响等研究；建设大型低速风洞，支撑气动噪声、流动分离与涡旋运动、流动控制、流固耦合、电磁空气动力学等研究；适时启动大型跨声速风洞、低温高雷诺数风洞、先进航空发动机研究设施建设，为我国航空航天、高速铁路建设等提供必要的研究试验手段。

四、“十二五”时期建设重点

“十二五”时期，在我国科技发展急需、具有相对优势和科技突破先兆显现的

领域中，综合考虑科学目标、技术基础、科研需求和人才队伍等因素，优先安排16项重大科技基础设施建设。

（一）海底科学观测网

海洋科学研究正经历着由海面短暂考察到内部长期观测的革命性变化，这将从根本上改变人类对海洋的认识。围绕实现全天候、综合性、长期连续实时观测海洋内部过程及其相互关系的科学目标，建设海底长期科学观测网，主要包括：基于光电缆的陆架和深海观测系统，基于无线传输的海底观测网拓展系统，基于固定平台的海底观测网综合节点系统，岸基站、支撑系统和管理中心等。该设施建成后，将为国家海洋安全、深海能源与资源开发、环境监测、海洋灾害预警预报等研究提供支撑。

（二）高能同步辐射光源验证装置

高能同步辐射光源是前沿基础科学、工程物理和工程材料等研究不可或缺的手段，是世界同步辐射光源领域竞争的制高点。以具备建设全球最高亮度高能同步辐射光源的能力为目标，建设相关验证装置，主要包括：高能量加速器、光束线、实验站等方面的工程性预研和关键部件的工程样机试制，高精度特种磁铁系统、高精度束流位置测控系统、高性能插入件、纳米级硬X射线聚焦系统、超高分辨X射线单色器、纳米定位与扫描装置的试制。该设施建成后，将为我国建设高能同步辐射光源奠定坚实的基础。

（三）加速器驱动嬗变研究装置

长寿命核废料的安全处理处置是影响核电持续发展的瓶颈。加速器驱动次临界反应系统利用散裂中子嬗变核废料，大幅降低核废料放射性寿命，具有安全性高和嬗变能力强等特点，是安全处理核废料的最佳手段之一。为深入研究核废料嬗变过程中的科学问题，突破系列核心关键技术，建设核废料嬗变原理实验研究装置，主要包括：强流质子直线加速器、高功率中子散裂靶、液态金属冷却次临界反应堆三大子系统。该设施建成后，将满足我国长寿命高放核反应堆废料安全、妥善处理处置的研究需求，为我国核能可持续发展提供技术支撑。

（四）综合极端条件实验装置

极端物理条件是拓展物质科学研究空间，发现和研究新物态、新现象、新规律必不可少的手段。针对当前凝聚态物理、化学、材料前沿研究所需的极端条件向综合化、集成化和规模化发展的趋势，围绕为量子物质、功能材料和物态变化动力学过程等研究提供科学手段的目标，建设综合性的物质科学研究极端条件用户装置，主要包括：达到亚毫开温度的极低温系统，高于300吉帕的超高压系统，亚飞秒时间分辨的超快激光系统，以及极低温、超高压、强磁场和超快光场互相结合的集成系统。该设施建成后，将为物质科学研究提供有力支撑。

（五）强流重离子加速器

高流强放射性核束、高功率重离子束团和宽能区重离子束流是探索原子核存在极限和研究原子奇特性质必不可少的手段。围绕短寿命核质量精确测量、放射性束物理、高能量密度物理以及重离子束应用等研究需要，建设强流重离子加速器装置，主要包括：强流离子源、超导直线加速器、大接受度放射性束流线、冷却储存环同步加速器和物理实验终端等。该设施建成后，将为研究原子核存在极限、核结构新现象和新规律、宇宙中重元素起源等重大科学问题提供重要支撑。

（六）高效低碳燃气轮机试验装置

围绕化石燃料高效转化和洁净利用中的气体动力学、燃烧科学和传热传质问题，为实现高压比、高透平温度、高效和近零排放等目标，建设高效低碳燃气轮机试验装置，主要包括：压气机、燃烧室和高温透平的全温、全压、全流量、全尺寸的大型试验装置研究系统，以及精细和高精度测试系统。该设施建成后，将为我国燃气轮机部件和系统特性研究提供研发手段，为化石能源持续和低碳发展提供基础支撑。

（七）高海拔宇宙线观测站

宇宙线起源一直是物理学最大的谜团之一。我国在高海拔宇宙线观测研究方面具有长期积累和深厚基础，台址条件具有特殊地理优势，适合建设由多个性能先进的探测系统组成的多参数宇宙线复合观测站。围绕推动国际甚高能伽马天文研究迈入大统计量新时代的科学目标，建设大型高海拔空气簇射宇宙线观测站，主要包括：100 万平方米探测阵列，9 万平方米伽马射线巡天望远镜，24 台广角契伦科夫望远镜，0.5 万平方米芯探测器阵列。该设施建成后，将集高灵敏度、大视场、全时段扫描搜索伽马射线源、伽马射线强度空间分布和精确能谱测量等多功能为一体，成为具有国际竞争力的宇宙线研究中心。

（八）未来网络试验设施

三网融合、云计算和物联网发展对现有互联网的可扩展性、安全性、移动性、能耗和服务质量都提出了巨大挑战，基于 TCP/IP 协议的互联网依靠增加带宽和渐进式改进已经无法满足未来发展的需求。为突破未来网络基础理论和支撑新一代互联网实验，建设未来网络试验设施，主要包括：原创性网络设备系统，资源监控管理系统，涵盖云计算服务、物联网应用、空间信息网络仿真、网络信息安全、高性能集成电路验证以及量子通信网络等开放式网络试验系统。该设施建成后，网络覆盖规模超过 10 个城市，支撑不少于 128 个异构网络并行实验，将为空间网络、光网络和量子网络研究提供必要的实验验证条件。

（九）空间环境地面模拟装置

磁暴、高能粒子辐照等极端空间环境可能对航天活动造成极大影响。为保障人类太空探索活动的顺利开展，必须突破地面单因素模拟的局限，全面了解空间环境综合因素对物质的作用。以揭示空间环境条件下物质结构演化规律和各种环境耦合效应的物理本质为目标，建设空间环境与物质作用地面模拟研究装置，主要包括：空间环境模拟源、大型真空与热沉、综合测试分析系统等。该设施建成后，将为我国空间科学发展和深空探测模拟研究提供有力支撑。

（十）转化医学研究设施

转化医学研究是现代医学发展的重要方向，对推动医学基础研究成果快速向临床应用转化和提高诊治水平具有关键作用。围绕人类重大疾病发生、发展与转归中的重大科学问题，建设转化医学研究设施，主要包括：符合国际标准并具有我国人种和疾病特色的临床资源库，医学信息技术系统，疾病生物标志物检测、功能分析和临床验证技术系统，个性化医学技术系统，细胞、组织和再生医学技术系统，临床技术研发系统等。该设施建成后，将推进临床医学和系统生物学结合，促进我国转化医学研究水平大幅提升。

（十一）中国南极天文台

南极内陆冰穹 A 是我国科考队首先从地面到达和利用的地区。该处大气湍流边界层极薄，大气中水汽含量极低，是地球上条件最优异的天文观测台址和天文研究长远发展的珍稀资源。在南极内陆冰穹 A，充分利用中国南极昆仑站的现有基础建设中国南极天文台，主要包括：太赫兹望远镜，光学和红外望远镜，远程运控系统，支撑服务系统等。该设施建成后，将开辟地球上独一无二的太赫兹波段天文观测窗口，为研究宇宙和天体起源、暗物质、暗能量、地外生命等科学问题提供有力支撑。

（十二）精密重力测量研究设施

精密重力测量是获取全球和局部区域地球质量变化基础数据不可或缺的手段，在大面积矿产资源勘查、环境变化研究和重力辅助导航中有广泛应用需求。建设精密重力测量研究设施，主要包括：精密重力测量基准台与检测系统，卫星、航空和水下重力探测环境模拟与物理仿真试验系统，全球高精度重力场数据处理系统等。该设施建成后，将为解决固体地球演化、海洋与气候变化、水资源分布和地质灾害研究中的科学问题提供重要支撑。

（十三）大型低速风洞

大型运输机、客机及地面交通工具研制对低速风洞的规模、技术性能不断提出新要求。着眼飞机地面效应试验、大飞机涡扇发动机动力影响模拟和反推力影响试验、飞机和车辆气动声学试验的科技需求，建设回流式、多试验段、多功能

大型低速风洞，具备支撑飞行器起飞、着陆特性研究，发动机、机身、机翼一体化研究，气动力及气动声学和降噪研究的能力。该设施建成后，流场品质和综合性能将达到国际先进水平。

（十四）上海光源线站工程

上海同步辐射装置（上海光源）是第三代中能同步辐射光源，具有最多可提供60多条光束线和近百个实验站的能力，完全建成后将为我国多学科前沿研究取得突破提供有力支撑。在已建成的7条光束线站基础上，围绕满足我国材料科学、能源科学、环境科学以及生命科学等领域迅速发展的研究需求，建设上海光源线站工程，主要包括：新建若干光束线站，扩建用户实验支撑条件，进一步提升光源性能。该设施建成后，将大幅提升光源和束线的能力，使上海光源继续保持国际先进水平，为相关科学研究提供更全面、先进、便捷的支撑。

（十五）模式动物表型与遗传研究设施

模式动物表型性状的精确测定和度量是解析生命规律，开发疾病调控方式的关键之一。以解决表型和基因型测定及关联遗传机制分析中的科学问题为目标，建设重要模式动物的表型与遗传分析研究设施，主要包括：表型及基因型连续、快速、综合、自动化与智能化获取分析系统，表型和基因型全面自动检测分析系统，信息集成、处理及遗传性状分析系统等。该设施建成后，可系统、准确地描述生命的表型、基因型及其在环境变化中的响应，并以此正确描述生命的调节状态和方式，为人类疾病、动物生命过程调节等研究提供支撑。

（十六）地球系统数值模拟器

地球系统模拟是衡量地球科学研究综合水平的重要标志，是开展气候变化、防灾减灾和环境治理等科学研究不可缺少的手段。以认识地球环境复杂系统、模拟地球系统圈层变化和长期气候变化、精细描述和预测地球物理化学及生物过程等为目标，建设地球系统数值模拟器，主要包括：超级计算及存储专用系统，超级模拟支撑与管理软件系统，地球各层圈过程模拟软件系统，地球系统科学数据库与海量数据智能分析与可视化系统等。该设施建成后，将大幅提高我国地球系统模拟的整体能力和重大自然灾害预测预警、气候变化预估的研究水平。

五、保障措施

（一）健全管理制度

加快完善管理规章制度，规范和促进重大科技基础设施的建设、运行和管理。健全部门协调制度，加强规划实施中各部门间的统筹协调，发展改革、科技、财政等部门要各司其职、分工协作。建立健全规划动态调整机制，滚动推进“十二五”建设重点的立项和实施，并根据形势发展每五年对规划内容进行必要调

整。制定符合设施特点和发展规律的管理办法，加强设施运行评价，提高设施运行效率。完善设施建设配套政策措施，鼓励地方政府在土地、资金、人才等方面出台相关政策，形成共同支持设施发展的良好局面。

（二）保障资金投入

加强重大科技基础设施预研、建设、升级改造、运行和科研的协调，加大财政资金投入力度，鼓励企业等其他来源资金投入，形成多元化投入格局。规范投入管理，加强绩效评价，切实提高资金的使用效率和效益。

（三）强化开放共享

健全重大科技基础设施开放共享制度，最大限度发挥其公共平台作用。健全用户参与机制，形成科研院所、高等学校、企业等多方共建、共管和共享的局面。统筹安排开放共享配套条件建设，提高设施科研服务能力。将开放共享程度作为设施运行考核的重要指标，根据评价结果配置运行资源。

（四）协同推进预研

加强部门沟通协调，协同加强预研工作，为重大科技基础设施建设提供充分的技术和工程储备。充分利用现有资金渠道，系统安排原理探索、技术攻关、工程验证等类型的预研项目。强化预研工作各阶段以及预研与设施建设之间的衔接，形成循序推进、动态调整、持续发展的良好局面。

（五）加强人才培养

坚持设施建设与人才培养相结合，造就高水平的重大科技基础设施建设、管理和科研人才队伍。制定与设施发展相配套的人才计划，吸引和凝聚一大批高层次创新人才。加强设施建设与国家科技重大专项、重大科技计划的衔接，加速培养一批高水平科技创新领军人才，造就一批科研、工程和管理人才队伍。建立健全与设施特点相适应的人员分类评价、考核、激励政策，凝聚和稳定设施建设和运行专业人员队伍。

（六）促进国际合作

适应重大科技基础设施发展日益国际化的趋势，结合我国科技发展实际需求，积极参与享有知识产权和使用权的重大科技基础设施国际合作项目。积极探索以我为主的国际合作，吸引国外资源参与我国发起的重大科技基础设施建设和相关科学研究。注重引进国外先进技术和管理经验，提高我国重大科技基础设施建设、运行的技术和管理水平。

国务院关于加快振兴装备制造业的若干意见（摘要）

（国发〔2006〕8号）

装备制造业是为国民经济发展和国防建设提供技术装备的基础性产业。大力振兴装备制造业，是党的十六大提出的一项重要任务，是树立和落实科学发展观，走新型工业化道路，实现国民经济可持续发展的战略举措。我国装备制造业经过50多年的发展，取得了令人瞩目的成就，形成了门类齐全、具有相当规模和一定水平的产业体系，成为我国经济发展的重要支柱产业。但我国装备制造业还存在自主创新能力弱、对外依存度高、产业结构不合理、国际竞争力不强等问题。为加快装备制造业的振兴，现提出以下意见：

一、明确目标原则，加快振兴步伐

（一）振兴目标

到2010年，发展一批有较强竞争力的大型装备制造企业集团，增强具有自主知识产权重大技术装备的制造能力，基本满足能源、交通、原材料等领域及国防建设的需要。依靠区域优势，发挥产业集聚效应，形成若干具有特色和知名品牌的装备制造集中地。建设和完善一批具有国际先进水平的国家级重大技术装备工程中心，初步建立以企业为主体的技术创新体系。逐渐形成重大技术装备、高新技术产业装备、基础装备、一般机械装备等专业化合理分工、相互促进、协调发展的产业格局。

（二）基本原则

1. 坚持市场竞争和政策引导相结合。进一步完善促进装备制造业振兴的政策法规和标准体系，营造良好的市场环境，充分发挥市场在资源配置中的基础性作用，促进装备制造企业有序竞争；加强政府的组织领导和宏观调控，发挥行业指导作用，避免低水平重复建设，对关系国民经济和国防安全的重大技术装备制造和关键共性技术研发，给予必要的政策支持。

2. 坚持对外开放和自主创新相结合。鼓励企业着眼于前沿领域，积极扩大开放，在引进国外先进技术的基础上，实现消化吸收再创新；建立产、学、研、用相结合的技术创新体系，培养一批创新人才，不断增强自主创新能力，促进装备制造业持续发展。

3. 坚持产业结构调整和深化企业改革相结合。按照走新型工业化道路的要求，结合“十一五”规划和振兴东北地区等老工业基地战略的实施，大力推进产业结构调整；创新管理体制和机制，加快建立现代企业制度，完善公司治理结构，增

强企业活力和市场竞争能力。

4. 坚持重点发展和全面提升相结合。依托重点工程，研制一批对国民经济发展和产业升级影响大、关联度高的重点领域的重大技术装备，实现核心技术和系统集成能力的突破；以点带面，通过自主设计和自主制造，带动基础装备和一般机械装备产品及零部件生产制造水平的全面提升。

二、确定主要任务，实现重点突破

（三）选择一批对国家经济安全和国防建设有重要影响，对促进国民经济可持续发展有显著效果，对结构调整、产业升级有积极带动作用，能够尽快扩大自主装备市场占有率的重大技术装备和产品作为重点，加大政策支持和引导力度，实现关键领域的重大突破。

1. 发展大型清洁高效发电装备，包括百万千瓦级核电机组、超超临界火电机组、燃气—蒸汽联合循环机组、整体煤气化燃气—蒸汽联合循环机组、大型循环流化床锅炉、大型水电机组及抽水蓄能水电站机组、大型空冷电站机组及大功率风力发电机等新型能源装备，满足电力建设需要。

2. 开展 1000 千伏特高压交流和 ±800 千伏直流输变电成套设备的研制，全面掌握 500 千伏交直流和 750 千伏交流输变电关键设备制造技术。

3. 以一批大型乙烯项目为国产化依托工程，通过引进关键技术消化吸收再创新和自主开发，实现百万吨级大型乙烯成套设备和对二甲苯（PX）、对苯二甲酸（PTA）、聚脂成套设备国产化。

4. 进行大型煤化工成套设备的研制开发，满足我国能源结构调整的需要。

5. 研制大型薄板冷热连轧成套设备及涂镀层加工成套设备，实现成套设备国产化，满足汽车工业和家电等行业发展需要。

6. 发展大型煤炭井下综合采掘、提升和洗选设备以及大型露天矿设备，实现大型综采、提升和洗选设备国产化。

7. 开发大型海洋石油工程装备、30 万吨矿石和原油运输船、海上浮动生产储油轮（FPSO）、10000 箱以上集装箱船、LNG 运输船等大型高技术、高附加值船舶及大功率柴油机等配套装备。

8. 以铁路客运专线、城市轨道交通等项目为依托，通过引进消化吸收先进技术和自主创新相结合，掌握时速 200 公里以上高速列车、新型地铁车辆等装备核心技术，使我国轨道交通装备制造业在较短时间内达到世界先进水平。

9. 发展大气治理、城市及工业污水处理、固体废弃物处理等大型环保装备，以及海水淡化、报废汽车处理等资源综合利用设备，提高环保设备研发制造水平。

10. 满足铁路、水利工程、城市轨道交通等建设项目的需要，加快大断面岩石掘进机等大型施工机械的研制，尽快掌握关键设备制造技术。

11. 发展重大工程自动化控制系统和关键精密测试仪器，满足重点建设工程及其他重大（成套）技术装备高度自动化和智能化的需要。

12. 发展大型、精密、高速数控装备和数控系统及功能部件，改变大型、高精度数控机床大部分依赖进口的现状，满足机械、航空航天等工业发展的需要。

13. 发展新型纺织机械，重点对日产200吨以上涤纶短纤维成套设备、高速粘胶长丝连续纺丝机、高效现代化成套棉纺设备、机电一体化剑杆织机和喷气织机等新型成套关键设备技术攻关和产业化，促进纺织行业技术升级。

14. 发展新型、大马力农业装备，提高大马力拖拉机、半喂入水稻联合收割机、玉米联合收割机、采棉机等国产化水平和技术档次，改变目前125马力以上拖拉机、新型农业装备主要依赖进口的状况。

15. 发展集成电路关键设备、新型平板显示器件生产设备、电子元器件生产设备、无铅工艺的整机装联设备、数字化医疗影像设备、生物工程和医药生产专用设备等，促进装备制造业全面升级。

16. 发展民用飞机及发动机、机载设备。

三、制定振兴措施，明确工作方向

（四）以结构调整为主线，优化装备制造业产品和产业结构。重点发展具有自主知识产权的重大技术装备和重要基础装备，在立足自主研发的基础上，通过引进消化吸收，努力掌握核心技术和关键技术，实现再创新和自主制造；大力发展高新技术产业装备，通过与国外具有先进技术水平的企业合作，广泛开展联合设计、联合制造，逐步实现自主制造的目标；全面提升一般机械装备的制造水平，充分运用市场机制，进一步提高装备的产品质量和技术含量，降低生产成本，增加产品的附加值。积极发展高效、节能、低（零）污染的优势产品及清洁制造技术，逐步淘汰落后产品及制造技术。结合国民经济中长期发展规划，充分整合现有资源，发挥比较优势，合理规划确定我国装备制造产业布局，形成一批特色鲜明、重点突出的产业集群和装备制造集中地。

（五）以科技进步为支撑，大力提高装备制造企业自主创新能力。装备制造企业要以系统设计技术、控制技术与关键总成技术为重点，增加研发投入，加快提高企业的自主创新和研发能力。国家将重点支持自主创新项目，包括原始创新、集成创新和在引进消化吸收基础上再创新的项目。对关系国家全局和战略利益、企业难以独立完成的重大技术装备，有关部门要给予必要的支持，集中力量取得突破。鼓励企业通过自主开发、引进技术消化吸收以及国际合作、并购、

参股国外先进的研发、制造企业等方式掌握核心技术。鼓励企业与科研院所、大专院校联合开展研发工作，并加快研究成果的产业化进程，创建一批享誉国内外的知名品牌。

（六）以重点工程为依托，推进重大技术装备自主制造。国家在核准或审批重点建设工程时，要有针对性地安排一批重大技术装备自主化依托工程，并要求项目业主和制造部门联合制定详细的装备自主制造实施方案，有关企业和单位要给予大力支持。工程项目重大技术装备需要引进技术的，承接技术转让的单位必须具有消化吸收、研发创新能力和实施产业化的基本条件。凡属于重点领域的工程项目所需装备，均应纳入统一组织的招标工作范围，国家有关部门对招标工作进行必要的组织、协调和指导。

（七）以市场为导向，发展壮大一批大型装备制造企业和工程公司。装备制造企业要加快建立现代企业制度，深化内部改革，转换经营机制。鼓励社会资金特别是大型国有和国有控股企业以并购、参股等多种方式参与国有装备制造企业的改革和不良资产的处置。对在重大技术装备制造领域具有关键作用的装备制造骨干企业，要在保证国家控制能力和主导权的基础上，支持其进行跨行业、跨区域、跨所有制的重组。大型重点骨干装备制造企业控股权向外资转让时应征求国务院有关部门的意见。鼓励装备制造企业之间、关联企业之间、企业与科研院所之间的联合、重组，通过多种途径培育大型企业集团。发挥市场导向和政策支持的作用，形成一批跨行业、跨地区的集系统设计、系统集成、工程总承包和全程服务为一体的工程公司，参与国家重点工程项目的建设和管理，并积极开拓国外市场。

（八）以装备制造业振兴为契机，带动相关产业协调发展。鼓励重大装备制造企业集团在集中力量加强关键技术开发和系统集成的同时，通过市场化的外包分工和社会化协作，带动配套及零部件生产的中小企业向“专、精、特”方向发展，形成若干各有特色、重点突出的产业链。有计划、有重点地研究开发重大技术装备所需的关键共性制造技术、关键原材料及零部件，逐步提高装备的自主制造比例。加强电子信息技术与装备制造技术的相互融合，以信息技术促进装备制造业的升级。

（九）以专业人才培养为重点，加强技术创新队伍建设。各级、各类教育机构要高度重视基础教育和人才培养，支持国家重大技术装备人才培养基地的建设。具备条件的高等院校要整合相关力量，加强技术创新人才培养；高等院校要与企业、科研院所加强合作，联合培育一批年富力强、具有创造性的中青年科技人才、管理人才和高级技工，特别要培养重大装备研制和系统设计的带头人才。采取持股、技术入股、提高薪酬等更加灵活的政策措施，吸引国内外高水平专业技术

人才，为装备制造业长远发展造就雄厚的后备力量。对重大技术装备研制、开发、使用和推广做出突出贡献的人员，各级政府和有关部门要给予表彰和奖励。

四、完善法律法规，强化政策支持

（十）完善相关法律法规和标准。要在全面总结我国装备制造业发展的成功经验，借鉴国外通行做法的基础上，研究制定振兴装备制造业的有关法律法规，为装备制造业发展提供必要的法律保障。要充分发挥标准化在振兴装备制造业中的作用，提高国家标准、行业标准和企业标准的等级，完善我国装备制造业标准体系，为我国装备产品参与国际竞争创造条件。

（十一）制定重点领域装备技术政策。根据国民经济重点领域中长期发展的需要，制定科学合理、先进适用和相对稳定的装备技术政策，为装备制造业制定中长期技术引进和自主创新发展规划奠定基础。装备技术政策由发展改革委组织使用和制造部门及研究设计专家编制，经咨询论证并按程序审定后，作为国家审批和核准重点建设工程项目的依据。要抓紧制定电力工业大容量、高参数的发电和输变电，石油化工工业（含海洋石油工程）的炼油和化纤原料生产，煤炭工业的采掘，冶金工业的冶炼和轧制，建材工业的新型（环保）建筑材料生产，汽车工业的汽车产品关键总成生产，轨道交通运输业的新型轨道交通运输，远洋运输，民用航空航天工程，信息产业通讯工程，生物工程和医疗医药等领域的装备技术政策。

（十二）调整进口税收优惠政策。对列入国家发展重点的重大技术装备和产品，条件成熟时，由财政部会同发展改革委等部门制定专项进口税收政策，对国内生产企业为开发、制造这些装备而进口的部分关键配套部件和原材料，免征进口关税或实行先征后返，进口环节增值税实行先征后返。同时，取消相应整机和成套设备的进口免税政策。对国产装备不能完全满足需求，仍需进口的，作为过渡措施，经财政部会同发展改革委等有关部门严格审核，以逐步降低优惠幅度、缩小免税范围的方式，在一定期限内继续给予进口优惠政策。

（十三）鼓励订购和使用国产首台（套）重大技术装备。对订购和使用首台（套）国产重大技术装备的国家重点工程，可确定为技术进步示范工程，优先予以安排。尽快研究建立由项目业主、装备制造和保险公司风险共担、利益共享的重大技术装备保险机制，引导装备制造企业和项目业主对首台（套）国产重大技术装备投保。

（十四）加大对重大技术装备企业的资金支持力度。国家在年度投资安排中设立专项资金，对国家重点建设工程所需以及对结构调整和产业升级有重大影响的重大技术装备的技术进步项目，给予重点支持。鼓励符合条件的装备制造

企业通过上市融资、发行企业债券等方式筹集资金。加大企业研发投入税前扣除等激励政策的力度，鼓励企业增加研发投入。完善重大装备技术研发资金管理，重点支持系统成套技术、自动化控制技术以及关键共性制造技术、基础性技术和原创性技术的研究开发。

（十五）支持企业分离办社会职能。重大技术装备企业要积极组织加快实施分离企业办社会职能，各级人民政府要给予大力帮助，安排一定的资金给予支持，国有资产监督管理等有关部门要积极推进主辅分离，努力减轻企业负担。

（十六）加强设备进口管理。重大成套装备及其技术的引进工作要有制造、研发和使用单位联合参与，对使用带有附加条件的境外资金直接进口国家重点发展的重大技术装备和重点产品要严格审查、论证。新建和改造工程项目不得进口高能耗、高污染、落后的设备。对承担国家重点工程项目的企业，为实现装备国产化需要进口相关设备和产品时，经认定并经海关审核，可以比照高新技术企业给予便捷通关的优惠。

五、加强领导协调，发挥协会作用

（十七）加强对振兴装备制造业的组织领导。在国务院统一领导下，由发展改革委负责振兴装备制造业的组织领导和协调工作，其职能主要是：组织编制国家重大技术装备规划，协调重大相关政策，推进重大技术装备国产化的落实，完成国务院交办的其他任务。

（十八）及时协调解决装备制造业发展中出现的问题。各地区要结合实际，建立促进装备制造业振兴的工作制度和机制，为促进装备制造业发展创造良好条件。装备制造行业主管部门和有关单位要在全面深入调查研究的基础上，制定装备制造业发展的中长期规划，加强宏观调控和政策引导，积极研究制定促进装备制造业振兴的政策措施，及时协调解决出现的问题。各有关部门要按照职责分工，对本意见明确的各项工作任务，抓紧制定具体的配套政策措施。

（十九）发挥行业协会的作用。各行业协会要充分发挥政府和企业之间的桥梁作用，建立市场供求、生产能力、技术经济指标等方面的信息定期发布制度和行业预警制度，向政府行政主管部门及时反映行业动向，提出政策建议，帮助企业协调解决有关问题，引导企业健康发展。同时，行业协会要加强自身建设，完善行业自律机制，努力成为独立、公正、自主运作的行业组织。

（二十）国防科技装备制造业，比照本意见执行。

第二篇

部门层面的规章及规范性文件

第三章　综合性规章及规范性文件

关于深入推进新型工业化产业示范基地建设的指导意见

（工信部联规〔2016〕212 号）

各省、自治区、直辖市及计划单列市工业和信息化主管部门、财政厅（局）、国土资源厅（局）、环境保护厅（局）、商务厅（局）：

"新型工业化产业示范基地"（简称"示范基地"）是指按照新型工业化内涵要求建设提升、达到先进水平的产业集聚区。为贯彻落实《中国制造 2025》、《国民经济和社会发展第十三个五年规划纲要》、国家重大区域发展战略等有关部署，进一步做好国家新型工业化产业示范基地创建和经验推广，在更高层次上发挥示范基地引领带动作用，促进产业集聚区规范发展和提质增效，推进制造强国建设，特制定本指导意见。

一、总体要求

（一）指导思想

全面贯彻党的十八大和十八届三中、四中、五中全会精神，按照发展新理念和新要求，以提高发展质量和效益为中心，以供给侧结构性改革为主线，以协同创新、集群集约、智能融合、绿色安全为导向，通过实施分级、分类指导，加强动态管理，创新体制机制，巩固提升已有优势，加快培育发展新动能，不断增强核心竞争力，构建从培育、创建、提升到打造卓越的示范基地体系，推动产业集聚区向新型工业化产业示范基地转型升级，充分发挥示范基地的支撑引领带动作用，加快

推动我国从制造大国向制造强国的历史性跨越。

坚持协同创新发展。鼓励示范基地营造利于创新要素集聚和紧密协作的环境与平台,加快技术产品、业态模式和体制机制创新,推动示范基地步入创新驱动的发展轨道。积极参与全球创新合作与产业交流,提高示范基地国际化水平。

坚持集群集约发展。引导不同行业和地区示范基地进一步发挥各自比较优势,形成特色鲜明、优势突出、差异化发展的产业集群。促进生产要素集约高效利用,提高示范基地投入产出强度和能源资源综合利用水平。

坚持智能融合发展。加快推动示范基地与"互联网+"融合发展,推进示范基地企业生产和园区管理的数字化、网络化、智能化,发展工业互联网,积极培育智能制造新业态新模式,建设成为推进两化深度融合发展的示范平台。

坚持绿色安全发展。按照产品全生命周期管理要求,推动示范基地节能减排降耗,大力发展循环经济,构建清洁、低碳、循环的绿色制造体系,建立健全安全生产管理体系、产品质量追溯体系,加强应急管理,走绿色、安全、可持续的发展道路。

(二)主要目标

"十三五"期间,示范基地培育、创建、提升体系不断完善,启动示范基地卓越提升计划,示范基地的发展质量和效益明显提高,示范引领带动作用更加明显,在我国工业经济稳增长调结构增效益中发挥更加突出的作用。到2020年,规模效益突出的优势产业示范基地从现有的333家稳步提升到400家左右,发展一批专业化细分领域竞争力强的特色产业示范基地,形成10家以上具有全球影响力和竞争力的先进制造基地。

到2025年,示范基地的核心竞争力和品牌影响力不断增强,卓越提升计划取得明显进展,一批具有全球影响力和竞争力的先进制造基地成为我国制造强国建设的重要标志和支撑。

二、明确发展方向,提升示范基地建设质量和效益

按照新型工业化发展新内涵和新要求,深入推进示范基地建设,提升发展水平,加快形成新型工业化发展新格局。

(一)加强创新发展,增强竞争新优势

引导示范基地完善创新环境,集聚创新资源,构建各创新主体紧密协作的创新网络,加快创新成果转化,加强知识产权保护,探索新模式,培育新业态,实现发展动力转换。依托国家级示范基地,开展政产学研用协同创新深度合作,加快建设一批产业技术基础平台和服务支撑中心,推动共性技术研发和推广应用,形成若干具有强大带动力的区域创新中心。支持示范基地采取品牌共享、合作共

建、整合托管等方式,探索跨区域合作发展新模式,增强示范基地品牌辐射带动作用,推动跨区域协同创新与产业链整合。强化企业创新主体地位和主导作用,鼓励示范基地企业承担国家科技计划(专项、基金等)任务、参与标准制定,引导企业围绕创新发展开展并购重组,提高整合运用国内外创新资源的能力和水平。鼓励依托国家级示范基地建设"双创"示范基地,支持示范基地建立完善大众创业、万众创新服务平台,加强创新资源共享,推广新型创业孵化模式,鼓励发展众创、众包、众扶、众筹。

(二)培育优势集群,推动高端化发展

落实京津冀协同发展、长江经济带发展、"一带一路"建设等重大区域发展战略的有关要求,围绕《中国制造2025》重点领域,结合示范基地自身特点,有所为、有所不为,加快培育创新动力强劲、特色优势突出、平台支撑有力的产业集群,成为东部地区开放创新的新高地、中西部地区经济增长的重要支撑、跨区域产业转移合作的主要载体。支持国家级和省级重大产业项目优先向示范基地集中,推动新兴产业集群加快发展,传统产业集群转型升级。充分发挥产业集群内部合作机制,提升龙头骨干企业带动作用,强化专业化协作和配套能力建设,支持专特优精单项冠军企业发展。推动示范基地加强质量品牌建设,打造产业集群区域品牌,提高区域品牌国际影响力。支持示范基地完善企业市场化退出机制,着力化解过剩产能,加快处置不符合标准且长期亏损的企业,推动产业集群优化结构,发展迈向中高端。促进示范基地产业集群与周边地区建立更广泛密切的合作关系,依托城市服务功能进一步吸引产业、技术、人才等资源集聚,以示范基地为核心枢纽,建立产业链条完整、产业组织结构合理、各环节协同发展的产业生态体系。

(三)推动智能发展,引领转型升级

鼓励示范基地向智能化方向转型,加快推进示范基地与"互联网+"融合发展,开展智能制造、工业互联网试点示范,引领产业优化升级。国家级示范基地要率先推动工业互联网、云计算、大数据的发展和应用,支持有条件的示范基地建立工业互联网、云计算、大数据公共服务平台,推动数据资源的有效整合和共享应用,开展网络实时诊断、流程优化再造、产品质量追溯、云服务等新型服务。加快新型网络化智能工厂建设,发展网络制造等新型生产方式,建立设计、研发、制造、销售、物流及回收利用等全环节管理、全过程追溯的智能制造生产体系,加快推动传统制造向智能制造方向升级。鼓励有条件的示范基地积极开展智慧园区建设试点,推动园区智能化管理,培育一批智能化水平较高的示范基地。

(四)推行绿色制造,实现可持续发展

鼓励示范基地全面推行绿色制造,促进企业、园区、行业间链接共生、原料互

供、资源共享,推动产品、工厂、园区绿色化发展,打造绿色供应链。优先选择一批基础条件好、代表性强的示范基地,推行综合能源资源一体化解决方案,提升能源资源利用效率。加强示范基地能源需求侧综合治理,建设集中供能、“三废”集中处理等节能减排公共基础设施,严格建设项目环保准入门槛,严禁开展不符合环境容量和节能环保要求的开发建设。严格执行主要污染物总量控制、排污许可和环境资源有偿使用制度,建立和完善节能减排指标监测,鼓励企业采用先进节能环保新技术,开展锅炉、电机等节能减排技术改造,推广太阳能、风能等可再生能源应用,支持有条件的地区依托示范基地探索用能、用水、排污、碳排放交易试点,开展近零碳排放区示范工程。实行最严格的节约集约用地制度,合理设置示范基地项目准入条件,严格执行各类工业用地标准,引导企业增容改造,鼓励建设标准厂房,提高工业用地利用效率和效益。加强示范基地安全生产基础能力建设,建立风险识别、质量追溯和预警应急机制,提高安全生产风险防控能力,健全安全生产体系。

三、加强统筹指导,完善示范基地体系建设

加强对示范基地的指导和支持,总结推广示范基地创建经验,按照“培育一批、创建一批、提升一批”的总体思路,梯度推进,进一步完善示范基地体系建设。

(一)培育一批有特色优势的产业集聚区

鼓励各省(市、区)发挥地方积极性,选择有发展基础和成长空间的产业集聚区,按照新型工业化的新内涵和新要求,统筹规划、集中资源,结合区域特点和产业特色,推动规模效应明显的产业集群加快做大做强,推动专业化细分领域特色突出的产业集群加快做精做优。培育一批有特色优势的产业集聚区,作为省级示范基地的储备,带动地方经济发展。

(二)创建一批省级和国家级的示范基地

完善省级示范基地创建的规范要求,加强组织领导保障,健全工作推进机制,突出新型工业化示范要求,创建一批省级示范基地,加强对省级示范基地的管理,建立优胜劣汰动态调整机制,突出奖惩激励导向,引导省级示范基地不断提高协同创新、集群集约、智能融合、绿色安全发展水平。在省级示范基地的基础上,按照国家级示范基地的标准,好中选优,遴选创建一批国家级示范基地,参与更高层次合作与竞争。

(三)提升一批具有全球影响力的示范基地

加强对国家级示范基地发展情况的动态监测和质量评价,进行分级分类指导,完善动态调整机制,推动整体水平不断提升,示范引领带动效应更加突出。实施示范基地卓越提升计划,优选处于全国领先水平的国家级示范基地,与国际

先进产业园区、产业集群加强交流合作，集中各方资源力量，打造一批具有全球影响力和竞争力的先进制造基地。

四、推进产业升级，发挥示范基地引领带动作用

结合各类型示范基地的行业领域特点和提升发展需求，明确转型升级的重点和方向，打通关键发展环节，解决发展瓶颈问题，提高产业层次水平，进一步发挥示范基地对重点行业领域发展的引领示范和辐射带动作用。

（一）装备制造示范基地

围绕主导产业进行“强链”、“补链”，鼓励示范基地培育或引进一批技术含量高、资金密集度强和产业关联度高的龙头企业，推动其与配套零部件企业集聚发展。推动示范基地构建协同创新网络体系，支持共性技术研发、检验检测等平台建设，优化资源配置，引导大中小企业协同创新和制造。加快企业生产设备智能化改造，提高精准制造、敏捷制造能力，鼓励建设智能工厂和数字化车间，培育个性化定制、众包设计、云制造、远程运维服务等服务型制造新模式。推动电力装备、轨道交通装备等产业领域的示范基地进一步放大中国“名片”效应；积极培育新能源汽车、航空航天、船舶和海洋工程装备、工业机器人等战略性领域的示范基地；加快工程机械、农业机械等传统优势领域示范基地的转型升级；依托示范基地加快建设“四基”企业集聚区。

（二）信息产业示范基地

加强核心电子器件、高端通用芯片、基础软件产品、信息技术服务、工业大数据、工业云、智能硬件、计算机与通信设备、卫星通信导航、智能感知等关键技术、产品和服务的研发创新及应用，发展检验检测、技术交易、成果转化、知识产权、专利代理、科技咨询、创业培训等公共服务平台，提高资源配置和使用效率，打造一批协同发展的优势产业链，构筑从基础研究到技术研发和成果转化的创新链。进一步做大做强优势企业，加强与上下游配套企业的协作，推动产学研合作和人才培养，增强软硬件一体化解决方案的服务能力。

（三）原材料示范基地

加大技术开发力度，加强品种结构调整，发展高技术含量、高附加值产品，加快发展新材料产业。积极推进行业间的链接共生，推广应用节能环保先进技术，提高资源利用效率，强化污染治理，显著减少污染物排放，促进低碳化、循环化和集约化发展。进一步完善建设标准和规范，严格安全生产管理，健全安全应急响应机制。不断完善产业发展预警体系，规范投资活动，推动企业重组联合，提高产业集聚度和市场竞争力。

（四）消费品示范基地

积极适应新的消费方式变化，针对差异化和个性化的消费需求，改善供给结构，在示范基地实施“三品”战略，创新丰富产品品种，提升产品质量品质，创建优质产品品牌。深入实施“互联网＋”战略，推进产品关键工序智能化和供应链优化管理，围绕终端市场，加强展示平台和立体营销网络建设。积极培育和引进第三方工商业设计、时尚创意机构，提高对企业转型升级的助推作用。

（五）军民融合示范基地

进一步突出示范基地的军民融合特色，调整优化产业结构，加速向产业链、价值链、创新链的高端迈进。军工资源密集的示范基地，着力推动军用技术转化，增强先进军工技术对制造业发展的牵引力，带动传统产业转型升级。民口资源优势突出的示范基地，着力提升优质民用资源对军工科研生产的支撑保障水平，拓展“民参军”的范围和层次。鼓励引导以示范基地为载体搭建协同创新平台，推动军工科研院所及各类创新主体开展国防科技协同创新，健全军民信息对接、技术孵化、产权交易等支撑服务体系。支持示范基地与军队有关部门及军工集团公司建立常态化的对接合作机制，推动战区建设、装备研制、后勤保障等军事需求与示范基地发展建设的有机衔接。引导有条件的地区，以示范基地为基础和支撑，开展国家军民融合创新示范区建设，推进军民融合发展体制机制改革创新。

（六）新产业、新业态示范基地

鼓励、引导和支持新兴产业领域示范基地的培育，重点推动工业设计、研发服务、工业物流等服务型制造领域、节能环保安全领域、以及围绕“互联网＋”涌现的新产业、新业态发展。服务型制造领域重点围绕工业设计等产业发展，支持基于新技术、新工艺、新装备、新材料、新需求的设计应用研究，加强配套设施和服务平台建设，将设计服务支撑范围扩展到产品的生命周期全过程，促进工业设计向高端综合设计服务转变。节能环保安全领域要从关键技术、装备、产品和服务等方面，培育高效节能、先进环保、资源循环利用、安全产业、应急产业等新产业和新业态，促进创新链、产业链与服务链协同发展。“互联网＋”领域重点围绕工业互联网等产业发展，加快下一代互联网、公共无线网络等网络基础设施建设，加强信息通信企业、互联网企业与工业企业的紧密协作、融合对接，推动无线移动技术、IPV6、标识解析等互联网关键技术应用，加强工业互联网标准化工作，在安全可控基础上提高互联互通水平。

五、保障措施

（一）加强统筹协调

强化部门联动。建立工信、发展改革、科技、财政、国土、环保、商务、海关总

署等政府部门之间的沟通协调机制，加大与金融机构的交流合作。建立健全各地区示范基地工作机制和组织保障，推动有条件的地区建立示范基地联席会议制度。

深化多方合作。充分利用国家和地方合作机制推动示范基地建设。建立示范基地会商和定期交流机制，强化信息沟通和资源共享。探索多方合作共同推进示范基地卓越提升试点，联合制定合作方案，根据新情况、新要求，不断丰富合作内容，形成政策和资金支持合力。

加大智力支持。充分发挥行业协会、研究机构、咨询机构、高校等多层次、多领域、多形态的智库作用，为示范基地建设提供强大智力支持，研究示范基地建设的前瞻性、战略性重大问题，组织专家对不同行业、不同类型示范基地问诊把脉，提供决策建议。

（二）加大政策支持

加强财政支持。利用现有资金渠道支持示范基地项目建设，优先在示范基地内开展中国制造 2025 重大工程试点示范。支持通过鼓励社会资本以市场化方式设立产业投资引导基金、知识产权作价入股等方式推进政府与社会资本合作（PPP），推动有条件的地区设立专项资金（基金）支持示范基地建设，推动卓越提升计划实施。搭建资金、技术、人才与产业对接平台，吸引社会资本参与示范基地基础设施和公共服务平台建设。

完善金融保障。创新并用好金融工具，引导金融机构加大对示范基地重大工程和项目支持力度。促进示范基地内企业与银行对接，建立银企交流机制。探索建立科技创新风险机制，吸引各类风险资本，为成长性好的专精特新中小企业提供综合服务。发展能效贷款、排污权抵押贷款等绿色信贷。发挥信用保证保险的融资担保和增信功能，支持保险机构在示范基地内积极发展保险产品和服务。

优化土地配置。严格控制工业用地总量，对新增建设用地要向投入产出效益高、土地综合利用效率高的示范基地及企业倾斜。加大对示范基地闲置土地的监管和对闲置、低效用地的处置力度，探索存量建设用地二次开发机制。推进节地技术和节地模式，开展节约集约用地评价考核，探索工业用地节地节约利用的税收调控方式。

（三）推进规范管理

完善管理规范。制定完善国家新型工业化产业示范基地相关管理办法，对创建类型、条件、程序等进行必要调整。调动发挥地方、行业工作积极性，分地区、分行业建立健全示范基地创建和管理的规范要求。

加强运行监测。完善示范基地经济运行监测体系和信息管理制度，密切跟

踪示范基地发展情况，建立常态化数据收集、挖掘和共享机制。依托制造强国产业基础大数据等平台，做好监测预测预警分析和相关研究。

抓好质量评价。组织开展示范基地发展质量评价工作，建立分级分类指导的工作基础，加强动态管理，完善退出机制，保持示范基地发展先进性，促进优势特色产业集群发展，培育有全球影响力和竞争力的先进制造基地。

（四）健全人才培养体系

加强专业技术人才队伍建设。发挥产业集聚优势，围绕示范基地主导产业发展需求，引进“高精尖缺”专业技术人才。支持示范基地骨干企业与高校院所合作，共同建设研究生培养（实习）基地、行业公共（共性）技术平台。组织实施示范基地“博士服务团”、“专家服务团”行动计划。

实施管理队伍能力提升工程。利用中德合作等平台，推动与国外先进园区和知名企业合作，加强示范基地管理人才和企业管理人才培养。选拔示范基地中小企业经营管理人才参加领军人才培训班，培养造就一批具有战略眼光、市场开拓精神和管理创新能力的优秀经营管理人才队伍。

加大技能人才培养培训力度。构建校企对接平台，加强示范基地与职业院校合作，采取“企业＋院校”联合办学、订单式培训等模式，造就一批紧缺产业工人和高级技师，培育精益求精的工匠精神。支持示范基地建立高技能人才培训中心和技能大师工作室，完善高技能人才技术培训体系，形成政府、行业、企业和社会力量四位一体的高技能人才开发培养体系。

（五）强化示范带动

推动交流合作。鼓励通过联盟等形式，推动新型工业化产业示范基地建立行业性、区域性的合作交流平台，完善合作交流机制。通过业务培训、会议交流、项目观摩、现场考察等多种形式，推动示范基地之间的经验分享与交流合作。

加大宣传力度。通过编制发布示范基地年度发展报告、媒体宣传等多种渠道和方式，加大对示范基地推进工作成效和典型经验的宣传力度，加强对其他产业集聚区的辐射带动作用。

加强对外合作。通过多种方式加强与有关国际组织、国外园区的沟通交流与合作，提升示范基地国际影响力。开展示范基地国际对标，学习借鉴国际先进经验和做法。鼓励示范基地以“一带一路”沿线国家、境外产业园区为重点，有序参与重点领域投资合作。支持以示范基地为载体，开展国际合作园区建设。

国家新型工业化产业示范基地管理办法

（工信部规〔2017〕1号）

第一章　总则

第一条　为贯彻落实创新、协调、绿色、开放、共享的新发展理念，推进制造强国战略实施，进一步加强国家新型工业化产业示范基地（以下简称国家示范基地）管理工作，促进产业集聚集群区规范发展和提质增效，根据工业和信息化部等五部门《关于深入推进新型工业化产业示范基地建设的指导意见》要求，制定本办法。

第二条　国家示范基地是指现有产业园区（集聚集群区）按照新型工业化要求改造提升，经省级示范基地培育创建，形成的主导产业特色鲜明、发展水平和规模效益居行业领先地位，在协同创新、集群集约、智能融合、绿色安全等方面具有示范作用，走在全国前列的产业集聚集群区。

第三条　国家示范基地评审和管理遵循公平、公正、公开原则，结合《中国制造2025》产业布局要求，统筹规划，合理布局，规范、有序推进。

第四条　工业和信息化部负责国家示范基地评审及相关管理工作。各省、自治区、直辖市及计划单列市、新疆生产建设兵团工业和信息化主管部门、通信行业主管部门（以下统称省级工业和信息化主管部门、通信行业主管部门）负责组织本地区国家示范基地申报和省级示范基地的创建管理工作，配合工业和信息化部对国家示范基地进行指导和管理。

第五条　国家示范基地分两个系列，即规模效益突出的优势产业示范基地（以下简称优势产业示范基地）和专业化细分领域竞争力强的特色产业示范基地（以下简称特色产业示范基地）。

第六条　国家示范基地的主要产业领域包括：装备制造业、原材料工业、消费品工业、电子信息产业、软件和信息服务业、军民融合，以及新兴的产业领域，重点包括：工业设计、研发服务、工业物流等服务型制造领域，高效节能、先进环保、资源循环利用、安全产业、应急产业等节能环保安全领域，工业互联网、数据中心等围绕“互联网+”涌现的新产业、新业态等。

第七条　支持国家经济技术开发区、边境经济合作区、跨境经济合作区等创建国家示范基地。支持革命老区、民族地区、边疆地区、困难地区等特殊类型地区产业集聚集群发展，对特殊类型地区国家示范基地的申报和评价标准给予适

当放宽。

第二章　申报条件

第八条　国家示范基地申报条件主要包括以下方面：

（一）产业实力和特色。主要衡量申报基地产业规模、集聚程度、产业特色、市场竞争力、行业地位等方面情况。含2项优势产业示范基地条件、3项特色产业示范基地条件和1项通用条件。

（二）创新能力。主要衡量申报基地创新投入、创新平台、创新成果、协同创新等方面情况。含2项优势产业示范基地条件和3项通用条件。

（三）质量效益。主要衡量申报基地生产效率、质量管理、品牌建设等方面情况。含1项优势产业示范基地条件和3项通用条件。

（四）节能环保。主要衡量申报基地节能减排、清洁生产、绿色制造、可再生能源利用等方面情况。含2项优势产业示范基地条件和3项通用条件。

（五）集约程度。主要衡量申报基地土地集约利用等方面情况。含3项优势产业示范基地条件。

（六）安全生产。主要衡量申报基地安全生产的管理和效果等方面情况。含2项通用条件。

（七）两化融合。主要衡量申报基地信息基础设施、信息化水平、智能制造等方面情况。含2项优势产业示范基地条件和3项通用条件。

（八）公共服务。主要衡量申报基地公共服务平台、设施建设等方面情况。含2项通用条件。

（九）发展环境。主要衡量申报基地人力资源保障、地方政府支持等方面情况。含2项通用条件。

（十）合法合规。主要衡量申报基地合规性、规划制定、命名规范等方面情况。含4项通用条件。

国家示范基地申报条件具体要求附后，可根据实际发展情况进行动态调整。

第九条　支持新兴的产业领域示范基地的培育，对于以新产业、新业态为主导产业的国家示范基地，将参照以上方面，根据实际情况对具体条件及时调整完善。

第三章　工作程序

第十条　国家示范基地申报材料由所在地政府有关管理机构或地市级政府提交省级工业和信息化主管部门、通信行业主管部门审查后，报工业和信息化部。所申报基地原则上应为省级示范基地。申报的具体要求以每年发布的通知为准。

第十一条　国家示范基地申报要求如下：

（一）申报材料包括：

1. 申报单位所在地省级工业和信息化主管部门、通信行业主管部门的上报文件；

2. 国家示范基地申报表；

3. 创建国家示范基地工作方案；

4. 示范基地产业发展规划及省级工业和信息化主管部门、通信行业主管部门组织的专家论证意见（原件）；

5. 示范基地空间布局图；

6. 申报单位所在地政府落实专项支持资金的证明文件。

（二）申报材料中的有关数据以各级统计机构和职能部门公开数据为准。

（三）申报采取网上填报与纸版材料报送相结合的方式。省级工业和信息化主管部门、通信行业主管部门将本地区申报材料电子版通过“示范基地在线报送系统”报工业和信息化部，并提交申报材料原件一式两份。

第十二条　工业和信息化部组织专家和第三方机构结合申报材料进行评估（必要时进行实地考察），评估结果征求财政部、环境保护部和商务部等有关部门意见，形成审核意见，并在工业和信息化部门户网站公示 15 个工作日。

第十三条　工业和信息化部对符合条件的产业集聚集群区进行公告，授予“国家新型工业化产业示范基地（示范内容·所在地）”称号，每年集中公告和授牌一次。

第四章　管理方式

第十四条　国家示范基地名录及发展情况将在工业和信息化部门户网站公布，并适时更新。

第十五条　国家示范基地每年 4 月 30 日前将上一年度发展情况及需要协调解决的问题通过省级工业和信息化主管部门、通信行业主管部门报工业和信息化部。

第十六条　工业和信息化部每年从产业实力、质量效益、创新能力、绿色、集约、安全、融合水平、发展环境等方面，组织对国家示范基地发展质量进行评价，发布评价结果，以星级体现（星级越高表示发展质量越好），作为国家示范基地分级分类指导及动态管理的基础和依据。

第十七条　工业和信息化部重点依托发展水平居全国领先地位、具有很强带动性的国家示范基地，实施卓越提升计划。对综合评价结果为五星的国家示范基地，经遴选，确定为“中国制造 2025”卓越提升试点示范基地，培育具有全球

影响力和竞争力的先进制造基地。

第十八条 工业和信息化部对国家示范基地进行动态管理，实行退出机制。及时将退出结果通报财政部、国土资源部、环境保护部和商务部等有关部门。

国家示范基地如发生重大或特别重大生产安全事故，或者发生Ⅱ级或Ⅰ级突发环境污染事件，直接公告退出，不再对其进行发展质量评价。

对综合评价结果为三星以下的国家示范基地，给予提醒、通报，责令整改；对连续两次综合评价结果为三星以下的，公告退出，以保持示范基地发展的先进性。

第十九条 对已授牌的国家示范基地，如发现弄虚作假，直接公告退出，并暂停所在省、自治区、直辖市、计划单列市下一年度的申报工作。

第二十条 加强部门协调和部省联动，集中各方资源，支持国家示范基地发展和优势项目建设。加强对示范基地发展情况的监测分析，建立常态化信息收集、挖掘和共享机制，加大对示范基地典型经验宣传推广力度。

第五章 附则

第二十一条 本办法自2017年2月1日起实施，《创建国家新型工业化产业示范基地管理办法（试行）》（工信部规〔2009〕358号）同时废止。

附件：国家新型工业化产业示范基地申报条件附件

国家新型工业化产业示范基地申报条件

类别	条件	指标性质[①]	适用范围[②]
产业实力和特色	产业集聚集群区年销售收入≥300亿元 （特殊类型地区：≥150亿元）	约束性	优势
	主导产业销售收入占产业集聚集群区销售收入比重≥50%	约束性	优势
	产业集聚集群区内企业专注于一个或两个相关性较强的细分产业领域	约束性	特色
	主要产品市场占有率国内领先，并在国际市场上占据前列，具有较强的品牌知名度	约束性	特色
	主导产业销售收入占产业集聚集群区销售收入比重≥70%	约束性	特色
	主导产业规模和水平处于国内同行业前列，拥有多家业内骨干企业	约束性	通用

表(续)

类别	条件	指标性质[①]	适用范围[②]
创新能力	产业集聚集群区研发投入占销售收入比重≥2%	约束性	优势
	主导产业方面的国家级研发机构≥1家,或主导产业方面的省级研发机构≥3家	约束性	优势
	主(参)编行业、国家或国际标准数量居国内同行业前列	约束性	通用
	规模以上企业每亿元主营业务收入有效发明专利数≥0.7件	引导性	通用
	政产学研用等多方协同创新能力较强,研发成果向实际产品有效转化	引导性	通用
质量效益	全员劳动生产率水平及年增速居国内同行业前列	约束性	通用
	主导产业增加值率年度提升≥0.5个百分点	引导性	通用
	企业普遍通过质量管理体系认证	约束性	优势
	拥有一批国际国内知名品牌,区域品牌建设成效显著	引导性	通用
节能环保	完成国家或省级政府下达的年度节能目标	约束性	通用
	单位工业增加值能耗、单位工业增加值用水量和工业固体废物综合利用率处于国内同行业先进水平	约束性	通用
	规模以上企业全部达到国内清洁生产先进水平	约束性	优势
	可再生能源占产业集聚集群区用电量比例≥1%[③]	约束性	优势
	绿色制造体系完善	引导性	通用
集约程度	工业建筑容积率≥0.6	约束性	优势
	单位土地平均投资强度≥4 000万元/公顷(特殊类型地区:≥3 000万元/公顷)	约束性	优势
	单位土地平均产值(销售收入)≥4 000万元/公顷(特殊类型地区:≥3 000万元/公顷)	约束性	优势
安全生产	企业安全生产管理体系完善,安全生产责任制健全,达到国家标准或行业标准	约束性	通用
	未发生重大安全生产事故	约束性	通用
两化融合	信息基础设施完善	约束性	通用
	数字化研发设计工具普及率[④]≥72%	约束性	优势
	关键工序数控化率[⑤]≥50%	约束性	优势
	骨干企业通过两化融合贯标或纳入智能制造试点示范	引导性	通用
	骨干企业研发、生产、管理、服务等主要环节采用智能制造系统和装备,信息化水平达到国内同行业先进水平	引导性	通用

表(续)

类别	条件	指标性质①	适用范围②
公共服务	建有共性技术研发和推广应用平台、大众创业万众创新服务平台	约束性	通用
	金融服务、市场开拓、现代物流、人才培养等面向产业集聚集群区提供有效服务的公共服务设施齐全	约束性	通用
发展环境	所在地有完善的人才培养、引进、激励机制和政策保障,劳动关系和谐	约束性	通用
	所在地政府在发展规划、财政政策、政务服务、创新创业等方面对产业集聚集群区发展给予支持,每年安排专项资金不少于1 000万	约束性	通用
合法合规	符合国家有关法律法规和产业政策的规定	约束性	通用
	符合国家土地利用总体规划、城市总体规划、主体功能区规划及国家相关产业规划	约束性	通用
	有较完善的示范基地创建工作方案和产业发展规划	约束性	通用
	申报名称反映主导产业特色,符合分类规范	约束性	通用

注:①指标性质中,“约束性”是指国家示范基地必须满足的基本条件;“引导性”是指国家示范基地建议具备的优选条件。

②适用范围中,“通用”指适用于优势、特色两个系列国家示范基地的条件;“优势”指仅适用于规模效益突出的优势产业示范基地;“特色”指仅适用于专业化细分领域竞争力强的特色产业示范基地。

③对高载能产业集聚集群区该条件暂不要求。

④数字化研发设计工具普及率=应用数字化研发设计工具的规模以上企业数量/规模以上企业总数量。

⑤关键工序数控化率为规模以上工业企业关键工序数控化率的平均值。

国防科工局、总装备部关于鼓励和引导民间资本进入国防科技工业领域的实施意见

(科工计〔2012〕733号)

各有关单位:

为贯彻落实《国务院关于鼓励和引导民间投资健康发展的若干意见》(国发〔2010〕13号)精神,鼓励和引导民间资本进入国防科技工业领域,结合国防科技工业实际,制定以下实施意见:

一、鼓励和引导民间资本进入国防科技工业的原则和领域

（一）要按照走中国特色军民融合式发展路子的要求，进一步扩大民间资本进入国防科技工业的领域和范围，完善鼓励和引导的政策措施，促进武器装备和国防科技工业发展。坚持积极鼓励、正确引导、同等对待、确保安全的原则，吸引和鼓励民间资本进入国防科技工业领域，在许可进入、任务竞争、税收优惠等方面对民间投资主体与国有军工企业实行同等待遇，加强安全保密和监督管理，确保国家秘密安全。

（二）民间资本进入国防科技工业的领域包括：武器装备科研生产、国防科技工业投资建设、军工企业改组改制、军民两用技术开发。

二、允许民营企业按有关规定参与承担武器装备科研生产任务

（三）大力推行竞争性装备采购，吸纳符合条件的民营企业承担武器装备科研生产任务。科学设置装备市场准入条件，加快武器装备科研生产许可目录修订工作，优化许可管理范围并向社会发布。加强武器装备科研生产许可制度、装备承制单位资格审查制度和武器装备科研生产单位保密资格审查认证制度协调衔接，建立相互协调的审查认证管理机制，缩短审查认证周期。

（四）民营企业可以通过与军工单位合作承担武器装备科研生产任务，也可以独立承担武器装备科研生产任务。对不直接涉及国家安全和军队机密、投资较小、通用性强、有较多合格承制单位的装备采购项目或配套任务，采用公开招标等方式鼓励民营企业参与竞争。

三、鼓励民间资本进入国防科技工业投资建设领域

（五）鼓励民间资本依据《国防科技工业社会投资领域指导目录（放开类）》，进入国防科技工业相关领域的投资建设。凡是符合该目录要求的，均不限制民间资本投资比例。

（六）民间资本参与国防科技工业投资建设的渠道和方式按照《国防科技工业社会投资项目核准和备案管理暂行办法》执行，其中对于完全由民间资本投资的放开类项目，实行备案制，项目单位需上报备案申请表。对于既有政府投资、也有民间投资的放开类项目，按照《国防科技工业固定资产投资管理暂行规定》执行。

四、引导和支持民间资本有序参与军工企业的改组改制

（七）允许民间资本按照国防科工委、发展改革委、国资委《关于推进军工企

业股份制改造的指导意见》,参与军工企业股份制改造。

(八)军工企业改组改制引入民间资本的,要按照国资产委《关于国有企业改制重组中积极引入民间投资的指导意见》执行。其中,涉及武器装备及其科研生产能力的,要征求国防科工局、总装备部的意见。

五、鼓励民间资本参与军民两用技术开发

(九)鼓励民间资本参与开发军民两用技术和产品,参与政府组织的军工技术转民、军民两用技术开发项目。

(十)对于政府组织的军工技术转民和军民两用技术开发科研项目,向国防科工局提出申请。其中涉及国防知识产权归属事项的,项目申请单位需事前征得国防科工局、总装备部国防知识产权管理部门同意。具体程序按相关办法执行。

六、加强对民间投资的服务、指导和规范管理

(十一)建立和完善军民结合公共服务平台,拓宽军民间信息交流渠道。建立武器装备采购信息发布制度,根据民营企业承担科研生产任务的专业领域和涉密等级,定期、定向发布装备采购信息及相关政策法规、标准规范和参与竞争的申办程序等。

(十二)民营企业参与武器装备科研生产任务的,应按照《武器装备科研生产许可实施办法》和《中国人民解放军装备承制单位资格审查管理规定》,申请取得武器装备科研生产许可和装备承制单位资格。

(十三)进入国防科技工业领域的民营企业,应强化保密意识,建立健全保密制度,落实保密责任。其中,申请承担涉密武器装备科研生产任务的民营企业,应按照《武器装备科研生产单位保密资格审查认证管理办法》,取得相应保密资格。

(十四)承担武器装备科研生产任务的民营企业,应自觉接受政府和军队有关部门的监督检查,确保完成武器装备科研生产和建设任务。违反管理规定的,按照有关法律法规追究责任。对于贡献突出的民营企业,按照同等对待的原则,进行表彰和奖励。

(十五)本意见鼓励进入相关领域的民间资本,仅限于境内资本,不包括外商投资和港澳台投资。

关于非公有制经济参与国防科技工业建设的指导意见

（科工法〔2007〕179 号）

各省、自治区、直辖市国防科工委（办），各军工集团公司，委管各单位：

改革开放以来，我国个体、私营等非公有制经济不断发展壮大，已经成为社会主义市场经济的重要组成部分和促进社会生产力发展的重要力量。非公有制经济参与国防科技工业建，有利于推动发展、促进竞争，更好地发挥市场配置资源的基础性作用，有利于促进技术进步，增强自主创新能力，提高武器装备研制生产能力和水平，有利于促进国防科技工业体制机制创新，对加快建立国防科技工业社会化大协作体系具有重要意义。

为贯彻落实《国务院关于鼓励支持和引导个体私营等非公有制经济发展的若干意见》（国发〔2005〕号）文件精神，鼓励、支持和引导非公有制经济参与国防科技工业建设，现提出以下意见：

一、鼓励和引导非公有资本进入国防科技工业建设领域。要逐步扩大非公有资本对国防科技工业投资的领域，形成规范、有序的开放性国防科技工业发展格局。

允许非公有资本对军品科研生产项目和基础设施进行投资，具体投资领域及方式按国家有关规定执行。

二、鼓励和引导非公有制企业参与军品科研生产任务的竞争和项目合作。非公有制企业可承担武器装备分系统和配套产品研制生产任务，具体承担任务的范围按照国防科技工业主管部门发布的武器装备科研生产许可目录及有关管理办法执行。非公有制企业从事武器装备科研生产许可目录所列产品（技术）科研生产活动，应当取得武器装备科研生产许可。

鼓励和支持非公有制企业通过产学研结合等方式，参与国防科技创新活动。

三、鼓励和引导非公有制企业参与军工企业改组改制。除从事战略武器装备生产、关系国家战略安全和涉及国家核心机密的核心重点保军企业外，允许其参与其他军工企业的股份制改造。鼓励非公有制企业通过参股、控股、兼并和收购等多种形式，参与以民为主或从事军民两用产品、一般武器装备及配套产品生产的军工企业改组改制。鼓励非公有制企业参与军工企业分离办社会职能工作和辅业改制。具体参与军工企业改组改制的范围、方式和程序，按照国家有关规定执行。

四、鼓励非公有制企业参与军民两用高技术开发及其产业化。按照加大自主创新、发展高新技术、推进产业化、提升产业规模的要求,鼓励非公有制企业研究开发科技含量高、市场前景好的军民两用高新技术产品,参与民用核能、民用航天、民用飞机、民用船舶等军民结合高技术产业的发展。

五、非公有制企业要充分认识承担军品科研生产任务的特殊性,严格执行国家保密制度、军品科研生产质量管理规定、安全生产管理规定、技术标准和军工设备设施管理规定等,建立健全企业内部相关制度,严格履行合同,保质、保量、按时完成军品科研生产任务。非公有制企业申请承担军品科研生产任务或参与军工企业改组改制,应在地方国防科技工业管理部门登记备案;已承担军品科研生产任务或参与军工企业改组改制的,应及时向备案部门报告军品科研生产或改组改制进展情况。

六、向非公有制企业提出军品科研生产任务的单位,应与承担任务单位依法签订合同,并严格履行合同,及时跟踪任务进展情况,对于影响军品科研生产任务完成的重大情况,应及时采取相应措施并报主管部门(单位)。

七、承担军品科研生产任务的非公有制企业,可按有关规定使用由国家投资建设的实验室、军工专用测试和试验设施等现有科技资源条件。

八、完善配套政策,为非公有制经济参与国防科技工业建设创造良好的政策环境。在国家政策允许范围内,非公有制企业在军品市场准入、任务竞争及参与军工企业改组改制等方面应与国有军工企业一视同仁。根据非公有制企业承担军品科研生产任务的性质和特点,通过贷款贴息、资本金注入以及租赁、借用、调配等多种方式,为非公有制企业完成重要军品科研生产任务提供必要的保障条件。完善军品科研生产招投标制度,以鼓励非公有制企业积极参与军品科研生产任务招投标。

九、完善信息发布制度,搭建适合非公有制经济发展特点的信息交流和共享平台。及时定向发布相关政策法规、武器装备科研生产许可目录、社会投资领域指导目录、军工企业股份制改造指导目录、军工产品和技术需求、技术标准等信息,指导非公有制企业加强与军工科研生产单位的信息沟通。

十、中介服务机构要创新服务方式,规范服务行为,为非公有制经济参与国防科技工业建设开展政策咨询、管理咨询、科技成果交流、人才培训、科技创新、技术支持、信息交流与共享、项目孵化、筹资融资、认证认可等方面服务。

十一、加强政府对非公有制经济参与国防科技工业建设活动的监管。各级国防科技工业管理部门要依法履行监督和管理职能,完善相关制度,改进监管办法,提高监管水平。对承担军品科研生产任务的非公有制企业,在合同执行、产品质量、保密、军工设备设施管理和使用、资质条件等方面进行监督检查,及时预警风险,对违反国家有关规定的依法予以查处。

地方国防科技工业管理部门要加强对本地区承担军品科研生产任务非公有制企业的指导，帮助非公有制企业解决在参与国防科技工业建设中遇到的问题，按有关规定协调落实非公有制企业在投资、税收、土地使用等方面应享受的政策。

非公有制经济参与国防科技工业建设指南

（委办法〔2007〕150号）

为积极稳妥地引导非公有制经济规范有序地参与国防科技工业建设，现将非公有制经济参与国防科技工业建设相关事项指南公布如下：

一、登记

非公有制企业申请或已参与国防科技工业建设的，应在所在地省级国防科技工业管理部门（以下简称地方国防科工委（办））登记。

二、信息获取

非公有制企业参与国防科技工业建设所需的相关信息可到地方国防科工委（办）查询，还可通过国防科工委政府网站查询。

三、资质条件与审批

（一）从事武器装备科研生产许可目录范围内科研生产活动的非公有制企业，要按照《武器装备科研生产许可实施办法》的规定取得武器装备科研生产许可证。

获得保密资格认证（只限承担涉密任务的单位）、质量体系认证，并具有相应的安全生产条件等是申请武器装备科研生产许可的必要条件。

武器装备科研生产许可证管理办公室（设在国防科工委经济协调司）负责受理一类许可申请，各地方国防科工委（办）负责受理本地区二类许可的申请。

（二）从事许可目录范围外国防科技工业建设的非公有制企业，根据所参与范围的不同，需具备相应的资质和条件。

1. 若需取得相应等级的保密资格认证的，申请一级保密资格审查认证，可向国防武器装备科研生产单位保密资格审查认证委员会申报，其办公室设在国防科工委安全保密局；申请二级和三级保密资格审查认证，可向省级武器装备科研

生产单位保密资格审查认证委员会申报，其办公室设在地方国防科工委（办），个别设在省级保密工作部门。

2. 若需取得军品质量体系认证的，应按照国家有关规定，建立质量保证体系，并向国防系统具有质量体系认证资质的认证机构申请。

3. 若需具备安全生产条件的，应按照国家有关规定具备相应的安全生产条件。

四、参与范围与审批

（一）非公有制资本投资军品科研生产项目和基础设施，经军工集团公司或地方国防科工委（办）初审后，由国防科工委综合计划司办理审批、核准或备案手续。

（二）非公有制企业可参与国防基础科研计划项目，可根据项目指南编制项目建议书，经地方国防科工委（办）论证评审后，由国防科工委科技与质量司办理审批手续。

非公有制企业可参与军品配套科研项目，并根据项目指南、任务总要求编制可行性研究报告，经地方国防科工委（办）审查、汇总申报，由国防科工委经济协调司办理审批手续。

（三）非公有制企业可通过与军工企事业单位或军队使用单位相互合作或参加军品任务招投标等方式，参与军品科研生产活动。

（四）非公有制企业可与军工企业达成协议，参与军工企业的改组改制，经军工集团公司或地方国防科工委（办）申报后，由国防科工委体制改革司办理审批手续。

（五）非公有制企业可以采取多种方式与军工企业合作，参与军民两用高技术开发及其产业化发展。

五、相关政策

（一）承担军品科研生产任务的非公有制企业，符合条件的，由地方国防科工委（办）初审后向国防科工委申请国家投资，由国防科工委综合计划司办理有关审批手续。

（二）承担军品科研生产任务的非公有制企业，可按照相关规定向地方国防科工委（办）提出税收优惠政策申请，经国防科工委经济协调司鉴章后，由财务司按照有关规定会同有关部门办理审批手续。

（三）非公有制企业在军品科研生产中形成的技术成果，涉及国防利益以及对国防建设具有潜在作用需要保密的，可以按照《国防专利条例》的规定向国防专利机构申请。

国防科工委印发关于深化国防科技工业投资体制改革的若干意见的通知

（科工计〔2007〕226 号）

国防科技工业是国家战略性产业，是军队武器装备发展的基础，是国家科技创新体系的重要组成部分，是国家发展高新技术产业、推动产业升级的重要力量。改革开放以来，国防科技工业投资体制改革取得了重要进展，政府投资的范围由向军工单位投资转为向军品能力及军工主导产业投资，资金来源由单一的政府投资扩大到多元的社会投资，项目建设初步实现了市场化。但是，随着社会主义市场经济体制的不断完善，现行的国防科技工业投资体制还存在诸多不适应，特别是政府投资的领域和重点需要进一步明确，投资全过程监管需要进一步加强，投资效益需要进一步提高，投资主体多元化需要尽快规范并有序推进。为此，在《国务院关于投资体制改革的决定》（国发〔2004〕20 号）的基础上，现就深化国防科技工业投资体制改革提出以下意见：

一、改革的指导思想和目标

1. 指导思想。以国防建设和国民经济发展需求为导向，坚持军民结合、寓军于民、强化基础、自主创新方针，贯彻落实科学发展观，既要体现国防科技工业的特殊性，又要适应社会主义市场经济体制的要求。健全公正合理、规范有序的制度和机制，优化投资结构和军工能力布局，营造公平竞争环境，提高投资效益，全面推进国防科技工业和武器装备的可持续发展。

2. 改革目标。进一步明确政府投资领域和投资重点，根据武器装备和国防科技工业发展需求，保证政府对国防科技工业的主导作用和对军工核心能力的有效控制；发挥市场配置资源的基础性作用，扩大社会对国防科技工业投资的领域，形成开放性国防科技工业发展格局；加强投资全过程监管，形成规范、安全的投资和建设秩序。通过深化改革和扩大开放，使国家投资体制改革的普遍性与国防科技工业的特殊性相结合，最终建立起政府调控有效、社会资本参与、中介服务规范、监督管理有力、军民良性互动的新型投资体制。

二、改进政府投资管理

3. 投资的领域和重点。政府投资要突出武器装备研制生产基础和军工能力建设，支持军民结合高技术产业发展，形成服务于国防建设、促进国民经济发展

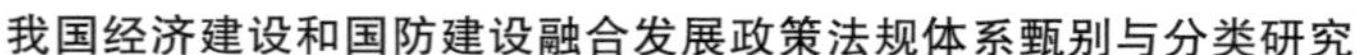

的强大物质基础。军工能力建设要坚持保障武器装备型号任务与强化基础相结合,重点增强核心能力,包括战略武器、关键主战装备的技术研究开发和总体设计能力,装备系统集成、测试和总装能力,以及关键分系统和专用军品配套研制生产能力。通过加大对重大军民结合高技术研究、产品研制和产业化的支持力度,促进军民结合高技术产业发展。同时,要支持人才培养、政府履行公共服务和社会管理职能必需的条件及设施建设。

4. 加强规划的作用。国务院国防科技工业主管部门根据国防建设和国民经济发展需要,在充分征求有关部门意见的基础上,编制国防科技工业中长期发展规划,作为政府投资安排的依据。军工集团公司、重点科研生产单位要根据该发展规划,编制中长期发展建设规划,国务院国防科技工业主管部门要协商军队武器装备主管部门从军事和经济需求、建设目标、能力结构布局、建设方向和重点等方面予以核准。

5. 改进政府投资方式。政府投资资金按项目安排,根据资金来源、项目性质和调控需要,政府投资可采取直接投资、资本金注入、投资补助和贷款贴息等方式。其中,对研制条件、基础能力、公共服务以及还贷能力低的批生产改造等以军事效益和社会效益为主的建设项目,主要采取直接投资、资本金注入方式;对符合产业政策和发展规划,需要政府投资支持和引导的军民结合高技术产业,以及具有一定经济效益的批生产改造等建设项目,主要采取资本金注入、投资补助、贷款贴息方式。

6. 探索新的建设方式。为保障科研生产任务顺利完成,提高投资效益,适应承担生产任务的单位多元化和军工设备设施专门化、高级化的形势,政府投资项目可根据任务性质、任务单位的所有制形式和建设项目的特点等情况,采取代建、租赁、借用、补偿、调配等建设方式,以及投资多元化运用、鼓励合资合作等办法。

7. 规范政府对非国有独资企业的投资。政府按公正合理的原则安排对非国有独资企业的项目和投资,因此形成的国有股权或产权,须经企业股东(大)会或全体出资人决议同意,并向国防科技工业主管部门出具书面文件。要落实国有资本持有单位,必要时可由国防科技工业主管部门按有关规定确定。

三、推进投资和产权主体多元化

8. 扩大社会投资领域,实行分类管理。在确保国防安全的前提下,尽可能扩大社会对国防科技工业投资的领域。根据产品在类型、层次和科研生产阶段等方面的有关要求,在综合权衡国防安全和保密规定、军品科研生产能力结构布局、社会公共利益、军民通用程度等因素的基础上,将投资领域分为放开类、限制

类和禁止类。其中放开类,鼓励社会资本进入,不限投资比例;限制类,允许社会资本进入,但重要领域须由国家控股;禁止类,实行国有独资。国务院国防科技工业主管部门要会同军队武器装备主管部门,适时制订、颁布《社会投资领域指导目录》。对外资进入国防科技工业领域的,除执行本意见的有关规定外,还要符合国家在国防安全、技术保密、国民属性等方面的规定。

9. 建立健全项目审批制、核准制和备案制。凡是有政府投资参与的建设项目,均实行审批制。其中,采取直接投资和资本金注入方式的,仍执行项目建议书、可行性研究报告等审批和管理规定;采取投资补助、贷款贴息方式的,只审批资金申请报告。对未使用政府资金的限制类项目,实行核准制;对未使用政府资金的放开类项目,实行备案制。

10. 创造良好的制度和政策环境,促进军民结合、寓军于民。加快建立和完善与民用科技工业有机结合、优势互补、相互促进的国防科技工业体制和运行机制。

鼓励民用单位发展军品,鼓励军工单位发展民品,促进军品一般加工、配套能力融入国民经济发展。军工技术规范和管理规范要有利于民用单位进入武器装备科研生产领域,能采用民用标准的,要采用民用标准。国务院有关部门要加快与军品有关的价格、税收等配套政策的改革,形成公平竞争的制度环境。国家保密工作部门要会同有关部门,抓紧制定和完善与市场经济和国防建设相适应的保密管理规章和制度,进一步强化保密管理。

四、加强监督管理

11. 规范中介服务。各类参与国防科技工业投资和建设的中介服务机构,要坚持诚信原则,加强自律,提供安全可靠、优质高效、形式多样的中介服务。在符合保密要求的情况下,政府要对项目设计、咨询等中介服务机构引入竞争机制,建立评估制度。

12. 加强监管。对政府投资项目实行全过程监管,对不遵守法律法规给国家造成重大损失的,要追究有关人员的责任。对在项目申报和建设过程中提供虚假信息、延误前期工作和建设进度、挪用建设资金、擅自调整建设内容的,要采取通报批评、暂停下达投资计划、取消投资项目、限制相关投资活动等措施予以惩戒;对构成犯罪的,要依法追究刑事责任。建立项目后评价制度,使用政府投资、执行武器装备科研生产配套任务的单位,要承担供货和服务义务,擅自退出供货和服务的,政府应收回投资,取消其配套资格,并追究其责任;擅自处置或改变军工设备设施用途的,应限期恢复,政府不再安排资金用于同一项目建设,对拒不恢复的,要按有关规定追究责任。

国防科技工业投资体制改革是一项艰巨复杂的任务。国务院有关部门要根据《意见》的精神和要求，按照职能分工，抓好配套办法的制定和修订工作，为国防科技工业持续发展营造规范有序的投资环境。地方各级人民政府和有关部门要按照统一部署，高度重视，密切配合，切实抓好各项政策措施的贯彻落实工作，确保改革任务顺利完成。

关于加快吸纳优势民营企业进入武器装备科研生产和维修领域的措施意见

（装计〔2014〕第809号）

近年来，随着我国国防科技工业管理和武器装备采购制度不断完善，武器装备科研生产和维修领域准入制度逐步健全，国务院和军队有关部门从不同管理角度，开展了武器装备科研生产单位保密资格审查认证（以下简称保密资格认证）和武器装备质量体系认证制度（以下简称质量体系认证），建立了武器装备科研生产许可制度（以下简称许可审查）和装备承制单位资格审查制度（以下简称资格审查）。这些管理制度的建立，对于提升武器装备科研生产能力、提高武器装备建设质量效益、确保国家秘密安全发挥了重要作用。

随着我国社会主义市场经济制度不断完善和国民经济快速发展，民营企业规模和能力不断发展壮大，在一些行业和领域已经走在前列。积极吸纳优势民营企业进入武器装备科研生产和维修领域，对于打破行业垄断、激发创新活力。提高装备采购效益具有重要意义。党的十八届三中全会明确要求“推动军民融合深度发展”，“引导优势民营企业进入军品科研生产和维修领域”。面对新形势、新要求，现行准入制度和管理工作存在着制度衔接不畅、审查程序繁琐、审批周期过长、准入“门槛”偏高等问题，把武器装备建设植根于国家最先进的科学技术和工业体系基础之上，迫切需要改进现行准入的管理制度。

一、总体思路和目标要求

加快吸纳优势民营企业进入武器装备科研生产和维修领域，要以党的十八届三中全会精神和习主席关于推进军民融合深度发展的一系列重要指示为指导，以武器装备建设需求为牵引，坚持问题导向，消除准入壁垒，建立准入协调机制、畅通受理渠道、简化工作程序、降低进入“门槛”、强化监督管理，提高武器装备建设资源配置效率和公平性，构建协调顺畅、简明规范、高效有序、安全保密的

武器装备科研生产和维修领域准入管理制度。

2014 年底前，建立分类审查制度，完善跨部门审查工作协调机制，减少重复审查，统一设立资格审查受理点，修订完善相关管理规章；2015 年底前，建立相关配套制度机制，完善联合监督管理和退出机制，承担武器装备科研生产和维修任务的民营企业数量和任务级别显著提升。

二、改进工作的主要举措

（一）实施分类审查准入

根据装备重要和涉密程度，将装备承制（含承研、承修，下同）单位分为三类。

第一类是武器装备的总体，关键、重要分系统和核心配套产品（即列入国防科工局、总装备部发布的《武器装备科研生产许可目录》内的专业或产品）的承制单位。在通过保密资格认证和质量体系认证基础上对申请企业进行许可审查、资格审查。

第二类是武器装备科研生产许可目录之外的专用装备和一般配套产品的承制单位，只对申请企业进行资格审查，不再进行许可审查和强制性武器装备质量体系认证（需建立武器装备质量管理体系，在资格审查时一并进行审核）。对本类承制单位的保密要求：产品本身不涉密但背景、用途等涉密的，由采购方和承制方签订保密协议；应急或短期生产秘密级产品的，由采购方按照有关保密标准和程序对承制方进行保密审查，签订保密协议，提出保密要求；生产机密级（含）以上的产品或长期承担涉密武器装备科研生产任务的，实行保密资质认证。

第三类是军选民用产品的承制单位，申请企业需建立国家标准质量管理体系，只进行资格审查（以文件审查形式为主）。对参与军选民用产品招标竞争的企业不设特别资格限制，凡产品及服务符合招标要求的企业均可参加投标，中标企业经资格审查后，可注册第三类装备承制单位资格。

积极鼓励企业自主创新研究，承担装备预研计划中应用基础研究、应用开发研究任务的单位，不需进行资格审查。

（二）建立跨部门审查工作协调机制

建立保密资格认证、质量体系认证、许可审查和资格审查工作协调机制，明确工作协调组织形式和内容。建立定期协调制度，保证各部门在受理、审查等方面相互协调、同步推进。严格各类审查工作节点时限要求，确保按期完成审查和审批。对于确因程序原因无法及时取得保密资格的第二类装备承制单位，可先行注册装备承制单位资格，并要求企业在签订涉密合同前取得相应的保密资格。

（三）改进质量体系认证工作

对第一类装备承制单位实施强制性武器装备质量体系认证，第二、三类装备承制单位可自愿申请武器装备质量体系认证。简化质量体系认证流程,取消认证申请推荐环节,精简认证审批程序,将认证注册周期控制在6个月之内。扩充认证机构数量,吸收通过保密审查、具备良好信誉和较高审核能力的认证机构参与认证。逐步推行质量体系分级认证。

(四)逐步推进许可和承制资格的联合审查

国防科工局和总装备部修订《武器装备科研生产许可专业(产品)目录》,进一步精简优化许可审查管理范围,经降密处理后向社会公开发布。建立许可审查和资格审查联合审查机制,修订完善相关规章,推进"两证"联合审查。

(五)统一设立资格审查申请受理点

按照专业类别和地域分布,依托全军各军事代表局或总部有关部门授权的机构,设立军队资格审查申请受理点,并向社会公布。各申请受理点负责对企业承制资格申请材料进行形式审查,明确承制单位类别及受理意见,对企业提出是否需开展许可审查、质量体系认证、保密资格认证及其认证等级提供相关政策法规咨询服务。

(六)规范保密资格认证等级审核工作

省级国防科技工业管理部门、各军工集团公司总部和军队各资格审查申请受理点,在各自职责范围内。根据企业承担或拟承担项目的密级,依照定密管理有关规定,审核企业保密资格认证级别。其中,军队下达的装备采购计划,组织签订的装备采购合同(含配套合同)涉及的保密资格认证申请单位,由申请企业持军队资格申请受理点出具的保密资格认证级别建议,到相关保密资格认证机构申请认证。

(七)建立承制单位资质联合监管机制

构建保密资格认证、质量体系认证、许可审查和资格审查工作联合监管机制,在各管理部门之间建立重大问题、重大情况通报制度。加大军事代表机构对民营企业监管力度,完善合同履约信誉等级评价和年度资格监督报告制度,健全退出管理机制。

(八)取消各类收费制度

各类审查认证和监督检查均不得收取企业任何费用。加强审查认证从业人员教育和监督,严格控制现场审查人数,严禁变相收费,严禁向企业推销指定的设施设备和培训资料。各主管部门应向社会公开投诉渠道,加强纪律监督和责任追究。

三、工作要求

各部门各系统要加强组织领导,统一思想认识,进一步认清改进武器装备科

研生产和维修领域准入制度和管理工作，对于推动军民融合深度发展、加速优势民营企业参与装备建设的重要意义，切实做好对各项举措的学习理解和宣贯落实工作。要切实履行职责，按照工作任务要求，及时调整工作程序、完善工作制度，确保各项举措落实到位。要进一步转变工作作风，强化服务意识，牢固树立一盘棋思想，切实做好各项工作的衔接配合。

国防科工委关于进一步推进民用技术向军用转移的指导意见

（科工经〔2007〕885 号）

各省、自治区、直辖市国防科工委（办），各军工集团公司，有关民口集团公司（研究总院），委管各单位：

为贯彻军民结合、寓军于民方针，促进军民良性互动、协调发展，实现国防科技工业和国民经济领域两种资源的优势互通互补互动，根据《国务院关于印发实施〈国家中长期科学和技术发展规划纲要（2006—2020 年）〉若干配套政策的通知》（国发〔2006〕6 号）精神，现就进一步推进民用技术向军用转移（以下简称民技军用）提出以下意见：

一、按照政府引导、平等准入、公平竞争、规范有序的原则，进一步鼓励和支持民用技术为军品科研生产服务，促进国防建设和经济建设两个能力的结合。

二、本指导意见中的民技军用，是指将民用市场上已经成熟应用或正在研究开发的技术和产品向武器装备科研生产转移的活动。

三、建立民技军用信息发布平台。国防科工委牵头组织并不定期向有关使用部门、军工集团公司及武器装备研制生产单位发布可以应用于武器装备研制生产的先进民用技术信息；根据武器装备科研生产提出的需求，编制可以利用先进民用技术的科研项目指南，并按有关规定发布。

四、逐步扩大武器装备科研生产许可证的发放范围。对列入许可管理目录范围的技术及产品，在审核发放许可证时，给予拥有先进民用技术的单位同等待遇，吸引更多企事业单位参与武器装备科研生产活动。

五、进一步完善国防科技工业标准体系。在满足军用需求的前提下，武器装备研制生产尽可能采用先进成熟的民用标准。

六、加强民技军用过程中的知识产权保护。先进民用技术在向武器装备科研生产转移过程中，要严格按照国家有关规定依法对其知识产权进行保护和

补偿。

七、进一步完善武器装备科研生产招投标制度。在不影响国家安全的前提下，逐步扩大武器装备科研生产及配套项目的招标比例，扩大信息发布范围，支持和鼓励有技术优势、有实力的单位公平地参与有关武器装备科研生产任务的竞争。

八、为民技军用创造公平的政策环境。在任务竞争、投资、税收等方面对承担民技军用任务的单位给予同等政策待遇。

九、各武器装备总承包和分承包单位要高度重视民技军用工作，积极吸纳和利用先进的民用技术和产品，提高武器装备研制生产水平。

十、承担民技军用任务的单位必须严格执行军品科研生产的保密管理、质量管理等规定，严格履行合同，保质、保量、按时完成武器装备科研生产任务。

十一、鼓励中介机构开展民技军用政策咨询、信息交流、信誉评价、认证认可等服务，不断提高服务水平。

各级国防科技工业管理部门要认真履行监督和管理职能，加强对民技军用工作的指导，促进民技军用工作规范有序进行。

第四章　武器装备科研生产许可管理方面的规章

武器装备科研生产许可实施办法

（2010年3月31日以中华人民共和国工业和信息化部、中国人民解放军总装备部第13号令发布）

第一章　总则

第一条　为了规范武器装备科研生产许可管理，根据《武器装备科研生产许可管理条例》，制定本办法。

第二条　从事武器装备科研生产许可目录（以下简称许可目录）所列的武器装备科研生产活动，应当依照本办法申请取得武器装备科研生产许可；未取得武器装备科研生产许可的，不得从事许可目录所列的武器装备科研生产活动。但是，经国务院、中央军委批准的，以及专门的武器装备科学研究活动除外。

本办法所称武器装备科研生产活动，是指武器装备的总体、系统、专用配套产品的科研生产活动。

本办法所称专门的武器装备科学研究活动，是指武器装备领域的理论性、基础性科学研究活动。

第三条　武器装备科研生产许可管理，应当根据国防建设和武器装备发展需要，遵循统筹兼顾、合理布局、鼓励竞争、安全保密、严格管理、公平公正的原则。

第四条　武器装备科研生产许可根据武器装备及其专用配套产品的重要程度，分为第一类许可和第二类许可，武器装备科研生产许可的具体分类在许可目录中规定。许可目录由国家国防科技工业局（以下简称国防科工局）会同中国人民解放军总装备部（以下简称总装备部）共同制定和发布，并适时调整。

第五条　国防科工局负责全国的武器装备科研生产许可管理，履行下列职责：

（一）制定武器装备科研生产许可管理的政策、规定；

（二）会同总装备部制定许可目录；

（三）受理、审查第一类许可的申请，审批、颁发、撤销、吊销武器装备科研生产许可证，办理武器装备科研生产许可证的变更、延续及注销；

（四）组织开展武器装备科研生产许可监督检查。

国防科工局武器装备科研生产许可管理办公室负责日常工作。

第六条 总装备部负责全国武器装备科研生产许可的协同管理。总装备部武器装备科研生产许可协同管理部门（以下简称总装备部许可协同管理部门）履行下列职责：

（一）参与制定武器装备科研生产许可管理的政策、规定；

（二）会同编制许可目录；

（三）协同审查武器装备科研生产许可的申请、发放、变更、延续、撤销和注销，对行政处罚提出意见；

（四）组织中国人民解放军派出的驻相关单位或者地区的军事代表机构（以下简称派驻军事代表机构）参与武器装备科研生产许可现场审查；

（五）协同开展武器装备科研生产许可监督检查。

第七条 省、自治区、直辖市人民政府国防科技工业管理部门（以下称地方国防科技工业管理部门）履行下列职责：

（一）受理、审查本行政区域内的第二类许可申请，并提出审查意见；

（二）负责本行政区域内取得第二类许可的武器装备科研生产单位的监督管理；调查核实本行政区域内违法从事武器装备科研生产的单位和行为，并向国防科工局提出处理建议；

（三）协助国防科工局对本行政区域内申请第一类许可的单位进行现场审查；

（四）协助国防科工局对本行政区域内取得第一类许可的武器装备科研生产单位进行监督管理。

第八条 派驻军事代表机构按照军队内部职责分工协同地方国防科技工业管理部门开展派驻地区的武器装备科研生产许可审查和监督管理工作。

第九条 国防科工局按照国家武器装备科研生产能力布局要求，根据武器装备科研生产的实际需要，经征求总装备部意见，对第一类许可实行数量限制。实行数量限制的具体专业或者产品和限制数量另行规定。

第二章　申请与受理

第十条 申请武器装备科研生产许可的单位，应当具备《武器装备科研生产许可管理条例》第七条规定的条件。其中，申请武器装备总体和系统科研生产许

可的，还应当具有相应的工程组织、协调能力。

第十一条　申请武器装备科研生产许可的单位，应当提交《武器装备科研生产许可证申请书》，同时提交以下文件、材料（复印件）：

（一）企业法人营业执照或者事业单位法人证书；

（二）相应的质量管理体系认证证书；

（三）安全生产达标证明文件（其中申请从事危险品生产的，提交安全生产许可证或者安全生产评价报告）；

（四）保密资格证书；

（五）法律、行政法规规定的环保、消防验收文件或者达标文件；

（六）申请单位认为可以证明其能力条件的其他文件、材料。

第十二条　申请武器装备科研生产许可的单位，按照下列规定提出申请：

（一）申请第一类许可的，或者同时申请第一类、第二类许可的，向国防科工局提出申请，并提交申请材料一式三份（含电子版光盘）。

（二）申请第二类许可的，向其所在省、自治区、直辖市的国防科技工业管理部门提出申请，并提交申请材料一式三份（含电子版光盘）。

第一类许可、第二类许可的申请材料（含电子版光盘）应当同时报送总装备部许可协同管理部门一份。

第十三条　国防科工局和地方国防科技工业管理部门应当依照《中华人民共和国行政许可法》第三十二条的规定进行审查，符合受理条件的，应当在5日内作出受理决定。申请材料不齐全或者不符合法定形式的，应当当场或者在5日内一次告知申请单位需要补正的全部内容。作出不予受理决定的，应当书面告知并说明理由。

第十四条　总装备部许可协同管理部门对许可申请材料的审查意见，应当自收到申请材料之日起4日内向国防科工局或者地方国防科技工业管理部门反馈。

第三章　审查与批准

第十五条　国防科工局和地方国防科技工业管理部门受理申请后，应当组织专家对武器装备科研生产许可申请进行现场审查，总装备部许可协同管理部门指派驻军事代表机构参加。对因涉及国家核心机密不宜进行现场审查的，可以根据实际情况进行书面审查。专家现场审查所需时间不计算在本章规定的许可时限内。

武器装备科研生产许可现场审查和专家管理的具体办法，由国防科工局和总装备部另行制定。

第十六条 地方国防科技工业管理部门负责组织对申请单位进行审查的，应当自受理申请之日起30日内完成审查和征求派驻军事代表机构意见的工作，并将审查意见和全部申请材料报送国防科工局，同时报送总装备部许可协同管理部门。

第十七条 国防科工局应当自收到地方国防科技工业管理部门报送的审查意见和全部申请材料之日起30日内，作出许可决定。

国防科工局直接受理申请并组织进行审查的，应当自受理申请之日起60日内，作出许可决定。

国防科工局在作出许可决定前，应当书面征求总装备部的意见。总装备部应当在10日内反馈意见。

作出准予许可决定的，应当自作出决定之日起10日内向申请单位颁发武器装备科研生产许可证；作出不准予许可决定的，应当书面通知申请单位并说明理由。

第十八条 武器装备科研生产许可证应当包括以下内容：

（一）法人名称；

（二）法定代表人；

（三）注册地址；

（四）科研生产场所地址；

（五）许可的专业或者产品名称；

（六）证书编号；

（七）发证机关；

（八）发证（换证）日期；

（九）证书有效期限。

第十九条 武器装备科研生产许可证的有效期限为5年。武器装备科研生产许可证由国防科工局统一印制。

第四章 变更与延续

第二十条 取得武器装备科研生产许可的单位在武器装备科研生产许可证有效期限内，其法人名称、法定代表人、注册地址发生变更的，应当自发生变更之日起60日内向国防科工局提出武器装备科研生产许可证变更申请，同时抄送总装备部许可协同管理部门和原许可审查部门。

第二十一条 申请变更法人名称或者注册地址的，应当提交其上级部门或者国家有关部门的批准文件，变更后的企业法人营业执照或者事业单位法人证书，以及变更后的保密资格证书等材料。

申请变更法定代表人的，应当提交法定代表人的任职文件或者其他有关证明文件，以及变更后的企业法人营业执照或者事业单位法人证书和保密资格证书。

其中，对因资产重组或者其他涉及资产变化问题，导致法人名称、注册地址或者法定代表人发生变化的，申请单位应当书面说明有关情况，并提供公司章程等相关证明材料。

第二十二条　国防科工局收到变更申请后，应当依照法定条件和程序进行审查，必要时组织专家进行现场核查。符合变更条件的，由国防科工局自受理申请之日起30日内办理变更手续。专家现场核查所需时间不计算在本条规定的时限内。

第二十三条　取得武器装备科研生产许可的单位在武器装备科研生产许可证有效期限内，申请增加武器装备科研生产许可专业或者产品的，应当按照本办法的规定重新提出申请。

第二十四条　取得武器装备科研生产许可的单位拟申请延续武器装备科研生产许可期限的，应当在武器装备科研生产许可证有效期届满6个月前，按照本办法第十二条的规定提出许可延续申请。

国防科工局和地方国防科技工业管理部门应当在该许可有效期届满前，按照本办法规定的条件和程序对许可延续申请进行审查，由国防科工局按照本办法第十七条的规定作出是否准予延续的决定。作出准予延续决定的，应当换发武器装备科研生产许可证；作出不予延续决定的，应当书面告知申请单位并说明理由。

第二十五条　取得武器装备科研生产许可的单位，拟不再延续武器装备科研生产许可期限的，应当在许可证有效期届满6个月前向国防科工局书面报告。在国防科工局商总装备部作出妥善安排前，不得擅自停止武器装备科研生产。

第五章　监督和管理

第二十六条　国防科工局对全国从事许可目录所列的武器装备科研生产活动的单位实施监督，建立监督检查制度，组织开展监督检查工作，并对地方国防科技工业管理部门依法履行武器装备科研生产许可管理有关职责的情况实施监督检查。

总装备部协同对全国从事许可目录所列的武器装备科研生产活动的单位实施监督，并对派驻军事代表机构履行武器装备科研生产许可协同管理职责的情况进行监督。

地方国防科技工业管理部门应当按照本办法第七条的规定，对本行政区域

内从事许可目录所列的武器装备科研生产活动的单位实施监督。

派驻军事代表机构对取得武器装备科研生产许可单位的武器装备科研生产许可条件保持情况和任务完成情况进行监督。发现问题的,应当及时逐级上报并告知国防科工局或者地方国防科技工业管理部门。

武器装备科研生产许可监督检查的具体办法,由国防科工局和总装备部另行制定。

第二十七条 取得武器装备科研生产许可的单位,应当履行下列义务:

(一)遵守法律、行政法规和本办法的规定;

(二)妥善保管武器装备科研生产许可证,严格保密管理,不得泄露武器装备科研生产许可证载明的相关内容;

(三)在已取得的武器装备科研生产许可的范围内从事武器装备科研生产活动;

(四)保持与所从事的武器装备科研生产活动相适应的科研生产能力;

(五)按照国家要求承担武器装备科研生产任务,接受国家武器装备科研生产订货,按照合同要求提供合格的科研成果和武器装备或者配套产品;

(六)在武器装备科研生产合同、产品出厂证书上标注武器装备科研生产许可证编号;

(七)建立年度自查制度,按照要求提交年度自查报告;

(八)接受国防科工局、地方国防科技工业管理部门和总装备部、派驻军事代表机构的监督检查。

第二十八条 取得武器装备科研生产许可的单位应当建立重大事项报告制度。在许可有效期内,发生上市、破产、歇业、改制、重组、科研生产场所搬迁、关键科研生产设备设施缺失等重大变化的,应当自发生变化之日起30日内向国防科工局书面报告变化情况,同时抄送总装备部许可协同管理部门和地方国防科技工业管理部门。国防科工局应当组织审查,根据审查情况商总装备部作出处理决定,并书面告知相关单位。

其中,取得武器装备科研生产许可的单位涉及外资进入资产重组或者境外上市的,应当在事前向国防科工局书面报告。经国防科工局商总装备部同意后,方可实施。

第二十九条 取得武器装备科研生产许可的单位应当遵守国家保密法律、行政法规和有关规定,应当按照《武器装备科研生产许可管理条例》第三章的规定,建立健全保密管理制度,实行保密管理领导责任制,落实保密机构和人员,明确保密责任,进行保密培训,严格涉密人员管理,在保密要害部门、部位设置安全防护设施,保证涉密载体和国家秘密安全。

第三十条　任何单位和个人不得伪造、变造武器装备科研生产许可证。取得武器装备科研生产许可的单位不得倒卖、出租、出借或者以其他形式转让武器装备科研生产许可证。武器装备科研生产许可证丢失、损毁的，应当及时向国防科工局报告有关情况并申请补发。

第三十一条　有下列情形之一的，国防科工局商总装备部后可以依法作出撤销武器装备科研生产许可的决定：

（一）国防科工局和地方国防科技工业管理部门的工作人员滥用职权、玩忽职守作出准予许可决定的；

（二）超越法定职权作出准予许可决定的；

（三）违反法定程序作出准予许可决定的；

（四）对不具备申请资格或者不符合法定条件的申请单位准予许可的；

（五）依法可以撤销的其他情形。

第三十二条　取得武器装备科研生产许可的单位有下列情形之一的，经商总装备部后，国防科工局依法办理许可注销手续，并告知有关部门：

（一）武器装备科研生产许可有效期届满不再准予延续的；

（二）武器装备科研生产许可证依法被吊销的；

（三）武器装备科研生产许可依法被撤销的；

（四）法人依法终止或者破产的；

（五）依法应当注销的其他情形。

第三十三条　国防科工局应当建立武器装备科研生产许可档案管理制度和武器装备科研生产许可管理数据库，并与总装备部共享相关信息；编制并定向发布《武器装备科研生产许可证名录》，及时将武器装备科研生产许可证的发放、变更、延续、撤销、吊销、注销，以及对违法单位的行政处罚等情况通知相关部门。

第三十四条　国防科工局和地方国防科技工业管理部门应当将办理武器装备科研生产许可的有关材料及时归档，妥善保管，严格保密。

第六章　法律责任

第三十五条　未依照本办法规定取得武器装备科研生产许可，擅自从事许可目录所列的武器装备科研生产活动的，责令改正，没收违法生产的产品，处违法生产产品货值金额 1 倍以上 3 倍以下的罚款；有违法所得的，没收违法所得。

其中，未经许可擅自从事武器装备总体或者枪支、弹药、放射性核材料和军用危险化学品等对社会公共安全有严重危害的武器装备科研生产活动的，处违法生产产品货值金额 3 倍的罚款；有违法所得的，没收违法所得。

第三十六条　取得武器装备科研生产许可的单位在许可有效期内未能保持

与所从事的武器装备科研生产活动相适应的科研生产能力和条件的，责令限期恢复；逾期未恢复的，根据其对武器装备科研生产任务影响的严重程度，给予警告或者处 1 万元以上 3 万元以下罚款。

第三十七条 取得武器装备科研生产许可的单位违反本办法规定，擅自停止武器装备科研生产或者拒绝依法承担相应的武器装备科研生产任务的，责令改正，给予警告；拒不改正的，处 1 万元以上 3 万元以下罚款。

第三十八条 取得武器装备科研生产许可的单位出现本办法第二十八条所列的重大变化未按照规定时限报告的，给予警告，责令在 10 日内补报重大变化说明材料；经审查，不再符合许可条件的，由国防科工局商总装备部作出处理决定。

第三十九条 取得武器装备科研生产许可的单位倒卖、出租、出借或者以其他形式转让武器装备科研生产许可证的，处 10 万元罚款；情节严重的，吊销武器装备科研生产许可证。违法接受并使用他人提供的武器装备科研生产许可证的，责令停止武器装备生产活动，没收违法生产的产品，处违法生产产品货值金额 1 倍以上 3 倍以下罚款；有违法所得的，没收违法所得。

第四十条 取得武器装备科研生产许可的单位向本办法第二十七条规定的监督检查机关或者机构隐瞒有关情况、提供虚假材料或者拒绝接受监督检查的，以及未按照规定提交年度检查材料的，给予警告；情节严重的，处 1 万元以上 3 万元以下罚款。

第四十一条 取得武器装备科研生产许可的单位违反《武器装备科研生产许可管理条例》第三章规定的，按照《武器装备科研生产许可管理条例》有关规定进行处理；对于造成国家秘密泄露的其他行为，处 1 万元以上 3 万元以下罚款。

第四十二条 伪造、变造武器装备科研生产许可证的，责令停止违法行为，处 10 万元罚款；有违法所得的，没收违法所得。

丢失武器装备科研生产许可证造成泄密的，依照《中华人民共和国保守国家秘密法》有关规定处理。

第四十三条 以欺骗、贿赂等不正当手段取得武器装备科研生产许可的，处 5 万元以上 20 万元以下罚款，并依照《中华人民共和国行政许可法》的有关规定作出处理。

第四十四条 国防科工局和地方国防科技工业管理部门的工作人员违反本办法的规定，有下列情形之一的，由同级监察机关责令改正；情节严重的，对直接负责的主管人员和其他直接责任人员依法给予处分：

（一）对符合本办法规定条件的许可申请不予受理的；

（二）申请单位提交的申请材料不齐全、不符合法定形式，不一次告知申请单

位需要补正的全部内容的；

（三）未依法说明不予许可的理由的。

第四十五条　国防科工局和地方国防科技工业管理部门有下列情形之一的，由同级监察机关责令改正，对直接负责的主管人员和其他直接责任人员依法给予处分：

（一）对不符合本办法规定条件的申请单位准予许可或者超越法定职权作出准予许可决定的；

（二）对符合本办法规定条件的申请单位不予许可或者不在法定期限内作出准予许可决定的；

（三）发现未依照本办法规定申请取得武器装备科研生产许可而擅自从事许可目录所列的武器装备科研生产活动，不及时依法查处的。

第四十六条　总装备部许可协同管理部门和派驻军事代表机构参与许可管理的工作人员违反本办法规定的，由总装备部会同军队有关部门依法作出处理。

第四十七条　取得武器装备科研生产许可的单位违反本办法规定，被吊销武器装备科研生产许可证的，在3年内不得再次申请武器装备科研生产许可。

第四十八条　武器装备科研生产许可申请单位隐瞒有关情况或者提供虚假材料造成许可现场审查终止的，给予警告；申请单位在1年内不得再次申请武器装备科研生产许可。

第四十九条　本办法规定的行政处罚，由国防科工局实施。

第七章　附则

第五十条　本办法施行前已取得的《军工电子装备科研生产许可证》在证书有效期内继续有效，后续管理工作按照本办法规定执行。

第五十一条　军队所属单位从事武器装备科研生产活动的许可管理办法另行制定。

第五十二条　本办法自2010年5月10日起施行。2004年12月14日公布的《军工电子装备科研生产许可证管理办法》（中华人民共和国信息产业部令第32号）和2005年5月26日公布的《武器装备科研生产许可实施办法》（中华人民共和国国防科学技术工业委员会令第15号）同时废止。

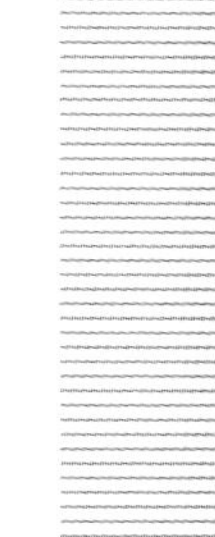

武器装备科研生产许可现场审查规则

（科工管〔2010〕1232 号）

第一条 为了规范武器装备科研生产许可现场审查（以下简称现场审查）工作，提高现场审查工作效率，保证现场审查的科学性、公正性，根据《武器装备科研生产许可管理条例》（以下简称《条例》）和《武器装备科研生产许可实施办法》（以下简称《实施办法》），制定本规则。

第二条 国家国防科技工业局（以下简称国防科工局）和省、自治区、直辖市人民政府国防科技工业管理部门（以下称地方国防科技工业管理部门）根据《实施办法》规定的职责分工，组织专家审查组对武器装备科研生产许可申请单位（以下简称申请单位）进行现场审查适用本规则。

第三条 组织现场审查的国防科工局有关司和地方国防科技工业管理部门（以下统称许可现场审查组织部门）应当认真贯彻执行《行政许可法》和武器装备科研生产许可管理的有关法规、规章、规则和政策。

负责组织现场审查的机关工作人员应当及时协调解决现场审查中出现的问题，指导专家审查组正确履行现场审查职责，并对专家审查组履行职责的情况进行监督，保证现场审查廉洁、公正和客观。

第四条 国防科工局武器装备科研生产许可管理办公室（以下简称国防科工局许可管理办公室）负责从武器装备科研生产许可审查专家库中选定参加现场审查的专家；总装备部综合计划部根据申请单位申请的武器装备科研生产许可专业（产品）范围，协调有关军兵种装备部或总部分管有关装备部门，确定参加现场审查的军事代表机构。专家审查组人数根据许可申请事项的数量和复杂程度确定，一般由 5 至 15 名专家组成。

第五条 专家审查组实行组长负责制。

（一）专家审查组的职责

1. 在许可受理的事项范围内进行现场审查；

2. 对申请材料内容进行实质审查；

3. 依据许可申请事项对申请单位的实际能力、条件和管理情况进行实地核查；

4. 将现场审查工作情况整理成书面材料，并提出审查意见；

5. 保证现场审查工作的公正性、客观性；

6. 对了解和接触到的审查对象的材料和信息承担保密责任。

（二）专家审查组组长的职责

1. 制定现场审查计划，对现场审查工作任务进行分工；

2. 主持专家审查组的相关工作会议；

3. 组织讨论研究现场审查结论和整改意见，并主持编制专家审查组现场审查报告；

4. 对专家审查组的工作质量负责。

（三）专家审查组成员的职责

1. 在专家审查组组长分配的现场审查工作范围内开展审查工作；

2. 对申请单位提交的申请材料和现场实际情况进行评定并提出意见；

3. 参加专家审查组审查报告的编写和讨论；

4. 对分工范围内的审查工作质量负责。

第六条　国防科工局许可管理办公室应当在进行现场审查10日前将现场审查计划草案通报总装备部综合计划部；许可现场审查组织部门应当在进行现场审查5日前将现场审查通知发至申请单位。

第七条　申请单位收到现场审查通知后应当做好相应的准备工作。申请单位对现场审查安排有不同意见的，应当及时将意见反馈许可现场审查组织部门。

第八条　专家审查组根据《条例》第七条规定的条件，按照《武器装备科研生产许可现场审查评定标准与评分指南》（以下简称《评定标准与评分指南》，附件1）对申请单位进行审查评定。

第九条　现场审查工作的基本程序

（一）召开现场审查预备会。许可现场审查组织部门和专家审查组到达申请单位后，应当召开现场审查预备会，与申请单位核实许可申请事项的准确性、合理性，明确专家组分工，细化现场审查计划。

（二）召开现场审查首次会议。由许可现场审查组织部门组织召开由专家审查组、参加现场审查的军事代表机构、申请单位的法定代表人和负责军品科研、生产、管理的有关人员参加的首次会议。专家审查组组长应当向申请单位说明现场审查的目的、范围和现场审查计划，并做出保密承诺等。

（三）听取军事代表意见。专家审查组应当会同参加现场审查的军事代表机构，根据申请单位申请的武器装备科研生产许可专业（产品）情况，邀请相关军兵种装备部和总部分管有关装备部门所属军事代表机构进行座谈，听取其对申请单位的意见，并做好会议记录。

（四）开展现场审查工作。现场审查采取查阅资料、现场检查和座谈等相结合的方式进行。专家审查组根据《评定标准与评分指南》等许可审查的有关规定和文件对申请单位所应具备的相关资质、设备设施条件以及申请专业的科研生

产能力情况进行现场审查,申请单位应当做好相关配合工作。

现场审查过程中,专家审查组应当按照要求认真做好相关记录,若发现申请单位实际情况与其提交的《武器装备科研生产许可申请书》(以下简称《许可申请书》)及有关申请材料不符,专家审查组应当收集有关资料,并在审查意见中详细记录。

(五)审查评分。专家审查组应当按照《评定标准与评分指南》进行评分,并填写《武器装备科研生产许可现场审查评定记录》(以下简称《现场审查评定记录》,附件2)。

(六)召开每日情况沟通会。每个审查工作日结束后,专家审查组组长应当召开专家审查组沟通会,交换审查意见,协商有关情况,并根据当日审查情况对次日工作做出布置、调整,重大问题应当向许可现场组织部门报告。

(七)召开现场审查末次会议。现场审查结束时,许可现场审查组织部门应当组织召开由专家审查组、参加现场审查的军事代表机构、申请单位的法定代表人和主要负责军品科研、生产、管理的有关人员参加的末次会议,通报现场审查结果,对现场审查中发现的问题提出明确的整改意见。

第十条 在现场审查过程中,专家审查组发现申请单位故意隐瞒不符合申请条件的重大事实或者发生不可抗力致使审查目的不能实现的,专家审查组应当向许可现场审查组织部门提出中止现场审查的建议,并书面说明理由。许可现场审查组织部门决定中止现场审查的,应当向申请单位通报中止现场审查的理由。

第十一条 专家审查组应当对申请单位作出现场审查意见,并形成《武器装备科研生产许可现场审查报告》(以下简称《现场审查报告》),《现场审查报告》应当包括:

(一)审查的简要过程;

(二)对《许可申请书》中存在不符合事实或者有疑问的内容加以说明;

(三)根据《条例》和《实施办法》中规定的申请条件,逐项对申请单位的许可申请事项的实际情况作出审查意见;

(四)根据《评定标准与评分指南》中的评分点和分数线要求,对申请许可的专业或者产品逐项提出是否准予许可的具体建议。

第十二条 申请单位应当协助专家审查组在现场审查结束后的5个工作日内,形成《武器装备科研生产许可现场审查资料汇编》(以下简称《资料汇编》)一式3份,并送交许可现场审查组织部门。《资料汇编》应当包括:

(一)载有专家审查组审查意见和有专家审查组组长和成员签名的《许可申请书》;

（二）《现场审查报告》和《现场审查评定记录》；

（三）相关资质证明（复印件）和其他辅证材料。

第十三条　许可现场审查组织部门应当对送交的《资料汇编》进行复核，在经参加现场审查的军事代表机构签署意见后，提出许可发放的建议，在现场审查结束后15日内将《资料汇编》分别报送国防科工局许可管理办公室和总装备部综合计划部。

第十四条　本规则自发布之日起施行。原信息产业部2005年1月16日发布的《军工电子装备科研生产许可证管理办法实施细则》（信部军〔2005〕15号）和原国防科学技术工业委员会2005年5月26日发布的《武器装备科研生产许可现场审查规则》（科工法〔2005〕557号）同时废止。

附件：1. 武器装备科研生产许可现场审查评定标准与评分指南（略）

2. 武器装备科研生产许可现场审查评定记录（略）

武器装备科研生产许可监督检查工作规则

（科工管〔2010〕1240号）

第一条　为了加强武器装备科研生产许可管理，规范武器装备科研生产许可监督检查工作，根据《武器装备科研生产许可管理条例》（以下简称《条例》）和《武器装备科研生产许可实施办法》（以下简称《实施办法》）制定本规则。

第二条　国家国防科技工业局（以下简称国防科工局）负责全国的武器装备科研生产许可监督检查工作，建立监督检查制度。国防科工局武器装备科研生产许可管理办公室组织开展监督检查工作。

总装备部综合计划部协同开展武器装备科研生产许可监督检查工作。

省、自治区、直辖市人民政府负责国防科技工业管理的部门（以下称地方国防科技工业管理部门）按照《实施办法》规定的职责和本规则，负责本行政区域内武器装备科研生产许可的监督检查工作。

各军兵种装备部和总部分管有关装备的部门组织所属军事代表机构，协同开展军事代表机构派驻地区的武器装备科研生产许可的监督检查工作。

第三条　国防科工局和地方国防科技工业管理部门（以下统称许可管理部门），应当对取得武器装备科研生产许可的单位（以下称取得许可的单位）的许可条件保持情况进行年度检查。

第四条　取得许可的单位应当在每年年底前按照《武器装备科研生产许可

年度自查报告》(以下简称《年度自查报告》,附件1)的有关要求进行自查,并填写《年度自查报告》,次年3月底前将《年度自查报告》和以下文件、材料(复印件)报送国防科工局:

(一)企业法人营业执照或者事业单位法人证书(含年检审核页);

(二)质量管理体系认证证书及最近一次年度监督审核报告;

(三)保密资格证书;

(四)安全生产达标证明文件(其中从事危险品生产的,应当提交安全生产许可证或者安全生产评价报告);

(五)最近一次财务审计报告及资产负债表;

(六)主要用户或者军事代表机构对取得许可的专业或者产品的合同履约情况、售后服务等方面的评价意见;

(七)武器装备科研生产许可证。

仅取得第二类许可的持证单位,应当将《年度自查报告》和上述文件、材料(复印件)报送所在地的地方国防科技工业管理部门。

第五条 许可管理部门收到《年度自查报告》及相关文件、材料后,应当对《年度自查报告》和附件材料的规范性、完整性、有效性进行审查,发现《年度自查报告》或者附件材料不符合本规则第四条要求的,应当自收到材料之日起5日内通知该单位补正相关内容和证明材料。

第六条 许可管理部门应当按照《武器装备科研生产许可年度自查报告审查要求》(附件2),组织2名以上工作人员或者专家对单位提交的《年度自查报告》及相关文件、材料进行书面审查,填写《年度自查报告审查记录表》,并提出审查意见。审查的主要内容包括:

(一)企业法人营业执照或者事业单位法人证书有效情况;

(二)武器装备科研生产条件保持情况;

(三)武器装备科研生产任务履约情况;

(四)按照已许可范围从事武器装备科研生产许可目录所列的武器装备科研生产活动的情况;

(五)质量管理情况;

(六)安全保密管理情况;

(七)安全生产管理情况;

(八)许可证证书及编号使用情况;

(九)资本构成变化情况。

第七条 许可管理部门在书面审查中发现取得许可的单位的《年度自查报告》不能真实反映情况的;根据取得许可的单位提交的《年度自查报告》及相关文

件、材料无法做出处理结论的；或者发现取得许可的单位出现下列情况之一，且未采取相应措施或者有关部门没有做出处理结论的，许可管理部门应当视实际情况对其相关问题进行现场检查，总装备部综合计划部视情协调有关军兵种装备部或总部分管有关装备部门派员参加：

（一）武器装备科研生产场地搬迁；

（二）主要武器装备科研生产设备设施或者工艺发生重大变化；

（三）由于自身原因造成武器装备科研生产进度严重拖期，致使用户遭受较大损失；

（四）武器装备科研生产出现重大质量问题；

（五）严重违反保密法律、法规或者发生重大失泄密事件；

（六）严重违反安全生产法律、法规，造成重大安全隐患或者发生重大安全生产事故。

现场检查标准参照《武器装备科研生产许可评定标准与评分指南》相关审查内容执行。本条规定的现场检查工作应当于每年9月底前完成。

第八条　取得许可的单位有下列情况之一的，许可管理部门应当认定其年度检查不合格：

（一）出租、出借或者转让许可证的；

（二）出现重大变化未在规定时限内报告或者未在规定时限内办理许可变更手续的；

（三）法人资格被取消的；

（四）企业法人营业执照或者事业单位法人证书未通过年检的；

（五）保密资格证书失效或者保密工作存在严重问题的；

（六）质量管理体系认证证书失效或者未通过年度监督审核的；

（七）安全生产达标证明文件结论为不合格的；

（八）资不抵债或者进入破产程序的；

（九）提供虚假年度自查材料的；

（十）因其他原因经现场检查确定为不合格的。

第九条　地方国防科技工业管理部门应当于每年5月底前，将年度检查的情况报告和《武器装备科研生产许可年度检查情况汇总表》（附件3），报送国防科工局复核。

第十条　国防科工局经商总装备部后，作出年度检查结论，并于每年10月底前向有关部门（单位）通报年度检查情况和结论。

第十一条　取得许可的单位年检不合格的，国防科工局责令其限期整改。取得许可的单位逾期未能改正的，国防科工局经商总装备部后作出处理。

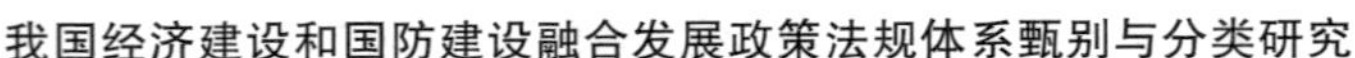

第十二条 国防科工局每年选取部分取得许可的单位，对其许可条件保持情况进行监督抽查。

监督抽查采取现场检查的方式进行。抽查内容和标准按照《武器装备科研生产许可监督抽查评定标准》（附件4）执行。

第十三条 许可管理部门接到军事代表机构对取得许可的单位违反《条例》和《实施办法》相关规定的问题通报，或者其他单位和个人的投诉、举报后，应当调查核实有关情况，并根据需要组织现场检查，检查标准参照《武器装备科研生产许可评定标准与评分指南》相关内容执行。

第十四条 许可管理部门依照本规则规定对取得许可的单位进行现场检查的工作程序参照《武器装备科研生产许可现场审查规则》执行。

第十五条 许可管理部门作出对取得许可的单位进行现场检查决定的，应当提前书面通知被检查单位。

现场检查时间一般不超过2个工作日，检查人员应当不少于2人。

第十六条 地方国防科技工业管理部门需组织专家进行现场检查的，应当明确检查内容，报经国防科工局同意后方可实施。

第十七条 现场检查人员应当认真记录在现场检查中发现的问题，并提出明确的整改意见和时限，经现场检查组织部门同意后，书面告知被检查单位。现场检查结束后，检查人员应当向组织检查的许可管理部门提交《武器装备科研生产许可现场检查报告》（附件5）。

第十八条 被检查单位应当按照现场检查组织部门提出的整改意见和规定时限对存在的问题进行整改，并在整改期限届满之日起10日内将整改的情况书面报告现场检查组织部门。

第十九条 许可管理部门在监督检查中发现取得许可的单位存在违法行为，拟给予行政处罚的，依照《条例》和《实施办法》的有关规定执行。

第二十条 许可管理部门发现未按照《条例》规定取得许可而擅自从事武器装备科研生产许可目录所列武器装备科研生产活动的，应当认真核实有关情况，按照《条例》和《实施办法》的有关规定进行处理。

第二十一条 本规则自发布之日起施行。原国防科学技术工业委员会2007年1月24日发布的《武器装备科研生产许可监督检查工作规程》（科工经〔2007〕71号）同时废止。

附件：（略）

1. 武器装备科研生产许可年度自查报告
2. 武器装备科研生产许可年度自查报告审查要求
3. 省（自治区、直辖市）武器装备科研生产许可年度检查情况汇总表

4. 武器装备科研生产许可监督抽查评定标准
5. 武器装备科研生产许可年度现场检查报告(格式文本)

武器装备科研生产单位保密资格认定办法

(国保发〔2016〕5号)

第一章　总则

第一条　为进一步规范和加强武器装备科研生产单位保密资格认定工作，确保国家秘密安全，依据《中华人民共和国保守国家秘密法》《中华人民共和国行政许可法》《中华人民共和国保守国家秘密法实施条例》等法律法规，制定本办法。

第二条　本办法适用于承担涉密武器装备科研生产任务的企业事业单位保密资格认定工作。

第三条　国家对承担涉密武器装备科研生产任务的企业事业单位实行保密资格认定制度。承担涉密武器装备科研生产任务的企业事业单位应当依法取得相应保密资格。

第四条　武器装备科研生产单位保密资格认定工作坚持依法管理、严格标准、严格程序、公平公正的原则。

第五条　武器装备科研生产单位保密资格分为一级、二级、三级三个等级。

一级保密资格单位可以承担绝密级、机密级、秘密级科研生产任务；二级保密资格单位可以承担机密级、秘密级科研生产任务；三级保密资格单位可以承担秘密级科研生产任务。

第六条　取得保密资格的单位，列入《武器装备科研生产单位保密资格名录》(以下简称名录)。

军队系统装备部门的涉密武器装备科研生产项目，应当在列入名录的具有相应保密资格的单位中招标订货。承包单位分包涉密武器装备科研生产项目的，应当从列入名录的具有相应保密资格的单位中选择。

第七条　国家保密局会同国家国防科技工业局、中央军委装备发展部组织开展全国武器装备科研生产单位保密资格认定工作。

省、自治区、直辖市保密行政管理部门会同同级国防科技工业管理部门，组织开展本行政区域内二级、三级保密资格认定工作。

保密行政管理部门为武器装备科研生产单位保密资格认定工作的牵头审批部门，国防科技工业管理部门和中央军委装备发展部为共同审批部门。

第二章　工作机构职责

第八条　国家保密局会同国家国防科技工业局、中央军委装备发展部等部门组成国家武器装备科研生产单位保密资格认定委员会（简称国家军工保密资格认定委员会），履行下列职责：

（一）审议拟定的保密资格认定政策、规定和标准；

（二）监督指导全国保密资格认定工作；

（三）审议准予、暂停、恢复或者撤销一级保密资格的意见；

（四）审批省、自治区、直辖市保密资格认定委员会组成人员；

（五）组织开展保密资格认定工作调查研究，对有关重大问题提出建议。

第九条　省、自治区、直辖市保密行政管理部门会同国防科技工业管理部门等部门组成省、自治区、直辖市武器装备科研生产单位保密资格认定委员会（以下简称省、自治区、直辖市军工保密资格认定委员会），在本行政区域内履行下列职责：

（一）贯彻落实国家保密资格认定政策、规定和标准；

（二）监督指导二级、三级保密资格认定工作；

（三）审议准予、暂停、恢复或者撤销二级、三级保密资格的意见；

（四）组织开展保密资格认定工作调查研究，对二级、三级保密资格认定工作中的重大问题提出建议；

（五）办理国家军工保密资格认定委员会交办的其他事项。

第十条　省、自治区、直辖市军工保密资格认定委员会在国家军工保密资格认定委员会的领导下开展工作，其组成人员应当报国家军工保密资格认定委员会批准。

第十一条　国家军工保密资格认定委员会下设办公室（以下简称国家军工保密资格认定办公室），设在国家保密局，由国家保密局会同国家国防科技工业局和中央军委装备发展部抽调人员组成，履行下列职责：

（一）组织拟定保密资格认定政策、规定和标准；

（二）组织实施一级保密资格认定工作，指导开展二级、三级保密资格认定工作；

（三）组织开展保密资格认定工作培训和审查专家管理；

（四）对保密资格认定工作重大问题提出工作建议；

（五）承担国家军工保密资格认定委员会日常工作；

（六）办理国家军工保密资格认定委员会交办的其他事项。

第十二条　省、自治区、直辖市军工保密资格认定委员会下设办公室，设在省、自治区、直辖市保密行政管理部门，由省、自治区、直辖市保密行政管理部门会同国防科技工业管理部门和其他有关部门抽调人员组成，履行下列职责：

（一）组织落实国家保密资格认定政策、规定和标准；

（二）组织实施二级、三级保密资格认定工作；

（三）组织推荐军工保密资格认定审查专家人选；

（四）承担省、自治区、直辖市军工保密资格认定委员会日常工作；

（五）办理省、自治区、直辖市军工保密资格认定委员会交办的其他事项。

第三章　保密资格申请

第十三条　申请保密资格的单位应当具备以下基本条件：

（一）在中华人民共和国境内依法成立 3 年以上的法人，无违法犯罪记录；

（二）承担或者拟承担武器装备科研生产的项目、产品涉及国家秘密；

（三）无境外（含港澳台）控股或直接投资，且通过间接方式投资的外方投资者及其一致行动人的出资比例最终不得超过 20%；

（四）法定代表人、主要负责人、实际控制人、董（监）事会人员、高级管理人员以及承担或者拟承担涉密武器装备科研生产任务的人员，具有中华人民共和国国籍，无境外永久居留权或者长期居留许可，与境外（含港澳台）人员无婚姻关系；

（五）有固定的科研生产和办公场所，具有承担涉密武器装备科研生产任务的能力；

（六）保密制度完善，有专门的机构或者人员负责保密工作，场所、设施、设备防护符合国家保密规定和标准；

（七）1 年内未发生泄密事件；

（八）法律、行政法规和国家保密行政管理部门规定的其他条件。

第十四条　上市公司申请保密资格的，除本办法第十三条规定条件外，还应符合以下条件：

（一）近 3 年内未受到证券监管机构的行政处罚；

（二）内部控制和信息披露制度完善；

（三）实际控制人承诺在申请期间及保密资格有效期内保持控制地位不变。

第十五条　申请保密资格的单位，应当提供以下材料：

（一）武器装备科研生产单位保密资格申请书（以下简称申请书，申请书及相关材料不得涉及国家秘密）；

（二）工商营业执照或者事业单位法人证书正本（复印件）；

（三）在登记机关备案的章程；

（四）上一年度财务审计报告（上市公司最近一次的年度报告）；

（五）科研生产场所产权证书或者租赁合同（复印件）；

（六）军队资格审查受理点、军工集团公司、项目总承包单位或者法律法规规定的有关部门出具的保密资格认定等级建议表；

（七）国家保密行政管理部门要求提供的其他材料。

第十六条 国家保密局会同国家国防科技工业局、中央军委装备发展部，按照依法行政、方便行政相对人的原则，共同承担一级保密资格受理申请和书面审查工作。服务窗口设在国家国防科技工业局，承担受理申请和书面审查工作。

省、自治区、直辖市保密行政管理部门会同同级国防科技工业管理部门，共同承担二级、三级保密资格申请受理和书面审查工作。受理申请和书面审查服务窗口参照一级保密资格认定受理机制设立，已设在省、自治区、直辖市保密行政管理部门的不作调整。

第四章 审查批准

第十七条 受理机构收到申请单位申请书及相关材料后，应当在 5 个工作日内对申请材料的完备性以及是否符合申请条件进行审查。对申请材料符合要求的，应当作出受理决定。对申请材料不齐全或者不符合规定形式的，应当一次性告知申请单位需要补正的材料。对不符合申请条件的，应当作出不予受理的决定。

受理机构作出受理、不予受理的决定或者要求补正材料的应当出具书面凭证并加盖专用印章。

第十八条 保密资格审查分为书面审查和现场审查。

对作出受理决定的，受理机构应当在 5 个工作日内对申请材料的真实性进行书面审查。通过书面审查的，应当进行现场审查。未通过书面审查的，终止审查，作出不予通过的决定。

第十九条 对通过书面审查的单位，保密行政管理部门应当会同共同审批部门，在 25 个工作日内组成现场审查组进行现场审查。

第二十条 国家军工保密资格认定委员会建立保密资格认定审查专家库，专家库人员由国家军工保密资格认定委员会，省、自治区、直辖市军工保密资格认定委员会组成部门及相关单位推荐，经培训合格后纳入专家库管理。

第二十一条 一级保密资格申请单位现场审查组负责人由国家保密局会同国家国防科技工业局、中央军委装备发展部确定；二级、三级保密资格申请单位

现场审查组负责人由省、自治区、直辖市保密行政管理部门会同同级国防科技工业管理部门确定。

现场审查组工作人员应当从保密资格认定审查专家库中随机抽取，人数为5至8人。

第二十二条　现场审查结果分为“通过”、“不通过，或者“中止”。依据相应等级的保密资格标准及评分标准，满分为500分，达到450分(含)以上为现场审查通过，450分(不含)以下为现场审查不通过。审查中发现申请单位达不到《评分标准》所列基本项要求的，中止审查。

第二十三条　对申请一级保密资格的单位，现场审查应当听取申请单位所在地省、自治区、直辖市保密行政管理部门和国防科技工业管理部门对该单位日常保密管理工作的意见。对申请二级、三级保密资格的单位，现场审查应当听取申请单位所在地的地市级保密行政管理部门和国防科技工业管理部门对该单位日常保密管理工作的意见。

第二十四条　现场审查应当提前5个工作日书面通知申请单位，现场审查程序为：

(一)听取申请单位情况汇报和对有关事项的说明；

(二)审查有关文字材料；

(三)与主要负责人和有关方面负责人及有关人员谈话了解情况；

(四)组织涉密人员进行保密知识测试；

(五)进行现场检查，并作出检查记录；

(六)对现场审查情况进行评议，研究或者表决形成审查意见和评分结果。填写《武器装备科研生产单位保密资格现场审查意见书》(以下简称审查意见书)；

(七)现场审查组组长向申请单位通报审查意见和结论，对存在的问题提出整改要求；

(八)现场审查组组长和申请单位法定代表人或者主要负责人在审查意见书上签署意见。

现场审查结束后，现场审查组应当在10个工作日内将现场审查有关材料上报国家或省、自治区、直辖市军工保密资格认定办公室。

第二十五条　未通过现场审查的单位，6个月内不受理再次申请。现场审查中止的，3个月内不重新进行现场审查。

第二十六条　国家保密局会同国家国防科技工业局、中央军委装备发展部，根据书面审查和现场审查结论及有关材料，于受理申请后的45个工作日内，对一级保密资格申请单位作出审批决定。省、自治区、直辖市保密行政管理部门会同同级国防科技工业管理部门，根据书面审查和现场审查结论及有关材料，于受理申请后的45个工作日内，对二级、三级保密资格申请单位作出审批决定。

组织专家现场审查所需时间不计算在45个工作日内。

第二十七条 被批准的一级保密资格单位，由国家保密局会同国家国防科技工业局、中央军委装备发展部发放证书，并列入名录定期发布。

被批准的二级、三级保密资格单位，由省、自治区、直辖市保密行政管理部门会同同级国防科技工业管理部门发放证书，并将有关审查材料报国家保密局、国家国防科技工业局和中央军委装备发展部备案，列入名录定期发布。

第二十八条 武器装备科研生产单位保密资格证书包括以下内容：

（一）单位名称；

（二）法定代表人；

（三）注册地址；

（四）证书编号；

（五）资格等级；

（六）发证机关；

（七）有效期和发证日期。

武器装备科研生产单位保密资格证书分为正本和副本，正本和副本具有同等法律效力。证书样式由国家保密局会同国家国防科技工业局、中央军委装备发展部统一制定。

第二十九条 保密资格证书有效期为5年。有效期满，需继续承担涉密武器装备科研生产任务的单位，应当提前30个工作日重新提交符合规定形式的申请材料。

第五章 监督管理

第三十条 保密行政管理部门会同有关部门按照审批职责，对保密资格认定工作进行监督管理，纠正违规行为。

第三十一条 取得保密资格的单位应当实行年度自检制度，并于每年1月31日前向作出审批决定的行政机关报送上一年度单位基本情况变化和保密资格标准落实情况自检报告。

第三十二条 作出审批决定的行政机关，应当对取得保密资格的单位在有效期内进行一次复查，复查时间为取得保密资格后满2至3年，复查工作原则参照保密资格现场审查程序和要求进行。

未通过复查的单位，视情给予警告、通报、约谈主要负责人或暂停保密资格，并限期整改。3个月后重新复查，复查仍未通过的，撤销其保密资格。

第三十三条　取得保密资格的单位，具有下列情形之一的，应当申请证书信息变更：

（一）法定代表人变更的；

（二）单位名称变更的；

（三）注册地址变更的；

申请变更的单位，应当于变更发生后 5 个工作日内向作出审批决定的行政机关报告，经审核同意后办理变更手续。

第三十四条　取得保密资格的单位，具有下列情形之一的，应当于发生相关情形后 30 个工作日内重新申请：

（一）需要提高保密资格等级的；

（二）资本构成、单位性质发生重大变化的；

（三）涉密场所发生重大变化的。

第三十五条　取得保密资格的单位，具有下列情形之一的，应当注销保密资格：

（一）单位申请注销保密资格的；

（二）法人依法终止的；

（三）有效期满，不再申请保密资格的；

（四）法律法规规定应当注销保密资格的其他情形。

第三十六条　申请或者取得保密资格的单位对有关行政决定不服的，可依法申请行政复议。

第六章　法律责任

第三十七条　申请单位在申报过程中，隐瞒重要情况或者提供虚假材料的，1 年内不受理其申请。

第三十八条　取得保密资格的单位，有下列情形之一的，暂停其保密资格，收回其保密资格证书，并责令限期整改：

（一）超出批准的保密资格等级承接涉密武器装备科研生产任务的；

（二）复查不符合要求的；

（三）发生本办法第三十三条、第三十四条所列事项变更，未及时报告的；

（四）未按规定进行年度自检的；

（五）存在重大泄密隐患或者发生泄密事件，未进行整改或者整改措施不落实的。

暂停保密资格的单位，由作出暂停决定的行政机关对其整改情况进行验收，验收合格后，作出恢复保密资格的决定。

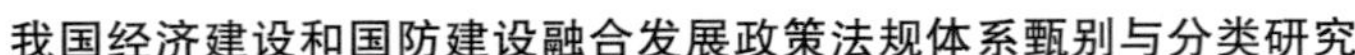

第三十九条 取得保密资格的单位,有下列情形之一的,撤销其保密资格:

(一)以欺骗、贿赂等不正当手段取得保密资格的;

(二)擅自与境外(含港澳台)组织、机构或者个人合作开展涉密业务的;

(三)擅自接受境外(含港澳台)直接投资或者聘用境外(含港澳台)人员从事涉密业务的;

(四)出租、转让、转借、篡改保密资格证书的;

(五)发生泄密事件隐瞒不报或者存在重大泄密隐患经警告逾期不改的;

(六)保密资格暂停期间,擅自承接新的涉密武器装备科研生产任务的;

(七)严重违反保密规定,发生重大泄密事件的;

(八)单位发生重大变化,不符合本办法第十三条、第十四条规定申请条件的;

(九)复查未通过或者暂停保密资格,整改后仍不符合要求的。被撤销保密资格的单位,自撤销之日起1年内不得重新申请保密资格。

第四十条 被注销、暂停、撤销保密资格的单位,自行政决定下发之日起,不得签订新的涉密武器装备科研生产任务合同。已签订有效合同的,在采取有效保密措施、确保安全保密的情况下可以继续履行合同;明显不适合继续履行合同的,应当在保密行政管理部门会同任务合同甲方单位监督下,将合同任务移交给其他具备相应保密资格单位承担,对有关涉密文件资料、计算机网络和信息设备等载体进行妥善处理。

第四十一条 武器装备科研生产单位保密资格认定不收取任何费用,所需经费纳入同级财政预算。

第四十二条 审查人员违反本办法,滥用职权、徇私舞弊、玩忽职守的,撤销其审查资格,依法依纪予以处分;构成犯罪的,依法追究刑事责任。

第七章 附则

第四十三条 承担《武器装备科研生产许可专业(产品)目录》之外的、具有应急性或者短期生产的秘密级产品的企业事业单位可不取得保密资格,按照任务合同甲方单位要求落实保密管理措施。

第四十四条 本办法由国家保密局会同国家国防科技工业局和中央军委装备发展部负责解释。

第四十五条 本办法自2016年6月1日起施行。2008年12月31日印发的《武器装备科研生产单位保密资格审查认证管理办法》(国保发〔2008〕8号)同时废止。

武器装备科研生产许可与装备承制单位资格联合审查工作规则（试行）

（国家国防科技工业局综合司、中国人民解放军总装备部综合计划部，局综〔2014〕86号）

第一条　为简化准入程序，规范武器装备科研生产许可与装备承制单位资格联合审查工作，制定本规则。

第二条　对从事列入武器装备科研生产许可目录内相关活动的单位，开展武器装备科研生产许可和装备承制单位资格联合审查工作适用本规则。

第三条　国防科工局武器装备科研生产许可管理办公室和总装备部综合计划部制定联合审查工作安排。

属于许可目录中第一类许可（同时申请第一类、第二类许可的）和装备承制资格申请，由国防科工局有关司会同军兵种装备部、总部分管有关装备的部门组织联合审查工作；仅属于许可目录中第二类许可和装备承制资格申请，由省、自治区、直辖市国防科技工业管理部门会同军兵种装备部、总部分管有关装备的部门组织联合审查工作。

联合审查工作应在相关法规规定的时限内完成。

第四条　根据申请单位申请从事武器装备科研生产的专业或产品领域，国防科工局武器装备科研生产许可管理办公室、军队有关装备部门按各自渠道和要求，分别选定武器装备科研生产许可审查专家（以下简称“许可审查专家”）和装备承制单位资格审查员（以下简称“资格审查员”），组成联合审查组。

第五条　联合审查组实行双组长制，由许可审查专家和资格审查员分别担任。

许可审查专家组长和资格审查组长，依据联合审查工作安排，按照“避免重复、衔接顺畅”的原则，协商制定审查实施计划，对许可和资格审查工作任务进行分工，共同主持召开联合审查组的相关会议，及时互通许可和资格审查期间的相关情况；各自组织讨论研究审查结论和整改意见，并编制审查报告，对审查工作质量负责。

第六条　国防科工局武器装备科研生产许可管理办公室，省、自治区、直辖市国防科技工业管理部门，军队有关装备部门应当在进行联合审查5个工作日前将审查通知发至申请单位。

第七条　联合审查工作的基本程序。

（一）召开联合审查预备会。联合审查组到达申请单位后，许可审查专家组长、资格审查组长应当组织召开联合审查预备会，明确各自分工，细化审查实施计划。

（二）召开联合审查首次会议。许可审查组织部门和资格审查组长联合组织召开首次会议，向申请单位说明联合审查的目的和范围、程序和计划，并做出保密承诺。

（三）开展联合审查工作。联合审查组的许可审查专家和资格审查员，分别依据各自标准，按审查实施计划对申请单位进行审查评定。

（四）召开每日情况沟通会。每个审查工作日结束后，许可审查专家组长、资格审查组长应当召开联合审查工作沟通会，互通情况。重大事项应及时沟通。

（五）召开联合审查末次会议。许可审查组织部门和资格审查组长联合组织召开末次会议，通报审查结果，对审查中发现的问题提出整改意见。

第八条 其他未尽事宜仍按各自规定执行。

第九条 本规则自 2015 年 3 月 1 日起施行。

武器装备科研生产许可退出管理规则

（科工管〔2013〕775 号）

第一条 为了维护武器装备科研生产秩序，规范武器装备科研生产退出管理，根据《国防法》《武器装备科研生产许可管理条例》以及相关法律法规，制定本规则。

第二条 取得武器装备科研生产许可的单位因违反《武器装备科研生产许可管理条例》规定被吊销许可，或者按照《武器装备科研生产许可实施办法》规定被撤销或者注销许可，以及主动申请退出武器装备科研生产的，适用本规则。

第三条 国防科工局负责全国的的武器装科研生产许可退出管理工作，组织审查拟退出单位退出武器装备科研生产对军工能力布局、军工关键设备设施、安全保密、任务转接或者替代的影响，并作出是否准予退出的决定。国防科工局武器装备科研生产许可管理办公室（以下简称国防科工局许可管理办公室）负责日常工作。

总装备部协同开展武器装备科研生产退出管理工作。总装备部综合计划部负责审查拟退出单位的武器装备采购合同履行情况，协同审查拟退出单位退出武器装备科研生产对军工能力布局、军工关键设备设施、任务转接或者替代等方

面的影响，并提出是否准予退出的意见。

第四条　国防科工局拟对取得武器装备科研生产许可的单位实施许可吊销、撤销或者注销的，应当在作出吊销、撤销或者注销决定前告知单位。

第五条　取得武器装备科研生产许可的单位应当自收到拟吊销、撤销或者注销告知之日起60个工作日内，向国防科工局提交以下材料一式2份，同时报送总装备部综合计划部，并抄送所在省、自治区、直辖市国防科技工业管理部门：

（一）涉密项目、涉密人员、涉密载体（含文件、图纸资料、设备、磁介质等，下同）的后续保密工作方案。

（二）军工关键设备设施处置方案，其中包括：单位占有、使用的军工关键设备设施基本情况，以及使用国家财政资金购建的设备设施情况；未经批准不擅自处置使用国家财政资金购建的军工关键设备设施的承诺；军工关键设备设施处置建议。

（三）目前军品科研生产任务承接情况。

（四）目前在建的军工固定资产投资项目和在研的科研项目情况以及处置建议。

第六条　取得武器装备科研生产许可拟主动退出武器装备科研生产的单位，应当向国防科工局许可管理办公室提交《武器装备科研生产许可退出申请书》（见附件），以及本规则第五条中规定所需提交的文件、材料一式2份，同时报送总装备部综合计划部，并抄送所在省、自治区、直辖市国防科技工业管理部门。

第七条　国防科工局应当自收到《武器装备科研生产许可退出申请书》起6个月内，从军工能力布局、保密管理、军工关键设备设施管理、任务转接或者替代、在建军工固定资产投资项目和在研科研项目的处置等方面提出审查意见，并与总装备部协商后，对主动申请退出武器装备科研生产的单位作出是否准予退出的决定。

第八条　主动申请退出武器装备科研生产的单位在收到国防科工局同意退出的决定前，应当按照合同约定或者任务书的要求保质保量完成已承接的武器装备科研生产任务，并且不得拒绝国家直接安排的武器装备科研生产任务。

第九条　国防科工局应当将退出武器装备科研生产的单位名单告知有关部门，注销退出单位所持有的武器装备科研生产许可证，并书面告知被注销单位。

第十条　退出武器装备科研生产的单位应当自收到国防科工局的书面告知之日起10个工作日内，完成下列事项：

（一）将所持有的武器装备科研生产许可证交回所在省、自治区、直辖市国防科技工业管理部门。

（二）军工集团公司所属成员单位退出武器装备科研生产的，应当将所持有的涉密载体移交军工集团公司的保密管理部门或者由其监督销毁；地方军工和民口配套单位(含民营企业)退出武器装备科研生产的，应当将所持有的涉密载体移交单位所在省、自治区、直辖市国防科技工业管理部门的保密管理机构或者由其监督销毁。上述保密管理部门(机构)应当出具接收或者销毁涉密载体的凭证。

(三)退出武器装备科研生产的单位应当与从事过武器装备科研生产的涉密人员签订保密承诺书，对涉密人员实行脱密期管理，并报所在省、自治区、直辖市国防科技工业管理部门备案。

第十一条 退出武器装备科研生产的单位对使用国家财政资金购建的军工关键设备设施、在建军工固定资产投资项目和在研科研项目的处置应当按照国防科工局核准的意见执行，未经批准不得擅自更改处置方案。

第十二条 违反本规则规定的，由国防科工局商总装备部按照相关法律法规的有关规定进行处理。

第十三条 本规则自印发之日起施行。

附件：武器装备科研生产许可退出申请书

民用部门军品配套科研生产许可证管理实施细则

(科工法字〔2000〕481号)

第一条 为维护军品配套科研生产秩序，确保军品配套产品质量，提高军品配套科研生产整体水平，满足武器装备发展需要，根据《武器装备科研生产许可证管理暂行办法》(以下简称《许可证管理暂行办法》)，制定本实施细则。

第二条 民用部门军品配套科研生产实行许可证管理的范围是，民用部门科研生产单位为武器装备科研生产提供的专用配套分系统、零部件和材料。

鼓励具有先进技术和经济实力的单位积极创造条件，承担军品配套科研生产任务。

第三条 持有军品配套许可证的单位方可承担军品配套科研生产任务。

第四条 民用部门军品配套科研生产许可证发放的种类和数量，依照《民用部门军品配套科研生产许可证管理专业目录》(以下简称《专业目录》)和《武器装备科研生产许可证工作指南》(以下简称《工作指南》)确定。

第五条 国防科学技术工业委员会(以下简称国防科工委)许可证管理办公室负责民用部门军品配套许可证管理的日常业务工作。

第六条　国家有关行业主管部门负责民用部门军品配套许可证申请的初审工作,其主要职责是:

(一)依照国防科工委发布的《专业目录》和《工作指南》,制定本部门军品配套许可证工作计划;

(二)组织对申请单位进行初审;

(三)受许可证管理办公室的委托,监督检查本部门军品配套许可证单位的使用情况;

(四)建立和管理初审工作资料档案;

(五)办理许可证管理办公室委托的其它工作。

各有关部门报经许可证管理办公室备案后,可以委托相应机构,具体组织本部门主管行业的许可证初审工作。

第七条　各初审机构应明确承办初审工作的具体业务部门及人员,并将承办部门的公章印模,报许可证管理办公室备案。

第八条　申请军品配套许可证的单位,必须具备《许可证管理暂行办法》第七条规定的条件。

第九条　民用部门军品配套许可证申请与审批基本程序为:

(一)申请单位按照本部门军品配套许可证工作计划,以及《民用部门军品配套科研生产许可证管理专业目录》和《武器装备科研生产许可证管理专业目录》,向初审机构报送《民用部门军品配套科研生产许可证申请书》一式三份(见附件一);

(二)初审机构对申请书进行初审;

(三)初审机构在申请之日起30日内提出初审意见,并报国防科工委许可证管理办公室;

(四)许可证管理办公室组织专业人员对上报的申请书及其附件进行审核,一般应在收到申请材料之日起60日内将审查结果通知初审机构和申请单位,审查不合格的应说明理由;

(五)审查合格的单位在接到通知后,到许可证管理办公室领取军品配套许可证。

第十条　国防科工委许可证管理办公室组织专家审查组,必要时也可以委托初审机构组织专家审查组,对申请单位进行现场审查。现场审查程序为:

(一)许可证管理办公室或初审机构指派专业人员组成审查组并指定组长。审查组应包含使用方主管机构代表和特聘专家;

(二)许可证管理办公室或初审机构将军品配套许可证现场审查计划通知申请单位,并于现场审查前得到申请单位的认可;

（三）专家审查组根据《许可证管理暂行办法》第七条规定的条件，对申请单位在申请书中填报的各项内容逐项进行审查；

（四）现场审查结束后，审查组长应及时向许可证管理办公室或初审机构提交专家审查组现场审查记录和相关报告。

第十一条 申请单位对初审意见持有异议的，可提请国防科工委许可证管理办公室进行协调，许可证管理办公室应将协调结果及时回复申请单位和初审机构。

第十二条 民用部门军品配套许可证的统一编号为：

XK 科工—MPm—xx—nnnn

其中：

XK 科工为许可证标记；

MP 为民用部门军品配套标记；

m 为主管部门及行业编号（1—教育部；2—中科院；3—机械行业；4—冶金行业；5—石油化工行业；6—轻工行业；7—纺织行业；8—建材行业；9—有色金属行业）；

xx 为单位科研生产类型代号（KY—科研；SC—生产）；

nnnn 为许可证编号（从 0001 到 9999）。

第十三条 许可证管理办公室定期向国家有关部门、各省、自治区、直辖市国防科技工业管理机构，各军工集团公司和解放军总装备部、各军兵种发布《民用部门军品配套科研生产单位名录》。

第十四条 民用部门军品配套许可证的变更、续发、吊销、注销和废止程序依照《许可证管理暂行办法》有关规定执行。

第十五条 有关部门可根据《许可证管理暂行办法》和本实施细则，制定本部门许可证初审工作管理规定，经许可证管理办公室同意后发布实施。

第十六条 本实施细则由国防科工委负责解释。

第十七条 本实施细则自发布之日起施行。

附件一：《民用部门军品配套科研生产许可证申请书》样式（略）

附件二：《民用部门军品配套科研生产许可证管理专业目录》（略）

第五章　成果与知识产权管理

国防科学技术奖励办法

（中华人民共和国工业和信息化部令第14号）

第一章　总则

第一条　为了奖励在推动国防科学技术进步中做出突出贡献的单位和个人，鼓励自主创新，促进国防现代化建设和国民经济的发展，根据《国家科学技术奖励条例》及其实施细则，制定本办法。

第二条　中华人民共和国工业和信息化部（以下简称工业和信息化部）设立下列国防科学技术奖：

（一）国防技术发明奖；

（二）国防科学技术进步奖；

（三）国防科技工业杰出人才奖。

第三条　国防科学技术奖励工作贯彻“尊重劳动、尊重知识、尊重人才、尊重创造”的方针，坚持精神奖励与物质奖励相结合的原则。

第四条　为了维护国防科学技术奖的严肃性，国防科学技术奖的评审、授予，不受任何组织和个人的非法干涉。

第五条　国防科学技术奖的评审和管理工作要严格保守国家秘密，尊重和保护知识产权。

第二章　奖项设置和奖励范围

第六条　国防技术发明奖授予在国防建设和因保密不能公开的军民结合技术开发中运用科学技术知识做出产品、工艺、材料及其系统等技术发明成果的单位和个人。

前款所称技术发明成果应当具备下列条件：

（一）前人尚未发明或者尚未公开；

（二）具有先进性和创造性；

（三）经实施，创造显著的军事效益、社会效益或者经济效益。

第七条　国防科学技术进步奖授予在完成下列创新科技成果中做出突出贡献的单位和个人：

（一）在武器装备及其配套产品的科研、生产、试验及相关工作中取得的科技成果；

（二）在军民结合高技术产业的型号工程及技术、产品开发和成果转化中取得的因保密不能公开的科技成果；

（三）在国防基础性技术研究中取得的科技成果；

（四）在为决策科学化和管理现代化而进行的国防科技工业软科学研究中取得的科技成果。

第八条　国防科技工业杰出人才奖授予在国防科学技术研究和技术开发中做出杰出贡献的下列科学技术工作者：

（一）在当代国防科学技术前沿取得重大突破或者在国防科学技术发展中有卓越建树的；

（二）在国防科学技术研究、型号研制和军民结合高技术产业化等领域及重大工程建设项目中，取得重大创新性成果，创造显著军事效益、社会效益或者经济效益的。

国防科技工业杰出人才奖的推荐、评审、授予等具体办法另行制定。

第九条　国防技术发明奖和国防科学技术进步奖分为特等奖、一等奖、二等奖、三等奖 4 个等级。

第十条　国防技术发明奖和国防科学技术进步奖实行限额申报、限额授奖，每年评审一次。

第三章　评审机构

第十一条　工业和信息化部设立国防科学技术奖励委员会（以下简称奖励委员会），负责国防科学技术奖的管理。

国防科学技术奖评审的组织工作，委托国家国防科技工业局（以下简称国防科工局）负责。

第十二条　奖励委员会的主要职责：

（一）审定国防科学技术奖励项目评审结果；

（二）监督国防科学技术奖励项目的申报、评审和异议处理工作；

（三）对国防科学技术奖励工作提供政策性意见和建议。

第十三条　奖励委员会由 19—23 人组成。主任由工业和信息化部部级领导担任。

成员分别由国防科技领域的专家和有关行政主管部门的负责同志组成。组成人选由工业和信息化部相关司局提出，征求国防科工局意见后，由工业和信息化部批准。

奖励委员会实行聘任制，每届任期三年。

第十四条　奖励委员会下设评审委员会，主要职责：

（一）对各专业评审委员会初评通过的国防科学技术奖项目进行评审；

（二）向奖励委员会报告国防科学技术奖励项目的评审结果；

（三）向奖励委员会报告国防科学技术奖励项目的申报、评审和异议处理情况；

（四）协调处理重大异议及评审工作中出现的其他问题。

第十五条　评审委员会由25—29人组成。主任由国防科工局负责同志担任，委员分别由各专业评审委员会主任、本专业专家，以及行政主管部门负责同志组成。评审委员会成员由国防科工局批准。

第十六条　根据工作需要，评审委员会可设若干专业评审委员会，负责相应专业的国防科学技术奖励项目的初评。各专业评审委员会成员由国防科工局批准。

第十七条　奖励委员会的日常工作由工业和信息化部相关司局承担，评审委员会、专业评审委员会的日常工作由国防科工局负责。

第四章　申报

第十八条　国防技术发明奖和国防科学技术进步奖的项目不得重复申报。已申报国家级或其他省部级科技奖励的项目，不得再申报国防技术发明奖或国防科学技术进步奖。同一技术内容不能同时申报国防技术发明奖和国防科学技术进步奖。

在技术上又取得重大进步或新的突破的，可就其进步或突破的部分申报国防技术发明奖或国防科学技术进步奖。

第十九条　申报国防技术发明奖和国防科学技术进步奖项目必须按规定格式填写相应的《国防科学技术奖申报书》，并提供所要求的附件材料及相应的电子文档。

提供的有关材料必须真实、可靠。

第二十条　申报国防技术发明奖和国防科学技术进步奖的材料应按下列渠道报送：

（一）军工集团公司负责对其所属单位申报项目材料进行审查后，统一报送国防科工局。

（二）各省、自治区、直辖市国防科学技术工业行政主管部门，负责对本地区承担军工任务的地方单位申报项目材料审查后，统一报送国防科工局。

（三）工业和信息化部所属单位和国防科工局所属单位对申报项目材料审查后，直接报送国防科工局。

（四）其他企事业单位申报项目材料，由其主管部门（单位）审查后报送国防科工局。

第五章　评审与授予

第二十一条　国防技术发明奖和国防科学技术进步奖的奖励等级按下列指标进行综合评定：

（一）自主创新程度；

（二）难易程度、复杂程度；

（三）先进程度；

（四）成熟性、完备性；

（五）综合效益（军事效益、社会效益、经济效益）；

（六）应用情况与效果、科学技术价值。

第二十二条　申报国防技术发明奖和国防科学技术进步奖的项目，由国防科工局进行形式审查后，按所属专业划分到相应的专业评审委员会进行初评。

第二十三条　专业评审委员会的初评结果应在适当范围内公布。自公布之日起50日内为异议期。自公布之日起70日内异议处理完毕的，继续参加本年度评审；自公布之日起一年内异议处理完毕的，提交下一年度评审；自公布之日起一年后异议处理完毕的，可以重新申报。

第二十四条　经过异议程序后，各专业评审委员会的初评结果，提交评审委员会进行评审。

第二十五条　评审委员会对初评通过的奖励项目进行评审后，将评审结果，以及奖励项目和奖励等级的建议提交奖励委员会审定，并向奖励委员会报告申报、评审和异议处理工作情况。

第二十六条　奖励委员会对评审结果，以及获奖人选和奖励等级的建议进行审定。符合授奖条件的项目，由工业和信息化部批准授奖，向获奖人员和单位颁发奖励证书，并按有关规定颁发奖金。

第二十七条　国防技术发明奖和国防科学技术进步奖采取评委集体讨论、投票的方法进行评审。特等奖和一等奖项目，应有投票人数2/3及以上的票数通过；二等奖和三等奖项目，应有投票人数3/5及以上的票数通过。

奖励委员会、评审委员会和专业评审委员会的评审表决应当有2/3以上多

数(含 2/3)委员参加,表决结果方有效。

第二十八条　国防技术发明奖和国防科学技术进步奖的评审实行回避制度。被评项目的完成人或来自项目完成单位的人员是评委的,在该项目讨论和投票时均应回避。

第二十九条　获奖人员的情况及主要贡献,应记入本人档案,作为综合考核、评价科技人员的依据之一。

第三十条　奖金应按完成单位、完成人的贡献大小进行合理分配,不得挪作他用。

第三十一条　国防科学技术奖的奖金数额由国防科工局商请财政部规定。国防科学技术奖的奖励经费由中央财政列支。

第六章　异议处理

第三十二条　在异议期内,任何单位和个人都有权对公布国防技术发明奖和国防科学技术进步奖项目的内容真实性、成果权属、获奖资格、完成单位和完成人及其排序等问题提出异议。

第三十三条　对公布国防技术发明奖和国防科学技术进步奖项目提出异议的,要填写异议书,并提供必要的证明材料。有下列情况之一的不予受理:

(一)匿名的异议;

(二)无正当理由超过异议期提出的异议;

(三)关于奖励等级的异议。

第三十四条　申报单位内部提出的异议,由申报单位负责处理;军工集团公司所属单位间的异议由军工集团公司负责处理;各军工集团公司之间的异议,以及其他的单位和个人提出的异议,由国防科工局负责处理。

必要时,国防科工局可以组织评审委员和专家对重大异议进行调查,提出处理意见。

第七章　罚则

第三十五条　对于剽窃、侵占他人科技成果的,或者以其他不正当手段骗取国防科学技术奖的,经工业和信息化部批准后,撤销其奖励,追回奖励证书和奖金,并建议其主管部门或单位依法给予处分。

第三十六条　参与国防科学技术奖评审活动和有关工作的人员在评审活动中弄虚作假、徇私舞弊的,建议有关部门或单位依法给予处分。

第八章　附则

第三十七条　本办法的实施细则由国防科工局负责制定。

第三十八条　本办法自2010年7月1日起施行。

2006年12月27日发布的《国防科学技术奖励办法》(国防科学技术工业委员会令第19号)同时废止。

国防科工委关于加强国防科技工业知识产权工作的若干意见

(科工技〔2001〕1073号)

国防科技工业是国家战略性产业。随着我国改革开放的深入和社会主义市场经济的发展,特别是加入WTO,国防科技工业面临着新的机遇与挑战。要适应新的形势,维护国防利益,增强自主创新能力,促进科技成果推广转化,实现国防科技工业的跨越式发展,必须切实加强知识产权工作。根据国家有关知识产权的法律法规,结合国防科技工业的实际情况,提出以下意见:

一、确立工作原则,明确主要任务

1. 加强国防科技工业知识产权工作,旨在进一步提高全行业知识产权保护与管理水平,激励科技创新,增强自主创新能力,提高自主知识产权的总量与质量,促进国防科技工业的持续发展。

2. 坚持政府推动、政策配套、主体实施、制度保障的工作原则,把知识产权工作纳入科研、生产和经营管理的全过程。

3. 国防科技工业知识产权工作的主要任务是:贯彻国家有关知识产权的法律法规,制定符合国防科技工业自身特点的知识产权保护与管理的政策规章,建立和完善知识产权管理制度、工作体系和运行机制,制定并组织实施有关知识产权工作规划与计划,培养一支高素质的知识产权专业队伍,开展知识产权保护与管理研究,为科研生产提供技术支持和法律保障。

二、建立规章制度,加强组织领导

4. 认真贯彻执行国家有关知识产权的法律法规,建立健全有关国防科技工业知识产权的保护、实施、激励和约束等方面的规章制度。

5. 实行知识产权工作法人代表负责制，并明确分管领导。根据实际情况，设立专门的知识产权管理机构或指定知识产权管理机构，配备专职或兼职的知识产权工作人员，明确工作职责，确定工作范围，落实岗位责任制。

三、重视宣传培训，建设专业队伍

6. 要把知识产权的内容纳入教育和宣传培训计划，定期对职工，特别是科技人员、经营人员和管理人员进行培训。要把知识产权知识作为各级领导岗位培训与考核的重要内容之一。

委属高校要将知识产权的内容列入教学及人才培养计划，在师生中广泛开展知识产权的普及和教育。

7. 采取定期培训、专题研讨、国内外交流等形式，加强知识产权专业人员的培养与培训，同时注意引进优秀的知识产权人才，提高知识产权专业人员的整体水平，建立一支高素质的国防科技工业知识产权专业队伍。

四、开展战略研究，强化过程管理

8. 要将知识产权工作纳入各单位的发展规划，落实知识产权工作经费，制定并实施知识产权工作计划。

9. 根据实际情况建立知识产权信息库，有计划地开展知识产权战略研究工作，并将研究结果作为制定或调整科研、生产及经营管理策略的重要依据，研制开发具有自主知识产权的技术和产品。

10. 要建立健全职工发明创造登记制度，对在科研、生产及经营管理过程中形成的职务智力成果，要根据不同情况，及时采取相应的知识产权保护措施。

11. 在科研立项和产品开发前以及研制过程中，要进行相关技术专利文献的跟踪检索。国家国防科研计划项目的立项报告中，应附具有查新资格的检索机构出具的知识产权评估报告。在项目完成后，应提出完整准确的知识产权状况报告，对未提出该项报告的，不予进行科技成果鉴定。

12. 对涉及知识产权内容的合同，要进行知识产权法律状态的检索和调查，并进行必要的审核。

13. 在国际技术交流与合作中，要强化知识产权保护意识，遵守我国参加的有关知识产权的国际条约。对于在国际技术交流活动中涉及到的资料、技术、产品等，要经过相应知识产权管理机构的审查，防止知识产权流失，避免侵犯他人知识产权。

14. 加强对商业秘密，特别是技术秘密的保护，要根据国家有关保密与知识产权方面的法律法规，并结合实际情况，制定有效措施，严格管理。

15. 与职工签订的劳动合同或聘用合同中，要有知识产权保护的内容。对于从事武器装备和主导产业产品科研、生产及经营管理的人员，以及对本单位的技术权益和经济权益有重要影响的人员，必要时，应当与之签订专门的知识产权保护协议，约定竞业限制条款，明确竞业限制的具体范围、期限、补偿费数额、支付方式及违约责任等。

16. 在国防科技工业科技成果奖励工作中，将科技成果中含有自主知识产权的数量与质量作为评奖的重要依据之一。

17. 探索新形势下适合国防科技工业特殊性的知识产权保护与管理模式，开展知识产权试点工作，总结并推广成功经验，推动国防科技工业知识产权工作的深入开展。

五、保护合法权益，激励科技创新

18. 执行国家国防科研计划项目所形成的智力成果的知识产权，属于完成单位，但以保证国家安全或者重大利益为目的，并由合同明确约定的除外。在签订合同时，要注意保护研制单位的权益。

19. 国防科技工业知识产权实行有偿使用原则，任何单位和个人使用他人知识产权的，应当支付使用费，国家法律另有规定的除外。为保证国防科技工业知识产权的正确使用，政府主管部门可以通过指定实施等形式必要的干预。

20. 要把拥有自主知识产权的数量、质量及其实施效益作为衡量单位科技创新能力和科研管理水平，以及科技人员能力和贡献的重要指标。在制定科技计划或进行招标时，在其他条件等同的情况下，要优先选择拥有较多自主知识产权的单位。

21. 职工在执行本单位的任务或主要利用本单位的物质技术条件完成的智力成果，取得的知识产权属于单位所有。主要利用本单位的物质技术条件完成的智力成果，完成人按照事先约定向单位返还资金或缴纳使用费的，取得的知识产权可以属于完成人。

22. 职务智力成果完成并登记后，应给予表彰和奖励；职务智力成果取得相应的法律保护后，要按照国家相关法律法规，保证完成人享有的各项权利。

23. 对在国防科技工业知识产权工作中做出突出贡献的单位和个人，应当给予表彰和奖励。对因未及时采取相应的知识产权保护措施而造成重大损失的，要追究直接责任人和单位领导的责任。

关于加强国家科技计划知识产权管理工作的规定

（国科发政字〔2003〕94号）

为了加快实施专利战略，充分发挥知识产权制度对国家科技计划的引导、保障和激励作用，促进国家科技计划项目在高起点上创新，实现技术跨越发展，现就加强国家科技计划知识产权管理工作做如下规定：

一、在国家科技计划项目的申请、立项、执行、验收以及监督管理中全面落实专利战略。各类科技计划应当根据各自特点确定知识产权目标，把专利权、植物新品种权、计算机软件著作权、技术秘密等知识产权的取得、保护和运用，作为科技计划管理的重要内容。

科技行政管理部门、科技计划管理单位（包括科技行政管理部门内的计划管理机构、受科技行政管理部门委托管理科技计划项目的组织等）、科技计划项目承担单位，以及参与项目实施的个人，应当按照本规定的要求，强化知识产权意识，提高管理水平，明确职责和任务，切实做好计划项目的知识产权管理工作。

二、科技行政管理部门编制科技计划项目指南时，对于明确提出技术指标要求的重点领域，应委托有关机构对国内外（包括主要国家和地区、主要研究机构和企业等）的知识产权状况进行调查，形成调查分析报告，作为制定发布指南的依据和确定项目研究开发路线的参考，避免研究开发盲目性和重复。

知识产权调查和分析报告向项目申请单位公开。

三、科技计划项目申请单位应当具备完善的知识产权管理制度，有专门的机构或人员负责知识产权事务，有用于知识产权管理和保护工作的专门经费，并为应用开发类申请项目指定专门的知识产权协调员。

上述规定作为受理项目申请的必要条件，申请单位在申报项目时一并提交相关材料和情况。

四、申请国家科技计划项目应当在项目建议书中写明项目拟达到的知识产权目标，包括通过研究开发所能获取的知识产权的类型、数量及其获得的阶段，并附知识产权检索分析依据。

五、科技行政管理部门应当把知识产权作为独立指标列入科技计划项目评审指标体系，合理确定知识产权指标在整个评价指标体系中的权重。

科技计划管理单位组织项目评审时，应根据需要聘请知识产权专家参加，或者委托知识产权中介机构，对同一项目申请者的知识产权目标可行性进行汇总和评估，并将评估结果作为项目评审的依据。

对批准立项的项目,应在项目合同或计划任务书中明确约定项目的知识产权具体目标、任务。

六、科技行政管理部门在下达任务书或签订合同时,对涉及国家安全、国家利益和重大社会公共利益的项目,应当明确约定国家对研究成果拥有的权利,并指定机构负责成果及其知识产权的管理,同时保障研究开发人员根据法律法规和政策应当享有的精神权利、奖励和报酬。

七、国家科技计划项目下达后,项目承担单位应当按照以下要求加强相关知识产权管理工作:

(一)指定专人负责项目的知识产权管理工作,并根据需要委托知识产权中介机构代理知识产权申请保护事宜。

(二)对项目执行中形成的资料、数据的保管和使用,专利申请、植物新品种登记、软件登记等保护手续的履行等,承担单位应当做出明确规定,使项目实施各阶段所产生的各种形式的成果能够及时、准确、有效地得到保护。对可能形成专利的科研项目,承担单位要建立论文发表的登记审查制度,以保证科研成果能够符合专利审查条件。

(三)对项目的知识产权权属问题做出详细规定,确保国家科技计划项目成果的知识产权权属清晰。内容包括:在单位已有科技成果基础上执行国家项目,国家项目成果与已有成果的界限;项目实施过程中需购入技术的,与技术转让方的权利利益关系;项目实施中与第三方合作或向第三方转委托时,与第三方的权利利益关系等。承担单位为执行项目与第三方签订的技术合同,报科技行政管理部门备案。

(四)在项目执行过程中跟踪该领域的知识产权动态,及时调整研究策略和措施。对以取得自主知识产权为目标的项目,如发生原定技术目标已被申请知识产权保护,失去继续研究价值的,应当报请科技计划管理单位及时向科技行政管理部门报告,重新调整研究开发方案。

(五)安排项目参与人员参加知识产权培训,向有关人员说明项目的知识产权管理政策,并就项目的知识产权归属、资料和数据保管与使用、技术秘密的保密义务等签订协议。

八、科技行政管理部门、科技计划管理单位应当对项目执行中的知识产权管理情况进行监督,并作为中期检查工作的重要内容。科技计划管理单位在中期检查中应当依据合同或计划任务书,对项目承担单位的知识产权工作进行评价,并向科技行政管理部门提交情况报告;报告应当包括总体进展情况、存在的主要问题、应当进一步采取的措施。

九、科技行政管理部门组织项目验收时,应根据需要吸收知识产权专家或者

委托知识产权中介机构，以项目合同或计划任务书约定的知识产权目标为依据，对项目的知识产权管理和保护情况做出评价。

项目承担单位在验收时应当提交项目形成的成果的知识产权清单，包括论文、数据、非专利技术的技术秘密保护情况，专利、植物新品种、软件的知识产权申请、审查、登记或授权的法律文件；对项目研发中与第三方的知识产权关系等做出说明。未能完成合同或计划任务书约定的知识产权目标的，应提交情况说明报告。

十、科研项目研究成果取得相关知识产权的申请费用、维持费用等知识产权事务费用，一般由项目承担单位负担。国家科技计划项目经费中可以列支知识产权事务经费，用于专利申请和维持等费用。

经财政部门批准，在国家有关科研计划经费中可以开支知识产权事务费，用于补助负担上述费用确有困难的项目承担单位，和具有抢占国际专利竞争制高点意义的重大专利的国外专利申请和维持费。

对于在国家科技、经济、社会发展有重大影响的科技计划项目成果，要积极利用专利优先审查机制，加快审查速度，依法维护国家利益。

十一、国家科技计划项目研究成果及其形成的知识产权，除涉及国家安全、国家利益和重大社会公共利益的以外，国家授予项目承担单位。项目承担单位可以依法自主决定实施、许可他人实施、转让、作价入股等，并取得相应的收益。

十二、科技行政管理部门应研究制定相关政策措施，对承担国家科技计划项目获得知识产权的质量和数量较高的单位，给予表彰奖励，并在新项目评审中优先安排；建立和完善计划项目知识产权统计和公报制度，为公众提供计划项目成果知识产权信息平台，促进计划项目成果的扩散和应用。

十三、为促进计划项目的产业化开发和应用，科技行政管理部门应引导项目承担单位以计划项目的研究开发为龙头，以向产业领域应用和转移为目的，与相关产业领域的企业建立知识产权（技术）联盟。在研究开发阶段，联盟各单位实施的科技计划项目和自主创新活动实现合理分工，协同配套，约定知识产权分享原则；在获取知识产权后的应用阶段，各单位通过相互许可，为产业发展提供完整的技术权利支撑。

各类科技成果产业化计划、科技型中小企业创新基金等，对知识产权联盟的科技创新活动给予重点支持。

十四、科技行政管理部门应当联合有关部门开展知识产权培训工作。要制定长期培训计划，针对不同对象推动知识产权理论、操作实务、战略应用等方面的培训，对项目实施人员开展基础知识培训和专利说明书撰写等方面的辅导，对知识产权管理人员系统进行管理方法、手段、方案以及知识产权评估等方面的专

业培训，对计划管理人员和项目承担单位主要领导普及知识产权法律知识和战略观念等，不断提高计划项目管理和实施人员的知识产权意识，形成一支专业化的知识产权管理队伍。

十五、科技行政管理部门、科技计划管理单位应发挥知识产权中介服务机构的作用，扶持和规范科技查新、分析机构，鼓励有关行业科技信息机构加工采集与本行业有关的专利和非专利技术信息，形成一批为科技计划项目提供高质量服务的重点中介机构，使查新、分析、知识产权申请和保护等工作与科技创新活动实现有机结合。

科技行政管理部门应当建立国家科技计划重点领域和专项知识产权信息库，可以委托科技信息机构、研究机构建设或根据需要新建，跟踪国内外相关知识产权动态，为项目承担单位的知识产权工作提供信息服务。

十六、科技部综合计划部门、政策法规部门根据本规定修改和完善相关科技计划管理制度，并负责监督检查。

关于国家科研计划项目研究成果知识产权管理的若干规定

（2002 年 3 月 5 日科技部　财政部）

为贯彻落实《中共中央、国务院关于加强技术创新，发展高科技，实现产业化的决定》（中发〔1999〕14 号）精神，促进我国自主知识产权总量的增加，加速科技成果转化，保障国家、单位和个人的合法权益，对以财政资金资助为主的国家科研计划项目（包括科研专项项目，以下简称科研项目）研究成果的知识产权管理，作出如下规定。

一、科研项目研究成果及其形成的知识产权，除涉及国家安全、国家利益和重大社会公共利益的以外，国家授予科研项目承担单位（以下简称项目承担单位）。项目承担单位可以依法自主决定实施、许可他人实施、转让、作价入股等，并取得相应的收益。同时，在特定情况下，国家根据需要保留无偿使用、开发、使之有效利用和获取收益的权利。

二、单位申请承担科研项目时，须提交该项目的知识产权可行性分析报告。项目执行过程中，项目承担单位须根据相关领域知识产权的发展动态，及时调整研究策略和措施。

三、项目承担单位须建立规范有效的知识产权管理制度，对项目执行过程中

产生的研究成果及时采取知识产权保护措施，依法取得相关知识产权，并予以有效管理和充分使用。

四、科研计划归口管理部门要将知识产权管理制度是否健全作为确定项目承担单位的重要条件。在科研项目合同中须明确约定项目承担单位管理、保护研究成果知识产权的义务，并依据合同对履行义务情况组织检查和验收。对不履行义务或履行不当、造成重大损失的，依法追究项目承担单位和主要责任人的责任。

科研计划归口管理部门对涉及国家安全、国家利益和重大社会公共利益的科研项目，须在立项或验收时予以确认，明确项目成果知识产权管理方式，拟定成果转化和应用方案。

五、科研项目研究成果取得相关知识产权的申请费用、维持费用等知识产权事务费用，一般由项目承担单位负担。经财政部门批准，在国家有关科研计划经费中可以开支知识产权事务费，用于补助负担上述费用确有困难的项目承担单位。

六、国务院有关部门和省、自治区、直辖市人民政府可以根据国家需要，报请国务院批准，决定科研项目研究成果在一定的范围内推广应用，允许指定的单位实施，并区别不同情况，决定实施单位或无偿使用，或由实施单位按照国家有关规定向项目承担单位支付知识产权使用费。

七、项目承担单位应当建立科技成果转化机制，采取有效措施，积极促进科研项目研究成果的转化。项目承担单位转让科研项目研究成果知识产权时，成果完成人享有同等条件下优先受让的权利。

八、项目承担单位要按照《中华人民共和国促进科技成果转化法》、《中华人民共和国专利法》和《国务院办公厅转发科技部等部门关于促进科技成果转化若干规定的通知》（国办发〔1999〕29 号）等有关规定，对科研项目研究成果完成人和为成果转化做出贡献的人员给予奖励和报酬。

九、科技部、财政部会同有关部门，根据本规定修订和完善各项科研计划管理制度，明确知识产权管理办法，制定科研项目合同知识产权标准条款，并负责组织实施和监督检查。

国防科工局关于促进国防科技工业科技成果转化的若干意见

（科工技〔2015〕1230号）

教育部、中科院，各省、自治区、直辖市国防科技工业管理部门，深圳市国防科工办，各军工集团公司，中国工程物理研究院，有关民口中央企业集团公司（研究总院），工业和信息化部直属有关单位，局共建高校：

为落实国家创新驱动发展战略和军民融合发展战略，促进国防科技工业科技成果的转化应用，激发国防科技工业相关单位及科技人员的创新创业热情，更好地履行支撑国防军队建设，推动科学技术进步，服务经济社会发展的职责，依据《中华人民共和国促进科技成果转化法》等法律法规，结合国防科技工业实际，提出本意见。

一、本意见所称国防科技工业科技成果，是指国防科工局、国务院其他有关部门及地方人民政府有关部门管理并给予经费支持和有关单位（研究开发机构、高等院校和企业等）自筹经费开展国防科技工业领域科学研究、技术开发和设备设施建设所产生的具有实用价值的成果，包括涉密科技成果与非涉密科技成果。

本意见所称国防科技工业科技成果转化，是指为提高生产力水平而对国防科技工业科技成果所进行的后续试验、开发、应用、推广直至形成新产品、新工艺、新材料，发展新产业等活动，包括“军转军治”、“军转民治”、“民转军治”和“民转民治”四种类型。

二、国防科技工业科技成果转化工作在确保国家安全和保密的前提下，遵照《中华人民共和国促进科技成果转化法》执行。

三、国防科技工业科技成果转化活动应当充分发挥企业的主体作用、政府的主导作用和市场对资源配置的决定性作用。本着安全保密、自主自愿、公平公正的原则，激发广大科研人员创新活力和创造潜能，注重产学研用相结合，提升人才、劳动、信息、知识、技术、管理、投资的效率和效益。

四、国防科技工业科技成果应当首先在国防科技工业领域和境内民口领域实施。单位或个人向境外的组织、个人转让或者许可其实施科技成果的，应当遵循相关法律、行政法规以及国家有关规定，维护国家安全和利益。

五、国家为了国家安全、国家利益和重大社会公共利益的需要，可以依法组织实施或者许可他人实施相关科技成果。

六、鼓励开展增材制造、智能机器人、工业互联网、节能环保、安全生产、先进

设计、试验与测试等先进工业技术的推广应用。积极参加《中国制造2025》，推动国防科技工业强基工程实施。提倡和鼓励采用先进技术、工艺与装备，限制或者淘汰落后技术、工艺与装备，替代国外进口，改造传统产业，促进升级换代，提高全行业先进科技成果转化应用效率，降低制造成本，缩短研制周期，促进节能环保，提高武器装备研制生产水平和企业核心竞争力。

七、鼓励采取多种形式，推动国防科技工业科技成果向装备制造、绿色产业等技术产业方向的转化应用，积极融入国家"一带一路"、京津冀协同发展、长江经济带建设、西部大开发、振兴东北老工业基地等发展战略。发挥军工特色技术的引领辐射作用，打造军民结合、产学研一体的科技创新中心和转化平台，催生新技术，孵化新产业，带动区域经济发展，促进产业结构升级，推动经济建设和国防建设融合发展。

八、各有关单位加强对国防科技工业科技成果转化工作的组织实施，完善适应科技成果转化要求的体制机制，建立科学高效的转化管理方式，培养专兼结合的转化队伍，积极推动科技成果的转化应用，发挥研究开发机构、高等院校和企业的创业创新主体作用。

九、科技成果持有单位在符合国家安全、保密和科研生产布局等相关规定的前提下，可以自主决定，采用下列方式进行国防科技工业科技成果转化：

（一）自行投资实施转化；

（二）向他人转让该科技成果；

（三）许可他人使用该科技成果；

（四）以该科技成果作为合作条件，与他人共同实施转化；

（五）以该科技成果作价投资，折算股份或者出资比例；

（六）其他协商确定的方式。

鼓励研究开发机构、高等院校采取转让、许可或作价投资方式，向企业或其他组织转移科技成果。

十、国防科技工业科技成果转化收益全部留归本单位，在对完成和转化科技成果作出重要贡献的人员给予奖励和报酬后，主要用于科学技术研究开发与成果转化等相关工作。奖励和报酬支出部分计入当年本单位工资总额，但不受当年本单位工资总额限制、不纳入工资总额基数。

十一、科技成果完成单位可规定或与科技人员约定奖励和报酬的方式、数额和时限。单位在制定相关规定时应充分听取本单位科技人员意见，并在本单位公开相关规定。

对于未规定也未约定的，按以下标准之一执行：

（一）对转让或许可给他人实施的科技成果，从转让净收入或许可净收入中

提取不低于百分之五十的比例；

（二）对作价投资的科技成果，从该项科技成果形成的股份或出资比例中提取不低于百分之五十的比例；

（三）对自行实施或与他人合作实施的，在实施转化成功投产后连续三至五年，每年从实施该项科技成果的营业利润中提取不低于百分之五的比例。

对于研究开发机构和高等院校，在规定或与科技人员约定时，也应符合第一项至第三项规定的标准，即约定优先和最低保障相结合。

十二、关于奖励和报酬的纳税，依照国家对科技成果转化活动的有关税收政策执行。

十三、统筹建设国防科技工业科技成果信息及推广转化平台，鼓励各有关单位建设相关分平台；通过多种形式分别向国防科技工业系统和民口领域发布科技成果信息和转化目录，提供对不同密级科技成果在相应范围内的信息发布和查询等公益服务，实现全行业科技成果信息的综合集成、系统分析和开放交流；推进与国务院有关部门和地方人民政府的合作和相关平台的信息共享，实现成果转化方、需求方和专业服务机构的有效对接。

十四、建立国防科技工业科技成果报送制度。

（一）各有关单位应定期对已有科技成果进行梳理和筛选，每年 12 月 31 日前向国防科工局报送科技成果统计信息及转化情况。

（二）对于国防科工局管理并给予经费支持的科研项目，在项目验收时，各有关单位向国防科工局提交的项目科技报告必须包括科技成果和相关知识产权等内容。未按规定提交的，项目不予验收。

十五、科技成果转化的全过程，要确保国家秘密的安全。涉密科技成果要按照国家保密规定，由原定密单位履行解密、降密或知悉范围变更手续后实施转化。

（一）各有关单位应每年定期对涉密科技成果进行审核。对保密期限已满、符合解密降密条件或不需要继续保密的，由原定密单位按国家保密规定及时办理解密降密手续。

（二）向具有与科技成果密级相同（或更高）资质的军工单位转化涉密科技成果的，应按照国家保密规定履行知悉范围变更手续；向民用领域转化涉密科技成果的，应按照国家保密规定履行解密程序。

（三）参与涉密科技成果转化的服务机构必须具备相关保密资质，并在转化服务过程中确保国家秘密的安全。

（四）对于涉密科技成果的转化，应由具有相关资质的服务机构进行评估，以协议定价的方式确定价格；对于非涉密科技成果的转化，可通过协议定价、在技

术交易市场挂牌交易、拍卖等方式确定价格。对于协议定价的，应当在一定范围内公示科技成果名称和拟交易价格。

十六、支持国防科技工业领域科技成果转化服务机构发展，鼓励社会科技服务机构参与国防科技工业科技成果转化工作，开展成果推荐、法律咨询、价值评估、转化交易、投融资服务和实施运营等工作，引导科技成果转化工作规范化、专业化发展。重视人才队伍培养，开展跨学科、跨业务、跨行业、跨区域的培训与交流，提高科技成果推广转化队伍的综合素质和业务水平。

十七、国防科工局对推广转化效益好的示范项目通过相关科研计划给予支持；对单位先行投入资金组织开展科技成果转化并取得显著成效的带动性项目，可按照后补偿机制给予相应补助。鼓励各有关单位设立科技成果转化专项资金，支持科技成果转化项目的实施。鼓励和引导社会资金投入，推动科技成果转化资金投入的多元化。

十八、鼓励各有关单位制定激发科研人员创新活力和创业潜能的措施，建立有利于促进成果转化的考核和激励机制，将转化绩效纳入对单位和个人的考核评价体系。应用类科研项目立项时，应明确项目承担者的科技成果转化责任，并将其作为验收的重要内容和依据。对科技成果转化绩效突出的相关单位和个人加大科研资金的支持力度。

十九、鼓励各有关单位以普通专利形式对科技成果进行保护，依法优先采用先进适用的民用标准，推动军用、民用技术相互转移转化，充分发挥市场配置资源作用。

二十、对其他渠道投资产生的科技成果转化，在征得其投资主管部门同意后，可参照本意见执行。

二十一、各有关单位可依据《中华人民共和国促进科技成果转化法》和本意见，结合单位实际情况，制定切实可行的实施细则，优化政策环境，确保科技成果转化各项工作落到实处，取得实效。

第六章　基础科研和技术基础管理

国防科工局基础科研管理办法

（科工技〔2010〕136 号）

第一章　总则

第一条　为规范国防基础科研计划管理工作，提高投资效益，依据国防科工局科研项目管理的有关规定，制定本办法。

第二条　国防基础科研计划是以建设先进的国防科技工业为目标、以增强自主创新能力为主线、以提升军工核心能力为主要任务，对国防科技和武器装备发展发挥重要支撑作用的专项科研计划。

第三条　国防基础科研计划包括先进工业技术研究和国防基础研究两个领域。根据国防科技发展趋势和武器装备研制生产需要，在领域内设立专题。

（一）先进工业技术研究，是指为解决武器装备研制生产中的瓶颈制约问题，提高先进设计、工艺与装备、试验与测试、材料工程化等技术水平，促进国防科技工业转型升级和支撑武器装备升级换代，开展的共性关键技术研究和工程应用研究。

（二）国防基础研究，是指为推动国防科技原始创新，增强基础和核心技术储备，开展具有新思想、新概念、新原理和新方法特色的国防应用基础研究，以及制约国防科技工业发展和武器装备研制的基础理论和关键机理研究。

第四条　国防基础科研项目分为重大项目、重点项目和一般项目。

（一）重大项目，是指围绕国家和国防重大战略需求，以提升军工核心能力，实现共性关键技术群体性突破和工业技术升级应用为目标，具有集成性、示范性、带动性和标志性特点的项目。以跨领域、跨专题形成产品工程样机、重大技术系统并实现工程应用为主要成果。

（二）重点项目，是指具有较明确应用背景，以实现关键技术突破或工程应用为目标的项目。以形成原理（验证）样机、实用新技术、先进装（设）备或集成应用系统、标准规范等为主要成果。

（三）一般项目，是指探索性、基础性较强，以增强原始创新能力、支撑国防特色学科发展和获取自主知识产权为目标的项目。以实现原理验证，形成专项技术报告、发明专利等为主要成果。

第五条　国防基础科研计划管理分为规划与指南、年度预算与计划、项目论证与审批、项目组织实施、验收与后评价等五个阶段。

第六条　国防基础科研计划遵循分级负责、程序规范、决策科学、考核严密、注重绩效的管理原则。鼓励国防科技实验室、国防科技工业先进技术研究应用中心、国防科技创新团队等创新平台或团队参与国防基础科研活动，在项目申报、立项过程中同等条件下优先支持。

第七条　鼓励有关部门和单位采取联合资助、自筹资金等方式，多渠道筹集资金开展国防基础科研活动。

联合资助的项目，项目的论证审批、组织实施、监督检查和验收后评价等工作由国防科工局会同有关主管部门（单位）组织开展。

第八条　国防基础科研项目预决算和经费使用管理按照《国防科技工业科研经费管理暂行办法》（财防〔2008〕11 号）、《军工科研事业单位财务制度》（财工字〔1997〕第 93 号）和《军工科研事业单位会计制度》（财工字〔1997〕第 384 号）的规定执行。项目经费应合理配置、专款专用、单独核算。

第九条　国防基础科研项目管理按照保密管理的有关法律法规执行。

第二章　组织管理

第十条　国防科工局负责管理国防基础科研计划。主要职责是：

（一）编制发展规划与项目指南；

（二）负责项目审批；

（三）编制年度预算及年度计划；

（四）监督组织实施，协调处理项目执行中重大问题；

（五）组织开展项目验收与后评价工作。

第十一条　国务院有关部门，省、自治区、直辖市国防科技工业管理部门，中国科学院，军工集团公司，中国工程物理研究院（以下称有关部门和单位）承担本部门（单位）的国防基础科研计划与项目管理职责，负责项目的论证和申报、组织实施过程管理，提出年度计划建议，协助国防科工局开展五年规划编制、项目实施情况检查、验收与后评价等工作。

第十二条　有关部门和单位所属的承担研究任务的单位（以下简称承研单位）是项目实施的责任主体，应具备法人资格和保密资质。多个单位联合承担研究任务的，主承研单位为项目牵头责任单位。

项目负责人应是承研单位正式在编人员，负责的国防基础科研在研项目不得超过1项。

第十三条 国防基础科研计划设立专家库。专家库中的专家通过有关部门和单位推荐，由国防科工局核准后统一入库，参与项目评估、评审、检查和验收等工作。

专家各项活动应遵循回避原则。

第十四条 国防科工局业务主管部门设立国防基础科研项目管理办公室（以下简称项目办）。项目办协助承担国防基础科研计划的过程管理和基础性工作。

第十五条 国防基础科研计划实行信用管理制度，对承研单位、项目负责人、专家等在实施计划过程中的信用情况进行客观记录、管理和使用。

第三章 规划与指南

第十六条 国防基础科研计划实施五年期规划。规划与指南是项目论证与审批、预算和年度计划编制的依据。应包括总体发展目标、发展思路、重点支持的领域和方向、重大项目和政策措施等。

第十七条 根据军队武器装备发展战略和国防科技工业中长期科技发展规划，国防科工局成立总体专家组和专题专家组，组织开展发展战略研究，提出规划思路。

第十八条 有关部门和单位根据规划思路和实际需求，提出本部门（单位）国防基础科研规划建议。国防科工局在规划思路基础上，结合有关部门和单位的规划建议，组织编制规划与指南。

第十九条 国防基础科研规划与指南经批准后，在相应的范围内发布。根据实际执行情况，国防科工局适时组织规划与指南的调整工作。

第二十条 国防科工局在有关部门和单位自评的基础上，组织专家或委托中介评估机构开展规划中期和五年评估。

第四章 年度预算与计划

第二十一条 有关部门和单位按规定时间向国防科工局提出下一年度的经费预算建议，国防科工局对经费预算建议进行审查，依据财政部下达的科研经费预算控制指标，经综合平衡，向财政部提出下一年度预算安排意见。

第二十二条 有关部门和单位根据有关要求及财政部下达的预算控制指标，编制本部门和单位年度计划建议，于每年1月底前报送国防科工局。国防科工局在年度计划建议的基础上，编制下达年度计划。

第二十三条　有关部门和单位申请列入年度计划的项目应符合以下基本要求：

（一）符合年度计划安排原则和重点支持方向；

（二）首次列入年度计划的项目，应符合批复启动时间和预算管理要求；

（三）结转安排的项目，其上一年度计划执行情况良好，本年度计划研究内容、进度节点和具体指标明确；

（四）承研单位没有受到国防科工局有关处罚。

第二十四条　有关部门和单位及承研单位应严格按照下达的年度计划执行，不得擅自调整。出现重大情况必须调整的，有关部门和单位应于当年 8 月底前上报年度计划调整请示。

第五章　项目论证与审批

第二十五条　国防基础科研项目应按照规划与指南，进行论证和审批。审批分为项目建议书审批和项目任务书审批两个阶段。

第二十六条　项目建议书（附件 1）重点论证开展研究的必要性、现有的研究基础（含已掌握的知识产权）、研究目标、主要研究内容、研究周期、研究经费匡算以及预期成果等。

第二十七条　项目建议书的申报审批程序：

（一）论证申报。有关部门和单位根据国防基础科研规划与指南，组织所属单位开展项目论证，编制项目建议书，在规定时间内向国防科工局提出项目立项申请（附项目建议书 2 份）。重大项目建议书应提交技术成熟度评价报告（附件 2，2 份）。

（二）形式审查。国防科工局对项目建议书进行形式审查，主要审查项目是否符合规划与指南要求、承研单位的资格要求、项目建议书的规范性、有效性、完整性等。不符合要求的，建议书退回有关部门和单位。

（三）专家审查与评估。国防科工局对通过形式审查的项目建议书，委托中介机构咨询评估或组织专家评审。重点审查项目的必要性，研究成果、技术指标的先进性，研究目标、研究方案、研究经费的合理性以及所具备的研究基础等。

（四）意见反馈。国防科工局将评估或评审意见及时通告有关部门和单位，有关部门和单位应在规定时限内将意见反馈给国防科工局。评估或评审通过的项目纳入项目储备库。

（五）批复。国防科工局根据项目建议书评估或评审结论、规划总经费和年度预算经费控制指标，结合有关部门和单位的反馈意见，经综合平衡，商财政部审批项目建议书。批复中应明确研究目标、研究周期、研究经费、启动时间、后续论证工作要求等。不具备批复条件的项目，由国防科工局通告有关部门和单位。规划有效期内未被立项批复的项目将从项目储备库中删除。

第二十八条 有关部门和单位应在国防科工局批复项目建议书后6个月内或按项目建议书批复中明确的时限要求，上报项目任务书(附件3,4份)。项目任务书重点论证研究目标和技术指标、具体技术方案、预期的研究成果(含知识产权)、任务分工、经费细化测算等。

第二十九条 项目任务书的申报审批程序：

(一)论证申报。有关部门和单位根据国防科工局批复的项目建议书，组织承研单位开展项目实施方案论证，编报项目任务书。

(二)形式审查。国防科工局对项目任务书进行形式审查，主要审查与项目建议书批复要求或项目指南的符合程度，以及与项目任务书有关编制要求的符合程度等。不符合要求的项目任务书，退回有关部门和单位。

(三)专家审查与评估。国防科工局对通过形式审查的项目任务书，组织专家评审或委托中介机构咨询评估。重点审查项目研究方案可行性，研究阶段与目标要求、预期成果与技术指标先进性，任务分工、研究周期、研究经费的合理性和准确性等。

(四)意见反馈。国防科工局将评审意见及时通告有关部门和单位。有关部门和单位应及时将修改后的项目任务书和相关意见报国防科工局。

(五)批复。国防科工局根据任务书评审或评估意见及有关部门和单位的反馈意见，批复下达项目任务书。项目任务书是项目实施和验收的依据。

第三十条 有关部门和单位在上报项目建议书和任务书时，须对项目材料的真实性和申报渠道的唯一性做出承诺。

第六章 项目组织实施

第三十一条 有关部门和单位根据国防科工局在项目建议书批复中明确的启动时间，组织承研单位及时开展实质性研究工作。

第三十二条 有关部门和单位应严格按照项目批复、年度计划和有关规定要求，指导、督促承研单位完成科研任务，及时协调处理各种问题。重大事项报国防科工局协调处理。

第三十三条 有关部门和单位应于每年6月和12月底前对年度计划执行情况进行总结，并按规定要求提交本部门(单位)和项目的半年、年度总结报告(附件4、附件5)，内容包括项目实施进展情况、经费使用情况、存在的问题和解决措施、建议等。

第三十四条 国防科工局组织或委托有关部门和单位，采取抽查、现场检

查、阶段评审等多种方式，对项目进展、预算执行情况和经费使用情况进行监督和检查。

对于研究周期超过2年（含）的项目，每年至少组织一次检查。

第三十五条　重大项目和重点项目实施中期评估制度，由国防科工局组织或委托中介机构开展，评估结果作为项目调整、终止或撤销依据。有关部门和单位应根据要求组织承研单位编报项目中期评估总结报告（附件6）。

第三十六条　项目实施过程中发生以下情况之一的，应按要求填写项目调整申请表（附件7），经有关部门和单位审核后，报国防科工局批准：

（一）改变项目研究目标、研究内容或关键技术指标的；

（二）研究周期延长1年以上的；

（三）增加中央财政科研经费或提高中央财政科研经费比例的；

（四）主要承研单位发生变更的。

其它情况委托有关部门和单位审批，报国防科工局备案。

第三十七条　项目实施过程中发生以下情况，有关部门和单位应及时报国防科工局审批终止科研项目：

（一）因技术发展而使项目失去研究开发意义；

（二）由于时间推移，技术指标已低于国内已有同类水平；

（三）技术方案和技术指标无法达到预期目标，并无有效解决办法；

（四）科研经费或配套的技术改造、基本建设计划无法落实，并已影响到研究工作开展；

（五）项目负责人或技术骨干发生变更，致使项目无法按计划继续进行；

（六）因不可抗拒因素致使项目无法按计划进行。

第三十八条　国防基础科研项目实施过程中发生以下情况，国防科工局可直接做出撤销项目的决定：

（一）已列入国家其他科研计划，重复申报；

（二）挪用中央财政科研经费；

（三）组织管理不力，严重影响项目顺利实施或发生重大失泄密事件；

（四）两次任务书评审或评估未通过；

（五）监督检查中发现重大违规违纪行为；

（六）有严重弄虚作假行为；

（七）连续2年未按年度计划要求完成研究任务；

（八）国家规定的其他情况。

第三十九条　被终止和撤销的项目，国防科工局会同国家有关部门停止安排计划科研经费。有关部门和单位应组织承研单位在1个月内完成项目研究工

作总结和财务决算,连同固定资产购置情况一并报国防科工局核批。项目剩余的中央财政科研经费全部上交财政部。

第七章　验收与后评价

第四十条　按照经费规模和项目性质,国防科工局组织或委托有关部门和单位组织项目验收。

第四十一条　有关部门和单位应在每年 12 月底前向国防科工局提交下一年度项目验收计划建议,国防科工局于年初下达项目年度验收计划,明确验收时间、验收组织部门等。原则上应在研究周期结束后半年内完成项目验收工作。

第四十二条　有关部门和单位应在项目最后一批科研计划下达后 12 个月内,组织承研单位编制完成项目验收申请报告(附件 8),报国防科工局申请验收。不能按期验收的需填写项目调整申请表,报国防科工局申请延期。

项目验收申请报告包括科研工作总结报告和财务决算审计报告。科研工作总结报告主要包括项目验收书、研究工作总结和国防科技工业科技报告。

第四十三条　申请项目验收应当具备以下条件:

(一)全面完成批复的各项工作内容;

(二)达到了批复的技术指标和工作目标;

(三)完成项目验收测试;

(四)完成了财务决算审计,有明确的审计结论;

(五)完成项目资料审查工作;

(六)按档案部门规定完成了归档资料编写。

第四十四条　有关部门和单位根据项目实际情况,成立不少于 3 人的验收测试组或委托第三方检测机构进行项目验收测试。第三方检测机构应为国家、省、自治区、直辖市和国务院有关部门认定的专业技术检测机构。验收测试组或检测机构名单应报国防科工局核准。

验收测试组应根据任务书规定的技术指标要求,拟定测试大纲,开展验收测试;第三方检测机构应根据有关标准或规范,开展验收测试。测试工作结束后应出具测试报告和测试意见。

第四十五条　总经费在 300 万元以上(含 300 万)项目的财务决算由国防科工局组织审计;总经费在 300 万元以下项目的财务决算由国防科工局委托有关部门和单位组织审计,审计意见报国防科工局备案。

第四十六条　有关部门和单位组织不少于 3 人的资料审查组,对项目验收申请报告的完整性、规范性、真实性和有效性进行审查,形成资料审查意见。资料审查组名单应报国防科工局备案。

第四十七条　验收组织部门成立验收组，采取会议方式进行项目验收。验收组应当由技术、经济和管理方面的专家组成，不少于 7 人。专家主要从专家库内遴选，优先选择参与项目前期评审工作的专家，原则上应包括验收测试组、资料审查组专家和财审专家各 1 名。

验收组听取项目研究工作总结，视情进行现场检查或观看成果演示，形成验收意见。项目验收时可以进行评分，作为项目验收等级评定的参考。

第四十八条　项目验收主要核查以下内容：

（一）批复的各项目标和内容完成情况；

（二）经费使用情况；

（三）研究成果试用（使用）及应用情况；

（四）研究成果的意义和水平；

（五）研究成果转化和知识产权管理情况。

第四十九条　国防科工局组织项目验收审查后办理验收批复；委托有关部门和单位验收的项目，应在验收工作完成后 20 个工作日内将验收批复上报国防科工局备案。

第五十条　凡具有下列情况之一的项目不能通过验收：

（一）各项目标或主要研究内容未完成的；

（二）验收文件资料不真实、弄虚作假的；

（三）未经批准，承研单位或研究周期等发生变更的；

（四）违反其他有关规定的。

未通过验收的项目，承研单位应根据专家意见进行整改，在三个月内申请二次验收。二次验收未通过的，按终止处理。

第五十一条　项目实施形成的研究成果，包括论文、专著、专利、软件、数据库等，均应标注“国防基础科研计划资助”及项目编号。英文标注“Defense Industrial Technology Development Program”。项目实施形成的知识产权应依照有关规定进行管理。

第五十二条　国防科工局根据项目具体情况，适时组织开展后评价工作。后评价结论作为有关部门和单位后续申报国防基础科研项目的重要参考。

第八章　奖励与处罚

第五十三条　国防科工局对在国防基础科研计划研究开发和管理工作中做出突出成绩的单位和个人给予表彰。对项目完成优秀的单位和个人，再次申请项目时将予以优先支持。

第五十四条　国防基础科研项目管理工作人员，在项目申报、评审、验收及

经费管理过程中,违反规定的程序或滥用职权、徇私舞弊,给国家利益造成损害的,视情节轻重,给予批评教育或依法进行行政处分;构成犯罪的,依法追究刑事责任。

项目负责人因执行不力或管理不善,导致项目被终止或撤销的,国防科工局将在3年内,暂停受理其项目申请。

第五十五条 有关部门和单位以及承研单位,违反本办法规定造成项目严重脱离计划预期的,国防科工局给予通报批评,并根据实际情况要求相关单位限期整改,同时将视情节给予调减相关项目科研经费或暂停受理其他国防基础科研项目申报的处罚。拒不执行处理决定的,在整改前,国防科工局将不再受理其项目申报。

第五十六条 项目管理出现以下问题,国防科工局在1年内暂停受理承研单位申报的其他项目:

(一)列入年度计划的项目有2个以上(含)未能按计划要求完成研究任务的;

(二)项目实施过程中,重大调整事项未按规定程序及时报批的;

(三)出现2个以上(含)项目研究工作结束后首次验收未通过的;

(四)出现2个以上(含)项目被终止的;

(五)发生失泄密事件,后果严重的。

第五十七条 项目管理出现以下问题,国防科工局在2年内暂停受理承研单位申报的其他项目:

(一)项目重复申请国家科研经费支持的;

(二)中央财政科研经费被挪用的;

(三)擅自终止项目研究,或隐瞒项目实施中重大质量事故的;

(四)出现项目被撤销的。

第九章 附则

第五十八条 本办法自2010年3月1日起施行。

国防科技工业技术基础科研管理办法

（中华人民共和国国防科学技术工业委员会令第8号）

第一章　总则

第一条　为规范国防科技工业技术基础科研管理工作，提高科研计划及科研项目管理的效率，制定本办法。

第二条　国防科技工业技术基础科研由标准化、计量、科技情报、成果管理与推广、质量与可靠性、环境试验与观测、无损与理化检测等专业组成。

第三条　技术基础科研管理工作的任务是计划编制、项目管理和对计划项目实施情况的监督检查。

第四条　国防科学技术工业委员会（以下简称国防科工委）统一管理技术基础科研工作。有关部门和单位（含国务院有关部门、军工集团公司、国防科工委委管单位，下同）负责管理本部门（单位）技术基础科研工作。

第二章　计划管理

第五条　技术基础科研计划是开展技术基础科研工作的重要依据。技术基础科研计划编制遵循需求牵引、统筹规划、突出重点、注重实效的原则，做到科学、规范、公开、公平、公正。

第六条　技术基础科研计划分为中长期计划和年度计划。中长期计划是编制年度计划的主要依据，年度计划是实现中长期计划的必要保证。

第七条　国防科工委负责组织技术基础科研中长期计划、年度计划的编制与下达。有关部门（单位）负责编制本部门（单位）技术基础科研中长期计划、年度计划建议，并根据国防科工委下达的年度计划编制下达实施计划。

第八条　中长期计划编制分为计划思路及计划指南编制、项目申报与项目论证、计划编制及审定等阶段。

（一）计划思路及计划指南编制。编制中长期计划思路和各专业计划指南并发布。

（二）项目申报及项目论证。根据中长期计划思路及各专业计划指南，开展中长期计划项目申报和项目论证。

（三）计划编制及审定。对通过论证的项目进行综合平衡和审定，并在此基础上编制中长期计划。列入中长期计划的项目编入技术基础科研预算项目库。

第九条 年度计划编制与下达程序:

(一)国防科工委依据国家财政年度预算指标、技术基础中长期计划以及技术基础科研预算项目库,编写并发布技术基础科研年度计划编制要点。

(二)有关部门(单位)根据技术基础科研年度计划编制要点,组织编制本部门(单位)技术基础科研年度计划建议,并按时间要求报国防科工委。

(三)国防科工委对有关部门(单位)上报的技术基础科研年度计划建议,进行审查和综合平衡,根据需要召开计划协调会,编制并下达技术基础科研年度计划。

(四)有关部门(单位)根据国防科工委下达的年度计划,转发或编制下达实施计划,并报国防科工委备案。

第十条 技术基础科研年度计划一经下达,任何部门(单位)不得任意变更。特殊情况需调整计划的,需报国防科工委批准。

第十一条 技术基础科研计划实行年度情况报告制度。有关部门(单位)应当于计划下达的当年 12 月 10 日前向国防科工委提交技术基础科研计划执行情况报告。重大问题应及时向国防科工委报告。

第三章 项目管理

第十二条 技术基础科研项目立项分为项目申报与审查、审批立项、批复下达三个阶段:

(一)项目申报与审查。有关部门(单位)负责组织本部门(单位)项目承担单位按要求编写项目论证报告和项目论证报告的审查,并将审查通过的项目论证报告报国防科工委。

(二)审批立项。国防科工委负责组织对各部门(单位)申报项目的论证评审,并将评审通过的项目编入技术基础科研预算项目库。

(三)批复下达。国防科工委依据国家财政年度预算指标和技术基础科研预算项目库,审定批复项目论证报告或下达科研项目任务书。需要时,可实行合同制。

第十三条 国防科工委组织有关部门(单位)实施技术基础科研计划,并对技术基础科研项目实施情况进行监督、检查和评估。有关部门(单位)对本部门(单位)的项目履行检查和监督的职责,并采取有效措施,确保科研计划项目按时完成,科研项目执行中出现的重大问题应及时报告国防科工委。

第十四条 列入技术基础科研年度计划的项目,确实因需求变化等原因,致使研究方向发生变化或项目无法进行时,项目承担单位应编写技术基础科研项目调整申请报告,由有关部门(单位)上报国防科工委批准后,方可更改。

第十五条　项目完成后,有关部门(单位)应向国防科工委提出项目验收申请,申请项目验收的单位需编写技术基础科研项目验收报告或技术工作总结报告。重大项目由国防科工委直接组织验收;其他项目国防科工委可委托有关部门(单位)组织验收。申请验收的技术基础科研项目必须同时具备以下条件:

(一)全面完成计划规定的项目的各项内容;

(二)按档案部门规定完成归档资料;

(三)根据需要编写完成国防科技报告。

项目验收采用会议评审或函审方式进行。

第十六条　技术基础科研项目的成果管理应按照科学技术保密、成果登记、知识产权保护、技术合同认定登记、奖励等有关规定和办法执行。

第十七条　有关部门(单位)对完成技术基础科研项目有突出贡献的单位和个人,应给予表彰。

第四章　经费管理

第十八条　国防科技工业技术基础科研经费是列入国家财政预算的科研资金,国防科工委负责对技术基础科研经费使用情况进行监督检查。

第十九条　有关部门(单位)应加强技术基础科研经费管理,按国家有关规定按时、足额拨款,不得挤占和挪用。项目承担单位应严格遵守国家有关预决算制度,做到专款专用。并按国家有关规定合理使用经费。

第五章　罚则

第二十条　技术基础科研管理机构及其工作人员,在项目申报、评审、验收及经费管理过程中,违反公开、公平、公正原则,不按规定的程序或滥用职权、徇私舞弊,给国家利益造成损害的,视情节轻重,给予批评教育,或依法给予行政处分。

第二十一条　技术基础科研项目承担单位及其工作人员,违反本办法或因失职等原因造成技术基础科研项目不能按期完成的,国防科工委给予通报批评,并根据实际情况限期整改,或取消该单位科研项目承担资格。情节严重的,依法给予行政处分。

第六章　附则

第二十二条　本办法由国防科工委负责解释。

第二十三条　本办法自2002年3月1日起施行。

附件：

1. ××年国防科技工业技术基础科研计划建议（略）
2. 国防科技工业技术基础科研项目论证报告（略）
3. 国防科技工业技术基础科研项目任务书（略）
4. 国防科技工业技术基础科研项目调整申请报告（略）
5. 国防科技工业技术基础科研项目验收报告（略）

国防科技工业计量监督管理暂行规定

（中华人民共和国国防科学技术工业委员会令第4号）

第一章　总则

第一条　为加强国防科技工业计量工作的监督管理，保证国防科技工业产品的量值准确一致，测量数据可靠，根据《中华人民共和国计量法》，制定本规定。

第二条　本规定所称国防科技工业计量，是指国防科技工业科研（含设计、试验等，下同）、生产、服务中实现产品量值准确一致、测量数据可靠的全部活动。

第三条　国防科学技术工业委员会（以下简称国防科工委）统一监督管理国防科技工业计量工作。国防科技工业计量在业务上接受国务院计量行政部门的指导。

第四条　国防科技工业面向社会的科研、生产、服务中的计量活动接受政府计量行政部门的监督；国防科技工业面向社会出具公正数据的产品质量检验机构，应当按国家有关规定进行计量认证。

第五条　国防科技工业计量实行国家法定计量单位。对军品科研、生产中特殊需要保留的非法定计量单位，由使用单位提出，经国防科工委批准，报国务院计量行政部门备案。

第六条　国防科技工业计量坚持面向科研、面向生产、面向使用；坚持军用与民用相结合、计量与测试相结合、服务与监督相结合、内部与外部相结合，为国防现代化建设和国民经济建设服务。

第二章　计量管理机构

第七条　国防科工委计量管理机构是国防科技工业计量监督管理的职能部门，其职责是：

（一）贯彻执行国家计量法律、法规，拟定国防科技工业计量工作方针、政策及规章；

（二）编制并组织实施国防科技工业计量工作规划、计划；

（三）组织建立与调整国防科技工业计量技术机构；

（四）组织研究、建立与保持国防科技工业需要的最高计量标准器具、校准装置和测试系统；组织国防最高计量标准以外的计量标准器具、校准装置、测试系统考核和计量人员考核；

（五）组织实施从事国防科技工业计量检定、校准、测试的校准实验室和测试实验室认可；

（六）组织国防科技工业计量工作的监督检查；

（七）组织国防科技工业计量检定规程和校准规范的制定和贯彻实施；

（八）组织国防科技工业系统的国际计量技术合作与交流；

（九）指导有关部门（单位）开展国防科技工业计量工作。

第八条　省、自治区、直辖市人民政府国防科技工业行政主管部门，依据其职能和国防科工委计量管理机构的授权，对本地区的国防科技工业计量工作实施监督管理，其职责是：

（一）贯彻执行国家计量法律、法规和国防科技工业计量工作的方针、政策及规章；

（二）监督检查和协调本地区的国防科技工业计量工作；

（三）负责本地区军工企业事业单位最高计量标准器具和计量人员的考核工作；

（四）承办国防科工委计量管理机构交办的其他计量工作。

第九条　军工集团公司计量管理机构，依据本规定对本集团的计量工作实施监督管理，组织本集团计量业务技术活动，承办国防科工委计量管理机构交办的其他计量工作。

第十条　军工企业事业单位（含委属各高校），依法对本单位的计量工作实施自主管理，保证产品的测量质量，接受国防科技工业计量管理机构的监督检查。

第十一条　其他承担国防科技工业产品科研、生产任务的部门（单位），应当按本规定的要求，对本部门（单位）的计量工作实施监督管理。

第三章　计量技术机构

第十二条　国防科工委批准设置的计量测试研究中心、专业计量站，接受国防科工委计量管理机构的监督检查。其职责是：

（一）研究、建立国防科技工业需要的最高计量标准器具、校准装置和测试系统，并保持其服务能力；

（二）承担国防科技工业的量值传递和量值溯源工作，根据委托承担因计量器具准确度引起纠纷的仲裁检定；

（三）根据委托承担国防科技工业计量人员、计量标准器具、校准装置和测试系统的技术考核；

（四）跟踪国内外计量测试新技术，研究新的测量理论与方法；

（五）研究产品科研、生产、使用中的关键计量测试技术，专用测试设备及其校准手段和方法；

（六）承担型号试验中使用的计量器具和专用测试设备的计量检查与保障工作；

（七）承办国防科工委计量管理机构交办的其他任务。

第十三条 国防科工委批准设置的区域校准实验室，在业务上接受计量测试研究中心、专业计量站的指导。其职责是：

（一）研究、建立计量标准器具、校准装置和测试系统，并保持其服务能力；

（二）承担军工企业事业单位的最高计量标准器具和其委托的工作计量器具的强制检定与校准工作，承担产品质量保证中的测试任务；

（三）根据委托承担企业事业单位的计量人员、计量标准器具、校准装置和测试系统的技术考核。

第十四条 军工企业事业单位根据所承担科研、生产和服务任务设置的计量技术机构，在业务上接受国防科技工业计量测试研究中心、专业计量站和区域校准实验室的指导。其职责是：

（一）贯彻执行国防科技工业计量工作的方针、政策及规章，提高设计、工艺及管理人员的计量意识；

（二）负责本单位强制检定和其他检定、校准、测试工作；

（三）确保在用计量器具及专用测试设备的量值准确和测量数据可靠。

第十五条 国防科工委根据国防科技工业布局和任务的需要，对批准设置的计量技术机构，实行动态管理。

第四章　计量标准器具

第十六条 国防最高计量标准器具须经国防科工委计量管理机构审查，由国务院计量行政部门组织考核合格后使用。

第十七条 国防科技工业的区域校准实验室建立的最高计量标准器具，以及国防科技工业的计量测试研究中心、专业计量站和区域校准实验室建立的校

准装置、测试系统，由国防科工委计量管理机构组织考核合格后使用，并向国务院计量行政部门备案。

第十八条　军工企业事业单位建立的最高计量标准器具，由国防科工委计量管理机构授权省、自治区、直辖市人民政府国防科技工业行政主管部门组织考核合格后使用，并向所在省、自治区、直辖市计量行政部门备案。

第十九条　国防科技工业用于量值传递的有证标准物质，作为计量标准器具按有关规定进行管理。

第五章　计量检定与校准

第二十条　国防科技工业建立的计量标准器具、校准装置、测试系统，以及用于产品性能评定、定型鉴定和保证安全的工作计量器具，必须按规定实行计量检定。

其他用于产品科研、生产、服务的工作计量器具和专用测试设备，应按规定实行校准。经检定或经校准不满足预期使用要求的，不得使用。

第二十一条　计量检定按照国家计量检定系统表和计量检定规程进行。国家未制定计量检定系统表和计量检定规程的，按照国防科工委制定的国防科技工业计量器具等级图和计量检定规程进行。

国家计量检定规程不能满足国防科技工业的特殊使用要求的，计量检定按照国防科工委制定的计量检定规程进行。

国防科工委制定的国防科技工业计量器具等级图和计量检定规程报国务院计量行政部门备案。

第二十二条　计量器具的校准按照校准技术规范进行。校准技术规范可由国防科工委、有关部门、军工集团公司或军工企业事业单位根据需要制定，经组织技术评审后发布实施。

第二十三条　国防科技工业计量技术机构的计量检定、校准人员，必须经国防科工委计量管理机构或其授权的机构考核合格后，持证上岗。

第六章　计量保证

第二十四条　武器装备重点型号设置的型号计量师系统（或型号计量工作系统），负责重点型号的计量保证工作。其职责是：

（一）提出型号研制过程中总体或分系统对计量测试工作的要求；

（二）根据型号总体或分系统的技术指标，提出计量测试的技术指标要求；

（三）提出型号总体或分系统研制过程中需要研制的计量标准器具、校准装置和专用测试设备的研究课题，并组织落实承担单位及有关保障条件；

(四)组织协调型号总体或分系统研制过程中的计量保障工作。

第二十五条 型号研制单位的计量机构,根据型号计量师提出的计量测试技术指标,制定可行性论证方案,并组织实施。

型号试验单位的计量机构,根据型号计量师提出的计量测试工作要求,负责组织实施。

第二十六条 型号设计定型前,研制单位的计量机构应对定型组织批准的专用测试设备的计量控制状况和计量技术文件(包括计量检定规程、校准技术规范)的有效性进行审查。

第二十七条 型号试验时,计量工作应列入型号的试验大纲或试验计划;计量器具和专用测试设备进入试验基地(靶场),必须进行计量检查。

第二十八条 生产单位必须按照产品的技术指标和工艺规范的要求,配备满足生产要求的计量器具和检测手段。

第二十九条 生产单位向使用单位交付型号产品时,按合同向使用单位交付的专用测试设备及其技术资料,应符合相应的计量规定。

第三十条 产品的质量评定、成果鉴定,必须经产品的研制和生产单位的计量机构进行计量审查,并对其测量方法的正确性和测量数据的可靠性签署意见。

第三十一条 产品的设计定型和生产定型,凡涉及产品技术指标量值的准确度及可信性,必须经技术能力满足要求的计量机构签署意见。

第三十二条 用于产品设计定型、生产定型、质量评定和成果鉴定的计量器具和专用测试设备,必须经过检定或校准,并在检定或校准证书注明的有效期内使用。

第三十三条 军工企业事业单位引进技术和仪器设备时,应同时引进必要的计量保证手段和技术资料;有关计量机构应当对引进技术和仪器设备的计量保证条件进行审查。

第三十四条 军工企业事业单位承担的重点工程项目,应参照武器装备型号计量师制度,设置工程项目计量师,确保测量数据准确,质量可靠。

第三十五条 军工企业事业单位在型号和重点工程项目可行性论证时,相应的计量机构应对其技术指标的计量保证手段进行审查;当不具备计量保证手段时,负责可行性论证的单位应采取有效措施予以保证。

第七章 计量监督

第三十六条 国防科工委计量管理机构组织建立国防科技工业计量工作监督机制,对国防科技工业科研、生产、服务全过程的计量工作,按领域、分层次实施监督。

第三十七条　国防科工委计量管理机构统一组织建立国防科技工业计量监督员队伍,依法对国防科技工业计量工作实施监督。其主要任务是:

(一)监督检查国防科技工业计量法律、法规及规章制度的执行情况;

(二)监督检查国防科技工业计量和测试人员资格的有效性;

(三)监督检查国防科技工业计量标准器具、校准装置和测试系统的考核情况及测量设备的控制状况;

(四)监督检查国防科技工业计量技术机构和测试实验室的能力保持状况和资格的有效性。

第三十八条　承担国防科技工业计量监督任务的人员,必须经国防科工委计量管理机构考核合格,取得资格。

第三十九条　国防科技工业计量工作的监督检查情况,依据监督检查的对象和内容,由国防科工委计量管理机构或授权省、自治区、直辖市人民政府国防科技工业行政主管部门发布通报。

第四十条　违反本规定的,由国防科工委计量管理机构按照有关规定进行处理。

第八章　附则

第四十一条　国防科技工业系统开展计量检定、校准,计量人员和计量标准考核,校准实验室和测试实验室认可工作,参照有关规定收取费用。

第四十二条　省、自治区、直辖市人民政府国防科技工业行政主管部门、军工集团公司,其他承担国防科技工业科研、生产任务的部门,可以根据本规定制定具体实施办法,并报国防科工委备案。

第四十三条　本规定由国防科工委负责解释。

第四十四条　本规定自发布之日起施行。

国防计量技术机构设置审批

项目名称:国防计量技术机构设置审批

审批依据:

1.《中华人民共和国计量法》

2.《国防计量监督管理条例》(国务院、中央军委令第 54 号)

3.《国防科技工业计量监督管理暂行规定》(国防科工委令第 4 号)

审批对象:申请计量一级站、专业计量站和区域计量站的单位。

审批时限:20 个工作日。

审批程序:

一、受理

●申请单位的条件:

1. 申请单位应具有法人资格;

2. 遵守国家和国防有关计量的法律、法规和规定,具有保守国防科技工业秘密的能力和制度;

3. 具有国防最高计量特性或区域最高计量特性的标准器具及服务对象;

4. 具有与所申请计量检定能力相适应的组织结构、人员、设备和设施;

5. 申请设立的国防计量技术机构的质量管理和技术运作应满足 GJB 15481—2001《检测实验室和校准实验室能力的通用要求》。

●申请方式:

申请单位应填写《国防计量技术机构申请书》,通过保密信函向国防科工委提交申请。

●申请单位需提交的材料:

1.《国防计量技术机构申请书》一式二份,并附电子文本;

2. 相关证明文件及材料:

(1)申请单位营业执照或事业单位法人证书(复印件);

(2)保密主管部门出具的保密审查合格证明(复印件);

(3)所在地政府环保主管部门出具的环保评价证明(复印件);

(4)通过国务院计量行政部门考核合格的国防最高计量标准证书或国防科工委考核合格的计量标准器具证书(复印件);未经考核的计量标准器具,需提供

能证明其最高计量学特性的证明材料；

（5）按 GJB 15481—2001《检测实验室和校准实验室能力的通用要求》通过认可的计量技术机构应提供认可证书（复印件），否则应提供按该标准要求编写的质量手册及程序文件。

●标准:《国防计量技术机构申请书》必须如实填写，提交的证明文件及材料必须真实、完整、有效、规范。

●本岗位责任人:科技与质量司五处受理人员。

●岗位职责与权限:

1. 按照受理标准审验《国防计量技术机构申请书》、证明文件及材料；

2. 对符合受理标准的申请，受理并告知申请单位；

3. 对不符合受理标准的申请，自收到《国防计量技术机构申请书》五日内一次告知申请单位需要补正的全部内容或不受理的理由。

●时限:

受理时间:每年 8 月 1 日—8 月 31 日。

二、初审

●标准:

1.《国防计量技术机构申请书》、证明文件及材料内容完整、真实有效；

2. 符合国防计量检定能力布局和发展需求；

3. 符合《国防计量技术机构设立评审标准》的要求。

●本岗位责任人:科技与质量司五处受理人员。

●岗位职责与权限:

1. 按照初审标准进行初审，对符合初审标准的，提出同意设立的建议，并将初审意见转审查人员；

2. 按照初审标准进行初审，对不符合初审标准的，提出不同意设立的理由，并将初审意见转审查人员。

三、审查

●标准:同初审标准。

●本岗位责任人:科技与质量司五处审查人员。

●岗位职责及权限:

1. 按照审查标准进行审查，对符合审查标准的，提出同意设立的建议，并将审查意见转审定人员；

2. 按照审查标准进行审查，对不符合审查标准的，提出不同意设立的理由，

并将审查意见转审定人员。

四、审定

●标准:同审查标准。

●本岗位责任人:科技与质量司负责人。

●岗位职责和权限:按照审定标准进行审定并提出审定意见,对不符合审定标准的,退审查人员处理。

●会签:征求有关司局意见。

五、公示

●本岗位责任人:科技与质量司五处人员。

●岗位职责和权限:负责将拟设立的国防计量技术机构在一定范围内进行公示。

●公示范围:国务院有关部门,省、自治区、直辖市国防科工委(办),各军工集团公司,国防科技工业有关企事业单位。

●公示形式:书面文件或上网公布。

六、批准

●标准:同审定标准。

●本岗位责任人:国防科工委领导。

●岗位职责和权限:根据审定意见及公示反馈意见进行核批,对符合标准的,作出批准设立的决定;对不符合标准的,作出不予批准设立的决定,并退审定人员处理。

七、告知

●标准:

1. 及时告知申请单位及相关部门(单位)审批结果;

2. 告知文件完整准确。

●本岗位责任人:科技与质量司五处人员。

●岗位职责及权限:

1. 对批准的申请,制作、下发告知文件;

2. 对未批准的申请,书面告知申请单位,说明理由及其相关权利和救济办法;

3. 审批文件的归档。

附件名称:《国防计量技术机构申请书》(含《最高计量标准一览表》《计量标准能力填报表》《计量人员一览表》《计量技术机构组织机构图》)。

附件(略)。

军工电子计量技术机构建立认定管理办法

(信部科〔2006〕733号)

第一章　总则

第一条　为了规范军工电子计量技术机构建立认定工作,根据《中华人民共和国行政许可法》《国防计量监督管理条例》《信息产业部负责实施的行政许可项目及其条件、程序、期限规定(第一批)》及其他有关法律、行政法规的规定,制定本办法。

第二条　军工电子计量技术机构的建立认定实施行政许可。未获得军工电子计量技术机构许可的单位,不得从事军工电子行业计量检定工作。

第三条　军工电子计量技术机构建立认定根据军工电子计量技术能力布局和发展需要,并兼顾电子信息产业的需要择优确定。

第四条　军工电子计量技术机构建立认定行政许可工作按信息产业部规定的范围分步实施。

第五条　信息产业部负责军工电子计量技术机构建立认定管理工作。

信息产业部设置军工电子计量技术机构建立认定办公室(以下简称许可办公室),负责日常工作。

第二章　申请与受理

第六条　申请建立军工电子计量技术机构的单位(以下简称申请单位),应当符合以下条件:

1. 具有独立法人资格;

2. 遵守国家和军工电子有关计量的法律、法规和规定;

3. 具有军工电子装备科研生产许可证(适用于新申请计量机构的单位);

4. 具备国防军工三级以上计量技术机构资格;

5. 在某个专业计量测试能力领先,或所在地区军工电子计量技术机构属空白确实需要建立的;

6. 质量管理和技术要求满足 GJB 15481—2001《检测实验室和校准实验室能力的通用要求》。

第七条 申请单位应当填写《军工电子计量技术机构申请书》一式二份，并附电子文本，同时提交以下证明文件及材料：

1. 申请单位营业执照或事业单位法人证书（复印件）；

2. 军工电子装备科研生产许可证（复印件）；

3. 申请军工电子装备科研生产许可时提交的保密资格证书（复印件）或军工主管单位（部门）保密部门出具的保密能力证明；

4. 电子二级或者国防军工三级以上计量技术机构证明（复印件）；

5. 本单位持有最高计量标准器具情况表及测试能力情况表；

6. 单位计量机构人员组成情况及持证情况等；

7. 计量技术机构组织结构图、资源、环境配备图等；

8. 实验室认可证书（复印件），或质量手册及程序文件。

第八条 申请单位在报送申请材料时，应采取一定的保密措施。

第九条 信息产业部在受理申请之日起五个工作日内对申请材料进行审查，根据不同情况做出是否受理的决定，并告知申请单位。受理申请之日起五个工作日内没有告知申请单位的，视为受理。

第三章 审查与批准

第十条 军工电子计量技术机构建立认定评审按《军工电子计量技术机构建立认定评审标准》执行。信息产业部组织专家进行审核，根据需要进行现场评审。

第十一条 信息产业部自受理申请之日起二十个工作日内，做出是否行政许可的决定。二十个工作日内不能做出决定的，经信息产业部负责人批准，可以延长十个工作日。

第十二条 信息产业部做出准予行政许可决定的，向申请单位颁发军工电子计量技术机构许可证书（以下简称许可证书），并在国防军工电子行业和信息产业内公布。

第十三条 信息产业部做出不予行政许可决定的，应当向申请单位书面说明理由。

第十四条 信息产业部组织专家进行材料审查和现场评审所需时间不得超过二个月，并依法不计算在信息产业部的审批期限内。

第十五条 许可证书主要包括以下内容：

1. 法人单位名称；

2. 注册地址；
3. 机构名称；
4. 开展计量检定的专业范围；
5. 发证时间和有效期限；
6. 发证机关。

第十六条　许可证书由信息产业部统一印制。

第四章　变更与延续

第十七条　许可证书的有效期限为五年，被许可单位在有效期内，要求变更行政许可事项的，应书面向信息产业部提出变更申请。

第十八条　信息产业部依据被许可单位书面变更申请，按不同情况分别做出处理。

第十九条　许可证书有效期届满需要继续使用的，应当在有效期届满四个月前，向信息产业部提出延续申请。逾期不提出延续申请的，许可证书有效期届满自行废止。

第二十条　信息产业部根据被许可单位的申请，在有效期届满前做出是否准予延续的决定。逾期未做决定的，视为准予延续。

第五章　附则

第二十一条　被许可单位每年对从事计量检定情况至少自检一次，并将自检结果报信息产业部。信息产业部采取抽查的方式，对被许可单位从事计量检定情况进行检查，履行监督责任。

第二十二条　本办法自颁布之日起实施。

军工电子计量技术机构建立认定实施细则

（信部科〔2006〕733 号）

第一章　总则

第一条　为了规范军工电子计量技术机构建立认定工作，根据《军工电子计量技术机构建立认定管理办法》制定本实施细则。

第二条　凡申请建立军工电子计量技术机构的单位（以下简称申请单位），

应当遵守本实施细则的规定。

第三条 军工电子计量技术机构建立认定根据军工电子计量技术能力布局和发展需要，同时兼顾电子信息产业的需要，择优确定。

第四条 军工电子计量技术机构建立认定行政许可工作按信息产业部的要求按计划实施。

第五条 信息产业部负责军工电子计量技术机构建立认定的管理工作，其主要职责：

1. 制定军工电子计量技术机构建立认定行政许可工作的政策、规章；

2. 负责军工电子计量技术机构建立认定的受理、审查、批准、发布等工作。

第六条 信息产业部设置军工电子计量技术机构建立认定行政许可办公室（以下简称许可办公室），许可办公室负责日常工作，其主要职责：

1. 编制军工电子计量技术机构行政许可的有关文件；

2. 受理军工电子计量技术机构的申请，负责申请资料的形式审查，组织专家进行文件审核和现场评审，提出批准的建议；

3. 对取得军工电子计量技术机构行政许可的单位进行监督检查，提出暂停、撤销军工电子计量技术机构的建议；

4. 受理许可证书的变更、延续等申请工作；

5. 建立、管理有关档案等日常工作。

第二章 申请与受理

第七条 申请单位按部《军工电子计量技术机构建立认定管理办法》和本细则的要求，提出军工电子计量技术机构建立认定的申请。

第八条 申请单位应当采取一定的保密措施，将申请材料报送许可办公室。申请材料包括《军工电子计量技术机构申请书》（见附件）一式二份和电子版文件，以及相关证明文件及材料。

第九条 许可办公室接收申请材料时，按下列情况分别做出处理：

1. 申请事项依法不属于许可范围的，不予接收；

2. 申请材料存在可以当场更正错误的，申请单位当场更正；

3. 申请材料不齐全或不符合规定要求的，当场或者在接收材料后五日内一次告知需要补正的全部内容、要求。

第十条 申请单位应按计划要求将补正材料交许可办公室。

第十一条 许可办公室在接收材料后五日内对申请资料进行初审。申请事项属于本行政许可职权范围，申请材料齐全的，且符合规定要求的，予以受理，出具《信息产业部军工电子计量技术机构建立认定受理通知书》；对不符合规定要

求的，不予受理，出具《信息产业部军工电子计量技术机构建立认定不予受理通知书》。

第十二条　逾期申请资料不齐未告知的，或未作出是否受理决定的，自申请资料收到之日起视为受理。

第三章　审查与批准

第十三条　军工电子计量技术机构建立认定行政许工作采取文件审核和现场评审的方式对申请材料的实质内容进行核实，文件审核和现场评审按照《军工电子计量技术机构建立认定评审标准》执行。

第十四条　许可办公室根据申请单位具体情况，选定有关专业的专家组成评审组。评审组由一名组长和若干名成员组成。

第十五条　评审组专家应具备以下条件：

1. 具有高级专业技术职称；

2. 具有较高政治思想素质，从事十年以上计量工作经验，熟悉军工电子计量行业相关政策和专业，了解电子计量发展。

第十六条　为保证评审工作的公正性，对评审组成员的选择坚持回避制度。

第十七条　评审组的职责：

1. 按照《军工电子计量技术机构建立认定管理办法》、本实施细则和《军工电子计量技术机构建立认定评审标准》等规定，进行文件审核和现场评审，形成评审意见，并报许可办公室；

2. 保证评审工作的客观、公正、透明；

3. 对申请单位的相关材料负有保密责任。

第十八条　评审组实行组长负责制，其职责：

1. 制定评审计划，分配和调整评审工作任务；

2. 主持评审会议；

3. 全面负责评审工作质量；

4. 起草评审意见及报告，并提交许可办公室。

第十九条　评审组成员的职责：

1. 在评审组组长分配的评审范围内进行评审，并对其评审结果负责；

2. 根据评审结果，对申请单位承担的专业领域内计量检定、校准能力提出意见；

3. 将评审意见整理成书面材料，提交评审组组长。

第二十条　在做出行政许可决定的过程中聘请专家对申请材料进行文件审核和现场评审，所需时间不计算在规定的期限内，但一般不得超过两个月。

第二十一条 许可办公室对审核及评审资料进行整理,提出是否予以许可的建议,报部批准。

第二十二条 信息产业部准予行政许可的,向申请单位颁发军工电子计量技术机构许可证书(以下简称许可证书),并在国防军工电子行业和信息产业内公布。

第二十三条 信息产业部不准予行政许可的,向申请单位出具《信息产业部不予军工电子计量技术机构建立认定决定书》,并说明理由。

第二十四条 军工电子计量技术机构许可证书中计量专业技术能力范围,按无线电、时间频率、电磁、几何量、热学、力学、化学、光学、声学、电离辐射划分。

证书设附表,列出具体的计量技术能力范围。

第二十五条 许可证书的编号方法。

第四章 变更与延续

第二十六条 被许可单位在有效期内,其法人名称、注册地址发生变更的,应在三十日内向许可办公室提出变更申请,申请资料交许可办公室。由许可办公室按照法定条件和程序进行核实,符合条件的,换发证书。

第二十七条 被许可单位法定代表人变更时应向许可办公室提交相关证明材料。

被许可单位的计量技术能力变更时,将变更申请和相关材料报许可办公室,经审查核实后,办理变更手续。

第二十八条 被许可单位应在许可证书有效期届满四个月前,向许可办公室提出延续申请。

信息产业部在有效期届满前进行审查核实并做出是否准予延续的决定。符合的,办理延续手续;不符合的,不予延续,并说明理由。

第二十九条 被许可单位逾期不提出延续申请的,许可办公室提出撤销的建议,报部审批后,予以撤销,许可证书有效期届满后自行废止。

第五章 监督检查

第三十条 被许可单位每年应对军工电子计量技术机构的工作情况进行检查,并将检查结果报许可办公室。信息产业部采取抽查的方式,对被许可单位进行监督检查。

第三十一条 依法被撤销行政许可的单位,一个月内将证书、公章等交回许可办公室,办理注销手续。

自撤销许可证书之日起二年内,不得再提出申请。

第六章　附则

第三十二条　本实施细则由信息产业部科技司负责解释。

第三十三条　本实施细则自颁布之日起实施。

第七章 军工能力建设方面的规章

关于推进军工企业股份制改造的指导意见

（科工法〔2007〕546 号）

各省、自治区、直辖市国防科工委（办）、发展改革委、经贸委（经委）、中小企业局（厅、办）、国资委，证监会，总装备部，各军工集团公司，国防科工委委管各单位：

为贯彻落实党的十六大、十六届三中、四中、五中和六中全会精神，落实《国务院关于鼓励支持和引导个体私营等非公有制经济发展的若干意见》（国发〔2005〕3 号）要求，积极探索在改革开放和社会主义市场经济条件下国防科技工业发展的新路子，深化军工企业改革，加快体制机制创新，进一步增强军工企业活力，促进国防科技工业全面、协调和可持续发展，经国务院同意，现就军工企业股份制改造工作提出如下意见。

一、充分认识军工企业股份制改造的重大意义

（一）推进军工企业股份制改造是当前和今后一段时期一项十分重要和紧迫的任务。近年来，在国家政策支持和引导下，军工企业改革不断深化，取得了一定成效。但由于多种原因，军工行业整体改革步伐缓慢，多数企业产权结构单一、机制不活、效益不高等长期存在的问题没有根本解决，这不仅严重制约了国防科技工业的持续、健康发展，而且难以适应中国特色军事变革的需要。随着企业改革的深化，军工行业壁垒逐渐被打破，许多具有技术和经济实力的非军工企业，包括民营企业、外资企业以及混合所有制企业积极参与武器装备的科研生产活动，军工企业面临越来越激烈的市场竞争。因此，必须通过体制机制创新，增强企业自主发展能力和市场竞争能力。加快推进军工企业股份制改造，既是适应社会主义市场经济发展的客观需要，也是解决影响军工企业改革发展深层次矛盾和问题的有效措施。

（二）军工企业股份制改造已具备了相应的条件。随着社会主义市场经济体制的不断完善，国有企业改革进一步深化，为军工企业股份制改造创造了良好的外部环境。与此同时，按照建立“小核心、大协作、寓军于民”新体系的要求，国防

科技工业调整改革不断深化，也为推进军工企业股份制改造创造了条件。目前除少数关系国家战略安全和涉及国家核心机密的重点军工企业外，多数军工企业承担的是军民两用产品或一般军用配套产品生产任务，改变了单一生产军品的状况。军工企业既是武器装备科研生产的骨干力量，又是国民经济建设的生力军，具有公益性和经营性双重属性，也应适应市场经济的发展要求。按照党的十六届三中全会关于使股份制成为公有制主要实现形式的要求，在保证国有经济控制力的前提下，符合条件的军工企业完全可以实行规范的股份制改造，为国防科技工业发展提供新动力。

（三）推进军工企业股份制改造是国防科技工业领域的一场深刻变革，意义重大。一是有利于打破行业、军民及所有制界限，拓宽融资渠道，充分利用社会各方面科技和经济力量进行国防建设，提升国防科技工业的整体能力和水平，促进国防科技工业寓军于民新体制和竞争、评价、监督、激励机制的建立。二是有利于军工企业建立规范的法人治理结构，转换经营机制，增强军工企业内在活力和自主发展能力，成为真正的市场主体。三是有利于军工企业国有资本合理流动和重组，实现资源优化配置和军工国有资产保值增值。要进一步解放思想，转变观念，与时俱进，充分认识军工企业深化改革的重要性和紧迫性，积极创造条件推进军工企业实施股份制改造。

二、推进军工企业股份制改造的指导思想、目标和基本原则

（四）军工企业股份制改造的指导思想是：以邓小平理论和“三个代表”重要思想为指导，全面贯彻落实党的十六大、十六届三中、四中、五中和六中全会精神，牢固树立科学发展观，坚持军民结合、寓军于民的方针，以完善公司法人治理结构、转换经营机制和提高经济效益为重点，积极稳妥和规范有序地推进军工企业股份制改造，建立适应社会主义市场经济和武器装备建设要求的新体制新机制，切实提高国防科技工业自主发展能力和整体素质，更好地满足国防建设和国民经济发展需要。

（五）军工企业股份制改造的主要目标是：力争用几年的时间，使符合条件的军工企业基本完成股份制改造，实现投资主体多元化，推动军工企业建立现代企业制度和现代产权制度，形成规范的法人治理结构，打造管理高效、机制灵活、决策科学的新型军工企业，建立起有效的激励机制和风险制约机制，使其成为真正的市场主体。

（六）军工企业股份制改造的基本原则是：坚持正确处理改革、发展和稳定的关系，改革方案要同武器装备发展和国民经济发展需要相适应；坚持分类指导，循序渐进，稳步推进股份制改造，确保国家对武器装备科研生产能力的控制力；

坚持严格审批、规范操作、有效监控，保证军工设备设施的安全、完整和有效；坚持保护各类投资主体的合法权利和维护职工的合法权益，防止军工国有资产流失和职工利益受到损害。

三、分类推进军工企业股份制改造

（七）军工企业关系国家安全，必须严格界定股份制改造的范围和程度，科学区分企业类型，统筹规划，选择试点，精心组织，分步实施。

（八）对从事战略武器装备生产、关系国家战略安全和涉及国家核心机密的少数核心重点保军企业，应继续保持国有独资，在禁止其核心保军资产和技术进入股份制企业的前提下，允许对其通用设备设施和辅业资产进行重组改制。

（九）对从事关键武器装备总体设计、总装集成以及关键分系统、特殊配套件生产的重点保军企业在保持国家绝对控股的前提下可以实施股份制改造。鼓励境内资本（指内资资本）参与企业股份制改造，允许企业在行业内部或跨行业实施以市场为主导的重组、联合或者兼并，允许企业非核心资产在改制过程中租赁、转让或拍卖。

（十）除上述两类企业外，对从事重要武器装备生产的其他重点保军企业，根据承制武器装备的重要程度，可实行国有绝对控股、相对控股、参股等多种形式的股份制改造，鼓励引入境内资本和有条件地允许外资参与企业股份制改造，鼓励符合条件的企业通过资本市场进行融资。

（十一）鼓励和支持以民为主，从事军民两用产品、一般武器装备及配套产品生产的军工企业引入各类社会资本实施股份制改造，具备条件的军工企业可以在国内外资本市场上融资。

（十二）国有独资的军工企业要按照《公司法》的要求，逐步建立董事会制度，规范公司的组织和行为。鼓励军工集团公司之间交叉持股，经批准允许其主营业务资产整体重组改制。

四、加强对军工企业股份制改造的监督管理

（十三）各有关部门要充分认识军工企业股份制改造的必要性、复杂性和艰巨性，以高度的政治责任感和历史使命感，转变观念，扎实工作，切实加强对军工企业股份制改造工作的组织领导和监督管理，确保军工企业股份制改造工作规范有序推进。

（十四）军工企业实施股份制改造，报国资委、国防科工委批准后，依照《企业国有资产监督管理暂行条例》等规定的法定程序实施。国防科工委会同总装备部和国家有关部门综合考虑武器装备战略影响大小、系统集成强弱和国防专用

程度高低等因素，制定军工企业核心保军资产和技术指导目录，实施目录管理，并根据发展需要进行动态调整。

（十五）军工企业实施股份制改造，要严格遵守国务院办公厅转发国务院国有资产监督管理委员会《关于规范国有企业改制工作意见的通知》（国办发〔2003〕96 号）等国家有关规范国有企业改制工作的规定。

（十六）军工企业实施股份制改造，应严格执行国家保密法律法规。企业要建立严格的保密议事规则，涉密董事、监事、股东在保密期限内必须承担保密义务，签订保密协议；要强化保密意识，落实保密责任，加强对涉密事项和涉密人员管理，严禁发生泄密事件。规范军工企业的信息披露，境内上市公司披露信息中涉及军品秘密的，可持国防科工委保密部门出具的证明，向证券交易所提出信息披露豁免申请。为军工企业股份制改造或上市提供服务的中介机构，必须符合国家有关保密要求的规定。

（十七）在非常情况下，国家可依据《宪法》《国防法》和国家有关法律法规，对武器装备科研生产、装备采购、战时动员以及承担武器装备科研生产改制企业等实行特别管制，确保武器装备科研生产任务的完成和国家安全。

五、加强相关政策法规和制度建设

（十八）加强政策的引导作用，鼓励和支持符合条件的军工企业实施股份制改造。国家为实施股份制改造的军工企业在军品市场准入、承担军品任务、投资、军工设备设施管理、税收和土地使用等方面创造良好的政策和法规环境。

（十九）建立和完善武器装备科研生产准入和退出制度。修改限制非国有资本进入武器装备科研生产领域的政策法规，扩大武器装备科研生产许可证发放范围，鼓励社会资本参与武器装备科研生产。根据国家有关武器装备科研生产许可证管理的规定，对股份制改造后符合条件的军品生产企业，国家将继续发放武器装备科研生产许可证，并对获得许可证的企业实行动态管理。

（二十）改革和完善国防科技工业投资体制。国家营造有利于各类投资主体参与军品科研生产公平、有序竞争的市场环境，促进生产要素的合理流动，优化投资结构，推进投资主体多元化。同时充分发挥国家投资的引导性作用和市场配置资源的基础性作用。国家对实施股份制改造的军工企业，继续给予军品科研生产必要的投资支持。

（二十一）加强军工设备设施管理。严格贯彻执行国家有关国防资产、军工设备设施管理的法律法规，规范股份制改造过程中军工设备设施使用、处置行为，保证军工设备设施的安全、完整和有效，确保武器装备科研生产能力不受损害，为武器装备科研生产提供重要基础保障。

（二十二）改革完善军品税收政策，为不同所有制企业从事武器装备科研生产创造公平竞争环境。实施股份制改造后的军工企业，符合有关规定的，国家将继续给予军品科研生产税收优惠政策。

涉军企事业单位改制重组上市及上市后资本运作军工事项审查工作管理暂行办法

（科工计〔2016〕209 号）

第一章　总则

第一条　为了保证军工能力安全、完整、有效和国家秘密安全，规范涉军企事业单位改制、重组、上市及上市后资本运作行为，依据《中华人民共和国国防法》《中华人民共和国保守国家秘密法》《武器装备科研生产许可管理条例》《军工关键设备设施管理条例》等法律、法规制定本办法。

第二条　本办法所称涉军企事业单位，是指已取得武器装备科研生产许可的企事业单位。

本办法所称军工事项，是指涉军企事业单位改制、重组、上市及上市后资本运作过程中涉及军品科研生产能力结构布局、军品科研生产任务和能力建设项目、军工关键设备设施管理、武器装备科研生产许可条件、国防知识产权、安全保密等事项。

第三条　本办法适用于国家国防科技工业局（以下简称国防科工局）对涉军企事业单位改制、重组、上市及上市后资本运作军工事项审查。军工事项外的其他事项，按照国家有关规定办理。

第四条　涉军企事业单位实施以下改制行为，须履行军工事项审查程序：

（一）国有独资军工企业改制为股权结构多元化的有限责任公司；

（二）涉军有限责任公司改制为股份有限公司；

（三）导致涉军企业实际控制人地位发生变化（含国有股权退出）的其他改制行为；

（四）涉军事业单位改制。

第五条　涉军企事业单位实施以下重组行为，须履行军工事项审查程序：

（一）涉军企事业单位及其控股涉军公司发生的合并、分立、清算注销；

（二）导致涉军企业实际控制人地位发生变化（含国有股权控制类别变更）

的增资扩股、投资主体多元化、股权处置(含减资退出、在产权交易市场挂牌交易)等行为;

(三)收购军工资产、以军工资产对外投资、军工资产对外转让(置换)等;

(四)其他重大涉军重组行为。

第六条　涉军企事业单位实施以下上市及上市后资本运作行为,须履行军工事项审查程序:

(一)涉军企事业单位及其控股的涉军公司发生的境内外资本市场首次公开发行股份并上市、涉军上市公司分拆子公司在境内外多层次资本市场上市(挂牌);

(二)涉军上市公司发行普通股、发行优先股、发行可转换公司债券(一般可转债、分离交易可转债)以及其他证券衍生品;

(三)上市公司收购涉军资产(企业)、涉军上市公司发行股份或现金收购资产、上市公司出让涉军资产、涉军资产置换;

(四)涉军上市公司的股东减持涉军上市公司股份、涉军上市公司的股东发行可交换债券、涉军上市公司持股激励等导致涉军上市公司实际控制人地位发生变化(含国有股权控制类别变更)的行为;

(五)其他涉及军工资产交易的行为。

第七条　涉军企事业单位在履行改制、重组、上市及上市后资本运作法定程序之前,须通过国防科工局军工事项审查,并接受相关指导、管理、核查。

涉军企事业单位实施改制、重组、上市及上市后资本运作,应严格遵守国家各项法律、法规,以及有关部门规章制度,符合国防科技工业发展规划和军品科研生产能力结构布局要求,有利于发展军工主业,保证军品科研生产能力不受影响,保证军工关键设备设施安全、完整和有效使用,保证国家秘密安全,保护国防知识产权不受损失,避免国有资产流失,确保军品科研生产任务完成。

第八条　涉军企事业单位改制、重组、上市及上市后资本运作过程中,对涉及国家战略安全的核心、重要军工能力(含资产和技术),不得自行拆分、划转。

第二章　职责分工

第九条　国防科工局负责组织、实施、指导、监督全国涉军企事业单位改制、重组、上市及上市后资本运作军工事项审查管理工作。

第十条　国家有关部门(单位)、地方国防科技工业管理部门、各军工集团公司、中国工程物理研究院和有关民口中央企业集团公司等,负责所辖(属)涉军企事业单位改制、重组、上市及上市后资本运作军工事项审查的申报工作。

第十一条　国防科工局负责组织、委托具有相应咨询评估资质及军工涉密业务咨询服务资格的咨询评估机构,对重大项目实施第三方评估。咨询评估机

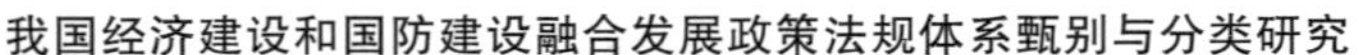

构接受委托后，按照有关规定制定工作方案，开展评估，出具评估报告，并保证评估过程和结果客观、独立、公正。评估机构须与委托部门签订保密协议。

第三章 审查流程

第十二条 国防科工局收到申报材料后，5 个工作日内完成申报材料的形式审查，合格后正式受理，并实施评估、审查，出具审查意见，过程中可视情要求申报单位补充必要材料。审查意见可以根据实际情况设定附加条件。

第十三条 国防科工局视情采取听取汇报、核查申报材料及必要附件，组织专家论证等方式进行审查，对于重大项目可委托第三方开展评估。

第十四条 申报单位应保证申报材料真实、完整、准确，并承担相应法律责任。

第十五条 改制事项，国防科工局一般在受理后 30 个工作日内完成审查，并出具审查意见；重组、上市及上市后资本运作事项，国防科工局一般在受理后 40 个工作日内完成审查，并出具审查意见。申报单位提交的方案出现重大修改时，审查时限重新计算。对情况特殊需要适当延期的，通知申报单位并说明理由。上述时限不含评估、征求有关部门意见和补充材料时间，评估工作一般在 20 个工作日内完成。

第四章 改制

第十六条 申报单位在改制方案确定后，应及时向国防科工局提交申报材料，履行规定的审查程序。

第十七条 涉军企事业单位改制重点审查内容：

（一）改制对军品科研生产能力结构布局和军品科研生产任务的影响；

（二）改制对军品科研生产能力管控的影响；

（三）股权方案合理性及是否能够保证军工能力安全完整有效；

（四）股东资格；

（五）安全保密工作方案有效性。

第五章 重组

第十八条 申报单位在重组方案确定后，应及时向国防科工局提交申报材料，履行规定的审查程序。

未通过国防科工局军工事项审查，涉军企事业单位不得自行实施重组。

第十九条 涉军企事业单位重组重点审查内容：

（一）重组对军品科研生产能力结构布局和军品科研生产任务的影响；

（二）重组对军品科研生产能力管控的影响；

（三）重组方案是否符合国防科技工业相关管理规定；

（四）重组方向是否符合国防科技工业发展规划要求；

（五）重组对国防科技工业创新的作用及国防知识产权管理情况；

（六）重组中军工能力拆分、转移、整合情况；军工关键设备设施管理及处置是否符合相关规定；重组是否能够保证军工能力安全完整有效；

（七）重组各方从事涉军业务的资格和资质；是否存在新设企业法人主体未取得武器装备科研生产许可，直接从事许可范围内涉军业务的情况；

（八）安全保密工作方案有效性；

（九）其他。

第六章　上市及上市后资本运作

第二十条　首次公开发行股票，应在方案完成后及时向国防科工局申报；采用其他交易方式的，应在上市公司证券停牌后15个工作日内（不需停牌的，在公告预案前），向国防科工局申报，履行规定的军工事项审查程序，并接受国防科工局指导。

未通过国防科工局军工事项审查，上市公司不得公告有关预案，以及召开董事会、股东大会履行法定程序。正式方案出现重大调整的项目，须重新履行军工事项审查程序。

第二十一条　涉军公司上市及上市后资本运作重点审查内容：

（一）上市及上市后资本运作对军品科研生产能力结构布局和军品科研生产任务的影响；

（二）上市及上市后资本运作对军品科研生产能力管控的影响；

（三）上市及上市后资本运作方案和股权设置是否符合国防科技工业相关管理规定；

（四）上市及上市后资本运作是否符合国防科技工业发展规划要求；

（五）上市及上市后资本运作对国防科技工业创新的作用；国防知识产权管理是否符合相关规定；

（六）上市及上市后资本运作涉及的军工能力拆分、转移、整合情况；军工关键设备设施管理及处置是否符合相关规定；上市对军工能力安全完整有效性的影响；

（七）上市及上市后资本运作有关各方从事涉军业务资格和资质情况。是否存在新设企业法人主体未取得武器装备科研生产许可，未经批准直接从事许可范围内涉军业务，并注入上市公司的情况；是否存在涉军资产，未经批准注入无

相应资质上市公司的情况；

（八）安全保密工作方案及信息披露制度的有效性；

（九）资本运作对军工能力管控造成的风险分析及防控措施的有效性；

（十）其他。

第二十二条 申报单位在通过军工事项审查后，按相关规定办理涉密信息披露审查。

第七章 特定事项和各方责任

第二十三条 改制、重组、上市及上市后进行资本运作的涉军企事业单位在公司（组织）章程中，应设立军工事项特别条款。

第二十四条 涉军企事业单位改制、重组、上市及上市后资本运作过程中，国家以资本金注入方式投入的军工固定资产投资及其形成的军工资产，应按照有关规定转为国有股权，由明确的国有资产出资人代表享有；暂不具备转换为国有股权条件的，可以计入国有债权或国有独享资本公积，并在明确规定的时限内转为国有股权。以其他方式投入的，应确保形成的军工能力和军工资产安全完整有效。

第二十五条 国有军工企业上市融资和国有股权转让收入使用应有利于提升军品科研生产能力，有利于推进科技创新，有利于军民结合产业发展。

第二十六条 涉军企事业单位实施改制、重组、上市及上市后资本运作，其实际控制人、主要股东、董事、监事、理事和高级管理人员，须接受有关部门的保密审查。

第二十七条 建立涉军上市公司年度报告制度。涉军上市公司应于每年五月底前，按规定向国防科工局报告本公司上一年度军工事项及相关信息，重大事项需实时报告。

第二十八条 涉军企事业单位聘请的相关中介机构应具有从事军工涉密业务咨询服务资格。

第二十九条 投资者对涉军上市公司股份实施重大收购，收购方独立或与其他一致行动人合并持有公司股份达到5%时，收购方应在股权交割后向国防科工局备案。

第三十条 涉及军工事项审查的有关部门和单位及其工作人员，在改制、重组、上市及上市后资本运作工作过程中，必须严守工作纪律，保守国家秘密，维护市场公平和秩序，不得泄露商业秘密，不得利用非公开信息为本人及他人谋取不正当利益。

第三十一条 实施改制、重组、上市及上市后资本运作的涉军企事业单位及

其归属的集团公司，未按本办法规定履行相关事项申报等义务，国防科工局责令改正；造成严重后果的，国防科工局暂停其改制、重组、上市及上市后资本运作军工事项审查，按有关规定给予相应处罚，并通报国家有关部门；涉军企事业单位及其归属的集团公司、中介机构及上述单位工作人员，提供虚假材料、不履行规定程序、泄露信息等，造成重大工作失误的，依法追究相关单位和个人责任，并纳入失信清单管理；国家工作人员玩忽职守、泄露信息，对审查管理工作造成影响的，视情节轻重，由其所在单位给予党纪政纪处分；触犯法律的，追究其法律责任。

第三十二条　申报单位向国防科工局提交申报材料时，应充分考虑军工事项审查工作时限。因申报单位未及时提交申报材料而对重组上市造成影响的，由申报单位自行承担相应责任。

第八章　附则

第三十三条　涉军企业在全国中小企业股份转让系统挂牌交易及实施本办法第五条规定的资本运作行为，按本办法履行军工事项审查程序。

第三十四条　未取得武器装备科研生产许可，但控股子公司取得武器装备科研生产许可的企事业单位实施本办法规定的改制、重组、上市及上市后资本运作行为，按照本办法履行军工事项审查程序。

第三十五条　取得武器装备科研生产单位保密资格，但未取得武器装备科研生产许可的企事业单位实施改制、重组、上市及上市后资本运作，按有关规定办理涉密信息披露审查。

第三十六条　本办法由国防科工局负责解释。

第三十七条　本办法自印发之日起生效。《涉军企事业单位重组上市军工事项审查暂行办法》（科工财审〔2010〕1718 号）同时废止。

第八章　固定资产投资方面的规章

国防科技工业固定资产投资项目招标投标管理暂行办法

（科工技〔2008〕39 号）

第一条　为了规范国防科技工业固定资产投资项目（以下简称军工投资项目）的招标投标活动，根据《中华人民共和国招标投标法》，结合军工投资项目实际，制定本办法。

第二条　本办法适用于军工投资项目的勘察、设计、施工、监理、保险以及与工程建设有关的设备、材料采购的招标投标管理。

第三条　军工投资项目招标投标活动应遵循公开、公平、公正和诚实守信的原则，涉密项目还应符合保密规定。

第四条　军工投资项目有下列情形之一的，应当进行招标：

（一）勘察、设计、监理、保险等服务项目，单项合同估算价在 50 万元人民币以上；

（二）土建、安装等施工项目，单项合同估算价在 200 万元人民币以上；

（三）设备、材料等采购项目，单项合同或单台（套）设备估算价在 100 万元人民币或 10 万美元以上；

（四）单项合同或单台设备估算价低于本条（二）、（三）款标准，但项目中同类物项合同估算价之和达到上述标准；

（五）法律、法规规定的其他情形。

第五条　军工投资项目应采用公开招标方式，但有下列情形之一的可邀请招标：

（一）因技术复杂或有特殊要求，只有少量几家潜在投标人可供选择；

（二）受自然地域环境限制；

（三）涉及国家安全、国家秘密或者灾后重建，适宜招标但不宜公开招标；

（四）拟公开招标的费用与合同估算价格相比过高，公开招标得不偿失；

（五）研制采购专用非标准设备设施；

（六）法律、法规规定不宜公开招标的其他情形。

第六条　军工投资项目应采用委托招标方式，但招标人具备下列条件的可自行招标：

（一）具有法人资格；

（二）具有与招标项目规模和复杂程度相适应的技术、概预算、财务和管理等方面的专业力量，拥有中级以上专业技术职称的专职人员不少于 10 人，其中通过招标投标执业资格认定的人员不少于 2 名；

（三）招标人或其招标工作人员近 3 年有从事同类项目招标的经验；

（四）有从事招标管理工作的常设机构；

（五）熟悉和掌握招标投标法律及相关规定。

第七条　军工投资项目有下列情形之一的可不招标：

（一）具体事项涉及国家秘密，招标过程中秘密无法或很难保全；

（二）主要工艺、技术需要采用特定专利或者专有技术；

（三）武器装备应急动员（含演练）配套建设，以及现有设备、设施或信息产品升级改造，且不宜进行招标；

（四）承包商、供应商或者服务提供者少于 3 家（不含）；

（五）在合同执行过程中或合同执行完毕后需要追加工程、货物或服务，追加合同金额不超过原合同金额 10%，且追加金额累计不超过 200 万元人民币；或者改变承包商、供应商、服务提供者将明显影响功能配套要求；

（六）法律、法规规定的其他情形。

第八条　军工投资项目申报单位应按照本办法第四、五、六、七条，提出项目招标方案，并编入该项目可行性研究报告或资金申请报告，由具有项目审批权的部门在审批可行性研究报告或资金申请报告时一并核准。

招投标方案申报的具体要求按照《国防科技工业固定资产投资项目申报和审批若干规定》（科工计〔2006〕948 号）执行。

第九条　招标方案一经核准应严格执行。项目实施过程中确因情况变化，需要变更招标方案的，由项目单位报请原核准部门（单位）重新核准。

因项目建设内容调整而需相应调整招标方案的，由具有审批权的部门（单位）在批复建设内容调整方案时一并核准。

第十条　军工投资项目招标方案核准后，由项目单位具体组织实施。实施过程中的招标代理、发标、投标、开标、评标、定标等具体活动，应严格按照国家有关法律、法规执行。

第十一条　军工涉密项目采取委托招标的，招标人应委托经国防科工委认定的符合保密条件的招标代理机构。

第十二条 参与涉密事项招标工作的招标代理机构应加强招标过程的保密管理,并与相关投标人和评标专家签订保密协议。采取自行招标的,招标人应与相关投标人和评标专家签订保密协议。

涉密事项的招标,应要求投标人在投标文件中编制保密方案。

第十三条 国防科工委组织对军工投资项目招投标情况进行检查。对违反国家招标投标有关规定及本办法的,按照相关法律法规的有关规定进行处理。

第十四条 本办法自2008年3月1日起施行。《国防科工委关于固定资产投资建设项目招投标管理若干问题的通知》(科工计〔2002〕772号)同时废止。

国防科技工业固定资产投资项目招标投标管理暂行办法实施细则

(科工财审〔2012〕1402号)

第一章　总则

第一条 为规范国防科技工业固定资产投资项目(以下称军工投资项目)的招标投标动,根据《中华人民共和国招标投标法》《中华人民共和国招标投标法实施条例》《国防科技工业固定资产投资项目招标投标管理暂行办法》(以下称《暂行办法》)及相关管理规定,结合军工投资项目招标投标实际情况,制定本细则。

第二条 由国防科工局及原国防科工委审批或审核后报国务院审批、全部或部分使用财政性资金的军工投资项目,其建设内容符合《暂行办法》规定的招标范围的,均应依据本细则组织开展招标投标工作。

第三条 军工投资项目招标投标活动应遵循公开、公平、公正和诚实信用的原则,涉密项目应符合保密规定。

第四条 军工投资项目招标投标活动由国防科工局负责监督管理。具体包括:

(一)核准中央单位军工投资项目招标方案,并抄送相关省、自治区、直辖市国防科技工业管理部门(以下称地方国防科技工业管理部门);

(二)核准中央单位项目实施过程中因情况变化应招标不招标的调整,并抄送相关地方国防科技工业管理部门;

(三)核准中央单位项目实施过程中需报国防科工局审批的建设内容调整引起的招标方案调整,并抄送相关地方国防科技工业管理部门;

（四）指导和管理地方国防科技工业管理部门招标投标监督管理工作；

（五）组织建立统一的军工行业招标投标信用体系；

（六）组织对军工投资项目招标投标情况进行检查并对违规行为进行处罚。

第五条　地方国防科技工业管理部门负责本行政区域军工投资项目招标投标管理相关工作，具体包括：

（一）核准地方单位项目招标方案；

（二）核准地方单位项目实施过程中招标方案的调整；

（三）核准中央单位项目实施过程中因情况变化确需变更招标方案（除应招标不招标外）的调整；

（四）负责本行政区域项目招标投标活动的过程监督管理；

（五）负责本行政区域项目招标投标活动的专项检查；

（六）国防科工局委托的其他相关工作。

第二章　招标

第六条　军工投资项目的招标范围、招标方式及招标组织形式按照《暂行办法》有关规定执行。

第七条　军工投资项目应按照《暂行办法》规定提出项目招标方案，并编入项目可行性研究报告或资金申请报告，按照审批权限由国防科工局或地方国防科技工业管理部门在审批可行性研究报告或资金申请报告时一并核准。

招标方案申报的具体要求按照国防科技工业固定资产投资项目申报和审批管理有关规定执行。

项目单位或受项目单位委托的咨询设计单位要加强项目前期调研与论证，编制切实可行的招标方案。

第八条　采用委托招标的，所选择的招标代理机构须具备相关主管部门颁发的相应资质，同时还应具备中央投资项目招标代理机构相应资质。招标人应当与被委托的招标代理机构签订书面委托合同，合同约定的收费标准应当符合国家有关规定。

第九条　开展招标活动应当具备下列条件：

（一）招标人已经依法成立；

（二）按照规定需要履行审批或核准手续的，已经履行完毕；

（三）有相应资金或者资金来源已经落实；

（四）有招标所必需的设计图纸及相关技术资料；

（五）法律法规规定的其他条件。

第十条　招标人可以根据招标项目本身的特点和需要，要求潜在投标人或

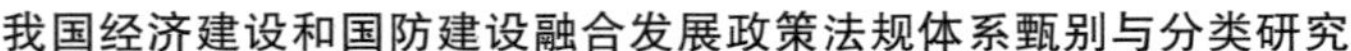

者投标人提供有关资格证明材料,对潜在投标人或者投标人进行资格审查。

第十一条 招标人采用资格预审办法对潜在投标人进行资格审查的,应当在国家指定的报刊、信息网络或者其他媒介上发布资格预审公告,并编制、发出资格预审文件。编制的资格预审文件,应当使用国务院发展改革部门会同有关行政监督部门制定的标准文本。资格预审文件的发售期不得少于5日。提交资格预审申请文件的时间,自资格预审文件停止发售之日起不得少于5日。

招标人可以对已发售的资格预审文件进行必要的澄清或者修改。澄清或者修改的内容可能影响资格预审申请文件编制的,招标人应当在提交资格预审申请文件截止时间至少3日前,以书面形式通知所有获取资格预审文件的潜在投标人;不足3日的,招标人应当顺延提交资格预审申请文件的截止时间。

潜在投标人或者其他利害关系人对资格预审文件有异议的,应当在提交资格预审申请文件截止时间2日前提出。招标人应当自收到异议之日起3日内作出答复;作出答复前,应当暂停招标投标活动。

资格预审由招标人组建的资格审查委员会负责。经资格预审后,招标人应当向资格预审合格的潜在投标人发出资格预审合格通知书,告知获取招标文件的时间、地点和方法,并同时向资格预审不合格的潜在投标人告知资格预审结果。

未通过资格预审的申请人不得参加投标。通过资格预审的申请人不足3个的,招标人应当重新招标。

第十二条 招标人采用公开招标方式的,应当在国务院发展改革部门依法指定的媒介发布。在不同媒介发布的同一招标项目的资格预审公告或者招标公告的内容应当一致。任何单位和个人不得非法干涉、限制招标公告的发布地点、发布范围和发布方式。

采用邀请招标方式的、应当向3个以上(含3个)具备承担招标项目所需资质和能力的、资信良好的特定法人或者其他组织发出投标邀请书。

第十三条 招标人应当按招标公告或者投标邀请书规定的时间、地点发售招标文件。招标文件应当使用国务院发展改革部门会同有关行政监督部门制定的标准文本。自招标文件开始发售之日起至停止发售之日止,最短不得少于5日。除招标人中止招标的情况外,招标文件发售后,不予退还。

第十四条 招标人根据招标项目的具体情况,可以组织已购买招标文件的潜在投标人踏勘项目现场,并书面回答潜在投标人提出的疑问。招标人不得单独或者分别组织个别潜在投标人踏勘现场。潜在投标人应自行承担现场踏勘的费用和风险。潜在投标人亦可放弃现场踏勘的权利。

第十五条 在提交投标文件的截止时间前,招标人可对已发出的招标文件

进行必要的澄清或者修改。澄清或者修改的内容可能影响投标人编制投标文件的，招标人应当在提交投标文件截止时间至少 15 日前，以书面形式通知所有获取招标文件的潜在投标人；不足 15 日的，招标人应当顺延提交投标文件的截止时间。

潜在投标人在投标截止时间 10 日以前对招标文件一次性提出的澄清要求，招标人应当以书面形式予以答复（答复中不包括问题的来源），同时将书面答复发给每个购买招标文件的潜在投标人。

第十六条 招标人应当确定投标人编制投标文件所需要的合理时间；自招标文件开始发售之日起至投标文件递交截止之日止，不得少于 20 日。

第十七条 除因不可抗力原因外，招标人不得在发布资格预审公告、招标公告后或发出投标邀请书后擅自终止招标。

终止招标的，招标人应当及时通过原公告媒介发布终止招标的公告，或者以书面形式通知已购买招标文件或被邀请的潜在投标人；已收到资格预审申请文件、投标文件或已收取投标保证金的，招标人还应当及时退还所收取的资格预审文件、招标文件的费用，以及所收取的投标保证金。

第十八条 招标人可以在招标文件中要求投标人提交投标保证金。投标人应当按照招标文件要求提交投标保证金，否则其投标作废标处理。

投标保证金形式和金额在招标文件中约定，投标保证金不得超过招标项目估算价的 2%。投标保证金有效期应当与投标有效期一致。

投标人在投标截止时间之前书面通知招标人撤回已提交投标文件的，招标人应当自接到投标人书面撤回通知后 5 日内返还其投标保证金。投标人在投标有效期内撤销其投标的，招标人可不予退还其投标保证金。

第十九条 招标人应当在招标文件中规定投标有效期。投标有效期从招标文件规定的提交投标文件截止之日起计算。在投标有效期结束前未能完成评标的，招标人可以书面形式要求所有投标人延长投标有效期。投标人同意延长的，不得要求或者被允许修改其投标文件的实质性内容，但应当相应延长其投标保证金的有效期；投标人拒绝延长的，其投标失效，但投标人有权收回其投标保证金。

第二十条 招标人在招标采购实施前应向地方国防科技工业管理部门就招标实施方案进行备案（格式见附件 1）。

第二十一条 招标人应按照国家招标投标相关法律、法规的规定和核准的招标方案进行招标。项目实施过程中招标方案确需变更的，招标人应按本细则第四条、第五条规定向具有审批权的部门（单位）提出申请。

向国防科工局申请变更原招标方案的，核准程序按国防科技工业固定资产

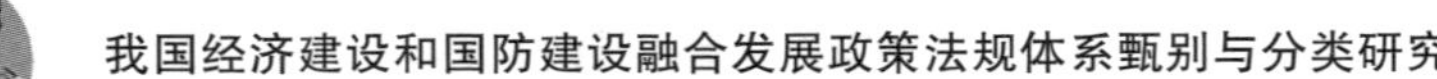

投资项目申报和审批管理有关规定执行。

向所在地地方国防科技工业管理部门申请变更原招标方案的，上报招标方案变更申请表（格式见附件 2），经地方国防科技工业管理部门批准后实施。在申请材料齐全的情况下，地方国防科技工业管理部门原则上应在 5 日内作出批复。

第二十二条 采取委托招标的涉密项目，招标人应按照军工涉密业务咨询服务安全保密监督管理的有关规定，委托符合保密资格要求的招标代理机构实施。参与涉密事项招标工作的招标代理机构应加强招标过程的保密管理，并与相关投标人和评标专家签订保密协议。采取自行招标的涉密项目，招标人应与相关投标人和评标专家签订保密协议。涉密事项的招标，应要求投标人在投标文件中编制保密方案。

第三章 投标

第二十三条 投标人应当具备承担招标项目的能力和资质；符合国家有关规定和招标文件对投标人资格条件的要求。

第二十四条 与招标人存在利害关系可能影响招标公正性的法人、其他组织或者个人，不得参加投标。

单位负责人为同一个人或者存在控股、管理关系的不同单位，不得参加同一标段投标或者未划分标段的同一招标项目投标。

违反前两款规定的，相关投标无效。

第二十五条 投标人应当按照招标文件的要求编制投标文件。投标文件应当对招标文件提出的实质性要求和条件作出响应。投标文件包括的内容应符合相关法规的要求。

第二十六条 投标人应按照招标文件要求提交投标文件。投标人撤回已提交投标文件的，应当在投标截止时间之前书面通知招标人。

在投标截止时间之后，除应评标委员会要求进行澄清、说明、补正外，投标人修改投标文件内容的，招标人应当拒绝。

第二十七条 投标人根据招标文件载明的项目实际情况，拟在中标后将中标项目的部分非主体、非关键性工作进行分包的，应当在投标文件中载明。

第二十八条 有关投标人的规定同时适用于资格预审申请人。

第四章 开标、评标和定标

第二十九条 开标应当在招标文件确定的提交投标文件截止时间的同一时间公开进行；开标地点应当为招标文件中预先确定的地点。投标人有权决定是

否派代表参加开标。投标人未派代表参加开标的，视为默认开标结果。

第三十条　投标文件有下列情形之一的，视为无效投标，招标人应当拒收：

（一）未通过资格预审的申请人提交的投标文件；

（二）逾期送达的或者未送达指定地点的；

（三）未密封或者未按招标文件要求密封的。

招标人应当如实记载投标文件的送达时间和密封情况，并存档备查。

第三十一条　评标由招标人依法组建的评标委员会负责。评标委员会应当遵循公平、公正、科学、择优的原则，按照招标文件规定的标准和方法对投标文件进行评审。招标文件没有规定的评标标准和方法，不得作为评标的依据。

在评标过程中，评标委员会应以书面方式要求投标人对投标文件中含义不明确、同类问题表述不一致或者有明显文字和计算错误的内容作必要的澄清、说明或者补正，但不得改变投标文件的实质性内容。澄清、说明或者补正应当以书面方式进行。评标委员会不得向投标人提出带有暗示性或者诱导性的问题。

第三十二条　评标委员会由招标人依法组建。评标委员会成员由招标人代表以及招标人以外的有关技术、经济等方面的专家组成，成员人数为 5 人以上（含 5 人）单数，其中招标人以外的技术、经济等方面的专家不得少于成员总数的 2/3。

评标专家专业分类标准和管理办法按照国务院发展改革部门会同国务院有关部门制定的办法实施。

第三十三条　招标人应当按照招标文件规定的时间、地点开标。

投标人少于 3 个的，不得开标，招标人应当重新招标。重新招标后投标人仍少于 3 个的，如有两家投标，招标人可进行两家开标；如只有一家投标，经评标委员会评审认可后，招标人可进行谈判采购。招标人应于合同签订后 15 日内，将相关情况向地方国防科技工业管理部门备案（格式见附件 3）。

第三十四条　有下列情形之一的投标文件，由评标委员会评审后作废标处理：

（一）投标函无投标人盖章（国际招标项目中国外投标人除外），或者无法定代表人或者其授权代理人签字或者盖章的，或者虽有代理人签字但无法定代表人出具的授权委托书的；

（二）联合体投标未附联合体各方共同投标协议的；

（三）没有按照招标文件要求提交投标保证金的；

（四）投标函未按招标文件规定的格式填写，内容不全或者关键字迹模糊无法辨认的；

（五）投标人不符合国家或者招标文件规定的资格条件的；

（六）投标人名称或者组织机构与资格预审时不一致且未提供有效证明的；

（七）投标人提交两份或者多份内容不同的投标文件，或者在同一份投标文件中对同一招标项目有两个或者多个报价（按招标文件要求提交备选方案的除外），且未声明哪一个为最终报价的；

（八）串通投标、以行贿手段谋取中标、以他人名义或者其他弄虚作假方式投标的；

（九）报价明显低于成本价，且投标人不能合理说明或者提供相关证明材料，经评标委员会认定该投标人以低于成本报价竞标的；

（十）无正当理由不按要求对投标文件进行澄清、说明或者补正的；

（十一）没有对招标文件提出的实质性要求和条件作出响应的；

（十二）招标文件明确规定可以废标的其他情形；

评标委员会对所有投标作废标处理的，招标人应当重新招标；评标委员会对一部分投标作废标处理后，其他有效投标不足 3 个使得投标明显缺乏竞争，决定否决全部投标的，招标人也应当重新招标。

评标委员会应在评标报告中逐一详细说明废标的理由。

第三十五条　评标委员会完成评标后，应当向招标人提交书面评标报告并推荐中标候选人。评标委员会推荐的中标候选人应当限定在 1 至 3 人，并标明排列顺序。

评标报告应当由评标委员会全体成员签字。对评标结果有不同意见的评标委员会成员应当以书面形式说明其不同意见和理由，评标报告应当注明该不同意见。评标委员会成员拒绝在评标报告上签字又不书面说明其不同意见和理由的，视为同意评标结果。

第三十六条　评标委员会提出书面评标报告后，招标人一般应在 15 日内确定中标人，但最迟应在投标有效期结束日 30 日前确定，并发出中标通知书，同时，将中标结果通知所有未中标的投标人。招标人也可以授权评标委员会直接确定中标人。

招标人应当确定排名第一的中标候选人为中标人，排名第一的中标候选人放弃中标、因不可抗力提出不能履行合同、未按招标文件规定提交履约保证金的，或者被有关部门查实存在影响中标结果的违法行为、不具备中标资格等情形的，招标人可确定排名第二的中标候选人为中标人或者重新招标，以此类推。

招标人不得在评标委员会推荐的中标候选人之外确定中标人。

第三十七条　评标结果需要公示的应当在国家有关主管部门指定网站进行公示。

第三十八条　招标人和中标人应当自中标通知书发出之日起 30 日内，按照招标文件和中标人的投标文件订立书面合同。招标人不得提出超出招标文件和

中标人的投标文件规定的要求，以此作为发出中标通知书或者签订合同的条件。招标人和中标人不得再行订立背离合同实质性内容的其他协议。

招标人或招标代理机构应于合同签订后5日内，向中标人和未中标的投标人退还投标保证金。

第三十九条　招标人应当自中标通知书发出之日起15日内，向地方国防科技工业管理部门提交该次招标情况的书面报告及《中标通知书》复印件。

第四十条　招标人及其委托的招标代理机构应当妥善保管招标过程中的文件资料，包括委托代理合同、保密协议（如适用）、招标文件、投标文件、中标通知书、合同（限招标人存）等，存档备查。招标结束后，招标代理机构须将招标过程中的文件资料正本及原件移交招标人，同时保存副本及复印件备查。

中标人的投标文件应自中标通知书发出之日起至少保存15年，或者自项目验收之日起至少保存5年，以两者孰长为准；未中标投标人的投标文件自项目验收之日起至少保存5年。

第四十一条　项目单位在申请军工投资项目竣工验收前，应向地方国防科技工业管理部门提出项目招标投标专项检查申请，由地方国防科技工业管理部门组织专项检查，出具招标投标专项检查意见，作为项目竣工验收的依据文件之一。招标投标专项检查办法另行制定。

第四十二条　国防科工局、地方国防科技工业管理部门可视情况对招标投标活动进行现场监督，但监督过程中不得以任何方式非法干涉正常的招标投标活动。

第五章　投诉与处理

第四十三条　投标人或者其他利害关系人认为军工投资项目招标投标活动不符合法律、行政法规以及本办法有关规定的，可以自知道或者应当知道之日起10日内向国防科工局或所在地地方国防科技工业管理部门投诉。投诉应当有明确的请求和必要的证明材料。

就本细则第十一条、第二十三条、第二十六条投诉的，应当先向招标人提出异议，异议答复期间不计算在前款规定的期限内。

第四十四条　投诉人就同一事项向两个以上有权受理的行政监督部门投诉的，由最先收到投诉的行政监督部门负责处理。

国防科工局或地方国防科技工业管理部门应当自收到投诉之日起3个工作日内决定是否受理投诉，并自受理投诉之日起30个工作日内作出书面处理决定；需要检验、检测、鉴定、专家评审的，所需时间不计算在内。

投诉人捏造事实、伪造材料或者以非法手段取得证明材料进行投诉的，国防

科工局、地方国防科技工业管理部门应当予以驳回。

第四十五条 国防科工局或地方国防科技工业管理部门处理投诉，有权查阅、复制有关文件、资料，调查有关情况，相关单位和人员应当予以配合。必要时，国防科工局或地方国防科技工业管理部门可以责令招标人暂停招标投标活动。

有关工作人员对受理投诉过程中知悉的国家秘密、商业秘密，应当依法予以保密。

第六章 罚则

第四十六条 招标人有下列行为之一的，记入行业信用记录，责令限期整改，并视情节轻重予以通报批评；出现军工项目招投标重大违纪违规行为处理有关规定所述问题的，按其规定一并处罚：

（一）规避招标、应招标不招标的；

（二）虚假招标、限制或者排斥潜在投标人投标的；

（三）应委托招标而采用自行招标的，或委托的招标代理机构资质不符合要求的；

（四）应公开招标而采用邀请招标的；

（五）资格审查委员会或评标委员会的组建及人员组成不符合法定要求的；

（六）以明示或者暗示的方式偏袒或者排斥特定投标人，影响资格审查或评标的；

（七）有泄露预算或概算、评标委员会名单或授意投标人修改投标文件等与投标人串通投标行为的；

（八）除因不可抗力取消招标项目外，擅自终止招标的；

（九）中标通知书发出后无正当理由改变中标结果的；

（十）无正当理由不接受评标结果，或不与中标人签订合同，或在签订合同时向中标人提出附加条件的。

第四十七条 自行招标中，招标人有下列行为之一的，记入行业信用记录，责令限期整改，并视情节轻重予以通报批评；出现军工项目招投标重大违纪违规行为处理有关规定所述问题的，按其规定一并处罚：

（一）应当发布而未在指定媒介发布资格预审公告、招标公告或结果公告（公示）的；

（二）在两个以上媒介发布的同一招标项目的招标公告或者资格预审公告的内容实质性不一致，影响潜在投标人申请资格预审或者投标的；

（三）资格预审文件或招标文件发出时间、澄清或者修改的通知时间，以及留

给投标人编制投标文件的时间不符合招标投标法和本细则规定的；

（四）招标文件的实质性要求和条件违反有关规定的；

（五）通过资格预审的投标人数达到要求的情况下，邀请未通过资格预审的供应商参加投标的；

（六）未按规定在指定媒介公示依法必须公开招标项目结果公告（公示）或中标候选人的；

（七）无正当理由不按规定期限发出中标通知书的；

（八）国家相关法律法规禁止的其他行为。

第四十八条　委托招标中，招标代理机构有下列行为之一的，全行业通报，记入行业信用记录，3 年内不得从事军工项目招标代理工作，同时向国家招投标资格认定和管理部门通报相关情况：

（一）超出具备的资格范围进行代理的；

（二）在所代理的招标项目中投标或者代理投标，或者向该项目投标人提供咨询服务的；

（三）存在本细则第四十六条规定第（五）至（七）条所述行为的；

（四）存在本细则第四十七条规定所述行为的；

（五）国家相关法律法规禁止的其他行为。

第四十九条　投标人有下列行为之一的，予以警告通报并记入行业信用记录，其投标将被废标，5 年内不得参与军工投资项目的投标：

（一）相互约定投标报价、约定中标等投标人间串通投标的；

（二）与招标人或招标代理机构串通投标的；

（三）伪造资料或冒充他人名义投标的；

（四）中标后非法分包、转包的；

（五）无正当理由不与招标人签订合同，或在签订合同时向招标人提出附加条件的，或签订合同后拒不履约的；

（六）以非法手段或者渠道获取的证据材料提出异议或者投诉，或者以阻碍招标投标活动正常进行为目的恶意异议或者投诉的；

（七）国家相关法律法规禁止的其他行为。

第五十条　评标委员会（或资格审查委员会）专家有下列行为之一的，全行业通报，记入行业信用记录，3 年内不得担任军工投资项目评标专家，同时向国家招投标管理相关部门通报相关情况：

（一）收受投标人的财物或其他好处的；

（二）向他人透露评标过程和评审情况的；

（三）擅离职守等影响评标程序正常进行的；

（四）应当回避而不回避的；

（五）未按资格预审文件或招标文件规定的评标标准和方法评标的；

（六）对评标报告有异议不签署评标报告，但拒不以书面方式阐述其不同意见和理由的；

（七）不能客观公正地履行职责的；

（八）国家相关法律法规禁止的其他行为。

评标委员会中招标人代表或招标代理机构代表，如出现本条款类似情形，参照评标专家相关处罚规定予以处理；如该人员持有招投标从业资格证书的，通报该资格证书认定和管理部门。

第五十一条 国防科工局对监管过程中发现的招标人、招标代理机构、投标人和评标专家的违法、违规行为记入军工行业招投标信用记录，在国防科工局指定媒体上予以公布，定期将相关信用记录及处理意见通报行业内相关单位。

第五十二条 国防科工局组织对军工投资项目招投标情况进行检查。国防科工局组织检查发现的问题由国防科工局按照本办法及有关法律、法规进行处理。地方国防科技工业管理部门在招标投标活动监督管理过程中发现的问题，由地方国防科技工业管理部门提出处罚意见，报国防科工局批准。

第五十三条 国防科工局、地方国防科技工业管理部门工作人员在招标投标活动中出现违规、违纪行为的，按照《行政机关公务员处分条例》（国务院令495号）予以处理。

第七章 附则

第五十四条 提前启动的应招标建设内容也应编制招标方案、报有权审批部门（单位）核准后，按本细则组织开展招投标工作。未按相关规定进行招投标的，所需投资由建设单位自筹解决。

第五十五条 地方国防科技工业管理部门在每年1月31日前将上年度招标方案变更申请与核准、两家开标或直接采购备案、招标投标专项检查以及投诉受理处理等情况汇总上报国防科工局。

第五十六条 本细则自印发之日起施行，2011年4月6日印发的《国防科技工业固定资产投资项目招标投标管理暂行办法实施细则》（科工财审〔2011〕265号）同时废止。

附件：1. 项目招标实施方案备案表（略）

2. 项目招标方案变更申请表（略）

3. 项目招标两家开标或直接采用备案表（略）

国防科技工业固定资产投资项目申报和审批若干规定

（科工计〔2009〕233号）

为进一步加强国防科技工业固定资产投资管理，指导和规范项目申报和审批工作，根据国家固定资产投资管理的有关规定，结合国防科技工业实际，制定本规定。

一、项目建议书的编制、申报和审批

（一）项目建议书应由项目法人单位依据国防科技工业发展规划、政策、国防科工局发布的项目指南和有关要求自行编制或委托有资质的设计、咨询单位编制，内容和深度应符合《国防科技工业固定资产投资项目建议书编制规定》的要求。

（二）项目建议书应由组织申报项目的国家有关部门（单位）、地方国防科技工业管理部门、各军工集团公司和民口中央企业集团公司（以下简称各有关部门和单位）进行初审，初审重点包括以下几个方面：

1. 是否符合国防科技工业发展规划；
2. 是否符合国防科技工业投资政策；
3. 是否符合《国防科技工业固定资产投资项目建议书编制规定》；
4. 内容是否客观、真实；
5. 是否存在重大安全生产问题和保密安全问题。

（三）项目建议书由各有关部门和单位初审后报国防科工局审批。国防科工局在收到各有关部门和单位报送的项目建议书正式申请文件后，进行初步审核。对符合规定和政策要求的项目，可组织听取各有关部门和单位汇报，其中重大项目可由局领导组织听取汇报；对明显不符合规定和政策要求的项目直接退回。

国防科工局在听取汇报后决定是否退回、退回修改、委托咨询评估或组织专家审查。

（四）对委托咨询评估的项目，咨询机构应统筹考虑全社会能力，综合论证项目的必要性，客观、公正、科学地优化项目的技术和投资方案。评估结果由国防科工局组织协调。

（五）国防科工局根据国家有关规定、国防科技工业发展规划、投资政策及评估结果等，办理项目建议书的审批手续。项目建议书批复内容原则上包括以下要素：

1. 项目建设目标或建设纲领；

2. 项目主要建设内容，包括征地面积控制数、新建和改造面积控制数、主要设备设施配置方案等；

3. 项目建设地址；

4. 项目总投资规模和政府投资控制额（或政府投资比例）；

5. 其他需要明确的事项。

二、项目可行性研究报告的编制、申报和审批

（一）项目可行性研究报告应由项目法人单位委托或通过招标方式确定有资质的设计、咨询单位根据已批准的项目建议书编制，内容和深度应符合《国防科技工业固定资产投资项目可行性研究报告编制规定》的要求。

（二）项目可行性研究报告应由组织申报项目的各有关部门和单位进行初审，初审重点包括以下几个方面：

1. 是否符合《国防科技工业固定资产投资项目可行性研究报告编制规定》和已批准的项目建议书要求；

2. 建设方案是否合理、可行；

3. 项目开工实施所需的环境评价、安全评价等专项审查意见和银行贷款承诺意见是否齐全；

4. 内容是否客观、真实。

（三）中央单位项目可行性研究报告由各有关部门和单位进行初审后报国防科工局办理。地方单位项目由项目单位报地方国防科技工业管理部门根据国防科工局有关规定办理。

（四）国防科工局在收到各有关部门和单位报送的项目可行性研究报告正式申请文件后，进行初步审核。对内容、质量符合要求的，委托咨询评估、组织专家审查或直接办理审批手续；对不符合要求的，退回修改。

（五）可行性研究报告批复内容原则上包括以下要素：

1. 项目建设目标或建设纲领；

2. 项目主要建设内容，包括征地面积，新建和改造面积，主要设备设施类别、类型及台套数；

3. 项目总投资规模及资金来源；

4. 招标方案（含招标范围、组织形式、招标方式等）；

5. 建设地址；

6. 项目建设周期（采用相对建设周期，起始时间为国防科工局下达项目首批

投资计划时间，结束时间为项目通过竣工验收委员会或验收组验收时间，以月为单位）；

7. 初步设计审批责任部门（单位）；

8. 其他需要明确的事项；

9. 附表：

（1）投资估算表；

（2）新增工艺（仪器）设备明细表，其中单项合同或单台（套）设备估算价在100万元人民币或10万美元以上的仪器设备应注明招标方案核准意见（详见附表一）；

（3）招标方案核准意见明细表（不含新增工艺仪器、设备），包括勘察、设计、监理、单体建筑工程、安装工程和材料购置等的招标方案核准意见明细（详见附表二）；

（六）项目可行性研究报告应以法人单位为基础，按独立项目进行审批，确需将多个项目合并审批的，须注明各项目建议书的批复文号及相关投资构成。

（七）地方项目可行性研究报告相对批准的项目建议书出现下列情况之一的，应报国防科工局。国防科工局提出具体意见后，再交由地方国防科技工业管理部门办理审批手续。

1. 调整或改变项目建议书确定的建议目标或建设纲领；

2. 政府投资额超过项目建议书批复控制数；

3. 除面积丈量原因外，增加项目购地面积。

三、项目初步设计的编制、申报和审批

（一）项目初步设计应由项目法人单位委托或通过招标确定有资质的设计、咨询单位根据已批准的项目可行性研究报告编制，内容和深度应符合《国防科技工业固定资产投资项目初步设计编制规定》的要求。

（二）固定资产投资项目原则上都应进行初步设计。没有新建土建工程、只购置通用设备仪器或计算机软硬件等方案简单的项目可不再进行初步设计，由项目可行性研究报告代初步设计，但项目可行性研究报告应达到初步设计的深度要求。

（三）中央单位政府投资2亿元以上（含2亿元）项目的初步设计应由有关部门和单位初审后报国防科工局办理；其余未在项目可行性研究报告批复中明确由国防科工局审批初步设计的项目，按隶属关系分别委托有关部门和单位审批。项目初步设计初审重点包括以下几个方面：

1. 是否符合《国防科技工业固定资产投资项目初步设计编制规定》和已批准

的项目可行性研究报告要求；

2. 设计方案是否合理、可行；

3. 内容是否客观、真实。

（四）国防科工局在收到各有关部门和单位报送的项目初步设计正式申请文件后，进行初步审核。对内容、质量符合要求的，委托咨询评估、组织专家审查或直接办理审批手续；对不符合要求的，退回修改。

地方单位项目由项目单位报地方国防科技工业管理部门根据国防科工局有关规定办理。

（五）项目初步设计应以法人单位为基础，按独立项目进行审批。确需将多个项目合并审批的，应注明各项目可行性研究报告的批复文号及相关投资构成。

（六）项目初步设计批复的主要内容应在可行性研究报告基础上进一步细化，并将可行性研究报告中的投资估算表细化为总概算表/综合概算表，根据有关规定和项目实际需要增加总图布置及工艺路线设计等内容。

（七）中央单位项目初步设计相对批准的项目可行性研究报告出现以下情况之一的，应报国防科工局办理。地方项目出现以下1、2、3、4种情况之一的，应报国防科工局；国防科工局提出具体意见后，再交由地方国防科技工业管理部门梳理。

1. 政府投资额超过项目可行性研究报告规定的控制数；

2. 调整或改变项目可行性研究报告批复的建设目标或建设纲领；

3. 除面积丈量原因外，增加项目购地面积；

4. 项目外汇额度调增10%以上，且需要国防科工局办理有关手续（如海关免税等）；

5. 调增、调减重大设备（单台购置金额在100万元人民币或10万美元以上的设备）或改变重大设备、主要单体建筑用途；

6. 改变项目建设地址或者涉及安全重大事项。

（八）项目初步设计相对批准的项目可行性研究报告发生调整导致项目招投标方案变化的，应按规定报请项目初步设计审批部门和单位补充办理招标方案核准意见。

四、项目实施过程中的调整审批

（一）项目可行性研究报告（代初步设计）或初步设计批复后，项目建设单位应严格按照上级审批文件执行，不得擅自调整建设内容。确需调整的，应按审批程序和权限报国防科工局或有关部门和单位审批。

（二）中央单位项目在实施过程中，相对批准的项目可行性研究报告（代初步

设计）或初步设计出现以下情况之一的，地方项目出现以下1、2、3种情况之一的，应报国防科工局办理调整审批手续。

1. 调整或改变项目可行性研究报告（代初步设计）或初步设计批复的建设目标或建设纲领；

2. 除面积丈量原因外，增加项目购地面积；

3. 项目外汇额度调增10%以上，且需要国防科工局办理有关手续（如海关免税等）；

4. 调增、调减重大设备（单台购置金额在100万元人民币或10万美元以上的设备）或改变重大设备、主要单体建筑用途；

5. 改变项目建设地址或者涉及安全重大事项。

以上调整导致项目招投标方案变化的，由国防科工局一并补充办理招标方案核准意见。

（三）项目实施过程中的其他调整导致项目招投标方案发生变化或因保密等原因导致招投标方案发生改变的，应报备有关部门和单位补充办理招标方案核准意见。

（四）项目实施应严格执行批准的项目概算，因客观原因确需调增政府投资概算的，应在原批准概算基本完成后按程序报国防科工局审批。国防科工局在收到项目调增政府投资概算申请文件后，将组织对项目投资使用情况进行审核或审计，对合理的调整，由综合计划司会同有关司办理调概手续。

（五）为方便、简化应报国防科工局办理的项目高速审批手续，各有关部门和单位可按要求采取一事一报批的方式，也可采取先报备案后集中报批的方式。采取先报备案后集中报批的，应以部门文件（函）按附表三格式一式3份报国防科工局备案，国防科工局在收到备案申请表后10个工作日内提出意见（详见附表四）。对不同意或不完全同意调整备案的，国防科工局将下达审查通知书（详见附表五），有关部门和单位不得擅自调整；对同意高速备案的，有关部门和单位在收到国防科工局有关司书面意见后可以实施，并在竣工验收前根据调整备案情况一并上报正式调整请示，由国防科工局办理调整审批手续。

为规范项目实施管理，项目实施过程中的调整备案次数原则上每年不得超过2次，正式调整审批次数原则上不得超过1次。

五、项目竣工验收的有关管理规定

（一）项目按照批准的设计文件内容建成、具备投产和使用条件、符合验收要求的，应按照《国防科技工业固定资产投资项目竣工验收实施细则》的规定进行竣工验收。

（二）验收依据。项目竣工验收的依据包括国防科工局批准的项目可行性研究报告、初步设计、投资计划、建设内容或概算调整报告、竣工财务决算审计意见和财政部对项目竣工财务决算的批复等相关文件，以及有关部门和单位根据国防科工局具体规定和要求审批的项目可行性研究报告、初步设计、建设内容调整相关文件。

（三）项目竣工财务决算审计。项目竣工后，项目单位按照财政部规定的时限和要求编制项目竣工财务决算，国防科工局组织对项目竣工财务决算进行审计，并下达审计意见。

（四）项目竣工财务决算审批。投资1亿元以下（含1亿元）项目的竣工财务决算，财政部授权国防科工局审批；投资1亿元以上项目，经有关部门和单位初审后报国防科工局审核，国防科工局提出审核意见后报财政部审批。

（五）项目竣工验收。政府投资2亿元以上（含2亿元）和2亿元以下但在国防科工局下达的竣工验收计划中明确由国防科工局验收的项目，由国防科工局负责验收。2亿元以下的其他项目，属中央单位的，按隶属关系委托有关部门和单位会同所在地国防科技工业管理部门负责验收，竣工验收批复文件应附验收意见并报国防科工局备案；属地方单位的，委托所在地国防科技工业管理部门负责验收，竣工验收批复文件应附验收意见并报国防科工局备案。

（六）竣工验收批复应包括以下要素：

1. 项目建设依据，包括项目批复情况和批复内容；

2. 项目完成情况，包括项目建设总体效果、资金到位及投资完成情况、设备购置情况、建安工程完成情况、形成交付使用资产情况等；

3. 验收结论综述；

4. 其他，包括尾工工程处理意见等需说明的问题。

六、项目预备费与结余资金审批

（一）项目预备费用于项目初步设计或可行性研究报告规定建设内容的，由项目单位自行安排（项目审批文件有特殊要求的除外）；用于本项目补充建设但超出批复建设内容的，应在原批复建设内容基本实施完成后按项目调整权限办理审批手续。

（二）项目结余资金是指项目批复总投资大于项目竣工财务决算审计确认投资的部分。结余资金的处理，按照财政部有关规定执行。

七、其他

（一）局属单位和军队项目的可行性研究报告、初步设计、项目调整、竣工验

收等审批事项和竣工财务决算审计，由国防科工局商有关部门办理。

（二）项目可行性研究报告、初步设计、项目调整批复中政府投资比例不得高于项目建议书批准的政府投资比例。

（三）在项目初步设计审批和实施过程中，建设周期相对可行性研究报告批复调增6个月以上的，须报国防科工局审批。

（四）同一项目在批复可行性研究报告、初步设计、调整和竣工验收时，批复文件标题应与项目建议书批复保持继承性。

（五）委托各有关部门和单位审批的可行性研究报告、初步设计、项目调整和竣工验收的批复文件需抄报国防科工局备案（一式三份）。

（六）本规定实施后，原国防科工委印发的《国防科工委关于印发〈国防科技工业固定资产投资项目申报和审批若干规定〉的通知》（科工计〔2006〕948号）废止。

（七）本规定自印发之日起实施。

附表一（略）

附表二（略）

国防科技工业固定资产投资管理暂行规定

（科工法字〔2000〕717号）

第一章　总则

第一条　为加强和规范国防科技工业固定资产投资（以下简称国防科技工业投资）的管理，促进军品科研生产结构、能力与布局的调整，合理配置资源，避免重复建设，提高投资效益，根据国家有关法规和国务院批准的国防科学技术工业委员会（以下简称国防科工委）投资管理职能，制定本规定。

第二条　本规定适用于国防科工委管理的固定资产投资项目。

第三条　国防科工委负责国防科技工业固定资产投资管理工作。

各军工集团公司作为企业法人和经济实体，是国家授权投资的机构，对所投资单位的有关国有资产行使出资人权利，负责国有资产的保值增值和投资项目的组织实施。

项目法人是投资者的代表，对建设项目承担投资风险，对项目的策划、资金筹措、建设实施、生产经营、工程质量、债务偿还和资产的保值增值，实行全过程

负责。

第四条　国防科技工业投资必须遵循国家法律、法规及有关规定，符合国防科技工业产业和技术政策、规划和计划等总体要求。

第二章　投资管理

第五条　国防科技工业投资管理实行全过程责任制，即项目法人、项目评估、项目审批、项目设计、项目施工和项目工程监理等责任制。

第六条　国防科技工业投资管理包括计划管理、项目管理和资金管理。

计划管理包括固定资产投资的长期规划和年度计划的编制与下达等。

项目管理包括以下内容：

（一）前期准备：包括编制、上报和审批项目建议书、可行性研究报告、初步设计等；

（二）项目实施：包括施工设计与采购招投标、施工与管理、工程监理、人员培训、投料试车等；

（三）竣工验收与后评价。

资金管理包括资金的筹措、拨付、监督与检查和各种会计信息的编报等。

第七条　国防科工委负责办理项目建议书，可行性研究报告。初步设计，竣工验收报告等审批手续。

各军工集团公司负责组织本集团公司项目建议书、可行性研究报告、初步设计、竣工验收报告的编报工作。

第三章　规划与计划

第八条　国防科工委根据国家有关方针政策和发展规划，负责编制国防科技工业投资规划。

各军工集团公司负责提出本集团相应的投资规划建议。

第九条　国防科工委根据国家确定的国防科技工业投资年度预算和项目的进展情况，负责编制国防科技工业投资年度计划和直属单位的实施计划。

各军工集团公司根据国防科技工业投资年度计划，负责编制下达所属单位的实施计划，并报国防科工委备案。

第四章　项目前期准备

第十条　项目建议书、可行性研究报告的编制和审批：

（一）项目建议书由军工集团公司组织项目法人自行编制或委托有资格的设计、咨询单位编制。项目建议书的内容和深度应达到国家有关规定的要求；

（二）可行性研究报告由军工集团公司委托或通过招标方式选定有资格的设计、咨询单位，根据已批准的项目建议书编制。可行性研究报告的内容和深度应达到国家有关规定的要求；

（三）项目建议书和可行性研究报告由军工集团公司报国防科工委办理审批手续；

（四）国防科工委根据项目建议书和可行性研究报告的具体情况，决定是否委托评估单位进行评估。

第十一条　初步设计的编制与审批：

（一）初步设计须由项目法人委托或通过招标选定有资格的设计、咨询单位，根据已批准的可行性研究报告编制。初步设计的内容和深度应达到国家有关规定的要求；

（二）大、中型项目（暂按总投资额 3000 万元以上）的初步设计，由军工集团公司报国防科工委审批；经国防科工委委托，小型项目的初步设计，可由军工集团公司审批，并报国防科工委备案；

（三）初步设计应严格按可行性研究报告批复的内容编制，变更建设地址、产品方案和超出国家规定的建设规模等主要控制指标的，应重新报批可行性研究报告；

（四）没有土建工程的项目（对环保和安全有重大影响的项目除外），不再审批项目的初步设计。

第十二条　大、中型项目建设前期工作已经就绪，并符合国家规定的开工条件的，由军工集团公司向国防科工委提出开工和年度投资申请，经审批列入年度计划的项目方可开工建设。

第五章　项目实施

第十三条　项目实行法人责任制。项目法人必须按国家有关规定组成并履行职责。

第十四条　项目实施中的有关经济活动必须由项目法人与有关单位按《中华人民共和国合同法》及其它有关规定签订合同，并严格履行。第十五条项目法人应严格按照批准的设计文件组织项目实施，若调整方案，应按程序及时报请项目审批部门批准。

第十六条　项目法人委托或通过招标方式选定有资格的设计单位，根据已批准的初步设计进行施工图设计，若项目规模标准等发生变更，应报请初步设计审批单位批准。

第十七条　项目法人通过招标方式选定有资格的单位承担建筑、安装工程的施工。

第十八条 项目法人通过招标方式采购机电设备和仪器。

第十九条 项目法人通过招标方式选择进口代理公司，选择范围暂按国防科工委《关于规范和加强军品固定资产投资项目引进管理工作的通知》（科工外字〔1999〕390号）执行。

第二十条 建筑、安装工程必须实行工程监理制。项目法人通过招标方式选定有资格的单位承担工程监理。

第二十一条 国防科工委对重点项目实行稽查制度。国防科工委、军工集团公司适时对项目实施进行检查、监督，加强项目管理；项目法人对项目的实施进行自我监控，同时接受有关部门的检查、监督，并按照有关要求及时上报项目进展情况等信息。

第六章 资金管理

第二十二条 中央财政预算内资金由国防科工委统一向财政部申请拨款，各军工集团公司和直属单位根据本公司（单位）的年度计划向国防科工委申请拨款。各军工集团公司应按照有关规定将资金拨付到所属建设单位，不得截留和提取管理费，财政部若有新规定时，按新规定办理。

第二十三条 项目法人应认真贯彻执行国家基本建设、技术改造的财务会计制度，建立健全内部财务管理制度，按规定设置独立的财务管理机构或指定专人负责项目的财务工作，并按规定报送项目年度财务决算报表。

第二十四条 项目资金必须专款专用，财务人员对项目的材料、设备、存货、各项财产物资应做好原始记录，定期进行清查盘点，严格控制建设成本，防止资金流失和浪费。

第二十五条 项目必须按《中华人民共和国审计法》及有关项目审计的规定，接受审计机关的审计。

根据国家审计署的授权，国防科工委负责项目的审计工作，对项目过程、竣工决算、项目的重大变化（如概算调整、项目法人的变更等）进行审计。

第二十六条 国防科工委负责国防科技工业投资的财务监督工作，对使用中央财政预算内资金的部门，单位进行全过程监督检查，对截留、挤占、不按规定用途使用资金的单位，有权停拨、缓拨资金并追究当事人的责任。

第七章 项目竣工验收与后评价

第二十七条 项目按照批准的设计文件完成建设后，由有关军工集团公司提出验收申请报告，具备验收条件的，国防科工委负责组织竣工验收。

第二十八条　国防科工委根据项目的实际情况，选择有代表性的或具有典型意义的项目，开展后评价工作。项目后评价由国防科工委委托有资格的社会中介机构进行。

第八章　项目评估、评审与评价

第二十九条　项目评估必须坚持独立、科学、公正、客观的原则，依据国家现行的法律、法规和有关规定以及产业政策进行。

第三十条　国防科工委委托有资格的咨询单位进行项目评估，项目评估费在国防科工委管理的中央财政预算内资金中列支。

第三十一条　凡涉及银行贷款的项目，在项目可行性研究报告批准之前，须经承贷银行评审并出具承贷意见，落实所需贷款。

第三十二条　编制可行性研究报告，应同时委托有资格的环境影响评价单位进行环境影响评价，并在上报的可行性研究报告中附有环境保护行政主管部门出具的环境影响审批文件。建造核设施的单位应同时附有核安全监督部门出具的核安全审查意见。

第九章　招标投标

第三十三条　除有保密要求或国务院另有规定以外，项目均应按照《中华人民共和国招标投标法》及有关规定实行招标投标制。项目法人可自行或委托招标代理机构办理招标事宜。

第三十四条　国防科工委依法对项目的招标活动进行监督和管理。

第十章　项目信息管理

第三十五条　项目实行全过程信息管理制度。

第三十六条　国防科工委组织建立项目信息管理系统，各军工集团公司及重点企事业单位建立相应的项目信息管理子系统。

第三十七条　有关项目审批、投资到位和使用，工程进展等情况，各军工集团公司于每季度初向国防科工委报送上一季度的相应信息。

第十一章　法律责任

第三十八条　项目审批管理人员在项目审批过程中，如因玩忽职守、徇私舞弊，或不按规定进行审批，造成决策失误或重大经济损失的，视情节轻重，给予批评、教育，或者依法给予行政处分；构成犯罪的，依法追究刑事责任。

第三十九条　项目实施管理人员弄虚作假，挪用、截留项目资金，擅自扩大规模、提高标准,或因管理不善造成严重超概算、质量低劣、重大损失浪费或出现其他责任事故的,视情节轻重,给予批评、教育,或者依法给予行政处分;构成犯罪的,依法追究刑事责任。

第十二章　附则

第四十条　国务院其他有关部门、地方政府部门使用国防科工委管理的资金的项目,按照国家现行有关规定执行。

第四十一条　持有武器装备科研生产许可证单位使用自筹资金的军品项目,由国务院其他有关部门、地方政府部门,军工集团公司自行办理审批手续,并报国防科工委备案,国防科工委于收文之日起,30 天内无异议的,备案文件生效。

第四十二条　对承担军品任务的单位,利用已有资产进行合资、合作、兼并、破产或股票上市,如涉及国防军工资产转移的项目,由国防科工委按国家有关规定办理审批手续。

第四十三条　国防科技工业企业民品基本建设项目、军转民技术改造项目按国家相关管理办法执行。

第四十四条　国防科工委直属单位的固定资产投资项目直接向国防科工委报批。

第四十五条　本规定由国防科工委负责解释。

第四十六条　本规定自发布之日起施行。

国防科技工业固定资产投资项目竣工验收实施细则(试行)

(科工法〔2011〕536 号)

第一条　为加强和规范国防科技工业固定资产投资项目竣工验收管理工作,保证建设项目合格交付使用,发挥投资效益,根据《国防科技工业固定资产投资管理暂行规定》以及国家关于建设项目竣工验收有关规定,制订本细则。

第二条　凡属国家国防科技工业局(以下简称国防科工局)审批的固定资产投资项目并按批准的设计文件内容建成、具备投产和使用条件、符合验收要求的,应按照本办法的规定进行竣工验收。高分辨率对地观测系统、月球探测工程国家科技重大专项不在本细则范围。

第三条　政府投资 2 亿元以上的军工固定资产投资项目,由国防科工局组

织验收。政府投资2亿元以下(含2亿元)的军工固定资产投资项目原则上按有关规定分别委托教育部、中国科学院、省级国防科技工业管理部门、中国工程物理研究院负责验收,其中技术复杂、涉密程度高的项目由国防科工局组织验收;受托验收部门(中国工程物理研究院除外)开展验收时应会同项目主管部门或省级国防科技工业管理部门组织验收。

第四条　国防科工局负责国防科技工业固定资产投资项目竣工验收管理工作。

指导项目竣工验收工作;制订项目竣工验收工作的有关规定;编制下达年度项目竣工验收计划;负责竣工财务决算审计工作;组织开展对验收工作的监督检查。

根据国防科工局下达的年度验收计划,教育部、中国科学院、中国工程物理研究院负责所属单位军工固定资产投资项目的竣工验收工作,省级国防科技工业管理部门负责本地区军工单位(含本部门及各军工集团公司所属单位)及除教育部、中国科学院外的民口配套所属单位军工固定资产投资项目的竣工验收工作。(上述负责验收单位简称受托验收部门。)

教育部、中国科学院、省级国防科技工业管理部门、军工集团公司、中国工程物理研究院、军队有关部门、工业和信息化部所属院校、民口配套单位(以下简称项目主管部门)对项目竣工验收阶段负管理、监督责任。组织验收前各项准备工作及年度竣工验收计划编报、项目验收申请工作。委托军工集团公司负责其成员单位档案单项验收工作。

项目建设单位对项目建设实施负责。按照国家有关规定办理环保、消防、人防和劳动安全卫生、财务审计、档案等单项验收批复手续,在所在地工程质量监督部门办理工程质量(建筑、安装)评定意见。

第五条　项目竣工验收的主要内容如下:

(一)全面检查建设单位在工程建设过程中执行国家法律、法规、标准、规范的情况;

(二)全面考核项目的投资方向、内容、资产形成情况能否满足研制生产要求;

(三)审查生产线所采用的新技术、新工艺的先进性和适用性;

(四)核查建筑安装工程及新增和改造设备仪器的数量及质量情况,检查存在的问题及薄弱环节;

(五)对项目建设效果作出全面评价。

第六条　项目竣工验收的依据是:

(一)国家有关法律、法规及相关规定;

（二）项目可行性研究报告、初步设计批复，包括设计变更、方案或概算调整以及相关文件；

（三）国防科工局下达的年度验收计划；

（四）竣工财务决算、审计资料；

（五）引进技术或成套设备的合同以及国外提供的设计文件等资料；

（六）国家颁布的现行施工和安装技术标准、规范；

（七）环保、消防、人防、劳动安全卫生、质量评定、档案等单项验收文件；

（八）地方建设主管部门批准的具有法律效力的文件（如规划许可证、施工许可证等）。

第七条 项目进行竣工验收应符合以下条件：

（一）主要生产性工程、辅助工程和公用工程，已按文件批准的内容建成并办理了交工验收手续；

（二）主要工艺设备已安装配套并已验收，试验设备满足试验要求，经联动负荷试车合格，能够研制、生产出符合设计文件规定的合格产品或代表产品；

（三）环保、消防、人防和劳动安全卫生等满足“同时设计、同时施工、同时投产使用”（以下简称“三同时”）规定的要求，并已按规定取得单项验收文件；

（四）所在地工程质量监督部门已出具工程质量（建筑、安装）评定意见；

（五）生产准备能够适应项目投产初期的需要；

（六）完成竣工项目档案单项验收；

（七）火工产品项目取得行业内安全性评价部门出具的评价意见；

（八）竣工决算及竣工决算审计工作已完成；

（九）单项验收存在的问题已全部解决。

第八条 项目建设单位应做好以下竣工验收前准备工作：

（一）提出验收申请，编报竣工验收总结报告；

（二）整理和准备各单项及总体工程资料，组织绘制竣工图；按照施工图设计进行工程核算，核对设备仪器型号、数量和金额，提出项目总体评价意见；

（三）根据国家有关规定，组织项目竣工决算，配合有关方面进行项目竣工验收决算审计等有关工作，负责根据批准的设计核定各项经济指标，分析投资效益；

（四）检查“三同时”执行情况，并按照国家有关规定办理环保、消防、人防和劳动安全卫生、档案等验收手续，取得验收批复文件；

（五）按照批准的设计，检查生产准备、人员配备情况，绘制车间工艺布置图，参加评定工程质量。

第九条 项目竣工验收应准备齐全以下内容：

（一）建设依据；

（二）已验收的单项工程竣工资料；

（三）环保、消防、人防、劳动安全卫生、档案等单项验收意见，所在地工程质量监督部门质量评定意见；

（四）全部工程档案资料，包括建设时期勘察、设计、施工以及其他综合性的图纸资料；

（五）竣工验收总结报告，主要内容包括：

1. 建设概况：建设依据、建设规模、建设过程（包括设计施工单位、承发包、招投标、建设监理及工程质量监督）等；

2. 建设完成情况：全部建筑安装工程完成情况，设备仪器配备情况，未完工程、多余或尚缺设备情况及处理意见；

3. 工程质量情况：建筑工程质量评审结论，设备安装及试车情况；

4. 生产准备情况：人员组织、技术资料、工艺装置、动力供应、生产协作、安全技术、制度建立、生产能力等情况；

5. 财务决算情况：总概算执行情况，节约或超支及原因分析，利用固定资产情况，决算审计情况；

6. 单项工程交工和全部工程竣工情况，竣工图整理绘制情况等；

7. 综合经济分析：以投资为核心，对项目的各项经济指标进行综合分析，考核工程投资效益，并预测项目建成后的经济效益和社会效益；

8. “三同时”执行情况和档案验收情况；

9. 工作存在的主要问题及处理意见；

10. 项目建设的主要经验和教训；

11. 编制相关报表（内容及格式见附件2）。

第十条　对于存在少量非主要子项的土建工程尚未收尾或者设备安装未完，近期又无法全部建成，但不影响全部工程投产使用的项目，也应办理竣工验收。在验收时，对所缺设备、材料和未完工程，应按设计留足资金，限期完成。

第十一条　全部工程符合竣工验收条件时，项目建设单位应根据验收计划填报《国防科技工业固定资产投资项目竣工验收申报表》（以下简称《申报表》，内容及格式见附件1），并通过项目主管部门向负责验收部门提出验收申请，同时对验收项目提出初审意见，配合完成验收委员会或验收组开展的各项工作。对建设项目出现调整等问题可能造成延期验收的，项目建设单位要提前开展相关协调、上报工作。

第十二条　项目主管部门应在每年12月1日前组织向国防科工局报送下一年度国防军工固定资产投资项目竣工验收计划。

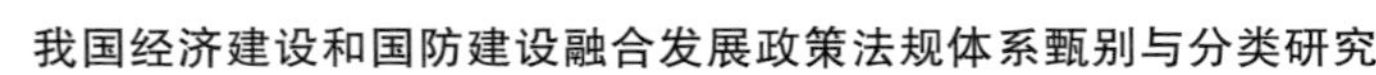

第十三条 项目主管部门因特殊原因不能按时提交验收申请或列入计划后不能按时验收的项目,应在每年10月30日前向国防科工局提出申请并说明项目拖期具体原因及推进措施,经国防科工局批准,适当延期竣工验收。

第十四条 项目建设单位竣工验收一般分为以下两个阶段:

(一)单项工程验收:在一个总体建设项目中,一个单项工程或者一个车间(实验室)及设备已经按设计及合同要求建成,并具备使用条件时,项目建设单位即可组织进行单项工程验收。

(二)全部工程验收:整个项目已按设计要求全部建成,并符合竣工验收条件时,项目建设单位即可组织设计、施工、监理、质量监督等单位进行初验。

第十五条 验收工作主要包括:

(一)根据批准的设计,检查各项建设内容、指标的执行情况;

(二)检查工程质量,核对未完工程;

(三)落实"三同时"的验收情况;

(四)检查重大设计变更和施工质量评定情况;

(五)检查资金使用和财务审计情况;

(六)检查项目投产后能否满足研制生产要求情况;

(七)检查项目有关设计、批准、专业验收意见等文件资料归档情况及档案验收意见;

(八)检查存在的问题并提出处理意见。

第十六条 受托验收部门完成建设项目竣工验收后应及时做好档案归档并办理竣工验收批复文件,抄送国防科工局备案。项目建设单位收到验收批复文件后,应及时办理固定资产交付使用手续。

第十七条 项目建设单位、主管部门和验收组织部门应根据《军工建设项目责任制暂行办法》,结合实际情况,建立项目责任体系,明确责任人,落实责任制,严格履行责任,与考核工作挂钩,确保验收工作按计划实施。

第十八条 国防科工局验收工作实行年度总结报告制度。对项目验收工作成效显著的,按有关规定对项目建设单位、主管部门和验收组织部门给予表彰。

第十九条 验收工作出现下列情况之一的(不可抗力因素除外),对项目建设单位给予通报批评,停止安排非型号保障类项目国拨资金,1年内停止审批非型号保障类项目;对项目主管部门,给予通报批评。

(一)验收准备工作存在问题,对验收造成严重影响;

(二)验收进度拖期超过验收计划规定时间1年以上;

(三)擅自调整建设方案;

(四)对审计发现的问题未按要求进行整改;

（五）未按批复的建设目标完成建设；

（六）其他严重违反本细则的行为。

第二十条　受托组织验收部门（单位）未按规定履行相关责任，经国家有关部门检查发现存在严重问题或造成严重后果的，国防科工局除给予通报批评外，将暂停委托其组织验收项目，限期整改。

第二十一条　本细则自印发之日起施行。2001年国防科工委印发的《国防科技工业固定资产投资项目竣工验收实施细则》（科工法〔2001〕760号）废止。

附件：1. 国防科技工业固定资产投资项目竣工验收申报表（略）

2. 竣工验收总结报告附表（略）

国防科技工业政府固定资产投资项目管理办法

（科工计〔2016〕737号）

第一章　总则

第一条　为进一步加强国防科技工业政府固定资产投资项目管理，规范审批程序，提高政府投资效益，根据国家固定资产投资管理的有关规定，结合国防科技工业实际，制定本办法。

第二条　本办法所称国防科技工业政府固定资产投资项目（以下称军工投资项目），是指由国防科工局负责审批或审查后报国务院审批，全部或部分使用中央政府预算资金的固定资产投资项目。

第三条　军工投资项目管理遵循以下基本原则：

（一）坚持科学统筹，强化顶层设计，着力提升军工核心能力和国防科技工业持续发展能力；

（二）坚持军民融合，促进协调发展，建立"小核心、大协作、专业化、开放型"科研生产体系；

（三）坚持规范化、程序化管理，严格执行国家有关法律、法规、规定和政策；

（四）坚持分类管理，按照项目性质、资金来源的不同，落实简政放权要求，简化审批程序。

第四条　军工投资项目实行审批制。采取直接投资和资本金注入方式的，执行项目建议书、可行性研究报告、初步设计等审批和管理规定，其中采取事后投资补偿的，可直接审批补偿方案；采取投资补助、贷款贴息方式的，只审批资金申请报告。

第五条 军工投资项目管理实行全过程责任制,即项目法人、项目组织管理、项目审批、项目评估、项目设计、项目招投标、项目施工、项目工程监理和项目竣工验收等责任制。

第二章 职责分工

第六条 国防科工局是军工投资项目审批和监管责任主体,主要职责包括:

(一)编制国防科技工业中长期发展规划及固定资产投资规划,制定投资政策,编制投资指南;

(二)制定军工投资项目管理规章制度;

(三)负责组织申报并办理项目建议书、可行性研究报告、初步设计、补偿方案、资金申请报告以及重大调整事项、竣工验收报告的审批手续,指导国家有关部门(单位)、地方国防科技工业管理部门、各军工集团公司、中国工程物理研究院、民口中央企业集团公司等部门开展军工投资项目管理工作;

(四)负责军工投资项目年度预算分配,编制下达年度投资计划;

(五)负责军工投资项目的监督检查和竣工财务决算审计,对在项目实施过程中发现的违纪违规行为提出处理意见;

(六)负责编制下达年度竣工验收计划并组织实施。

第七条 国家有关部门(单位)、地方国防科技工业管理部门、各军工集团公司、中国工程物理研究院和有关民口中央企业集团公司等(以下称项目主管单位)是军工投资项目组织管理责任主体,主要职责包括:

(一)负责组织编制上报项目建议书、可行性研究报告、初步设计、补偿方案、资金申请报告以及实施调整方案,对军工投资项目初步设计、实施调整有关工作进行监督管理;

(二)负责组织审查上报年度预算需求及投资计划建议;

(三)对军工投资项目实施全过程进行组织管理,及时发现、协调处理项目实施中的问题,督促项目单位按照年度投资计划实施;

(四)负责按要求组织汇总上报军工投资项目执行情况等统计信息,随时报告重大问题;

(五)负责组织汇总上报年度竣工验收计划,开展军工投资项目竣工验收相关工作。

第八条 科研院所、有关高校、企业等(以下称项目单位)是军工投资项目实施责任主体,主要职责包括:

(一)负责编报项目建议书、可行性研究报告、初步设计、补偿方案、资金申请

报告等申请文件；

（二）负责编报年度预算需求及投资计划建议，按照下达的年度投资计划组织实施；

（三）负责按规定组织管理军工投资项目招投标、资金、实施进度、质量及安全生产和保密等工作；

（四）负责协调处理军工投资项目实施中的问题；

（五）负责按要求报送军工投资项目执行情况等统计信息，随时报告重大问题；

（六）负责组织编报军工投资项目实施调整方案；

（七）负责军工投资项目竣工验收准备工作，配合完成竣工验收工作。

第三章 项目编报、审批和管理

第九条 项目建议书的编制、申报和审批：

（一）项目单位依据国防科技工业发展规划、固定资产投资规划、投资政策、投资指南和有关要求，自行或委托符合保密要求的咨询设计单位编制项目建议书。项目建议书的编制格式、内容和深度应符合《国防科技工业固定资产投资项目建议书编制规定》的要求。其中，提前启动实施的建设内容要说明备案和招投标情况。

（二）项目建议书由项目单位审定并经项目单位法定代表人签字后上报项目主管单位。

（三）项目建议书由项目主管单位按照军工投资项目申报审签的有关要求上报国防科工局审批。

（四）国防科工局对收到的项目建议书进行形式审查。形式审查重点包括：

1. 项目单位的性质、所有制形式、相关资质等；

2. 军工投资项目申报内容是否符合国防科技工业发展规划、固定资产投资规划、投资政策和投资指南；

3. 是否符合军品科研生产能力结构调整方案；

4. 对于型号保障类项目，审核项目单位承担的任务是否落实，是否与有关单位存在任务竞争，项目建设进度与任务周期是否匹配；对于非型号保障类项目，审核建设内容是否针对项目单位的能力优势和技术发展方向及需求；

5. 初步审核项目建设的必要性；

6. 审核项目建议书编制内容、深度是否符合要求。

（五）通过形式审查的项目建议书，国防科工局委托咨询评估或组织专家审查。形式审查未通过的项目建议书退回。

（六）对委托咨询评估或组织专家审查的军工投资项目，咨询评估机构和专家应按照国防科工局有关管理规定和独立、科学、公正、客观的原则组织评估和论证。

（七）国防科工局根据国家有关规定、国防科技工业发展规划、固定资产投资规划、投资政策、投资指南及评估结果等，办理项目建议书的审批手续。项目建议书批复内容原则上包括以下要素：

1. 建设目标或建设纲领；

2. 主要建设内容，包括征地面积控制数、新建和改造建筑面积控制数、主要技术工艺及设备设施配置方案等；

3. 建设地址；

4. 总投资规模和政府投资控制额（或政府投资比例）；

5. 其他需要明确的事项（可行性研究报告编报的时间节点与要求等）。

第十条 项目可行性研究报告的编制、申报和审批：

（一）项目单位根据已批准的项目建议书自行或委托符合保密要求的咨询设计单位编制可行性研究报告。可行性研究报告的编制格式、内容和深度应符合《国防科技工业固定资产投资项目可行性研究报告编制规定》的要求，并按有关要求附规划选址、用地预审、环境影响评价、安全评价、职业卫生评价、周边环境安全保密评价等许可、审查或备案意见。其中，提前启动实施的建设内容要说明备案和招投标情况。

可行性研究报告申请的政府投资超过项目建议书批准的政府投资15%以上，或者建设目标（纲领）、主要技术工艺发生重大变更的，项目主管单位应当重新组织编报项目建议书。

（二）项目可行性研究报告由项目单位审定并经项目单位法定代表人签字后上报项目主管单位。

（三）项目可行性研究报告由项目主管单位上报国防科工局审批。不涉及新征土地的项目，原则上项目建议书批复后6个月、复杂项目9个月内向国防科工局上报可行性研究报告；无需办理环境影响评价审批手续的一般项目，应在3个月内向国防科工局上报可行性研究报告。涉及新征土地的项目，可行性研究报告上报时间可适当延长，但最长不超过12个月。涉及核安全许可的有关项目可再适当延长，但应在可行性研究报告正式申请文件中说明理由。

（四）国防科工局在收到项目可行性研究报告正式申请文件后，组织专家审查或委托咨询评估后办理审批手续。

（五）项目可行性研究报告批复内容原则上包括以下要素：

1. 建设目标或建设纲领；

2. 主要建设内容,包括征地面积,新建和改造建筑面积,主要技术工艺及设备设施类别、类型及台(套)数;

3. 总投资规模及资金来源;

4. 招标方案(含招标范围、组织形式、招标方式等);

5. 建设地址;

6. 建设周期(起始时间为国防科工局下达项目首批投资计划时间,结束时间为项目达到竣工验收条件、提交竣工验收申请报告时间,以月为单位);

7. 其他需要明确的事项(初步设计编报的时间节点与要求等);

8. 附件:

(1)投资估算表;

(2)新增(改造)工艺设备明细表,其中单项合同或单台(套)设备估算价达到国家规定招标规模标准的仪器设备应注明招标方案核准意见(详见附件1),已提前购置的工艺设备及其招标方式应逐项注明;

(3)招标方案核准意见明细表(不含新增工艺设备招标方案核准意见),包括勘察、设计、监理、单体建筑工程、安装工程和材料购置等的招标方案核准意见明细(详见附件2)。

(六)项目可行性研究报告应以已批复的项目建议书为基础单独编制并审批。重大项目可按建设内容成熟程度拆分编制和审批可行性研究报告。需将多个项目合并编制和审批可行性研究报告的,须注明各项目建议书的批复文号及相关投资构成。

第十一条　项目初步设计的编制、申报和审批:

(一)项目单位根据已批准的可行性研究报告和国家有关要求自行或委托符合保密要求的咨询设计单位编制初步设计。初步设计的编制格式、内容和深度应符合《国防科技工业固定资产投资项目初步设计编制规定》的要求。

项目初步设计申请的政府投资超过可行性研究报告批准的政府投资10%以上的,项目主管单位应当重新组织编报可行性研究报告。

(二)固定资产投资项目原则上都应进行初步设计。没有新建土建工程、只购置通用设备仪器或计算机软硬件等方案简单的项目可不再进行初步设计,由项目可行性研究报告代初步设计,但项目可行性研究报告应达到初步设计的深度要求。

(三)项目初步设计由项目单位审定并经项目单位法定代表人签字后上报项目主管单位。

(四)可行性研究报告批复中明确由国防科工局审批初步设计的重大军工投资项目,以及初步设计相对批准的项目可行性研究报告出现以下调整情况之一

的军工投资项目，初步设计报国防科工局审批。其他军工投资项目，初步设计报国防科工局备案。

1. 调整建设目标或建设纲领；

2. 调增政府投资；

3. 跨省（自治区、直辖市）调整建设地址；

4. 除面积丈量原因外，调增征地面积；

5. 调增重大设备（单台购置金额在100万元人民币以上的工艺设备）；

6. 新建建筑面积调增10%以上或单体建筑面积调增500平方米及以上的；

7. 调整燃烧爆炸类、放射性类产品建筑工程的安全设计方案。

初步设计原则上应在项目可行性研究报告批复后12个月内上报。涉及核安全许可的有关项目可适当延长，但应在初步设计正式申请文件中说明理由。

（五）国防科工局在收到项目初步设计正式申请文件后，组织专家审查或委托咨询评估后办理审批手续。

（六）项目初步设计批复的主要内容应按可行性研究报告批复进一步细化，并将可行性研究报告中的投资估算表细化为总概算表，根据有关规定和项目实际需要增加总图布置及工艺路线设计等内容。

（七）项目初步设计应以已批复的可行性研究报告为基础单独编制并审批。重大项目可按建设内容成熟程度拆分编制和审批初步设计。需将多个项目合并编制和审批初步设计的，应注明各项目可行性研究报告的批复文号及相关投资构成。

（八）项目初步设计相对批准的项目可行性研究报告发生调整导致项目招投标方案变化的，除应当招标变更为不招标或应公开招标变更为邀请招标事项需报国防科工局核准外，其他招标方案变更事项由项目主管单位按相关法规制度办理核准。

第十二条 项目实施管理：

（一）项目单位必须严格执行国家有关法律法规和政策规定，严格按照批准的设计文件组织项目实施。

（二）项目单位应严格按照《中华人民共和国招标投标法》《中华人民共和国招标投标法实施条例》和国防科工局有关招投标管理的规定，组织开展项目招标投标活动。

（三）项目单位应严格执行国家基本建设财务会计制度，建立健全内部财务管理制度。对实行国库集中支付的单位，要按照相关规定规范管理项目资金；未实行国库集中支付的单位，要对项目资金实行专户存储。要规范项目核算管理，实行专项核算。

（四）项目主管单位应加强项目实施的组织协调与管理，保证政府投资的合理使用和项目的顺利实施。

第十三条　项目实施过程中的调整审批：

（一）项目单位应严格按照审批文件执行，不得擅自调整建设方案、提高建设标准。由于客观原因出现下列调整事项的，应编制实施调整方案上报国防科工局审批。

1. 调整建设目标或建设纲领；

2. 调增政府投资；

3. 调增征地面积；

4. 跨省（自治区、直辖市）调整建设地址；

5. 调增重大设备（单台购置金额在100万元人民币以上的工艺设备）；

6. 重大设备国产改为进口；

7. 调增新建建筑面积（实际测量面积与图纸计算面积之间的误差在国家规定的合理误差范围内的除外）；

8. 调整燃烧爆炸类、放射性类产品建筑工程的安全设计方案。

上述调整导致项目招投标方案变化的，由国防科工局一并补充办理招标方案核准。

（二）军工投资项目实施过程中的其他调整导致项目招投标方案变化的，除应当招标变更为不招标或应公开招标变更为邀请招标事项需报国防科工局核准外，其他招标方案变更事项由项目主管单位按相关法规制度办理核准。

第十四条　军工投资项目实施应严格执行批准的投资概算，因客观原因确需调增政府投资概算的，应在原批准概算基本完成后按程序报国防科工局审批。国防科工局在收到项目调增政府投资概算申请文件后，将组织对项目投资使用情况进行审计，并委托咨询评估后，对合理的调整办理审批手续。

第十五条　军工投资项目实施过程中出现下列情况之一的，项目主管单位应及时报国防科工局审批终止该项目：

（一）装备研制生产需求发生重大变化，项目建设已无必要；

（二）项目核心建设内容涉及的技术方案可行性不足或技术指标达不到预期目标，且无有效的解决办法；

（三）因不可抗拒因素导致建设项目无法按计划实施；

（四）项目单位周边环境发生重大变化，经评估认定影响武器装备研制安全保密，项目不适宜继续建设。

第十六条　军工投资项目出现下列情况之一的，国防科工局可以直接作出撤销该项目的决定：

（一）弄虚作假，骗取中央政府预算资金的；

（二）项目建议书批复后1年内未上报可行性研究报告或2年内未上报初步设计的（涉及核安全许可的项目除外）；

（三）项目可行性研究报告或初步设计不具备审批条件的；

（四）国家规定的其他情况。

第十七条 被终止或撤销的军工投资项目，国防科工局停止安排年度预算和投资计划，组织有关单位对项目进行审计或审核，并按照有关规定收回该项目剩余或全部政府投资。

第十八条 竣工验收：

（一）按照批准的设计文件内容建成、具备投产和使用条件、符合验收要求的军工投资项目，应按照有关管理规定申请竣工验收。

（二）验收依据。包括经批准或备案的项目可行性研究报告、初步设计、补偿方案、投资计划、调整报告和竣工财务决算等相关文件。

（三）竣工财务决算审计。军工投资项目竣工后，项目单位按照规定时限和要求编制项目竣工财务决算，国防科工局组织对项目竣工财务决算进行审计。

（四）竣工财务决算审批。投资1亿元以下（含1亿元）军工投资项目的竣工财务决算，财政部授权国防科工局审批，国防科工局以审计决定代替竣工财务决算批复；投资1亿元以上的竣工财务决算，经项目主管单位初审后报国防科工局审核，国防科工局提出审核意见后报财政部审批。

（五）竣工验收组织。国防科工局对部分重大的军工投资项目组织竣工验收。其他的军工投资项目，国防科工局会同项目主管单位或所在地国防科技工业管理部门组织竣工验收，可由各有关部门和单位组织开展现场验收工作，现场验收意见及问题整改落实情况报国防科工局，国防科工局审核同意后办理项目竣工验收批复。具体验收任务分工和要求在国防科工局下达的年度竣工验收计划中明确。

（六）竣工验收批复应包括以下要素：

1. 建设依据，包括军工投资项目批复情况和批复内容；

2. 军工投资项目完成情况，包括建设总体效果、资金到位及投资完成情况、设备购置情况、建安工程完成情况、形成交付使用资产情况等；

3. 验收结论综述；

4. 其他需要说明的问题（包括尾工工程处理意见等）。

（七）项目竣工财务决算批复后，项目单位应按照基本建设财务会计制度相关规定及时办理固定资产交付使用手续。属于军工关键设备设施的，要按照相关管理规定予以登记。对于建设周期较长、建设内容较多的军工投资项目，单项

工程竣工具备交付使用条件的，项目单位可编制单项工程竣工财务决算，并提前办理固定资产交付使用手续。

第十九条　项目预备费使用与结余资金处理：

（一）项目预备费用于可行性研究报告、初步设计等批复建设内容的，由项目单位自行安排。

（二）项目结余资金是指项目批复总投资大于项目竣工财务决算审计确认投资的部分。结余资金的处理，按照财政部有关规定执行。

第二十条　国防科工局选择部分有代表性的已建成军工投资项目，组织开展后评价，进一步加强和改进政府投资管理，不断提高决策水平和投资效益。

第二十一条　工业和信息化部所属单位、国防科工局直属单位、军队单位军工投资项目的可行性研究报告、初步设计、实施调整、竣工验收等审批事项和竣工财务决算审计，由国防科工局商有关部门办理。

第二十二条　项目可行性研究报告、初步设计、实施调整批复中政府投资比例不得高于项目建议书批准的政府投资比例。

第二十三条　同一军工投资项目在批复可行性研究报告、初步设计、实施调整和竣工验收时，批复文件标题应与项目建议书批复保持继承性。

第四章　项目预算及投资计划管理

第二十四条　军工投资项目年度预算分配方案一般分为首批预算和代编预算。其中，首批预算安排的中央政府预算资金总量按规定不得低于年度预算控制数的75%。年度预算分配方案编制的程序：

（一）国防科工局于每年6月中旬部署下一年度军工投资项目预算编制工作；

（二）项目主管单位于6月25日前向国防科工局申报下一年度预算需求，9月中旬申报下一年度首批预算需求；

（三）国防科工局根据财政部下达的年度预算控制数，审核平衡汇总编制下一年度首批预算分配方案；

（四）项目主管单位于当年4月下旬申报第二批预算需求，国防科工局审核平衡汇总编制代编预算分配方案。

第二十五条　申报列入年度预算分配方案的军工投资项目应满足以下条件：

1. 符合预算安排原则和当年的重点投向；

2. 新开工项目的可行性研究报告已经批准，并具备开工条件；

3. 项目管理规范，年度计划任务明确、进度正常。

第二十六条 未完成初步设计审批或备案的项目,累计安排政府预算资金不超过项目政府投资的60%。

第二十七条 项目主管单位根据国防科工局编制的首批和代编预算分配方案,分别于上年11月底和当年7月底前编制上报首批和第二批投资计划建议。国防科工局根据落实的年度预算,分两批编制下达年度投资计划。首批投资计划一般于当年1月底前下达,第二批投资计划于9月底前下达。

第二十八条 项目主管单位应按要求于每季度第1个月10日前向国防科工局报送上一季度项目投资计划执行情况信息,于每月9日前报送上一月度项目政府预算资金支出情况。

第五章 监督管理

第二十九条 国防科工局依照有关规定对军工投资项目的实施进展、投资计划执行、组织管理、资金使用情况等进行监督、检查和审计,接受单位、个人对项目在审批、实施过程中违规违法行为的举报,并按照有关规定予以查处。

第三十条 项目主管单位要强化军工投资项目全过程管理,加强对项目实施过程中计划执行、招投标、资金使用、实施进度、质量等方面的日常监督,对发现的问题要及时处置并报告国防科工局。要切实履行下列调整事项的监督管理责任,严格把关,有关文件报国防科工局备案:

1. 省(自治区、直辖市)内调整建设地址(在项目单位现有场址间调整建设地点的除外);

2. 调增单台购置金额在50万元至100万元人民币之间的设备;

3. 单台购置金额在100万元人民币以下的国产设备改为进口;

4. 调整重大设备的主要性能指标;

5. 调整建设周期。项目单位应在原批复建设周期截止日期3个月之前提出调整申请,并承诺不影响武器装备科研生产任务完成。建设周期调整相对可行性研究报告批复周期延长一般不得超过12个月。

第三十一条 项目单位要严格落实项目法人责任制,完善内控制度,规范管理,保证军工投资项目实施的质量和成效。军工投资项目实施过程中一般性调整事项由项目单位自行审定,并在启动实施前向项目主管单位备案(详见附件3),项目主管单位应出具备案回执(详见附件4)。

第六章 罚则

第三十二条 项目单位编报项目建议书提供虚假资料和信息,对评估和论证审批工作造成严重影响的,国防科工局将以适当形式在国防科技工业系统范

围内予以通报，责令其限期整改，一年内暂停受理该单位申报军工投资项目，五年内调减该单位所有军工投资项目政府投资比例10%。对于已在有关投资规划、指南中明确政策原则和建设范围的项目，项目建议书因申报内容不实、虚报投资等原因造成评估论证核减申报投资40%以上的，国防科工局退回项目建议书或审批项目建议书时调减政府投资比例5%。

第三十三条　项目可行性研究报告、初步设计未按规定时限及时编制并上报审批部门的，每拖延1个月，调减政府投资比例0.5个百分点。

第三十四条　在军工投资项目实施管理中，项目单位未按规定履行实施主体责任，有下列行为之一的，国防科工局视情给予相应的处罚；情节特别严重的，提请或移交有关部门依纪依法追究相关责任人的相应责任：

（一）出现本办法第十六条第一款规定情形的，除依法追回被骗取的中央政府预算资金外，五年内停止受理该项目单位申报军工投资项目；

（二）挪用项目政府预算资金的，依照《财政违法行为处罚处分条例》（国务院令第427号）等有关规定处理；

（三）招投标管理不规范，出现应当招标而未招标、虚假招标等严重违反招投标法规行为的，以适当形式在国防科技工业系统范围内予以通报，责令其限期整改，涉及的建设内容和相应投资全部由项目单位自筹资金承担，并视情节轻重采取暂停安排非型号保障类项目年度预算、暂停受理非型号保障类项目、调减后续申报项目政府投资比例5%～10%等处罚措施；

（四）未经批准擅自调整建设内容的，相应投资由项目单位自筹资金解决；

（五）未及时申请竣工验收和办理固定资产交付使用手续的，责令其限期整改，暂停受理非型号保障类项目。

第三十五条　项目主管单位未按规定履行相关责任，造成严重后果的，国防科工局以适当形式在国防科技工业系统范围内予以通报，并根据情节在一定时期和范围内暂停受理其申报的非型号保障类军工投资项目。

第三十六条　国防科工局及有关部门和单位的工作人员在军工投资项目审批、管理过程中滥用职权、玩忽职守、徇私舞弊、索贿受贿的，责令其限期改正，并按有关规定追究其相应责任；构成犯罪的，依法移送司法机关处理。

第三十七条　有关咨询评估机构在开展军工投资项目咨询评估或者后评价时，弄虚作假或者咨询评估意见严重失实的，国防科工局将其纳入不良信用记录，根据情节轻重，按有关规定给予警告、暂停任务委托、取消承担军工投资项目咨询评估任务资格等处罚。相关责任人员涉嫌犯罪的，依法移送司法机关处理。

第七章　附则

第三十八条　绝密级和采取事后投资补偿方式的军工投资项目,按有关管理规定执行。

第三十九条　本办法由国防科工局负责解释。项目主管单位可以根据本办法的规定及职责分工,制订具体管理办法。

第四十条　本办法自2016年10月1日起施行,之前发布的有关文件与本办法不一致的,以本办法为准。2013年国防科工局印发的《国防科技工业固定资产投资项目管理规定》(科工计〔2013〕1017号)同时废止。

附件:1. 新增(改造)工艺设备明细表(略)

2. 招标方案核准意见明细表(略)

3. 军工投资项目实施调整备案申请表(略)

4. 军工投资项目实施调整备案回执(略)

非国有企业军工项目投资监管暂行办法

(科工财审计〔2009〕1412号)

第一条　为规范非国有企业军工项目投资监管,确保国有军工资产安全、完整和有效,根据国家相关法律法规和国防科工局有关规定,制定本办法。

第二条　本办法适用于国防科工局负责安排的非国有企业军工投资项目。本办法所称非国有企业是指我国境内的私营、个体、集体以及非国有控股的混合所有制等企业。

第三条　申报军工项目投资的非国有企业应当符合以下条件:

(一)持有国家颁发的武器装备科研生产许可证;

(二)已承担高新工程武器装备及其重要配套产品研制生产任务,但现有条件难以保障相关任务完成;

(三)武器装备科研生产能力和技术在国内具有唯一性,且不可替代。

第四条　非国有企业申报的军工项目,由有关司组织国内同行业专家评审并出具评审意见,由发展计划司组织相关司听取意见后,再提交评估机构进行评审并出具评审意见,提请局长办公会审议。

项目具体申报按《国防科工局关于印发〈国防科技工业固定资产投资项目申报和审批若干规定〉的通知》(科工计〔2009〕233号)要求办理。

第五条　国防科工局以资本金注入和资产借用等方式对非国有企业进行投资。

第六条　以资本金注入方式投资转增的国有股份和资产借用方式形成的资产，由国防科工局发展计划司在项目立项后、可行性研究报告批复前委托国防科工局军工项目审核中心（以下简称审核中心）与项目承担单位签订《军工项目投资管理（资产借用）协议》。签订协议后，国防科工局各系统司、军品配套与监管司和受托审批部门方可批复项目的可行性研究报告，并在批复中明确项目竣工验收后，其转增的国有股份和资产借用形成的资产由审核中心进行管理。

第七条　国有股份与其它股份同股同利。非国有企业可对资本金注入转增的国有股份进行回购，回购价格按市场定价原则确定。

第八条　以资产借用方式投资非国有企业的，非国有企业支付资产使用费，资产使用费总额不得低于原始投资额，资产使用费付费年限不得高于资产折旧年限。

第九条　非国有企业须按照《军工关键设备设施登记管理办法》进行登记管理，确保军工项目投资所形成的军工设备设施安全、完整和有效。

第十条　按照"业务谁主管、监管谁负责"的要求，非国有企业军工投资项目可行性研究报告的主办部门是项目建设的监督管理的责任主体。

（一）发展计划司会同有关司，负责相关项目年度计划投资执行情况的监管；

（二）财务与审计司会同有关司，负责相关项目的资金管理和使用情况的监管；

（三）对涉及委托审批的有关项目，相关责任部门应加强对监管工作的指导。

第十一条　资本金注入所产生的国有股份收益和股份出让金收益，以及资产借用所产生的资产使用费，由审核中心代收，全额上交中央财政。

第十二条　国防科工局支付审核中心委托管理费，具体办法另行制定。

第十三条　本办法自发布之日起施行。

国防科技工业社会投资项目核准和备案管理暂行办法

（科工计〔2009〕1516号）

第一章　总则

第一条　为深化国防科技工业投资体制改革，引导社会投资进入国防科技工业建设领域,规范国防科技工业社会投资项目管理,根据《国务院关于深化国防科技工业投资体制改革若干意见的批复》(国函〔2007〕9号),制定本办法。

第二条 本办法适用于全部使用社会投资建设的国防科技工业固定资产投资项目(以下简称国防社会投资项目)管理。

本办法所称社会投资,是指境内各类内资法人单位出资的非政府投资。政府投资是指中央和地方财政拨付的投资。外资、港澳台投资不适用于本办法。

第三条 对社会投资项目实行分类管理。对《国防科技工业社会投资领域指导目录》(以下简称《目录》)中限制类领域的国防社会投资项目实行核准制;对《目录》中放开类领域的国防社会投资项目实行备案制。

第四条 国家国防科技工业局(以下简称国防科工局)是国防社会投资项目核准机关。

第五条 国防科工局和省级国防科技工业管理部门是国防社会投资项目备案机关。国务院有关部门、中央军工集团公司、其他中央企业、中央直属事业单位本级及所属单位国防社会投资项目向国防科工局备案。地方企事业单位国防社会投资项目按照属地化原则向省级国防科技工业管理部门备案。

第六条 国务院有关部门、省级国防科技工业管理部门、中央军工集团公司、其他中央企业、中央直属事业单位(以下统称项目主管部门),负责组织本部门、本地区、本单位的国防社会投资项目初审和申报工作,实施项目监管。

第二章 核准制项目管理

第七条 项目建设单位根据国家有关规定,委托具备甲级工程咨询资格的机构编制项目申请报告(通用文本见附件1)。项目申请报告经项目主管部门初审同意后,一式5份报送国防科工局。

第八条 国防科工局在收到项目申请报告10个工作日内,对项目申请报告进行初步审核。不符合规定和要求的,一次性提出处理意见并说明理由,退回项目申请报告,或者修改申请报告,或者补充相关材料,或者重新上报。

第九条 对于比较复杂的项目,国防科工局视情委托中介机构或者组织专家进行评估。

第十条 国防科工局应在收到符合规定和要求的项目申请报告20个工作日内,做出对项目申请报告是否核准的决定。由于特殊原因确实难以在20个工作日内做出核准决定的,经国防科工局负责人批准,可以延长10个工作日。对同意核准的项目,国防科工局应向项目申报单位出具项目核准文件,并抄送相关部门。对不予核准的项目,应当书面说明不予核准的理由,并通知项目申报单位。

前款规定的时间不包括委托中介机构评估、专家评审、征求相关部门意见的时间。

第十一条　国防科工局在进行核准审查时，如有需要，应当以书面方式征求有关部门意见，相关部门应当在 7 个工作日内反馈书面意见；逾期未反馈的，视同同意。

第十二条　国防科工局主要根据以下条件对项目进行审查：

（一）符合《目录》规定；

（二）符合武器装备发展需求；

（三）符合国家宏观调控政策；

（四）符合国防科技工业发展规划、产业政策和军品科研生产能力结构布局要求；

（五）符合投资者的资格条件要求；

（六）符合国家保密规定和要求；

（七）符合国家和地方环境保护有关规定，且环境影响评价文件经有审批权限的环境保护行政主管部门批准；

（八）对国家安全和社会公共利益无不利影响，符合国家安全生产法律法规；

（九）符合国家规定的其他要求。

第十三条　项目核准文件有效期为 2 年，自核准之日算起。

项目在核准文件有效期内未开工建设的，项目申报单位应当在有效期届满 30 日前，向国防科工局提出延期申请，国防科工局在有效期届满前做出是否准予延期的决定。项目在核准文件有效期内未开工建设也未提出延期申请的，原项目核准文件自动失效。

第十四条　已经核准的项目，项目单位依据核准文件，依法办理城市规划、土地使用、环境保护、资源利用、安全生产、设备进口和减免税确认等手续，实施项目建设。

第十五条　项目实施过程中，涉及投资主体及项目单位股权结构变化、建设地点变更、纲领规模与能力变化等重大调整时，项目主管部门应及时以书面形式向国防科工局提出调整申请报告。国防科工局应在收到调整申请报告 20 个工作日内做出是否同意调整的书面意见。

第十六条　对应申报核准而未申报，或者虽然申报但未经核准，或者核准文件失效的社会投资项目，项目单位不得实施建设，有关部门不得办理相关手续，金融机构不得发放贷款。

第十七条　已核准项目由项目主管部门自行组织竣工验收，并将竣工验收批复文件一式 3 份及时抄报国防科工局。

第三章　备案制项目管理

第十八条　项目建设单位根据有关规定，编制项目备案申请表（通用文本见附件2）。应由国防科工局负责备案的，备案申请表经项目主管部门初审同意后一式5份报送国防科工局；应由省级国防科技工业管理部门备案的，备案申请表由项目建设单位一式5份报送省级国防科技工业管理部门。

第十九条　备案机关在收到备案申请表10个工作日内，对备案申请表进行初步审核。不符合规定和要求的，一次性提出处理意见并说明理由，退回备案申请表，或者修改备案申请表，或者补充相关材料，或者重新上报。

第二十条　对于比较复杂的项目，国防科工局视情委托中介机构或者组织专家进行评估。

第二十一条　备案机关在收到符合规定和要求的备案申请表20个工作日内，出具《项目备案通知书》或者《项目不予备案通知书》，并抄送相关部门。不予备案的，应当说明理由。省级国防科技工业管理部门出具的《项目备案通知书》或者《项目不予备案通知书》，一式3份及时抄报国防科工局。

前款规定的时间不包括中介机构评估、专家评审时间。

第二十二条　备案机关主要按以下条件对备案申请表进行审查：

（一）符合《目录》规定；

（二）符合武器装备发展需求；

（三）符合国防科技工业发展规划、产业政策和军品科研生产能力结构布局要求；

（四）对国家安全和社会公共利益无不利影响，符合国家安全生产法律法规；

（五）符合国家规定的其他要求。

第二十三条　《项目备案通知书》有效期为2年，自印发之日算起。

项目建设单位在有效期内未开工建设，需延期建设的，应当在有效期届满30日前，由原项目申报单位向备案机关提出书面申请。备案机关在收到申请后，于有效期届满之前做出是否准予延期建设的书面通知。在有效期内未开工建设也未提出延期申请的，原《项目备案通知书》自动失效。

第二十四条　项目建设单位依据《项目备案通知书》，依法办理城市规划、土地使用、环境保护、资源利用、安全生产、设备进口和减免税确认等手续，实施项目建设。

第二十五条　对应申请备案而未申请，或者虽申请但不予备案，或者《项目备案通知书》失效的项目，有关部门不得办理相关手续，金融机构不得发放贷款。

第二十六条　有下列情形之一的，需重新办理备案手续：

（一）投资主体发生变更；

（二）武器装备科研生产任务类型发生变化；

（三）国家规定的其他重要变更事项。

第二十七条　项目建设单位或者项目主管部门自行组织备案项目竣工验收，并将竣工验收批复文件一式3份及时抄报备案机关。由省级国防科技工业管理部门备案的项目，竣工验收批复文件一式3份同时抄报国防科工局。

第四章　其他管理

第二十八条　已经同意核准或备案的项目，项目建设单位不得随意中止建设。确需中止的，应由原项目申报单位向核准、备案机关提出书面申请。

核准、备案机关在收到书面申请的30个工作日内，对中止该项目建设对国家安全和武器装备科研生产任务的影响及替代方案进行评估后，做出处理决定。

第二十九条　已经核准或备案的国防社会投资项目建成后所形成的能力纳入武器装备科研生产能力监管体系，其资产、设备设施等管理按国家有关规定执行。

第三十条　项目建设单位和项目主管部门应对项目情况的真实性负责。

第三十一条　项目建设单位应执行保密资格认证和武器装备科研生产许可管理等有关规定。

第五章　法律责任

第三十二条　项目核准、备案机关及其工作人员，应当严格执行国家有关法律法规和本办法的规定，不得擅自变更核准、备案程序和事项，不得拖延核准、备案时限。

核准、备案机关及其工作人员，在项目核准、备案过程中滥用职权、玩忽职守、徇私舞弊、索贿受贿的，根据有关规定给予行政处分；构成犯罪的，依法追究刑事责任。

第三十三条　对项目建设单位或项目主管部门应申报核准或备案而未申报擅自开工建设的，已申报但未予核准或备案擅自开工建设的，以拆分项目、提供虚假材料等不正当手段获得项目核准或者备案的，未经批准或同意擅自进行第十五条、二十六条规定的重大调整的，未经批准或同意擅自延期、终止建设的，违反本办法其他有关规定的，核准、备案机关视其情节轻重和对国家安全的影响程度采取下列相应处置措施：

（一）责令改正；

（二）通报批评；

（三）将项目建设单位或项目主管部门列入失信者名单，并对社会公示；

（四）撤销项目核准文件或《项目备案通知书》；

（五）责令停止项目建设；

（六）吊销或提请吊销项目单位武器装备科研生产许可证；

（七）提请有关部门吊销项目建设单位或项目主管部门的营业执照；

（八）追究有关责任人的相应责任，构成犯罪的依法追究刑事责任。

第三十四条 中介机构及其工作人员，在编制项目文件和开展项目审查评估过程中，违反法律、法规和有关规定的，追究相应责任。

第六章 附则

第三十五条 本办法由国防科工局负责解释。

第三十六条 本办法自发布之日起施行。此前发布的有关规定，凡与本办法有抵触的，按本办法执行。

第三十七条 按照国家有关规定以及本办法的精神和要求，省级国防科技工业管理部门可根据实际情况另行制定备案管理实施细则并抄报国防科工局。

附件：1. 核准制项目申请报告通用文本

2. 备案制项目备案申请表通用文本

附件 1

核准制项目申请报告通用文本

Ⅰ. 简要说明

一、通用文本是核准制项目申请报告编写内容及深度的一般要求。编写具体的项目申请报告时，如拟建项目不涉及通用文本中有关内容，在说明情况后，可不进行相关分析；有特殊性的内容，可酌情增加。

二、国防科工局将根据各类项目的具体情况，对通用文本适时进行修正。

Ⅱ. 通用文本

一、投资者基本情况（参照备案制项目备案申请表通用文本表Ⅰ）和资格条件（参照本办法“第二条”规定）。

二、项目建设依据。

三、项目建设必要性。

四、项目建设方案概要。

五、项目建设周期。

六、项目相关影响因素分析及采取的措施：

（一）武器装备科研生产任务；

（二）相关产业政策、企业发展规划；

（三）军品能力保持措施；

（四）节能方案；

（五）建设用地、征地拆迁及移民方案；

（六）环境和生态；

（七）经济影响；

（八）社会影响与公共利益。

七、投资估算与资金筹措。

八、结论与建议。

九、项目主管部门审核意见。

十、项目建设单位、项目主管部门对提供材料真实性的承诺书。

十一、附件：

（一）投资估算表；

（二）总图；

（三）涉密项目的招标方案；

（四）项目建设单位及投资方的注册证明（营业执照）、商务登记证、经审计的最近三年财务报表（包括资产负债表、损益表和现金流量表）、有关金融机构出具的银行信用等级证明、开户银行出具的资金信用证明；

（五）城市规划行政主管部门出具的城市规划意见。

附件2

备案制项目备案申请表通用文本

Ⅰ.简要说明

投资者填写备案申请表，并提供相关附件。

Ⅱ.通用文本

一、备案制项目备案申请表（见表Ⅰ、表Ⅱ、表Ⅲ）

二、相关附件

（一）武器装备科研生产任务及其批准文件或合同、协议；

（二）涉及安全生产的，应有安全生产中介咨询机构出具的安全评估意见；

（三）其他文件。

国防科工委关于非国有企业军工项目投资管理有关问题的意见

（科工财〔2006〕569号）

各省、自治区、直辖市国防科工委（办），国防科工委军工项目审核中心：

近年来，为了保障武器装备科研生产的顺利进行和型号配套任务的急需，国防科工委对非国有企业承担军品研制生产任务的投资越来越多，投资力度也不断加强。为了规范政府对非国有企业军工项目投资的管理，确保政府资金安全，国防科工委对非国有企业军工项目投资管理有关问题提出如下意见：

一、范围

项目范围为国防科工委负责审批的承担军品科研生产任务的非国有企业的固定资产投资项目。非国有企业包括我国境内的私营、个体及非国有控股的混合所有制等企业。不包括具有国有资产管理权的机构的所属股份制等企业。

二、投资条件

国防科工委对非国有企业投资限于以下两种情况：

（一）已承担军队装备部门下达的重要高新技术装备及其重要配套产品研制生产任务，但现有条件难以保障任务完成的；

（二）因自身技术、装备优势而承担重要高新技术武器装备特殊配套产品研制生产任务，但现有条件存在不足的。

三、投资方式

（一）贷款贴息。贷款贴息幅度、年限根据项目盈利能力和重要程度确定。贷款贴息幅度不高于同期国有银行贷款利率水平，贴息年限不超过3年。贷款贴息冲减项目建设成本。需要贷款贴息的项目，非国有企业应出具银行贷款证明。

（二）通过贷款贴息保障不了非国有企业承担的军工研制生产任务完成的，国防科工委可采取资本金注入投资方式。需要以资本金注入方式投资的，非国有企业应出具股东大会或全体出资人会议决议，同意接受政府投资并按规定调整股权结构，转增国有股份，国有股按规定享有股份收益。非国有企业对转增的

国有股份可以回购。

四、收益管理

国防科工委对非国有企业投资所形成的国有股份收益和股份出让资金收入，均全额上交中央财政。

五、非国有企业军工投资项目的申报、审批、项目实施和竣工验收等工作按照国防科工委现行有关程序和规定执行。

六、转增的国有股份由国防科工委委托国防科工委军工项目审核中心管理。

非国有企业需要资本金注入的，应与军工项目审核中心签订投资管理协议。军工项目审核中心根据以上原则制定相应的具体管理办法报国防科工委批准后执行。国防科工委按规定支付军工项目审核中心委托管理费，具体办法另行制定。

请各有关部门（单位）认真贯彻执行上述意见，并对已批复的项目进行清理，按照新规定补办手续。执行中如有问题，请及时告知国防科工委。

国防科工局关于非国有企业申报军工固定资产投资项目有关事项的通知

（科工计〔2016〕35号）

各省、自治区、直辖市国防科技工业管理部门：

为鼓励和引导非国有企业积极参与国防建设，促进军工科研生产良性竞争，进一步明确非国有企业军工固定资产投资项目的申报、审批和管理有关规定，现将有关要求通知如下：

一、适用范围和条件

（一）本通知中的非国有企业，是指我国大陆境内承担军品科研生产任务的集体、私营企业及非国有控股的混合所有制企业等（外资和港、澳、台全资、控股或参股的企业按照国家有关规定办理）。

（二）非国有企业承担重点军品科研生产任务明确（其中属于武器装备科研生产许可目录范围内的应具备相应许可资质，范围以外的应具备相应的保密等资质），且国内现有条件难以满足相关任务需要，可申报武器装备型号研制保障条件建设或武器装备生产能力建设两类军工固定资产投资项目。

二、职责分工

非国有企业是项目实施责任主体，负责项目建设方案编制、实施及配合完成项目竣工验收等工作。企业所在地方（即各省、自治区、直辖市，下同）国防科技工业管理部门是项目组织管理责任主体，负责组织项目编报、监督检查等工作。国防科工局负责军工固定资产投资项目综合管理工作。具体责任和分工按《国防科技工业固定资产投资项目管理规定》（科工计〔2013〕1017 号）执行。

三、投资方式和相关要求

符合相关条件的非国有企业根据国防科技工业固定资产投资政策，在申报项目时明确选择以下投资方式之一：

（一）资本金注入。采用资本金注入方式的项目，国家投入的中央预算内投资形成的股权属于国有股权，由经授权的国有资产管理部门、机构或国有企业持有并履行相应的出资人职责。申报项目建议书时，应一并报送企业股东会议或全体出资人会议同意接收军工固定资产投资，并将中央预算内投资转增国有资本（股权）和持有人情况的书面材料。此外，地方国防科技工业管理部门还需书面说明对项目投资形成的国有股权归属情况、国有资产监管情况，以及军工能力和关键设备设施监管情况等。

项目竣工验收后转增国有股份，非国有企业应修改公司章程和股东名册，及时依法办理增加注册资本金和增加股东的工商变更登记手续。

此投资方式的投资政策参照军工固定资产投资有关科目政策执行。

（二）投资补助。该方式由国防科工局按军工固定资产投资有关政策给予投资补助，武器装备研制保障条件建设类项目国拨投资补助比例不超过项目总投资的 30%；生产能力建设类项目比照贷款贴息方式计算补助资金额度。

（三）贷款贴息。对于非国有企业使用了中长期贷款的军工固定资产投资项目，可选择此类投资方式。国防科工局按相关规定给予贷款利息补贴。贴息年限不超过项目建设期计息年数，贴息率不高于同期中国人民银行规定的中长期贷款基准利率。

对于中央预算内投资已经支持过的军工固定资产投资项目，国防科工局不受理其投资申请。鼓励具备条件的地方对相关建设项目提供地方配套资金支持。

四、项目编报、审批程序和要求

（一）采用资本金注入方式的，由地方国防科技工业管理部门负责组织编制项目建议书报国防科工局，国防科工局审批项目建议书、可行性研究报告等。申

报、审批和管理参照《国防科技工业固定资产投资项目管理规定》(科工计〔2013〕1017号)执行。

(二)采用投资补助或贷款贴息方式的,经核准或备案后,由地方国防科技工业管理部门负责组织编制项目资金申请报告,并在项目竣工验收前报国防科工局。国防科工局负责组织资金申请报告的委托评估(或专家审查)及审批工作。资金申请报告内容和需附具的文件等要求参照《中央预算内投资补助和贴息项目管理办法》(发展改革委第3号令)及国防科技工业固定资产投资贷款贴息项目管理有关规定执行,编制深度应达到项目可行性研究报告要求。

五、项目实施、投资计划和财务管理

项目实施、投资计划管理按照《国防科技工业固定资产投资项目管理规定》(科工计〔2013〕1017号)执行。

财务管理按照《中央预算内投资补助和贴息项目管理办法》(国家发展和改革委员会第3号令)、《企业财务通则》(中华人民共和国财政部令第41号)、《中央预算内固定资产投资补助资金财政财务管理暂行办法》(财建〔2005〕355号)、《中央预算内固定资产投资贴息资金财政财务管理暂行办法》(财建〔2005〕354号)等有关规定执行。

六、项目竣工验收

建设项目竣工验收工作按照《国防科技工业固定资产投资项目竣工验收实施细则》(科工计〔2013〕1016号)及其他有关规定执行。

七、军工能力和资产管理

非国有企业应按批复的建设目标和建设纲领,承担保持军工能力的责任,地方国防科技工业管理部门负责监督管理,确保军工能力安全、完整和有效。建设目标发生调整和变化应及时向国防科工局报告有关情况。

对于以上各类投资方式形成的军工关键设备设施,均按照《军工关键设备设施管理条例》(国务院令第598号)和《军工关键设备设施登记管理办法》《军工关键设备设施处置管理办法》(科工财审〔2012〕760号)执行。对军工项目投资形成的设备设施(以下简称军工设备设施)管理,实施年度报告制度。非国有企业应于每年一季度末将上一年度本企业军工设备设施状况以文件形式报告地方国防科技工业管理部门,由地方国防科技工业管理部门汇总报送国防科工局。

对于投资形成的国有资产管理,由国有资产监管责任主体按国家有关规定执行。

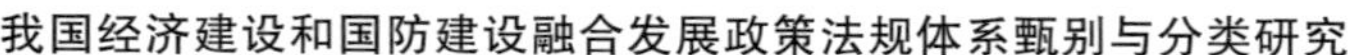

八、监督检查和法律责任

监督检查和法律责任参照《企业国有资产监督管理暂行条例》(国务院令第378号)、《军工关键设备设施管理条例》(国务院令第598号)、《国防科技工业固定资产投资项目管理规定》(科工计〔2013〕1017号)等执行。地方国防科技工业管理部门每年对建设项目及军工设备设施等组织现场检查,对发现的问题要及时报告国防科工局,并提出整改意见。国防科工局根据需要对建设项目及军工设备设施状况进行抽查。对于相关工作人员滥用职权、玩忽职守、徇私舞弊的,依法给予处分;构成犯罪的,依法追究刑事责任。

各地方国防科技工业管理部门和非国有企业,要认真宣传贯彻本通知的有关要求,切实落实国防科技工业有关投资政策,着力提升武器装备科研生产关键工艺和技术水平,充分利用现有能力,积极开展社会大协作,防止低水平重复建设,加强项目全过程管理,切实提高投资效益。在项目编报、审批和实施过程中,要严格执行国家有关规定和本通知有关要求,并将遇到的问题及时报告我局。

第九章　军民资源共享方面的规章

国务院关于国家重大科研基础设施和大型科研仪器向社会开放的意见

（国发〔2014〕70号）

各省、自治区、直辖市人民政府，国务院各部委、各直属机构：

国家重大科研基础设施和大型科研仪器（以下称科研设施与仪器）是用于探索未知世界、发现自然规律、实现技术变革的复杂科学研究系统，是突破科学前沿、解决经济社会发展和国家安全重大科技问题的技术基础和重要手段。近年来，科研设施与仪器规模持续增长，覆盖领域不断拓展，技术水平明显提升，综合效益日益显现。同时，科研设施与仪器利用率和共享水平不高的问题也逐渐凸显出来，部分科研设施与仪器重复建设和购置，存在部门化、单位化、个人化的倾向，闲置浪费现象比较严重，专业化服务能力有待提高，科研设施与仪器对科技创新的服务和支撑作用没有得到充分发挥。为加快推进科研设施与仪器向社会开放，进一步提高科技资源利用效率，现提出以下意见：

一、总体要求

（一）指导思想。以邓小平理论、“三个代表”重要思想、科学发展观为指导，深入贯彻党的十八大和十八届二中、三中、四中全会精神，认真落实党中央和国务院的决策部署，围绕健全国家创新体系和提高全社会创新能力，通过深化改革和制度创新，加快推进科研设施与仪器向高校、科研院所、企业、社会研发组织等社会用户开放，实现资源共享，避免部门分割、单位独占，充分释放服务潜能，为科技创新和社会需求服务，为实施创新驱动发展战略提供有效支撑。

（二）主要目标。力争用三年时间，基本建成覆盖各类科研设施与仪器、统一规范、功能强大的专业化、网络化管理服务体系，科研设施与仪器开放共享制度、标准和机制更加健全，建设布局更加合理，开放水平显著提升，分散、重复、封闭、低效的问题基本解决，资源利用率进一步提高。

（三）基本原则。

制度推动。制定促进科研设施与仪器开放的管理制度和办法，明确管理部门和单位的责任，理顺开放运行的管理机制，逐步纳入法制化轨道，推动非涉密和无特殊规定限制的科研设施与仪器一律向社会开放。

信息共享。搭建统一的网络管理平台，实现科研设施与仪器配置、管理、服务、监督、评价的全链条有机衔接。

资源统筹。既要盘活存量，统筹管理，挖掘现有科研设施与仪器的潜力，促进利用效率最大化；又要调控增量，合理布局新增科研设施与仪器，以开放共享推动解决重复购置和闲置浪费的问题。

奖惩结合。建立以用为主、用户参与的评估监督体系，形成科研设施与仪器向社会服务的数量质量与利益补偿、后续支持紧密挂钩的奖惩机制。

分类管理。对于不同类型的科研设施与仪器，采取不同的开放方式，制定相应的管理制度、支撑措施及评价办法。

（四）适用范围。科研设施与仪器包括大型科学装置、科学仪器中心、科学仪器服务单元和单台套价值在50万元及以上的科学仪器设备等，主要分布在高校、科研院所和部分企业的各类重点实验室、工程（技术）研究中心、分析测试中心、野外科学观测研究站及大型科学设施中心等研究实验基地。其中，科学仪器设备可以分为分析仪器、物理性能测试仪器、计量仪器、电子测量仪器、海洋仪器、地球探测仪器、大气探测仪器、特种检测仪器、激光器、工艺试验仪器、计算机及其配套设备、天文仪器、医学科研仪器、核仪器、其他仪器等15类。

二、重点措施

（一）所有符合条件的科研设施与仪器都纳入统一网络平台管理。

科技部会同有关部门和地方建立统一开放的国家网络管理平台，并将所有符合条件的科研设施与仪器纳入平台管理。科研设施与仪器管理单位（以下简称管理单位）按照统一的标准和规范，建立在线服务平台，公开科研设施与仪器使用办法和使用情况，实时提供在线服务。管理单位的服务平台统一纳入国家网络管理平台，逐步形成跨部门、跨领域、多层次的网络服务体系。

管理单位建立完善科研设施与仪器运行和开放情况的记录，并通过国家网络管理平台，向社会发布科研设施与仪器开放制度及实施情况，公布科研设施与仪器分布、利用和开放共享情况等信息。

（二）按照科研设施与仪器功能实行分类开放共享。

对于大型科学装置、科学仪器中心，有关部门和管理单位要将向社会开放纳入日常运行管理工作。对于科学仪器服务单元和单台套价值在50万元及以上

的科学仪器设备，科技行政主管部门要加强统筹协调，按不同专业领域或仪器功能，打破管理单位的界限，推动形成专业化、网络化的科学仪器服务机构群。对于单台套价值在50万元以下的科学仪器设备，可采取管理单位自愿申报、行政主管部门择优加入的方式，纳入国家网络管理平台管理。对于通用科学仪器设备，通过建设仪器中心、分析测试中心等方式，集中集约管理，促进开放共享和高效利用。对于拟新建设施和新购置仪器，应强化查重评议工作，并将开放方案纳入建设或购置计划。管理单位应当自科研设施与仪器完成安装使用验收之日起30个工作日内，将科研设施与仪器名称、规格、功能等情况和开放制度提交国家网络管理平台。

鼓励国防科研单位在不涉密条件下探索开展科研设施与仪器向社会开放服务。

对于利用科研设施与仪器形成的科学数据、科技文献(论文)、科技报告等科技资源，要根据各自特点采取相应的方式对外开放共享。开放共享情况要作为科技资源建设和科技计划项目管理考核的重要内容。

(三)建立促进开放的激励引导机制。

管理单位对外提供开放共享服务，可以按照成本补偿和非盈利性原则收取材料消耗费和水、电等运行费，还可以根据人力成本收取服务费，服务收入纳入单位预算，由单位统一管理。管理单位对各类科研设施与仪器向社会开放服务建立公开透明的成本核算和服务收费标准，行政主管部门要加强管理和监督。对于纳入国家网络管理平台统一管理、享受科教用品和科技开发用品进口免税政策的科学仪器设备，在符合监管条件的前提下，准予用于其他单位的科技开发、科学研究和教学活动。探索建立用户引导机制，鼓励共享共用。

统筹考虑和严格控制在新上科研项目中购置科学仪器设备。将优先利用现有科研设施与仪器开展科研活动作为各科研单位获得国家科技计划(专项、基金等)支持的重要条件。

鼓励企业和社会力量以多种方式参与共建国家重大科研基础设施，组建专业的科学仪器设备服务机构，促进科学仪器设备使用的社会化服务。

(四)建立科研设施与仪器开放评价体系和奖惩办法。

科技部会同有关部门建立评价制度，制定评价标准和办法，引入第三方专业评估机制，定期对科研设施与仪器的运行情况、管理单位开放制度的合理性、开放程度、服务质量、服务收费和开放效果进行评价考核。评价考核结果向社会公布，并作为科研设施与仪器更新的重要依据。对于通用科研设施与仪器，重点评价用户使用率、用户的反馈意见、有效服务机时、服务质量以及相关研究成果的产出、水平与贡献；对于专用科研设施与仪器，重点评价是否有效组织了高水平

的设施应用专业团队以及相关研究成果的产出、水平与贡献。

管理单位应在满足单位科研教学需求的基础上，最大限度推进科研设施与仪器对外开放，不断提高资源利用率。对于科研设施与仪器开放效果好、用户评价高的管理单位，同级财政部门会同有关部门根据评价考核结果和财政预算管理的要求，建立开放共享后补助机制，调动管理单位开放共享积极性。对于不按规定如实上报科研设施与仪器数据、不按规定公开开放与利用信息、开放效果差、使用效率低的管理单位，科技行政主管部门会同有关部门在网上予以通报，限期整改，并采取停止管理单位新购仪器设备、在申报科技计划（专项、基金等）项目时不准购置仪器设备等方式予以约束。对于通用性强但开放共享差的科研设施与仪器，结合科技行政主管部门的评价考核结果，相关行政主管部门和财政部门可以按规定在部门内或跨部门无偿划拨，管理单位也可以在单位内部调配。科技行政主管部门、相关行政主管部门要建立投诉渠道，接受社会对科研设施与仪器调配的监督。

（五）加强开放使用中形成的知识产权管理。

用户独立开展科学实验形成的知识产权由用户自主拥有，所完成的著作、论文等发表时，应明确标注利用科研设施与仪器情况。加强网络防护和网络环境下数据安全管理，管理单位应当保护用户身份信息以及在使用过程中形成的知识产权、科学数据和技术秘密。

（六）强化管理单位的主体责任。

管理单位是科研设施与仪器向社会开放的责任主体，要强化法人责任，切实履行开放职责，自觉接受相关部门的考核评估和社会监督。要根据科研设施与仪器的类型和用户需求，建立相应的开放、运行、维护、使用管理制度，保障科研设施与仪器的良好运行与开放共享。要落实实验技术人员岗位、培训、薪酬、评价等政策。科学仪器设备集中使用的单位，要建立专业化的技术服务团队，不断提高实验技术水平和开放水平。

各行政主管部门要切实履行对管理单位开放情况的管理和监督职责，实施年度考核，把开放水平和结果作为年度考核的重要内容。

三、组织实施和进度安排

改革分阶段实施，在 2014 年科技部会同有关部门和地方启动现有科研设施与仪器的资源调查，摸清家底，建立科研设施与仪器资源数据库的基础上，逐步实现科研设施与仪器向社会开放的全覆盖。

2015 年，科技部会同有关部门充分利用现有全国大型科学仪器设备协作共用平台，启动统一开放的科研设施与仪器国家网络管理平台建设，年底前基本建

立。遴选状态良好、管理制度健全、开放绩效突出并具有代表性的科研设施与仪器,先行开展向社会开放试点。制定管理单位服务平台的标准规范,制定并发布统一的评价办法,开展评价考核工作,财政部门会同有关部门建立开放共享后补助机制。完善科技部、财政部、教育部、中科院等相关部门对新购科学仪器设备的查重和联合评议机制。所有管理单位制定完善的开放制度,并在国家网络管理平台上发布。

2016 年,科技部会同有关部门和地方建成覆盖各类科研设施与仪器、统一规范、功能强大的专业化、网络化国家网络管理平台,将所有符合条件的科研设施与仪器纳入平台管理。所有管理单位按照统一的标准规范建成各自的服务平台,明确服务方式、服务内容、服务流程,纳入国家网络管理平台,形成跨部门、跨领域、多层次的网络服务体系。所有管理单位在国家网络管理平台上发布符合开放条件的科研设施与仪器开放清单和开放信息。

2017 年,科技行政主管部门对管理单位的科研设施与仪器向社会开放情况进行评价考核,并向社会公布评价考核结果。

关于进一步推动科研基地和科研基础设施向企业及社会开放的若干意见

(国科发基字〔2006〕558 号)

各省、自治区、直辖市、计划单列市科技厅(委、局),新疆生产建设兵团科技局,国务院各有关部委、各直属机构科技主管部门:

根据《国家中长期科学和技术发展规划纲要(2006—2020 年)》和《国务院关于实施〈国家中长期科学和技术发展规划纲要(2006—2020 年)〉若干配套政策的通知》(国发〔2006〕6 号),为进一步推动科研基地和科研基础设施向企业及社会开放,提出以下意见。

1. 政府投资建立的科研基地和科研基础设施属于国家公共科技资源,非涉密或国家无特殊规定的,均应向企业及社会开放。

2. 科研基地和科研基础设施要利用现代信息技术手段,建立信息网站和公共信息交流服务平台,通过多种方式向企业及社会发布开放工作信息。

3. 科研基地和科研基础设施要积极为企业及社会使用科学仪器设备提供服务。

符合条件的科学仪器设备应纳入全国或区域性大型科学仪器协作共用网。

4. 科研基地和科研基础设施拥有的种质资源、标准物质、标本和样品、科学数据、科技文献和信息等要向企业及社会开放，实现共享，并应有相应的管理办法。

5. 有条件的科研基地和科研基础设施应面向企业及社会设立开放课题并予以经费资助。

6. 鼓励科研基地和科研基础设施根据企业及社会需求开展技术人员培训，有条件的机构要积极与企业联合培养研究生、共建博士后工作站。

7. 具备条件的科研基地和科研基础设施要加强与企业研发中心的联系与合作，为产学研战略联盟的形成发挥积极作用。

8. 科研基地和科研基础设施要积极创造条件，向社会公众特别是中小学生开放，传播科学知识，提高公众科学素养。

9. 科研基地和科研基础设施开放可以采取有偿服务的形式，但不能以营利为目的。

10. 科研基地和科研基础设施的开放应纳入单位的年度工作计划。新建科研基地和科研基础设施的建设方案应明确开放措施。

11. 科研基地和科研基础设施的开放情况应作为其运行绩效考核的重要指标。成绩突出的，予以表彰和奖励。

12. 科研基地和科研基础设施在开放过程中要遵守国家有关保密规定。

国防科工委关于大力发展国防科技工业民用产业的指导意见

（科工计〔2007〕111 号）

发展民用产业是国防科技工业贯彻军民结合、寓军于民方针的根本要求，是保军、促军的重要举措，是一项长期的战略任务。“十五”以来，军工单位民品发展取得了显著成绩，但仍存在产品开发缺乏深度和广度、规模较小、优势不明显以及重视不够等问题。在新的历史时期，为了增强国防科技工业可持续发展能力，必须进一步推进民用产业发展。现提出以下指导意见。

一、明确指导思想，确立目标原则

（一）军工单位发展民用产业的指导思想是：以胡锦涛总书记“四个坚持”为根本指针，贯彻科学发展观，适应国防建设和国民经济发展的需要，始终把民用

产业作为国防科技工业不可或缺的重要组成部分，实施以效益为中心的增长战略，全方位、多层次动员军工力量，大力发展民用产业，实现国防科技工业又好又快发展。

（二）发展民用产业，要遵循以下原则：

坚持以经济效益为中心。把有效益作为发展民用产业的出发点，在选择发展方向、开拓市场空间、加强经营管理等方面，都要把经济效益放在首位。切实转变经济增长方式，努力提高经济效益。

坚持以市场为导向。牢固树立市场意识，面向国际国内两个市场、两种资源，积极主动参与市场竞争，在竞争中求生存、求发展。

坚持发挥军工优势。把军工优势作为发展民用产业的立足点，走军民结合的路子。充分发挥军工技术、设备设施和人才优势，大力开发民用技术和适销对路产品，推进产业化。

坚持科技创新。始终依靠科技进步支撑产业发展。自主开发和引进技术相结合，努力掌握产业核心技术。加快科技进步和成果转化，增强产业核心竞争力。

坚持体制机制创新。加快科研院所改革和现代企业制度建立，激发军工单位发展活力。充分发挥市场配置资源的基础性作用，推进投资和产权主体多元化，加大跨集团、跨行业的重组整合力度，形成与市场经济接轨的体制机制。

（三）“十一五”期间的发展目标是：掌握一批具有自主知识产权的核心技术和关键技术，发展一批市场影响力大的名牌产品，建设一批创新能力强、产业集聚度高的高技术产业基地，形成以高技术产业为主导、各类产业竞相发展的新格局。

培养一批优秀的企业家和技术创新团队。民品销售收入年均增长15%以上，占国防科技工业总收入的比重进一步加大；利润保持同步增长，民品利润占利润总额的比重达到50%以上。

二、确定发展方向，优化产业格局

（一）积极发展新兴产业和成长性产业。国防科技工业是国民经济发展的一支重要力量。要按照《国民经济和社会发展第十一个五年规划纲要》和《国家科学和技术中长期发展规划纲要》确定的方向，围绕产业结构优化升级、建设资源节约型和环境友好型社会以及国民经济信息化的要求，瞄准新兴产业和成长性产业，既着力开发龙头产品，又注重发展配套产品，努力培育新的经济增长点。

（二）壮大军民结合高技术产业。加快发展与军品结构相似、技术相通、工艺相近、设备设施通用的军民结合高技术产业，增强军民转换能力。重点是民用核

能、民用航天、民用飞机、民用船舶等。

加快技术开发。以突破百万千瓦级核电站关键技术、大飞机关键技术、大型液化天然气(LNG)船和深海钻井平台设计技术、新一代运载火箭研制技术、先进航空发动机和车船用柴油机基础技术等为重点,引进技术和消化吸收相结合,产品开发和技术开发相结合,建立自主的技术体系。

加快工程化研究和工业化应用。完成乏燃料后处理中间试验,推进工业化应用;突破卫星长寿命、高可靠、低成本技术,推动卫星由试验应用型向业务服务型、商业型转变;加快工业燃汽轮机中试;推广现代造船模式;加强先进工艺研究应用。

扩大经济规模。按产业化模式组织商业卫星和公益卫星研制生产;拓展卫星应用市场,促进地面应用产品规模化。充分利用反应堆、加速器等辐射资源,开发同位素产品,扩大核技术应用。通过新研产品、转包生产、国际风险合作等多种方式,做大民用飞机产业规模。提升船用配套设备产能和技术水平,提高本土化装船率。

(三)做强做大军民结合优势产品。积极发展电子信息制造、技术装备、新材料、新能源、新型建材和化工、节能降耗和环保综合利用等产品。利用军工制造与技术优势,积极发展数控加工、工程机械、在线检测及测量仪器、钢结构等产品。

加快发展集成电路、微光红外、显示器件、绿色照明等电子信息和光电产品。利用特种化工技术和能力优势,发展精细化工、民爆器材等产品。根据市场需求,发展空间育种、辐照育种、生物制药等,开发风能发电、光伏电池等新能源装备和防暴、反恐、安防等公共安全产品。

对汽车、摩托车、空调压缩机等已具有一定规模的产品,要持续开发新产品,不断更新换代,强化品牌经营,增强市场竞争力。

(四)努力扩大对外贸易。加大国际新兴市场的开发力度,加强国际营销网络建设,扩大民品出口。鼓励具备条件的企业境外投资建厂。积极开发国外石油等资源,积极承揽国际工程承包业务。鼓励与国外著名公司联合设立研发中心,面向全球市场开发新技术,研制新产品,推动产品升级。

(五)积极发展服务业。转变单纯发展产品制造的模式,走制造业和服务业相结合的发展道路。以价值增值为目标,积极开展检修、运行培训等专业化的核电运营服务;健全民用卫星、民用飞机、民用船舶等售后服务体系,加大维修服务,注重技术支持和实时服务,提高服务价值所占比重;以开拓市场为目标,开展租赁服务业务;利用军工供销系统等相关资源,面向市场发展专业化的物流服务;利用军工企业主辅分离后的资源,面向社会,发展生活服务业;注重发展咨询

服务、信息服务等其他现代服务业，增强经济实力。

三、采取有效措施，推进产业发展

（一）掌握核心技术，加快成果转化。

从自主开发、军品技术利用和转化、市场运作三个方面入手，拓宽民品技术来源。以国家鼓励和支持的高新技术为方向，加强攻关，自主开发一批产业核心技术和关键技术。大力推进军用技术的转移和利用，对于可直接利用的军品技术，采取技术转让、技术入股等方式，发展民品；对于需要二次开发用于民品的技术，通过联合开发等方式，转为民用；对于军民两用技术，要同时面向军品和民品需求，实现军民共赢发展、双重增值。鼓励采取购买、入股、置换等方式从市场上引入新技术，发展新产业。

加强技术开发中心建设。重点企业要建立技术开发中心。科研院所要成为产业化的“孵化器”。鼓励企业、高等院校、科研院所加强合作，按照共同投资、成果共享、风险共担的模式建立技术开发中心。

加快科技成果转化。建立适时、规范、协调的军品解密制度。加强标准对产业发展的引领作用，科研院所和企业要积极主动参与和承担产业技术标准的制定。充分发挥中介机构的作用，加快科技成果向现实生产力的转化。科技成果要按有偿原则使用和转让。

加大科技投入。各单位都要设立专项资金，用于民品发展。到“十一五”末，企业的民品研发投入要达到民品销售收入3%以上。

（二）加大改革力度，激发军工单位发展活力。

深化企业和院所改革。以产权制度改革为核心，推进民品企业产权主体多元化，使股份制成为主要形式，建立健全规范的法人治理结构，促进运营模式和机制的转变。加快建立现代科研院所制度，对从事一般军品配套的科研院所，积极探索企业化转制，成为市场竞争主体，或进入相关企业成为技术开发中心。以资本和技术为纽带，明晰民品企业产权关系，建立规范的母子公司管理体制。

推进军民品能力共享互动。军工单位都要实行军民品分开核算。对于放开能力单位，撤消军工单位代号，大力发展民品，以民品促进军品任务完成；对于保留能力单位的放开能力，可采取划转、合资等多种方式进入民品公司，在发展民品的同时承担军品任务；对于保留能力单位的保留能力，在不影响完成军品任务的前提下，要积极主动发展民品。

（三）推进重组和资本运作，集聚产业发展资源。

加大重组整合力度。面向行业内外，加大龙头企业合并重组，推进强强联合，在民用船舶、汽车、摩托车等领域形成一批具有国际竞争力的产业集团。配

套产品坚持走专业化、规模化发展道路，鼓励跨集团重组整合，采取兼并、收购、资产划转等方式，在船用配套设备、航空机载设备、卫星地面应用、光电信息等具有一定规模的配套产品领域造就一批专业化“小巨人”，面向军民两用市场发展。

充分利用资本市场推动产业发展。鼓励各类社会资本通过收购、资产置换、合资等方式，进入军工民品企业，推动优质资源集中。以军工上市公司为平台，吸收社会资源，实现加速发展。鼓励放开能力企业整体上市；承担关键分系统和特殊专用配套的保留能力企业，在国家控股的情况下可国内上市；承担总体和系统集成的保留能力企业，其中的放开能力在剥离后可国内上市。利用军工集团的整体优势，发行企业债券，筹集产业发展资金。

（四）建立有效的人才培养和激励机制。

努力培养高素质的人才队伍。加大对高级管理人才、高级技术人才、高级技能人才的培养力度。在配备军工单位领导干部时，要注重提拔有民品工作经历、懂经营、善管理、具有市场意识和开拓精神的人才；军工单位领导班子中，要有专人负责民品发展。通过竞争上岗、公开招聘、人才市场选聘等方式，加快培养造就一支高素质的企业家队伍。面向国际国内人才市场，采取人才和智力引进、交流与合作、项目和技术引进带动等方式吸引高层次人才为民用产业发展服务。

健全考评制度和激励机制。把民用产业发展作为重要指标，纳入军工集团公司绩效评价和考核体系。各军工集团公司要建立对成员单位民品发展的考评制度，制定和落实对成员单位发展民品的激励措施、对经营管理人员和核心技术开发人员的激励机制，实行经营者年薪制，探索持股经营、技术入股、收益提成等激励方式。

四、加强政府指导，创造发展环境

（一）加强组织协调。加强与各部门、省市之间的沟通、协调，把民用产业发展纳入国民经济和社会发展规划。组织编制民用专项科研计划和军民结合科技开发计划；发布项目指南，通过竞争方式选择承担单位；对重大工程项目，实行合同制管理。对国防科技成果进行清理，开展解密工作。利用国防科技成果推广网等现代手段以及组织交易会、经贸洽谈会等，搭建军民信息交流平台，组织协调军工单位进入国民经济其他领域。地方国防科工委（办）要充分发挥协调作用，加强民用产业发展与地方经济的衔接，落实地方优惠政策。

（二）推进军工与地方经济融合。按照政府引导、市场运作的原则，择优在军工资源比较集中的地区设立若干军民结合产业基地，发挥产业基地机制灵活、政策优惠、成果转化快、集聚资源多的优势，加快产业化步伐。鼓励军工集团公司通过生产要素整合和上下游延伸，吸纳地方优势资源，实现融合发展。军工单位

要积极进入地方优势产业，形成优势互补、强强联合的经济共同体。

（三）加强政府投入引导。在充分发挥军工单位投入主体作用的同时，按照有利于增强军民转换能力、有利于降低装备成本的原则，国防科工委将军工技术转民用和关键技术开发及其产业化给予适当支持。

（四）发挥税收政策支持和引导作用。配合有关部门，加强税收优惠政策与科技攻关及产业化的紧密衔接，对完成科技攻关和国产化、可以替代进口的产品，限期列入不予免税进口产品目录，充分发挥税收政策作用，加快产业化进程。

五、发挥军工单位主体作用，实现民用产业发展目标

军工单位是发展民用产业的主体。所有单位都要切实转变观念。要由把民品作为副业向作为主业转变，树立军品为本、民品兴业的理念，把发展民品作为保军、促军的重要措施和壮大军工经济的源泉。要由以军品模式发展民品，向以市场模式发展民品转变，改变等、靠、要的传统观念，面向市场求发展。要由短期措施向长期战略转变，制定和实施民用产业发展规划，广泛动员军工技术、人才、设备设施优势，大力发展民品。要发挥集团公司和企事业单位两个积极性，放开搞活微观经济，释放军工能力，形成自主决策、自主经营、自我发展、自我约束的市场竞争主体。要认识到位、职责到位、措施到位，始终如一，常抓不懈，推动民用产业发展进入新阶段。

国防科工委关于加快建立现代造船模式的指导意见

（科工三司〔2004〕1470 号）

各有关省、自治区、直辖市船舶工业管理部门，各有关集团公司：

为加快建立现代造船模式的步伐，提升船舶制造技术水平，增强产业国际竞争能力，推动我国船舶工业持续、快速、协调、健康发展，提出如下意见。

一、充分认识建立现代造船模式的战略意义

现代造船模式是以中间产品组织生产为基本特征的总装造船模式，主要由统筹优化的造船理念、面向生产的设计技术、均衡连续的作业流程、严密精细的工程管理和高效合理的生产组织等基本要素构成。现代造船模式是提高生产效率、缩短造船周期的重要手段，也是企业提高经济效益的有效途径。面对日益严峻的国际竞争环境，我国船舶工业在向世界造船强国目标奋进的过程中，不仅要

面临日韩更加激烈的竞争，而且还将经受市场变化、材料设备价格上涨以及汇率变动等一系列风险的考验。加快建立现代造船模式是中国船舶工业走新型工业化道路的战略选择，也是直接关系我国造船企业生存与发展的一项紧迫任务。各集团公司、各有关企业都要充分认识建立现代造船模式的重大意义，采取切实有力措施，加快推进建立现代造船模式工作。

二、指导方针和奋斗目标

（一）指导方针

建立现代造船模式要坚持巩固、扩展、务实、创新的方针。巩固，就是要巩固转换造船模式已取得的阶段性成果，在原有“转模”工作基础上向更高阶段的目标推进；扩展，就是要使建立现代造船模式工作从技术层面向体制、机制层面扩展，从造船企业向设计院所和协作厂家延伸；务实，就是要真抓实干、讲求实效，把建立现代造船模式的成效落实到缩短造船周期、提高生产效率和经济效益上来；创新，就是要把建立现代造船模式作为技术创新的重要内容，通过建立现代造船模式，全面推进技术创新、管理创新和制度创新。

（二）奋斗目标

到 2010 年，骨干造船企业基本建立起以中间产品组织生产为基本特征的总装造船模式，造船周期接近国际先进水平，生产效率与日韩差距明显缩小。到 2015 年，我国船舶工业全面建立现代造船模式，造船周期和生产效率接近或达到国际先进水平。

三、基本方向和总体要求

（一）基本方向

1. 坚持造船总装化的方向。要摒弃传统“大而全”、“小而全”的企业模式，建立社会化大协作的总装企业模式。在老厂改造或新厂建设中，都要坚决按照总装化造船的要求，优化生产流程，合理配置资源，充分利用社会化协作网络，发展中间产品专业化生产，构建和完善总装造船体系。

2. 坚持管理精细化的方向。要大力推行精细化设计、精细化管理和精细化生产，强化基础数据管理，开展生产能力测评，实施设计成本控制，提高工程计划的精确性，消除无效劳动和资源浪费，实现均衡、有序的节拍生产。

3. 坚持信息集成化的方向。要大力加强造船企业信息化工程的建设，以综合优化为目标，以数字化、网络化和数据库技术为手段，以 CIMS 系统为核心，建立企业共享信息平台，提高企业信息沟通和协调能力，实现企业资源整合，促进设计、生产、管理一体化和壳、舾、涂作业一体化。

（二）总体要求

建立现代造船模式的总体要求是一改、三化、两结合，即从改造造船生产体系入手，以推进造船总装化、管理精细化和信息集成化为重点，结合企业实际，结合产品载体，推动建立现代造船模式工作的深入发展。改造造船生产体系是建立现代造船模式的基本前提，只有打破传统的不合理的生产体系，才能确保建立现代造船模式工作的顺利进行；造船总装化、管理精细化、信息集成化是现代造船模式的主要实现形式，体现建立现代造船模式的基本方向；结合企业实际、结合产品载体是建立现代造船模式的有效方法，只有根据企业各自不同的具体条件，以产品为载体，在实践中不断改进和完善，才能保证建立现代造船模式的工作真正落到实处。

四、实施要点

1. 以总装化为主线，推进造船生产体系改造、合理确定企业的总装化深度。要按照总装造船的要求，从最大限度发挥企业核心资源能力出发，充分利用本地区造船配套能力的社会资源。以降低成本、缩短造船周期为目标，通过技术经济分析，明确企业的总装范围，把可以通过协作外包的中间产品，尽可能分流出去，使企业集中力量从事总装生产，以提高生产规模和专业化水平。

2. 对总装主流程进行流程再造。要按照中间产品成品化和工序前移的原则，优化生产作业流程，建立分段流水作业生产线；要按照扁平化、一元化管理的原则，优化管理流程，消除无效管理环节，收缩管理幅度，减少管理层级，变传统按专业分工的管理为高效、协同、精简的管理。要高度重视体制、机制的转变，下决心消除建立现代造船模式的体制、机制约束，建立与现代造船模式相适应的造船管理体制和生产运行机制。

3. 推进中间产品专业化生产。建立布局合理的中间产品专业化协作厂，如钢材加工中心、分段制造中心、管子加工中心、上层建筑加工中心、模块加工中心等，通过总装厂和若干专业化协作厂形成动态联盟，构建有效的总装造船体系，形成船舶工业配套产业群。同时，要把船舶配套企业纳入总装造船体系，推动船舶配套企业与总装造船企业同步协调发展。

4. 发展批量造船。要根据合理分工、错位竞争的原则，结合各造船企业的具体条件，推进产品结构调整，通过集中开发，培育有市场、有竞争力、有特色、有效益的标准化的主导产品，逐步形成专业化批量生产，构建有利于总装化造船的产品结构和品牌产品。

（二）深化设计，为建立现代造船模式提供支撑

1. 提升设计水平。加强船型开发和优化，掌握产品核心技术和特殊要求，提

高设计合理性与正确率，减少图纸修改和生产返工，确保计划执行的可靠性和生产流程的顺畅运转。要重视船舶产品数据库的建设，促进设计信息共享，减少重复劳动，为提高设计质量、缩短设计周期创造良好条件。

2. 深化合同设计。要在合同设计中全面推行设计成本管理，从源头上确保造船成本可控。要努力促进设计工作前移，为尽早启动设备订货、实现船体与舾装各专业同步设计创造有利条件。要按照区域造船的要求，合理调整专业分工，优化设计流程，不断完善设计标准、程序和工时管理体系。

3. 深化生产设计。要按照设计、生产、管理一体化的原则，按生产管理部门提出的建造要求，全面提高中间产品壳舾涂一体化设计的完整性和中间产品工程管理信息的完整性。

4. 推行造船前期策划。要通过船舶建造方针、综合日程计划表等有效途径，加强设计、生产、管理之间的前期沟通和协调，提高设计的可生产性。要通过纸面模拟造船，消除生产过程中的瓶颈部位，同时为生产管理提供详实、准确的工艺技术信息和工程物量数据。要充分利用信息技术手段，开发三维建模和生产过程模拟技术，提高前期策划水平。

（三）以工程计划为导向，推进管理精细化

1. 加强数据管理。以量化数据为依据是实现管理精细化的基础。要建立规范的生产现场数据日报及反馈制度，加强生产部门与生产设计部门的及时沟通，通过不断积累，逐步建立起系统、完整、准确的设计、生产、管理数据系统。

2. 强化工程管理。要结合企业实际，建立和完善工程计划管理体系，扩大计划覆盖面，制订切实可行的管理标准，促进计划管理的规范化、标准化。要以标准基础管理数据为依据，充分利用计算机辅助管理工具，提高计划与控制的精细化水平。

3. 推行复合技能制。要按造船生产流程划定工位，按工位划定岗位，按岗位配置技能需求、配备上岗编制，以先进的技能制劳动组织替代传统的工种制劳动组织，建立和完善高效的劳动组织体系。

4. 实施负荷平衡计划。要通过定量测算，对生产能力与生产任务进行量化平衡分析，确定满足生产任务所需生产资源的最佳配置数量，以最小的投入获得最大的产出。

5. 尽可能消除浪费。要积极开展功能成本分析，消除设计中的功能冗余；以精细造船理念进行流程分析，减少生产过程中的各种非增值活动，以最大限度提高生产效率、降低造船成本。

（四）以信息技术为手段，促进信息集成化

1. 实施造船数字化工程。大力推进设计、生产、管理信息共享平台的建设，

从造船主体生产、设计、管理起步，有计划、有步骤地逐步建立起面向整个造船过程的信息集成系统，实现设计、生产、管理一体化和壳、舾、涂作业一体化。

2. 提高信息集成度。加强船厂与船厂、船厂与设计院所、船厂与供应商之间的信息整合，通过异地协同网络等先进技术，达到信息流、物流和价值流的高度集成，逐步实现区域性设计、制造、管理信息的数字化无缝连接。

（五）围绕缩短造船周期，推进相关制造技术发展

1. 推行分段总组造船法。要结合技术改造，配置专门的分段总组制造场地，配备大吨位的起吊设备，实施分段总组造船，扩大总组数量和重量，减少船坞（台）中分段搭载工作量，最大限度发挥船坞（台）核心生产资源的作用。

2. 发展单元组装、预舾装和模块化技术。要大力推广机舱盆舾装、上层建筑整体吊装等先进舾装技术，缩短船坞（台）安装时间。要按照舾装作业前移的原则，积极推广分段、总组预舾装技术，提高分段、总组进船坞（台）前的安装完整性和船舶下水前的安装完整性。

3. 发展精度造船和先进涂装技术。要大力推广造船精度管理与控制技术，以补偿量代替余量，实现船坞（台）无余量搭载。要通过提高钢材预处理生产线的作业质量及跟踪补涂等手段，减少分段二次除锈工程量，提高涂装效率。

4. 加强船坞（台）总装工艺方法研究。围绕快速搭载、串（并）联造船、脚手架、工装设备、密性试验、高效焊接等关键环节，开发和应用能够提高生产效率的造船新工艺、新方法。

（六）加强基础管理，夯实现代造船模式的基础

1. 加强标准化工作。要建立覆盖经营决策、产品开发、生产设计、物资物流、品质控制等生产经营全过程的综合业务流程，在此基础上，逐步形成规范、详细的管理标准、技术标准、作业标准，促进企业整体业务流程的系统化、标准化。

2. 强化预算和成本管理。要建立从前期策划开始、贯穿生产经营全过程的预算体系，逐步形成完整的成本控制系统。同时，要强化工时体系、计划体系、数据和编码体系、用工体系以及外包管理、现场管理等基础工作。

五、相关保障措施

（一）完善推进建立现代造船模式工作的组织体系国防科工委成立建立现代造船模式专家指导组，面向全行业，及时总结经验，发现问题，为企业建立现代造船模式提供指导。各集团公司、各有关企业应成立现代造船模式推进领导小组，结合各自具体情况，制订目标明确、切实可行的建立现代造船模式推进计划、实施细则和考核标准。

（二）加强对建立现代造船模式工作的领导

企业"一把手"要把建立现代造船模式工作纳入议事日程，经常布置、督促与检查。要建立具有权威性的工作班子，形成顶层决策、推进有力的机制，促进建立现代造船模式工作不断深入发展。

（三）加大对管理技术研究与应用的投入

要改变重硬件轻软件、重生产技术轻管理技术的倾向，通过多种渠道，加大对造船生产组织与管理技术研究的支持力度，不断跟踪国外先进造船企业发展的最新动态，开展建立现代造船模式的前瞻性研究，不断吸收先进造船生产的新理念和新技术。

（四）组织编制建立现代造船模式指导书

要对"十五"以来现代造船模式应用研究的成果进行细化，在解决具体实施途径和方法的基础上，形成实用性强、可操作的指导性文件。同时，要加强员工培训，提高对建立现代造船模式的参与意识和技能水平。要特别重视对企业高层领导和关键员工的培训，充分发挥他们在建立现代造船模式工作中的领导和骨干作用。

关于促进卫星应用产业发展的若干意见

（发改高技〔2007〕3057 号）

卫星应用产业是国家战略性高技术产业。应用卫星研制生产已形成系列化，正在从试验应用型向业务服务型转变，卫星应用已成为经济建设、社会发展和政府决策的重要支撑。根据《国民经济和社会发展第十一个五年规划纲要》和《国家中长期科学和技术发展规划纲要（2006—2020 年）》，为贯彻落实《高技术产业发展"十一五"规划》和《航天发展"十一五"规划》，加速以卫星通信广播、卫星导航、卫星遥感应用为核心的卫星应用产业发展，建立完整的卫星运营服务、地面设备与用户终端制造、系统集成及信息综合服务产业链，促使卫星应用产业为经济社会发展更好服务，特提出以下意见。

一、加快卫星应用产业发展的指导思想。贯彻落实科学发展观，坚持远近结合、军民结合、自主研制与国际合作相结合的原则，以国民经济、社会发展和公共安全重大需求为牵引，以业务化和规模化发展为目标，以强化自主创新能力和公共服务能力建设、推进卫星应用公共资源的共享、培育卫星应用企业集群和产业链为重点，以体制机制创新和开放式发展为途径，以加强卫星应用和培育卫星应

用市场为突破口，加强国家对卫星应用产业的宏观管理和政策引导，统筹规划与建设卫星及其应用系统，加大对卫星应用产业扶持力度，促使卫星应用产业成为加强与改善政府宏观管理和科学决策的重要手段，不断提高卫星应用业务化运行能力，形成具有国内外市场竞争力的新兴产业。

二、卫星应用产业发展的主要目标。到2020年，完成应用卫星从试验应用型向业务服务型转变，地面设备国产化率达80%，建立比较完善的卫星应用产业体系，促进卫星应用综合业务的发展，形成卫星通信广播和卫星导航规模化发展、卫星遥感业务化服务的产业局面；使卫星应用产业产值年均增速达到25%以上，成为高技术产业新的增长点。

三、推进卫星通信广播产业集约化发展。发挥卫星通信和卫星广播作为国家重要信息基础设施不可替代的作用，积极发展卫星通信广播综合业务，扶持发展灾害应急通信、远程教育、远程医疗等公益性卫星通信事业。

（一）进一步完善卫星通信广播的管理政策、体制、机制，合理有效整合国内卫星通信企业，推动卫星通信广播与其他行业应用相结合的综合业务的发展。

（二）进一步提高国产通信广播卫星在容量、寿命、精度、安全和可靠性等方面的性能，积极发展新型移动通信、宽带接入、移动多媒体广播、卫星直播等业务卫星。

（三）不断提高符合国家信息安全管理规定的卫星通信广播终端、地面系统及设备的核心技术开发和生产制造水平，大力扶持具有自主知识产权创新成果产业化，提高地面设备的国产化程度和应用比例。

（四）以政策推动和市场需求为导向，积极推动卫星通信、卫星广播制造业产业化发展，形成具有产业规模、国际市场竞争力的卫星通信广播制造和服务企业。

四、促进卫星导航产业规模化快速发展。加速建立自主卫星定位导航系统，提高卫星导航应用的基础保障能力，大力促进卫星导航终端设备的产业化，推进卫星导航运营关联产业的发展。

（一）加快形成建立以北斗卫星导航系统为核心的民用导航产业体制。建立统筹协调机制，研究制定北斗卫星导航系统民用应用政策，促进北斗卫星导航系统的产业化应用；对于涉及国家经济、公共安全的重要行业领域须逐步过渡到采用北斗卫星导航兼容其它卫星导航系统的服务体制，鼓励其他行业和领域采用北斗卫星导航兼容其它卫星导航系统的服务体制。

（二）加强卫星导航应用的基础保障体系建设。加快北斗卫星导航系统的建设；统筹规划国家级高精度卫星导航增强系统的建设，提高导航定位精度和完好性及其服务能力；建立健全卫星导航终端产品检测平台和公信力测评机制，不断提高导航终端产品的质量。

（三）促进卫星导航运营企业和卫星导航终端设备的产业化发展。大力推动卫星导航运营业的规模化、规范化发展；鼓励自主知识产权卫星导航接收芯片、关键元器件、电子地图、用户终端等产品的标准化和产业化。

五、着力建立业务化、一体化的自主遥感卫星应用和服务体系。以建立国家高分辨率对地观测系统为契机，提高卫星遥感应用和服务的能力和水平，推动卫星遥感数据资源共享和有效利用，促进卫星遥感应用产业的形成。

（一）促进我国遥感卫星数据的开发利用和开放共享。加强卫星遥感服务与应用体系建设，加快资源整合，逐步建成国家统一的陆地观测、气象、海洋卫星遥感数据接收和处理地面系统，基于国家自然资源和地理空间基础信息库，构建国家卫星遥感数据平台；制定统一的对地观测遥感数据标准与政策；在保证国家安全的前提下，形成卫星遥感数据开放和共享机制，促进我国自主卫星遥感数据的公益性服务、商业服务和国际市场服务。

（二）加强卫星遥感数据在重要行业和地区发展中的应用。加快应用技术研发和应用系统建设，促进遥感数据在国土资源、农业、林业、水利、气象、海洋、环境、减灾、测绘、交通、教育等领域和区域开发、城乡管理以及重大工程中的应用，实施应用示范工程，培育遥感服务企业，拓展卫星遥感应用服务产业链。

（三）全面提升我国遥感卫星数据源的自主保障能力。提高我国遥感卫星研制、运行和管理水平，加快国家高分辨率对地观测系统和业务遥感卫星系统的建设，形成连续、稳定、及时、高质的业务数据服务能力；完善遥感定标试验场等卫星遥感数据应用与产业化技术支撑体系，促进卫星遥感数据产品及公共应用平台的开发和应用。

六、加强国家对卫星应用的统筹规划和宏观管理。建立政府部门的协调机制，研究制定相关政策，统筹规划卫星、卫星应用及其相关基础设施的发展，协调空间资源、重点基础设施等重大项目的建设；各级地方政府和有关部门在积极落实国家有关总体规划的同时，应结合实际，积极推动卫星应用区域和行业的综合应用和典型示范。

七、强化自主知识产权卫星数据、产品和系统推广应用。涉及国家安全及国民经济命脉的应用领域和政府投资项目，应优先使用或采购自主知识产权卫星数据、产品和系统；在涉及卫星应用各领域政府投资项目评审中，相关评审机构要增加对应用国产卫星数据与产品的可行性评价。各级政府主管部门和行业主管部门应加紧研究卫星数据知识产权有关政策，把知识产权工作纳入到卫星应用项目的评定和管理活动中，把知识产权保护工作作为管理的重要内容。

八、加强我国卫星应用标准体系建设。加速卫星应用标准的顶层设计和重要基础性标准的研究制定，加强各行业与卫星应用领域相结合的关键技术标准

的制定与推广;积极参与卫星应用标准化领域的国际合作。

九、加大对卫星应用产业基础条件建设的支持力度。加大政府对卫星应用业务系统的重要基础设施建设的投入,推动卫星应用产业基础能力建设,加强对轨道、频率等资源的规划与协调,加速形成卫星应用产业发展的基础条件。

十、加强卫星应用及产业化相关科学技术和研发投入的支持力度。加强卫星应用创新能力建设,建立若干卫星应用国家工程中心、工程实验室和重点实验室,发挥科研机构和高等院校的优势,形成企业为主体的、产学研用相结合的卫星应用技术创新体系;加大力度支持卫星应用共性、关键技术开发和工程化系统集成与重大应用工程建设。

十一、鼓励社会投资和企业参与卫星应用。国家和各级地方政府对具有产业化前景,且列入国家发展规划、以企业投资为主的重大卫星应用项目,给予投资补助或贷款贴息。通过政策环境建设,积极引导社会投资发展卫星应用产业,推进投资主体多元化。

十二、加速成果转化,推进卫星应用的产业化。鼓励各行业主管部门、科研单位等要及时发布卫星应用技术成果,促进卫星应用最新成果的转化与推广应用;组织实施卫星应用产业化专项、应用示范工程和产业发展基地,推广应用成果和经验;积极培育和发展中介机构,逐步建立卫星应用系统产品的测评和认证机制,为促进卫星应用技术和产品推广应用提供服务。

十三、扩大卫星应用产业的对外开放和国际合作。积极开展国际合作,提高应用的整体技术水平;支持企业开拓海外市场,推动卫星应用产品和服务的出口。

十四、加大人才培养、培训和宣传普及工作力度。加强专业与应用相结合的教育培训体系建设,加速卫星应用人才培养,积极开展多层次的卫星应用技术在职培训,大力宣传、普及卫星应用知识。

工业和信息化部、财政部、国土资源部关于进一步做好国家新型工业化产业示范基地创建工作的指导意见

(工信部联规〔2012〕47 号)

各省、自治区、直辖市及计划单列市、新疆生产建设兵团工业和信息化主管部门、财政厅(局)、国土资源厅(局):

为全面贯彻落实科学发展观,加快推进中国特色新型工业化进程,自 2009

年起,工业和信息化部在全国组织开展了国家新型工业化产业示范基地(以下简称示范基地)创建工作。实践证明,开展示范基地创建工作,是提高工业园区发展水平、促进产业集群转型升级的重要途径,也是加快产业结构调整、推动工业发展方式转变的重要举措。为进一步做好示范基地创建工作,加强对示范基地的支持、引导和服务,特制定以下意见:

一、总体要求

(一)总体思路

示范基地创建要坚持走中国特色新型工业化道路,以科学发展为主题,以加快转变发展方式为主线,按照"布局合理、特色鲜明、集约高效、生态环保"的要求,改造提升传统产业,培育壮大战略性新兴产业,加快发展生产性服务业,完善产业配套和服务环境,提高现有工业园区发展质量和水平,增强产业核心竞争力,使示范基地加快成为带动工业转型升级、推动工业由大变强的重要载体和骨干力量。

创建工作的基本要求是:

一是坚持创新引领、内涵发展。发挥集群创新优势,促进产学研结合,增强企业技术创新和升级改造能力,着力突破制约产业发展的共性关键技术,促进主导产业向价值链高端跃升。

二是坚持集约高效、清洁安全。发挥规模优势和集聚优势,促进生产要素的集约、节约、高效利用。推进污染集中治理、资源综合利用和循环经济发展,促进清洁生产、安全生产,努力构建可持续发展的长效机制。

三是坚持突出特色、提升品牌。立足示范基地自身优势,促进产业特色发展与错位发展。将打造产业特色、知名企业和知名产品结合起来,不断提升示范基地的区域品牌和行业品牌形象,优化产业空间布局。

四是坚持完善配套、优化环境。充分发挥市场配置资源的基础性作用,提高产业配套能力,延伸和完善产业链条。健全公共设施、服务平台和服务体系,不断完善政策措施,营造更加良好的发展和服务环境。

(二)总体目标

力争经过5年发展,到"十二五"末形成300个左右产业特色鲜明、创新能力强、品牌形象优、配套条件好、节能环保水平高、产业规模和影响居全国前列的国家新型工业化产业示范基地,使之成为带动我国工业转型升级的重要载体,推动区域经济发展的重要引擎,参与国际产业竞争的重要力量,培育形成30家左右具有较强国际竞争优势和影响力的产业基地。

二、主要任务

(一)加强自主创新和技术改造,提升产业层次。整合区域创新资源,加强企业联合技术攻关,推动形成产学研密切结合的创新战略联盟和知识产权联盟,集中突破一批制约产业发展的核心技术。每年推进一批重大科技成果项目在示范基地的工程化和产业化,加大现有企业技术改造力度。推动国家技术创新示范企业建设,加强技术创新服务平台和企业技术中心建设。积极探索示范基地知识产权集群管理模式,加强知识产权保护。引导示范基地加大研发投入,力争“十二五”期间示范基地研发投入占销售收入比重提高 1 个百分点,到 2015 年企业发明专利申请量增加一倍。加强新兴科技与现有产业的融合,使示范基地成为战略性新兴产业培育发展的重要策源地和主要承载地,战略性新兴产业实现增加值占比提高到 20% 以上。

(二)促进绿色低碳发展,增强可持续发展能力。引导示范基地内企业加快实施节能、节水、清洁生产和污染防治技术改造。加强电力需求侧管理和重点用能企业能源管理中心建设,推进能效对标达标,开展共性、关键清洁生产技术应用示范,提高工业“三废”集中处理和循环利用能力,开展资源节约型和环境友好型企业创建试点。力争到 2015 年,示范基地单位工业增加值能耗及用水量处于全国领先水平。推动开展产品再制造试点,建设循环经济园区。促进企业提高本质安全生产水平,提升园区安全生产管理水平和事故应急救援能力。

(三)壮大龙头企业,提升中小企业专业化协作配套水平。鼓励龙头企业牵头重组,创新管理机制和发展模式,提高规模化经营能力和水平,培育一批竞争优势突出、带动性强的大企业、大集团,发挥其在品牌辐射、技术示范、信息传播和销售网络中的带动作用。鼓励大企业与中小企业通过专业分工、服务外包、订单生产等多种方式,提高企业间专业化协作配套水平。支持符合园区主导产业发展方向、配套服务能力强的中小企业向“专精特新”方向发展,支持一批小企业创业基地建设。对达到国家中小企业公共服务示范平台条件的,同等条件下优先支持服务于示范基地发展的平台建设。

(四)促进产业融合,大力发展生产性服务业。大力发展第三方工业设计及研发服务,培育发展一批专业化研发服务平台和机构。扶持一批由制造企业中剥离形成的专业化信息服务企业、工业软件企业和外包服务企业。鼓励发展合同能源管理、清洁生产审核、绿色产品认证评估、环境投资及风险评估、安全生产技术咨询和工程建设、管理咨询等专业服务。加强工业物流和供应链管理,加快电子商务服务体系建设。引导有条件的制造企业从提供设备向提供总集成总承包服务转变,推动制造企业发展社会化专业服务,促进由“生产型”制造向“服务型”制造转变。

（五）积极培育自主品牌和区域品牌。引导示范基地重点依托特色产业、龙头企业和主导产品，积极实施品牌战略，形成一批国内著名的自主品牌和具有世界影响力的国际品牌。支持以品牌共享为基础，大力培育集体商标、原产地注册、证明标志等区域产业品牌。以食品、医药基地为重点，引导示范基地内企业加强质量诚信体系建设，健全和完善以产业链为基础的产品质量跟踪和安全检验检测体系。鼓励有条件的示范基地发展工业旅游，提高区域品牌的知名度和美誉度。支持中西部地区承接产业转移，推动产业合作园区建设。

（六）提高“两化”融合和军民融合式发展水平。深化信息技术在研发设计、生产制造、经营管理、市场营销、节能减排、安全生产等关键环节的集成应用和渗透。发展一批面向工业行业的信息化服务平台，建设一批“两化”融合的集成、咨询和服务中心，健全信息网络基础设施，加快发展和完善园区信息化服务体系。力争到2015年，示范基地内大中型企业数字化设计工具普及率超过90%，关键工艺流程基本实现数控化。支持军民结合项目建设，推动军工与民用技术相互转化，加强军民结合产业基地建设，促进军民结合产业发展壮大。

（七）加强公共服务平台建设，完善配套服务环境。以满足示范基地内企业共性需求为导向，以提升公共服务能力为目标，以关键共性技术研发应用及公共设施共享为重点，着力发展一批运作规范、支撑力强、业绩突出、信誉良好的公共服务平台。整合各方资源，加大对示范基地重点公共服务平台建设发展的支持力度，重点增强公共服务平台在研究开发、工业设计、检验检测、试验验证、科技成果转化、设施共享、知识产权服务、信息服务等方面的服务支撑能力，逐步形成社会化、市场化、专业化的示范基地公共服务支撑体系。

（八）加强土地管理，提升土地节约集约利用水平。示范基地的发展要纳入土地利用总体规划和城市总体规划并实行统一管理。坚持十分珍惜和合理利用土地、切实保护耕地的基本国策，严格依据土地利用总体规划和城市总体规划进行开发建设，严格执行土地利用规划和年度计划，依法审批和供应土地。示范基地建设用地必须以产业用地为主，从严控制商业房地产开发。合理设置企业准入条件，严格执行各类工业用地标准，积极引进科技含量高、投资规模大、经济效益好、土地集约度高、污染程度低的项目，大力引导现有企业增容改造、深度挖潜；建立低效用地退出机制，逐步淘汰占地多、效益差的企业；探索建立土地集约利用经济调节机制，加强标准化厂房建设，进一步提升土地使用效率。力争到2015年，示范基地单位土地平均投资强度4 000万元/公顷以上，平均产值5 000万元/公顷以上。

三、主要举措

（一）加强规划和政策引导。国家工业和信息化各类规划要加强对示范基地创建工作的指导和支持，规划内重点项目布局优先向示范基地集中。根据实际需要，指导各示范基地做好创建工作方案及产业发展规划的调整和完善。加强部省合作，支持将示范基地创建工作纳入所在地经济社会发展总体规划及工业和信息化发展规划中，成为各地发展和支持重点。指导、推动各地制定和完善推进示范基地创建发展的政策措施，在人才引进、土地规划、环境保护、配套服务建设等方面加大支持力度。支持工业用地、用水指标等要素配置优先向示范基地倾斜。支持国家重点行业、领域的改革创新和试验示范在示范基地内先行先试。大力支持热电联产配套项目建设和直购电试点。

（二）加大资金支持力度。国家在技术改造基建专项、工业转型升级等资金安排上，对符合条件的示范基地重点企业予以支持。发挥各级政府资金引导作用，整合利用现有资源，加强示范基地公共服务平台建设，加快提升研发设计、检验检测、试验验证、质量标准认证、信息服务、污染治理等公共服务平台的服务能力，逐步形成支撑示范基地良性发展的长效机制。鼓励地方安排资金支持示范基地“三废”集中处理、公共动力、产业链接管网、信息基础设施、标准化厂房等公共设施的建设和升级改造，以及示范基地公共服务平台建设。鼓励国家安排的资金和地方资金，优先支持示范基地内符合条件的项目建设。

（三）引导社会资源支持创建发展。支持和推动示范基地加强与金融机构的合作，逐步扩大对示范基地创建发展的金融支持。引导金融机构支持示范基地公共基础设施、重大项目和融资担保体系建设，提高中小企业贷款规模和比重。支持和推动行业协会、科研机构、部属高校、直属事业单位在科研、咨询、市场开发等方面加强与示范基地的合作，依托示范基地建设分支机构。

（四）加强高层次人才队伍建设。鼓励和支持示范基地与高校、专业性服务机构等开展合作，建立人才公共服务平台，加强示范基地重点行业科技、管理、技能等方面的高层次人才队伍建设。加大对人才工作资金支持力度，保障人才工作的健康发展。完善人才引进、培养和使用的配套政策，形成鼓励、支持人才干好事业、干成事业的良好环境。

四、保障机制

（一）健全和理顺管理机制。各级工业和信息化主管部门要将示范基地创建工作作为重要职责和重点工作，明确主管领导和责任部门，健全和理顺工作机制，加强与财政、国土等部门的协商合作，共同推动国家级和省级示范基地创建

的各项工作。各地工业和信息化主管部门根据实际情况，制定本地区推进示范基地创建工作的目标和任务，落实分工和责任，形成部省两级创建、联动推进的工作机制。各示范基地要切实按照创建工作方案和产业发展规划，提高创建工作水平。

（二）完善评价、考核机制。建立和完善示范基地创建发展情况动态报送机制，加强对示范基地创建发展情况的跟踪研究，定期编制、发布示范基地创建发展报告。研究制定示范基地创建质量评价体系，逐步开展对示范基地创建的评估评价工作。省市工业和信息化主管部门结合实际，定期对本地区示范基地创建发展情况进行评估。工业和信息化部每三年组织开展一次复核工作，对于不符合条件的示范基地予以摘牌。

（三）加强宣传和交流。工业和信息化部通过部门户网站、新闻媒体等加强对示范基地创建工作的宣传，定期组织开展示范基地创建工作交流，通过政策通报、报告和信息发布、定期交流和培训等方式，推广先进经验，扩大示范基地创建工作的社会影响。探索建立区域性或全国性的交流机制。协助示范基地开展产业链招商和投资推介活动。各地工业和信息化主管部门要创新方式方法，扩大示范基地创建工作的社会宣传和影响，并将创建工作情况及时报告工业和信息化部与所在地人民政府。

第十章　军队物资采购的规章

军队物资采购监督管理规定

（2008年总政治部、总后勤部颁发）

第一章　总则

为了规范军队物资采购行为，保证采购质量，提高采购效益，促进廉政建设，根据《深化军队物资、工程、服务采购改革总体方案》，制定本规定。

本规定适用于各级机关、部队在国内市场组织的物资采购。

本规定所称物资，主要包括战备储备物资、自动化设备器材、军训器材、文化体育装备器材、后勤装备、被装、给养、药品、医疗设备、油料、原材料、机电产品、办公用品等。

军队物资采购工作实行总部、军区级单位和部队三级管理体制，按照事业部门提出需求、采购机构集中采购、财务部门集中支付、审计部门实行监督的组织方式实施。

总后勤部军需物资油料部是全军物资采购的业务管理部门。各级后勤（联勤）机关军需物资油料部门是本级物资采购的业务管理部门。

军队物资采购管理工作应当遵循统一计划、集中采购、集中支付、公开透明、安全保密的原则。

军队物资采购实行目录管理制度。凡纳入物资集中采购目录的采购项目，应当由军队物资采购机构实施采购。

军队物资采购信息应当在总部和军兵种、军区后勤（联勤）机关军需物资油料部门指定的媒体上及时向社会或者军队公开发布，涉及军事秘密和商业秘密的除外。

军队各级机关和采购机构组织实施物资采购，必须坚持为部队服务的方向，做到公正、规范、优质、高效。

任何单位和个人不得阻挠和限制符合条件的供应商自由参加军队物资采购活动，不得采用其他方式非法干涉军队物资采购活动。除单一来源采购外，不得

指定供应商和物资的品牌。

第二章 职责

各级机关事业部门和其他需求单位(以下简称事业部门)在物资采购方面履行下列职责:

(一)编制物资采购预算和物资集中采购需求计划;

(二)审核物资招标文件和采购合同草案;

(三)指导物资采购机构做好物资招标、价格审定、合同签订和质量检验工作;

(四)组织办理采购资金结算申请;

(五)上级赋予的其他职责。

各级后勤(联勤)机关财务部门在物资采购方面履行下列职责:

(一)汇总和审核物资采购预算;

(二)会同有关部门拟制物资集中采购目录;

(三)审查物资招标文件和采购合同草案中的有关经费条款;

(四)集中支付物资采购资金;

(五)对物资采购实施全程财务监督;

(六)上级赋予的其他职责。

各级后勤(联勤)机关军需物资油料部门在物资采购方面履行下列职责:

(一)拟制物资采购工作计划和管理制度;

(二)汇总、上报物资集中采购计划,审定物资采购方式;

(三)指导物资采购机构业务建设,组织物资采购业务培训;

(四)承办物资采购人员资格认证、采购机构招标资格认证工作;

(五)负责物资采购信息系统和产品资源库、供应商库、评审专家库的建设与管理;

(六)协调处理物资采购工作中的有关问题;

(七)上级赋予的其他职责。

未编设军需物资油料部门的军队单位,其承担物资采购业务管理的部门,按照前款规定履行职责。

军队物资采购机构履行下列职责:

(一)负责物资采购市场调查,收集、整理和发布物资采购信息;

(二)审查物资供应商资格,聘请物资采购评审专家;

(三)拟制物资采购文件,订立物资采购合同;

(四)审核物资采购价格,实施物资采购;

（五）协同有关部门组织产品技术质量检验，为用户提供产品技术培训、维护保养等后续服务；

（六）负责需要中转物资的接收、储存和发运；

（七）负责为事业部门提供采购资金结算所需要的有关凭证和文书；

（八）上级赋予的其他职责。

第三章　采购机构与人员

军队物资采购机构包括总后勤部军用物资采购局及北京物资采购供应站，总装备部后勤部试验装备物资采购局及办事处，军兵种、军区物资采购站，军级以下部队（含相当等级单位，下同）的军师级单位依托后勤直属分队抽组的采购机构、旅团级部队生产生活服务中心。

总后勤部军用物资采购局及北京物资采购供应站，承担军委办公厅、总部机关、军事科学院、国防大学、国防科学技术大学的物资集中采购任务和其他单位委托的采购任务；总装备部后勤部试验装备物资采购局及办事处，承担总装备部直属部队的物资集中采购任务；军兵种、军区的物资采购站，承担本级机关和直属单位的物资集中采购任务；军级以下部队的物资采购机构分别承担本部队的物资集中采购任务；各级药材供应站按照规定的保障范围承担药品采购任务。

军队物资采购人员实行资格认证制度。物资采购人员应当通过相应的资格考核，取得资格证书，方可从事物资采购工作。

军队物资采购人员资格认证由总后勤部军需物资油料部统一组织。具体考核认证办法，另行规定。

采购机构工作人员、谈判小组成员、询价小组成员、评标委员会成员及其他相关人员，在军队物资采购活动中与供应商有利害关系的必须回避。

供应商认为采购机构工作人员、谈判小组成员、询价小组成员、评标委员会成员及其他相关人员，在军队物资采购活动中与其他供应商有利害关系的，可以申请其回避。

军队物资招标应当由取得招标资格的军队物资采购机构组织实施。招标资格认证按照军队有关规定执行。

第四章　评审专家与供应商

军队物资采购机构采用招标、竞争性谈判、询价和单一来源等方式采购物资，应当聘请专家参与物资采购的评审工作。

军队物资采购评审专家的遴选，采用公开征集、推荐与自我推荐相结合的方式，按照规定的程序组织实施。获得评审专家资格的，纳入军队物资采购评审专

家库管理。

军队物资采购评审专家管理办法另行制定。

军队物资采购实行供应商准入制度。获得准入资格的供应商，纳入军队物资供应商库管理。

军队物资供应商库管理办法另行制定。

两个以上的自然人、法人或者其他组织组成联合体以一个供应商的身份参加军队物资采购的，物资采购机构应当要求其提交联合协议，明确联合体各方承担的工作和义务。

对违反国家和军队规定，弄虚作假，不按合同履行义务的供应商，军需物资油料部门和采购机构应当逐级报总后勤部军需物资油料部，由总后勤部军需物资油料部将其列入不良行为记录名单，在军内定期公示，1 至 3 年内禁止其参加军队物资采购活动。

第五章　备案与审批

军队物资采购文件和采购事项，实行备案与审批制度。

下列物资采购文件和采购事项应当报有关部门备案：

（一）物资采购管理办法、操作规程等文件，报上一级有关部门备案；

（二）物资集中采购目录，报上一级财务部门和军需物资油料部门备案；

（三）物资招标公告、招标（谈判）文件，报有关事业部门和军需物资油料部门备案；

（四）物资采购合同副本，报有关事业部门、财务部门和军需物资油料部门备案；

（五）其他文件和事项，根据需要报有关部门备案。

下列物资采购文件和采购事项应当报有关部门审批：

（一）变更物资采购方式，报军需物资油料部门审批；

（二）物资采购合同草案，报有关事业部门和财务部门审批；

（三）物资采购合同的变更、中止、终止，报有关事业部门、财务部门审批；

（四）其他文件和事项，根据需要报有关部门审批。

第六章　采购方式

军队物资集中采购主要采用下列方式：

公开招标；

邀请招标；

竞争性谈判；

询价；

单一来源采购。

符合下列条件的物资采购项目，应当采用公开招标方式：

（一）物资达到一定规模、无保密要求的；

（二）供应商有一定数量、存在市场竞争的；

（三）物资通用性强、有明确的技术标准和规格要求的；

（四）按照法定程序组织公开招标有时间保证的；

（五）可以以价格为基础做出中标决定的。

符合下列情形之一、不宜公开招标的物资采购项目，可以采用邀请招标方式：

（一）涉及国家安全和军事秘密的；

（二）具有特殊性，只能从有限范围的供应商处采购的；

（三）采用公开招标方式所需费用占采购总价值比例过大的。

符合下列情形之一、不宜招标的物资采购项目，可以采用竞争性谈判方式：

（一）招标后无供应商投标或者无合格标的的；

（二）技术复杂或者性质特殊，无法确定详细规格或者具体要求的；

（三）无法事先计算出价格总额的。

采购的物资规格和标准统一、现货货源充足且价格变化幅度小的采购项目，可以采用询价方式。

符合下列情形之一的物资采购项目，可以采用单一来源方式：

（一）只能从唯一供应商处获得的；

（二）发生了不可预见的紧急情况无法从其他供应商处采购的；

（三）必须满足原有物资采购项目一致性或者配套要求，需要继续从原供应商处添购，且采购资金总额不超过原合同采购金额百分之十的。

第七章　采购程序

军队物资集中采购，应当按照编制采购预算、下达采购计划、组织实施采购、进行质量验收、集中支付资金的程序组织实施。

事业部门在编制年度分项预算方案时，应当按照预算编制有关规定，对年度物资集中采购的经费支出预算项目进行细化，报后勤财务部门审核。

事业部门应当在收到年度预算批复后20个工作日内，编制物资集中采购需求计划，送军需物资油料部门；军需物资油料部门应当在收到物资集中采购需求计划后10个工作日内分类汇总，编制物资集中采购计划，报本级后勤（联勤）机关审批下达，同时抄送事业部门、财务部门和审计部门。

采用招标方式采购的,按照《军队物资招标管理规定》组织实施。

采用竞争性谈判方式采购的,按照下列程序及其要求组织实施:

(一)成立由物资采购机构代表和有关专家组成的3人以上单数的谈判小组,其中专家的人数不少于成员总数的三分之二;

(二)制定谈判文件,明确谈判程序、谈判内容、合同草案的条款以及评定成交的标准等事项;

(三)物资采购机构从军队物资供应商库中选取不少于3家供应商参加谈判,并向参加谈判的供应商提供谈判文件;

(四)谈判小组所有成员集中与单一供应商分别谈判,谈判的任何一方不得透露与谈判有关的其他供应商的技术资料、价格和其他信息;

(五)谈判文件有实质性变动的,谈判小组以书面形式通知所有参加谈判的供应商;

(六)谈判结束后,谈判小组要求所有参加谈判的供应商在规定时间内进行最后报价;

(七)物资采购机构根据符合采购需求、质量和服务相等且报价最低的原则,从谈判小组提出的成交候选人中确定成交供应商,并将结果通知所有参加谈判的供应商。

采用询价方式采购的,按照下列程序及其要求组织实施:

(一)成立由物资采购机构代表和有关专家组成的3人以上单数的询价小组,其中专家的人数不少于成员总数的三分之二;

(二)询价小组对物资采购项目的价格构成和评定成交的标准等事项作出规定;

(三)物资采购机构根据采购需求,从军队物资供应商库中选取不少于3家的供应商,并向被询价的供应商发出询价通知书;

(四)询价小组要求被询价的供应商一次报出不得更改的价格;

(五)物资采购机构根据符合采购需求、质量和服务相等且报价最低的原则确定成交供应商,并将结果通知所有被询价的供应商。

采用单一来源方式的,军队物资采购机构与供应商应当遵循本规定确定的原则,在保证采购项目质量和双方商定合理价格的基础上实施采购。

收货单位应当按照采购合同约定的内容组织物资验收,并向事业部门报送《物资到货验收表》。

收货单位在物资验收中发现数量、质量问题,应当做好记录,及时与供应商取得联系,报告事业部门并通知物资采购机构协调处理。

物资采购资金支付与结算,按照《军队资金集中支付管理规定》《军队物资、

工程、服务集中采购资金支付暂行办法》执行。

军队物资采购机构对集中采购项目每项采购活动的采购文件应当妥善保存，不得伪造、变造、隐匿或者销毁。采购文件的保存期限为从采购结束之日起至少保存15年。

采购文件包括采购活动记录、采购计划、招标文件、投标文件、评标标准、评估报告、定标文件、合同文本、验收证明、质疑答复、投诉处理决定及其他有关文件、资料。

采购活动记录应当包括下列主要内容：

（一）采购项目类别、名称；

（二）采购项目计划和合同价格；

（三）邀请和选择供应商的条件及原因；

（四）成交、评标标准及确定成交、中标人的原因；

（五）废标的原因。

年度终了和重大采购项目完成之后，军队物资采购机构应当向事业部门、军需物资油料部门书面报告采购情况。

军队物资采购机构应当对采购活动中相关数据资料进行统计，填报《军队物资采购综合统计表》，按照物资采购业务管理渠道，逐级汇总上报总后勤部军需物资油料部。

工程建设所需主要原材料和机电设备（随工程施工招标的除外），由军队物资采购机构集中采购，采购程序由军兵种后勤部、军区（战区）联勤部确定。

第八章　采购合同

军队物资采购合同应当采用书面形式，由军队物资采购机构与供应商依法订立。特殊情况，经军需物资油料部门批准，可以由采购机构组织军队需求单位与供应商签订合同。

供应商以联合体形式参加军队物资采购活动的，联合体各方应当共同与军队物资采购机构或者军队需求单位签订采购合同，对采购合同约定的事项承担连带责任。

军队物资采购机构应当自中标、成交通知书发出之日起30日内，按照采购文件确定的事项与中标、成交供应商签订物资采购合同。

军队物资采购机构应当将物资采购合同草案报有关事业部门审查，事业部门送财务部门，财务部门对有关经费条款进行审查，并将审查结果通知事业部门。自事业部门收到采购合同草案之日起8个工作日内，事业部门和财务部门均无异议的，物资采购机构与供应商签订正式合同，并将采购合同副本报事业部

门、财务部门和军需物资油料部门备案。

物资采购合同一经签订,不得擅自变更、中止或者终止。事业部门确需变更合同的,应当以书面形式明确变更内容,涉及经费条款变更的送财务部门审查,无异议后下达物资采购机构,采购机构据此与供应商协商,订立书面协议,报事业部门、财务部门和军需物资油料部门备案;供应商提出变更物资采购合同要求的,军队物资采购机构应当与供应商协商提出建议,并及时报告事业部门确定。

军队物资采购机构发现合同履行将损害国家和军队利益时,应当向事业部门提出中止或者终止采购合同的建议,事业部门必须及时处理,并将处理意见通报财务部门、军需物资油料部门。

有下列情形之一的,有关部门或者单位应当承担责任:

(一)因物资集中采购需求计划编制、变更等原因导致违约的;

(二)物资集中采购计划汇总、下达失误的;

(三)物资采购合同订立失误的;

(四)采购经费支付违约的。

第九章　质量与价格

军队物资采购机构应当建立健全质量检验和价格审核制度,确保采购的物资质量合格、价格合理。事业部门编制的物资集中采购需求计划应当明确物资采购项目的有关质量和技术标准;军队物资采购机构必须按照物资集中采购计划确定的质量和技术标准与供应商订立合同。

对非标准或者有特殊要求的产品,军队物资采购机构应当会同有关单位对产品生产过程进行质量监督。

物资质量检验,应当依据采购合同约定的质量技术标准和供应商出具的质量证明文件,由事业部门或者收货单位会同军队物资采购机构实施。

物资采购合同对产品质量标准约定不明确的,按照国家和军队的有关标准执行。

需要对产品内在质量进行检测的,应当在国家或者军队认证的检测机构检测。

物资采购价格应当通过市场竞争确定;国家对物资价格另有规定的,从其规定。

军队物资采购机构应当掌握物资市场行情,建立价格评估体系,对采购物资价格构成要素进行分析评估。

第十章　服务与保障

军队物资采购机构应当建立和完善物资采购咨询服务系统，为机关和部队提供物资采购信息咨询服务。

经军队物资采购机构中转供应部队的物资，军队物资采购机构应当按照事业部门要求，做好初检、接收、储存、发运工作。

军队物资采购机构应当了解物资使用情况，协调供应商做好物资售后服务工作。

对技术复杂、使用要求高的装备器材，军队物资采购机构应当依据物资采购合同的约定，组织供应商为部队提供专业培训和技术服务。

军需物资油料部门和物资采购机构应当加强军队物资采购信息化建设，逐步实现网上采购和业务管理自动化。军队物资采购信息系统，由总后勤部军需物资油料部组织开发。

第十一章　质疑与投诉处理

军队物资采购机构对供应商提出的询问应当及时作出答复；对提出的书面质疑应当在7个工作日内作出答复，并以书面形式通知质疑供应商和质疑相关的供应商。

军队物资采购机构对供应商询问和质疑的答复内容不得涉及军事秘密和商业秘密。

军需物资油料部门收到投诉书后，应当在5个工作日内进行审查，对不符合投诉条件的，分别按照下列要求处理：

（一）投诉书内容不符合规定的，告知投诉人修改后重新投诉；

（二）投诉不属于本部门管辖的，转送有管辖权的部门，并通知投诉人；

（三）投诉不符合其他条件的，书面告知投诉人不予受理，并应当说明理由。

对符合投诉条件的投诉，自军需物资油料部门收到投诉书之日起即为受理。

军需物资油料部门应当在受理投诉后的3个工作日内，向被投诉人和与投诉事项有关的供应商发送投诉书副本，通知被投诉人和与投诉事项有关的供应商在收到投诉书副本之日起5个工作日内，以书面形式向军需物资油料部门作出说明，并提交相关证据、依据和其他有关材料。

军需物资油料部门应当自受理投诉之日的30个工作日内，对投诉事项作出处理决定，并以书面形式通知投诉人、被投诉人及其他与投诉处理结果有利害关系的采购当事人。

军需物资油料部门在处理投诉事项期间，可以视情书面通知物资采购机构

暂停采购活动，暂停时间最长不超过30天。

第十二章　监督检查

对军队物资采购工作负有监督管理职责的各级机关有关部门，应当按照职责分工，加强对军队物资采购活动的监督检查。

监督检查主要包括下列内容：

（一）军队物资采购有关管理规定的落实情况；

（二）物资集中采购范围、采购方式和采购程序的执行情况；

（三）物资采购人员的业务素质和专业技能；

（四）物资采购机构的业务建设情况。

被检查的单位和个人应当如实反映情况，提供有关资料。

军队物资采购机构的采购经办人员和采购合同审核、验收人员，其职责应当明确，相互分离，互相监督。

审计部门应当对军队物资采购工作实施全面审计，军队有关部门和物资采购机构应当接受审计部门的监督。

任何单位和个人对军队物资采购活动中的违规违法行为，有权控告和检举，有关部门应当按照职责分工及时处理。

第十三章　奖励与处分

对在军队物资采购工作中作出显著成绩的单位和个人，依照《中国人民解放军纪律条令》的有关规定，给予奖励。

有下列情形之一的，依照《中国人民解放军纪律条令》的有关规定，对负有责任的主管人员和其他直接责任人员，给予处分，构成犯罪的，依法追究刑事责任；对单位给予通报批评，并责令限期改正：

（一）按照规定应当交由物资采购机构集中采购而自行采购的；

（二）擅自变更物资集中采购计划的；

（三）不按规定采购方式和程序组织采购的；

（四）挪用采购资金的；

（五）中标、成交通知书发出后不与中标、成交供应商签订物资采购合同的；

（六）无正当理由拒不执行物资集中采购计划或者采购合同的；

（七）向供应商泄露秘密、与供应商串通侵害军队利益的；

（八）拒绝监督检查或者在接受监督检查时提供虚假情况的；

（九）其他违反国家法律和军队法规的。

第十四章 附则

物资集中采购目录以外的物资采购项目，由军队单位按照本规定确定的原则，自行组织采购或者委托军队物资采购机构采购。

中国人民武装警察部队物资采购管理工作参照本规定执行。

本规定自发布之日起施行。2002 年 2 月总后勤部发布的《军队物资采购管理规定》即行废止。

军队物资招标管理规定

（2005 年总后勤部颁布）

第一章 总则

为了加强军队物资招标管理，维护军队利益和投标人的合法权益，根据国家和军队有关规定，制定本规定。

本规定是军队物资招标管理的基本依据。

军队物资招标应当坚持公开、公平、公正和安全保密原则。

军队物资招标应当由具有招标资格的军队物资采购机构（以下简称军队物资招标机构）组织实施。

军队物资招标分为公开招标和邀请招标。军队物资招标机构依法以招标公告的方式邀请不特定的供应商参加投标，为公开招标；军队物资招标机构依法从军队物资供应商库中随机抽取三家以上的供应商，并以投标邀请书的方式，邀请其参加投标，为邀请招标。

军队物资采购项目达到招标限额标准以上的，除有下列情形外，必须进行招标：

（一）涉及国家安全和军事秘密不宜招标的；

（二）供应商达不到一定数量的；

（三）执行战备、抢险救灾等任务需要紧急采购的；

（四）其他不适合招标的。

总部物资招标限额标准为 50 万元；军区级以下单位的物资招标限额标准，由军区级单位后勤（联勤）机关确定。

任何单位和个人不得将应当以招标方式采购的物资采购项目化整为零或者

以其他方式规避招标；不得限制和阻挠符合条件的供应商自由参加军队物资招标投标活动；不得指定供应商和物资品牌；不得采用其他方式非法干涉军队物资招标投标活动。

军队物资招标机构工作人员、评标委员会成员及其他相关人员，在军队物资招标投标活动中与供应商有利害关系的必须回避。

供应商认为军队物资招标机构工作人员、评标委员会成员及其他相关人员，在军队物资招标投标活动中与其他供应商有利害关系的，可以申请其回避。

军队物资招标机构应当按照规范操作、注重效率、提高质量的要求，独立开展物资招标活动。军需物资油料部门、财务部门、审计部门应当对军队物资招标活动分别实施业务监督、财务监督和审计监督。

任何单位和个人对军队物资招标活动中的违规违法行为，有权控告和检举，有关部门应当按照职能分工及时处理。

第二章　招标资格认证

军队物资招标资格由总后勤部认证。未经招标资格认证的军队物资采购机构，不得组织军队物资招标活动。

申请军队物资招标资格的物资采购机构，应当具备下列条件：

（一）具有相应的专业技术人员及编制招标文件和组织评标的能力；

（二）具备从事招标业务相应的场所和技术设备；

（三）有健全的规章制度；

（四）其他应当具备的条件。

申请招标资格认证的军队物资采购机构，应当填写《军队物资招标资格审批表》，按照物资采购业务管理渠道逐级审核上报；其中，总后勤部军用物资采购局招标资格认证申请，直接报总后勤部军需物资油料部。

总部有关业务部门和军兵种后勤部、军区联勤部军需物资油料部对本系统、本区所属物资采购机构的招标资格认证申请初审后，报总后勤部军需物资油料部；总后勤部军需物资油料部审核合格后，报总后勤部审批，并颁发《军队物资招标资格证书》。

总部有关业务部门和军兵种后勤部、军区联勤部军需物资油料部应当每年对本系统、本区物资招标机构进行考核，对不具备招标资格的，提出取消其招标资格的建议，报总后勤部军需物资油料部审核后，由总后勤部军需物资油料部报总后勤部审批。

第三章　招标

军队物资招标机构实施公开招标，必须在军区级以上单位军需物资油料部门指定的采购信息发布媒体上发布招标公告。

公开招标公告主要包括下列内容：

（一）军队物资招标机构的名称、地址和联系方法；

（二）招标项目的名称、数量；

（三）投标人的资格要求；

（四）获取招标文件的时间、地点、方式及招标文件售价；

（五）投标截止时间、开标时间及地点。

军队物资招标机构实施邀请招标，应当从军队物资供应商库中随机抽取三家以上的投标人，并向投标人发出投标邀请书。

军队物资招标机构应当根据招标项目的特点和需求编制招标文件。招标文件主要包括下列内容：

（一）投标邀请；

（二）投标人须知（包括密封、签署、盖章要求等）；

（三）投标人应当提交的资格、资信证明文件；

（四）投标报价要求、投标文件编制要求和投标保证金数额及交纳方式（投标保证金数额不超过采购项目概算的百分之一）；

（五）招标项目的技术规格、要求和数量，包括附件、图纸等；

（六）合同主要条款及合同签订方式；

（七）交货时间；

（八）评标方法、评标标准和废标条款；

（九）投标截止时间、开标时间及地点；

（十）其他事项。

军队物资招标机构应当在招标文件中规定并标明有关事项的实质性要求和条件。招标项目中同一品种、规格的物资一般不得分包。确需分包招标的，必须在招标文件中载明。

军队物资招标机构可以要求投标人提交符合招标文件规定要求的备选投标方案，但必须在招标文件中说明，并明确相应的评审标准和处理办法。

招标文件规定的各项技术标准应当符合国家和军队强制性标准。招标文件不得要求或者标明特定的投标人或者产品，以及含有倾向性或者排斥潜在投标人的其他内容。

军队物资招标机构可以根据需要，就招标文件征询有关专家的意见。

军队物资招标机构应当将招标文件报有关事业部门审查,事业部门送同级财务部门备案。自事业部门收到招标文件之日起 7 个工作日内,事业部门和财务部门均无异议的,军队物资招标机构方可发布招标公告或者发出投标邀请书。

军队物资招标机构应当在招标文件中合理确定投标人编制投标文件所需要的时间。自招标文件开始发出之日起至投标人提交投标文件截止之日止,不得少于 20 日。

军队物资招标机构应当制作纸质招标文件,也可以在军区级以上单位军需物资油料部门指定的网络媒体上发布电子招标文件,并保持两者一致。电子招标文件与纸质招标文件具有同等法律效力。

招标文件售价应当按照弥补招标文件印制成本费用的原则确定,不得以招标采购金额作为确定招标文件售价依据,不得以营利为目的。

军队物资招标机构在发布招标公告、发出投标邀请书或者发出招标文件后,不得擅自终止招标。

军队物资招标机构根据招标采购项目的具体情况,可以组织潜在投标人现场考察或者召开开标前答疑会,但不得单独或者分别组织只有一个投标人参加的现场考察。

开标前,军队物资招标机构和有关工作人员不得向他人透露已获取招标文件的潜在投标人的名称、数量以及可能影响公平竞争的有关招标投标的其他情况。

军队物资招标机构对已发出的招标文件进行必要澄清或者修改的,应当在招标文件确定的投标截止时间 15 日前,在原采购信息发布媒体上发布更正公告,并以书面形式通知所有招标文件收受人。该澄清或者修改的内容为招标文件的组成部分。

军队物资招标机构可以视采购具体情况,延长投标截止时间和开标时间,但至少应当在招标文件确定的投标截止时间 3 日前,将变更时间书面通知所有招标文件收受人,并在原采购信息发布媒体上发布变更公告。

第四章　投标受理

军队物资招标机构收到投标文件后,应当指定专人签收保存,任何单位和个人不得在开标前开启投标文件。

在招标文件确定的投标截止时间后送达的投标文件,为无效投标文件,军队物资招标机构应当拒收。

军队物资招标机构允许投标人在投标截止时间前,对所递交的投标文件进行补充、修改或者撤回。补充、修改的内容应当书面通知军队物资招标机构,并

按照招标文件要求签署、盖章，作为投标文件的组成部分。

军队物资招标机构应当允许两个以上供应商组成一个投标联合体，以一个投标人的身份投标，但联合体各方均应当符合军队物资供应商管理有关规定的条件。

对以联合体形式参加投标的，军队物资招标机构根据采购项目特殊要求规定投标人特定条件的，联合体各方中至少有一方应当符合特定条件。

军队物资招标机构应当要求联合体各方之间签订共同投标协议，明确联合体各方承担的工作和相应的责任，并连同投标文件一并提交。联合体各方签订共同投标协议后，再以一方名义单独参加或者组成新的联合体参加同一项目投标的，军队物资招标机构不得受理。

军队物资招标机构严禁强制投标人组成联合体共同投标，不得限制投标人之间的竞争。军队物资招标机构对投标人未按照招标文件要求交纳投标保证金的，应当拒绝接收投标人的投标文件。

军队物资招标机构应当在中标通知书发出后 5 个工作日内退还未中标供应商的投标保证金，在物资采购合同签订后 5 个工作日内退还中标供应商的投标保证金。

第五章　开标、评标与定标

开标应当在招标文件确定的提交投标文件截止时间公开进行；开标地点为招标文件中预先确定的地点。

开标由军队物资招标机构主持，事业部门、投标人和有关方面代表参加。

开标前，军队物资招标机构应当报告军需物资油料部门及其他有关监管部门；军需物资油料部门及其他有关监管部门可以视情况到现场监督开标活动。

开标时，投标文件的密封情况应当由投标人或者其推选的代表检查，也可以由军队物资招标机构委托的公证机构检查并公证；经确认无误后，由招标工作人员当众拆封，宣读投标人名称、投标价格、价格折扣、招标文件允许提供的备选投标方案和投标文件的其他主要内容；未宣读的投标价格、价格折扣和招标文件允许提供的备选投标方案等实质内容，评标时不予承认。

开标时，投标文件中开标一览表（报价表）内容与投标文件中明细表内容不一致的，以开标一览表（报价表）为准。

投标文件的大写金额与小写金额不一致的，以大写金额为准；总价金额与按单价汇总金额不一致的，以各项单价金额计算结果为准；单价金额小数点有明显错位的，以总价为准，并修改单价；对不同文字文本投标文件的解释发生异议的，以中文文本为准。

开标记录,应当由军队物资招标机构指定专人负责,并存档备查。

投标截止时间结束后,参加投标的供应商不足三家的,除取消采购任务的情形外,军队物资招标机构应当报告有关军需物资油料部门,由有关军需物资油料部门按照下列要求处理:

(一)招标文件条文合理、招标公告和招标程序符合规定的,允许军队物资招标机构采取竞争性谈判或者询价或者单一来源方式采购;

(二)招标公告、招标程序不符合规定或者招标文件有不合理条文的,应予废标,并责成军队物资招标机构重新招标。

评标期间,符合条件的供应商或者对招标文件作出实质响应的供应商不足三家的,参照前款规定执行。

评标由军队物资招标机构按照规定程序和方式组建的评标委员会负责。

评标委员会有权要求投标供应商对投标文件有关事项作出解释或者澄清,并负责审查、评价投标文件,推荐中标候选供应商名单或者受事业部门委托直接确定中标供应商,向军队物资招标机构或者有关部门报告非法干预评标工作的行为。

评标委员会由军队物资招标机构的代表和有关技术、经济等方面的专家组成,成员人数应当为 5 人以上单数。其中,技术、经济等方面的专家不得少于成员总数的三分之二。评标委员会成员名单应当在开标前确定并保密。

参与招标文件拟制或者对招标项目提供咨询意见的专家,不得再作为评审专家参加评标。事业部门的人员不得以专家身份参与本部门或者本单位物资采购项目的评标。

军队物资采购评审专家,由军队物资招标机构从军队物资采购评审专家库中随机抽取;对技术复杂、专业性极强的采购项目,通过随机方式难以确定评审专家的,经军需物资油料部门同意,军队物资招标机构可以采取选择性方式确定评审专家。

评审专家应当熟悉国家和军队物资采购、招标投标的相关政策法规,熟悉市场行情,有良好的职业道德,遵守招标纪律,从事相关领域工作满八年并具有高级专业技术职务或者同等专业技术水平。

评标委员会成员应当履行下列义务:

(一)遵纪守法,客观、公正地履行职责;

(二)按照招标文件规定的评标方法和评标标准实施评标,对评审意见承担个人责任;

(三)对评标过程和评审意见,以及供应商的商业秘密和其他有关秘密事项保密;

（四）参与评标报告的起草；

（五）配合军需物资油料部门的投诉处理工作；

（六）配合物资招标机构答复投标人提出的质疑。

军队物资招标采购的评标方法分为最低评标价法、综合评分法和性价比法。

在全部满足招标文件实质性要求前提下，依据统一的价格要素评定最低报价，以提出最低报价的投标人作为中标候选供应商或者中标供应商为最低评标价法，适用于标准定制商品的采购项目。

在最大限度地满足招标文件实质性要求前提下，按照招标文件中规定的各项因素（包括价格、技术、财务状况、信誉、业绩、服务、对招标文件的响应程度，以及相应的比重或者权值等）进行综合评审后，以评标总得分最高的投标人作为中标候选供应商或者中标供应商为综合评分法。

按照要求对投标文件进行评审后，计算出每个有效投标人除价格因素以外的其他各项评分因素（包括技术、财务状况、信誉、业绩、服务、对招标文件的响应程度等）的汇总得分，并除以该投标人的投标报价，以商数（评标总得分）最高的投标人作为中标候选供应商或中标供应商为性价比法。

评标应当遵循下列工作程序：

（一）依据法律、法规和招标文件的规定，对投标文件中的资格证明、投标保证金等进行审查，以确定供应商是否具备投标资格；

（二）依据招标文件的规定，从投标文件的有效性、完整性和对招标文件的响应程度进行审查，以确定投标供应商是否对招标文件作出实质性响应；

（三）对投标文件中含义不明确、同类问题表述不一致或者有明显文字和计算错误的内容，评标委员会可以要求投标人以书面形式作出澄清、说明或者补正，但不得超出投标文件的范围或者改变投标文件的实质性内容，并由投标人授权的代表签字；

（四）按照招标文件中规定的评标方法和标准，对资格性审查和符合性审查合格的投标文件进行商务和技术评估，综合比较与评价；

（五）根据采购需要确定不超过 3 名的中标候选供应商，并对中标候选供应商进行排序；

（六）评标委员会根据全体评标成员签字的原始评标记录和评标结果编写评标报告，包括招标公告刊登的媒体名称、开标日期和地点，购买招标文件的投标人名单和评标委员会成员名单，评标方法和标准，开标记录和评标情况并说明无效投标人名单及原因，中标候选供应商排序表及授标建议。

评标委员会在评标中，不得改变招标文件中规定的评标标准、方法和中标条件。投标文件有下列情形之一的，应当按照无效投标处理：

（一）应交未交投标保证金的；

（二）未按照招标文件规定要求密封、签署、盖章的；

（三）不具备招标文件中规定资格要求的；

（四）不符合法律、法规和招标文件中规定的其他实质性要求的。

有下列情形之一的，应当按照废标处理，并将废标理由通知所有投标供应商：

（一）符合专业条件的供应商或者对招标文件作实质性响应的供应商不足三家的；

（二）出现影响采购公正的违法、违规行为的；

（三）投标人的报价均超过了采购预算，财务部门不能支付的；

（四）因重大变故，取消采购任务的。

废标后，除采购任务取消情形外，军队物资招标机构应当重新组织招标。需要采取其他采购方式的，必须报有关军需物资油料部门批准后实施。

军队物资招标机构应当采取必要措施，保证评标在严格保密的情况下实施。任何单位和个人不得非法干预、影响评标办法的确定，以及评标过程和结果；在确定中标供应商前，不得与投标供应商就投标价格、投标方案等实质性内容进行谈判。

军队物资招标机构应当在评标结束后 5 个工作日内将评标报告报事业部门。事业部门应当在收到评标报告后 5 个工作日内，按照评标报告中推荐的中标候选供应商顺序，确定排名第一的中标候选供应商为中标供应商。中标供应商因不可抗力，或者自身原因不能履行采购合同的，可以确定排位在中标供应商之后第一位的候选供应商为中标供应商，以此类推。招标项目每一包只能确定一个中标供应商。

事业部门可以授权军队物资招标机构或者评标委员会直接确定中标供应商。

军队物资招标机构应当在中标供应商确定后 3 个工作日内，向中标供应商发出中标通知书。中标通知书发出后，事业部门和军队物资招标机构改变中标结果，或者中标供应商放弃中标，应当承担相应的法律责任。

公开招标的中标结果应当在军区级以上单位军需物资油料部门指定的信息发布媒体上公告。公告内容包括招标项目名称、中标供应商名单、军队物资招标机构的名称和电话。

投标供应商对中标结果有异议的，应当在收到中标或者未中标通知书之日起 7 个工作日内，以书面形式向军队物资招标机构提出质疑。军队物资招标机构应当在收到投标供应商书面质疑后 7 个工作日内，对质疑内容作出答复。

投标供应商对物资招标机构的质疑内容答复不满意或者物资招标机构未在规定时间内答复的，可以在答复期满后 15 个工作日内按照有关规定，向有关军需物资油料部门投诉。军需物资油料部门应当在收到投诉后 30 个工作日内，对投诉事项作出处理决定。

有关军需物资油料部门在处理投诉事项期间，可以视情书面通知物资招标机构暂停签订物资采购合同，但暂停时间最长不得超过 30 日。

军队物资招标机构应当自中标通知书发出之日起 30 日内，按照招标文件和中标供应商投标文件的约定，与中标供应商签订书面合同。所签订的合同不得对招标文件和中标供应商投标文件作实质性修改。

军队物资招标机构或者事业部门不得向中标供应商提出任何不合理的要求，作为签订合同的条件，不得与中标供应商私下订立背离合同实质性内容的协议。

军队物资招标机构应当自合同签订之日起 7 个工作日内，按照有关规定将合同副本报事业部门、财务部门和军需物资油料部门备案。

国家和军队规定需要办理审批手续后才可以签订的合同，应当依照规定办理。

军队物资招标机构应当建立真实完整的招标采购档案，妥善保管每项采购活动的采购文件，并不得伪造、变造、隐匿或者销毁。采购文件自采购结束之日起至少保存 15 年。

第六章　奖励与处分

对在军队物资招标管理工作中做出突出贡献的单位和个人，依照《中国人民解放军纪律条令》，给予奖励。

在军队物资招标活动中，军队有关单位和人员有下列情形之一的，依照《中国人民解放军纪律条令》，对负有领导责任的主管人员和其他直接责任的人员，给予处分，构成犯罪的依法追究刑事责任；对单位给予通报批评，并责令限期改正：

（一）应采用招标方式而擅自采用其他方式采购的，或者不应分包而分包招标采购的；

（二）未按照本规定发布信息公告的；

（三）以不合理的要求限制或者排斥潜在投标供应商，对潜在投标供应商实行差别或者歧视待遇，或者指定特定供应商和特定品牌的；

（四）未按照本规定组成评标委员会的；

（五）未按照本规定确定中标供应商的；

（六）违反本规定与投标人进行协商谈判的；

（七）未按照本规定签订合同的；

（八）招标文件、评标报告、合同等未按照本规定备案或者审批的；

（九）与投标人恶意串通的；

（十）接受贿赂或者获取其他不正当利益的；

（十一）违反本规定泄露招标投标情况的；

（十二）伪造、变造、隐匿、销毁招投标有关文件的；

（十三）拒绝有关部门依法实施监督检查，或者在监督检查中提供虚假情况的。

违反前款规定，并且影响或者可能影响中标结果的，按照国家有关规定进行处理。评标委员会成员有下列行为之一的，依照国家和军队有关规定，给予处理；构成犯罪的，依法追究刑事责任：

（一）明知应回避而未回避的；

（二）私自接触投标供应商的；

（三）无故不参加评标，或者擅离职守，影响评标工作正常进行的；

（四）未按照招标文件规定的评标方法和标准进行评标的；

（五）收受投标人、其他利害关系人的财物或者获取其他不正当利益的；

（六）泄露有关投标、评标情况的。

投标人在军队物资招标活动中的违规、违纪、违法行为，按照国家有关规定处理。

第七章　附则

中国人民武装警察部队物资招标管理工作参照本规定执行。

本规定自发布之日起施行。2002 年 2 月 19 日总后勤部发布的《军队物资招标管理规定》即行废止。